Holger Lengfeld

Organisierte Ungleichheit

Hagener Studientexte zur Soziologie

Herausgeber:
Heinz Abels, Werner Fuchs-Heinritz
Wieland Jäger, Uwe Schimank

Die Reihe „Hagener Studientexte zur Soziologie" will eine größere Öffentlichkeit für Themen, Theorien und Perspektiven der Soziologie interessieren. Die Reihe ist dem Anspruch und der langen Erfahrung der Soziologie an der FernUniversität Hagen verpflichtet. Der Anspruch ist, sowohl in soziologische Fragestellungen einzuführen als auch differenzierte Diskussionen zusammenzufassen. In jedem Fall soll dabei die Breite des Spektrums der soziologischen Diskussion in Deutschland und darüber hinaus repräsentiert werden. Die meisten Studientexte sind über viele Jahre in der Lehre erprobt. Alle Studientexte sind so konzipiert, dass sie mit einer verständlichen Sprache und mit einer unaufdringlichen, aber lenkenden Didaktik zum eigenen Studium anregen und für eine wissenschaftliche Weiterbildung auch außerhalb einer Hochschule motivieren.

Holger Lengfeld

Organisierte Ungleichheit

Wie Organisationen Lebenschancen beeinflussen

VS VERLAG FÜR SOZIALWISSENSCHAFTEN

Bibliografische Information Der Deutschen Nationalbibliothek
Die Deutsche Nationalbibliothek verzeichnet diese Publikation in der
Deutschen Nationalbibliografie; detaillierte bibliografische Daten sind im Internet über
<http://dnb.d-nb.de> abrufbar.

1. Auflage Februar 2007

Alle Rechte vorbehalten
© VS Verlag für Sozialwissenschaften | GWV Fachverlage GmbH, Wiesbaden 2007

Lektorat: Frank Engelhardt

Der VS Verlag für Sozialwissenschaften ist ein Unternehmen von Springer Science+Business Media.
www.vs-verlag.de

Umschlaggestaltung: KünkelLopka Medienentwicklung, Heidelberg
Gedruckt auf säurefreiem und chlorfrei gebleichtem Papier

ISBN 978-3-531-15232-5

Danksagung

Bei der Erstellung dieses Lehrbuchs habe ich von der Unterstützung vieler Kolleginnen und Kollegen profitiert. Wieland Jäger und Uwe Schimank (beide FernUniversität in Hagen) haben den ursprünglichen Anstoß für diesen Text gegeben, der im Jahr 2006 erstmals als Studienbrief an der FernUniversität eingesetzt wurde. Das vorliegende Buch ist die überarbeitete Fassung dieses Studienbriefs. Jürgen Gerhards (FU Berlin) und Franz Traxler (Universität Wien) haben mir während meines jeweiligen Engagements als Assistent an ihren Lehrstühlen großzügigen Freiraum zur Verschriftung gewährt, und Steffen Mau (Universität Bremen) hat mich zu einem entscheidenden Zeitpunkt zur Fertigstellung ermuntert. Susanne von Below (Universität Frankfurt a.M.), Mike Fichter (FU Berlin), Alexandra Krause (Universität Jena) und Michael Windzio (Universität Bremen) haben einzelne Kapitel sachkundig kommentiert. Meine Kollegen am Lehrstuhl für Makrosoziologie der FU Berlin Jana Jughard, Denis Huschka, Jochen Roose und besonders Mike Steffen Schäfer haben das Manuskript auf seine didaktische Tauglichkeit getestet und viele Verbesserungsvorschläge gegeben. Anne Kaelke hat das Manuskript zuverlässig durchredigiert, Inga Ganzer und David Glowsky haben den Satz besorgt. Ingo Bode (Universität Essen-Duisburg), Andrea-Hilla Carl (Fachhochschule für Wirtschaft Berlin), Olaf Hübler (Universität Hannover), Claus Schnabel (Universität Erlangen-Nürnberg), Heike Solga (Universität Göttingen), Petra Stanat (MPI für Bildungsforschung Berlin), Claudia Vogel (FU Berlin), Ute Volkmann (FernUniversität in Hagen) und Ludger Wößmann (IFO München) haben wichtige Literaturhinweise gegeben. Ihnen allen möchte ich meinen herzlichen Dank aussprechen.

Berlin und Hagen, im Dezember 2006   H. L.

Inhaltsverzeichnis

Einleitung 11

I. Grundlagen organisierter Ungleichheit 19

  1. **Organisation** 21
      1.1 Was ist Organisation? 22
      1.2 Warum gibt es Organisationen? 31
      1.3 Organisationsanalyse und ungleiche Lebenschancen 48
      1.4 Zusammenfassung 53
      1.5 Weiterführende Literatur 54

  2. **Ungleiche Lebenschancen** 57
      2.1 Soziale Ungleichheit 58
      2.2 Individuelle Lebenschancen 62
      2.3 Theorien und Modelle sozialer Ungleichheit 67
      2.4 Organisation als Leerstelle 79
      2.5 Zusammenfassung 83
      2.6 Weiterführende Literatur 84

  3. **Drei Verteilungssysteme in modernen Gesellschaften** 85
      3.1 Familie 87
      3.2 Wohlfahrtsstaat 90
      3.3 Organisation 95
      3.4 Interdependenzen 100
      3.5 Zusammenfassung 105
      3.6 Weiterführende Literatur 106

4. **Eine Systematik organisierter Ungleichheit** 109

   4.1 Produktion und Verhandlung 110

   4.2 Güterarten 113

   4.3 Organisationstypen 115

   4.4 Zusammenfassung 123

   4.5 Weiterführende Literatur 124

II. Produktionsorganisation 125

5. **Arbeitsorganisation** 127

   5.1 Organisationsgröße 130

   5.2 Interner Arbeitsmarkt 142

   5.3 Demografische Zusammensetzung 153

   5.4 Die Population der Organisationen 169

   5.5 Zusammenfassung 179

   5.6 Weiterführende Literatur 180

6. **Bildungsorganisation** 181

   6.1 Schul- und Klassengröße 186

   6.2 Die soziale Zusammensetzung der Schülerschaft 198

   6.3 Leistungsdifferenzierung innerhalb der Schule 212

   6.4 Zusammenfassung 219

   6.5 Weiterführende Literatur 220

III. Verhandlungsorganisation 223

   7.   Tariforganisation 225
       7.1 Verteilungseffekte 229
       7.2 Der gewerkschaftliche Organisationsgrad 250
       7.3 Der Deckungsgrad des Tarifvertragssystems 257
       7.4 Der Zentralisationsgrad des Tarifvertragssystems 265
       7.5 Zusammenfassung 274
       7.6 Weiterführende Literatur 275

   8.   Der Betriebsrat als Mitbestimmungsorganisation 277
       8.1 Der Betriebsrat als Akteur der Interessenvermittlung 278
       8.2 Verteilungseffekte 281
       8.3 Das Recht des Betriebsrats 284
       8.4 Zusammenfassung 290
       8.5 Weiterführende Literatur 291

Schluss 293

   9.   Zusammenfassung 295
  10. Was man aus der organisierten Ungleichheit lernen kann . 303

Literaturverzeichnis 309

Namens- und Schlagwortregister 341

Einleitung

Samstagabend in Berlin, Klassentreffen der ehemaligen „6a" der Werner-Schneider-Grundschule. Nach 30 Jahren sehen sich Andrea und Sabine wieder. Damals galten beide Mädchen als unzertrennliche Freundinnen. Sie verbrachten die meiste Zeit des Tages miteinander, hatten gemeinsame Hobbys und waren sich auch in ihren durchschnittlichen Schulleistungen sehr ähnlich. Ihre Familien wohnten Haus an Haus im bürgerlichen Berlin-Steglitz, ihre Väter waren Büroangestellte, die Mütter Hausfrauen, beide Familien konnten sich gelegentliche Fernreisen und alle Jahre auch ein neues Mittelklasseauto leisten. Kurz nach Abschluss der Grundschule zog Sabines Familie jedoch in den Berliner Innenstadtbezirk Kreuzberg. Seitdem hatten sich die Freundinnen aus den Augen verloren.

Bei Spaghetti und Wein erzählten beide einander von ihren unterschiedlichen Lebenswegen, darunter auch von beruflichen Dingen. Andrea hatte, für ihre Verhältnisse, „Karriere" gemacht. Nach der Realschule, die sie mit guten Noten absolvierte, begann sie eine Lehre als Industriekauffrau bei einem großen Berliner Haushaltsgerätehersteller. Nach der Lehrzeit wurde sie übernommen und hat das Unternehmen seither nicht verlassen. Dort wurden ihr Schritt für Schritt verantwortungsvollere Aufgaben übertragen, und sie verbesserte sich in Einkommen und beruflichem Ansehen. Heute leitet Andrea die Abteilung „Personalentwicklung" in der Zentralverwaltung des Unternehmens. Ihr sind rund zehn Mitarbeiter unterstellt. Ihr Bruttogehalt ist mit jedem Aufstieg angewachsen und beläuft sich mittlerweile auf rund 3.500 €.

Anders erging es Sabine. Zwar absolvierte auch sie die Realschule, allerdings nur mit befriedigenden Noten, und auch sie machte eine Lehre zur Industriekauffrau. Ihren ehemaligen Ausbildungsbetrieb, ein kleines

Metallbauunternehmen, verließ sie ein Jahr nach Abschluss der Lehre, weil sie der Meinung war, dass die dortige Tätigkeit in der Buchhaltung sie unterfordere. Anschließend war Sabine 14 Jahre in der kleinen Berliner Niederlassung eines bundesweiten Versandhauses als Sachbearbeiterin tätig. Mit Wegfall der staatlichen Berlin-Subventionen verlagerte das Versandhaus Anfang der 1990er Jahre seine Berliner Niederlassung nach Thüringen. Sabine kündigte und begann nach einem halben Jahr Stellensuche eine Anstellung als Verkäuferin in einem Berliner Autohaus mit 15 Angestellten. Dort ist sie bis heute tätig. Obschon sie beruflich gerne „mehr aus sich gemacht hätte", haben sich die Anforderungen ihres Aufgabengebiets über all die Jahre kaum verändert. Auch ihr Bruttogehalt blieb über die Jahre mehr oder weniger gleich hoch. Heute liegt es bei rund 2.200 €.

Warum hat Andrea „Karriere" gemacht, Sabine jedoch nicht? Beide kommen aus gleichen sozialen Verhältnissen und haben den gleichen Bildungsabschluss gemacht, beide haben die gleiche Ausbildung und waren ähnlich ehrgeizig im Verfolgen beruflicher Ziele. Kurzum: Andrea und Sabine hatten die gleichen beruflichen Ausgangsbedingungen, waren aber unterschiedlich erfolgreich. Im Ergebnis haben beide einen anderen sozialen Status in der Sozialstruktur der Gesellschaft. Andrea zählt zur „unteren Dienstklasse" mit höherem Einkommen, beruflichem Ansehen und Weisungsbefugnissen. Sabine gehört der Klasse der einfachen Angestellten mit niedrigerem Einkommen, mittlerem beruflichen Ansehen und ohne Leitungstätigkeiten an.

Fazit: Andrea und Sabine sind sozial ungleich gestellt. Worin liegen die Ursachen für diese Ungleichheit? Die Antwort, die dieses Buch darauf gibt, lautet kurz und knapp: Organisation! Andrea und Sabine waren seit ihrer gemeinsamen Grundschulzeit Mitglieder in unterschiedlichen formalen Organisationen, und diese Organisationen nehmen Einfluss darauf, welche materiellen Chancen ein Individuum besitzt, sein Leben nach selbst gewählten Zielen und Wünschen zu gestalten. Was aber sind formale Organisationen?

Organisationen sind arbeitsteilig aufgebaute, dauerhafte soziale Einheiten, die von Menschen gegründet werden und denen Menschen beitreten, um auf diese Weise bestimmte Ziele zu erreichen. Schule und Universität, Unternehmen und öffentliche Verwaltung, Freizeitverein und Interessenverband, Gewerkschaft und Umweltschutzorganisation sind unterschiedliche Organisationen, denen Menschen in modernen, ausdifferenzierten Gesellschaften angehören. In Organisationen lernen, studieren und arbeiten sie, gestalten sie ihre Freizeit und versuchen sie, ihre individuellen und kollektiven Interessen etwa auf dem Arbeitsmarkt oder in der Politik durchzusetzen. Doch sind Menschen nicht nur Mitglieder *in* Organisationen. Sie verbringen auch einen Großteil ihrer Lebenszeit *mit* Organisationen, ohne deren Mitglied zu sein. Sie besuchen Elternabende der Schule ihrer Kinder, sie kaufen Unternehmen verschiedene Waren des täglichen Bedarfs ab, sie lassen sich von Reiseunternehmen um die halbe Welt in den Urlaub schicken, sie feilschen mit dem Finanzamt um die Abgabefrist für die Steuererklärung und vieles weitere mehr.

Organisationen bestimmen vielfältige Aspekte unseres öffentlichen und privaten Lebens. Warum aber beeinflussen sie auch die Lebenschancen von Menschen wie Andrea und Sabine? Anders gefragt: In welcher Weise beeinflussen Organisationen die gesellschaftliche Produktion von *sozialer Ungleichheit*? Soziale Ungleichheit liegt vor, wenn Menschen aufgrund ihrer Stellung zu anderen in einer Gesellschaft von allgemein begehrten knappen Gütern regelmäßig mehr als andere erhalten und damit über bessere Chancen zur Gestaltung ihres Lebens verfügen. Dies betrifft materielle Güter (Einkommen und Vermögen), immaterielle Güter (Bildungstitel, Mitspracherechte oder Sozialprestige) oder die Chancen, diese Güter in absehbarer Zeit zu erlangen, beispielsweise Aufstiegschancen am Arbeitsplatz.

Genau an dieser Stelle kommen Organisationen ins Spiel. Organisationen beeinflussen auf zwei Wegen die gesellschaftliche Verteilung von Lebenschancen: als Produktionsorganisation und als Verhandlungsorganisation.

Produktionsorganisationen stellen knappe Güter her, die anschließend unter den Mitgliedern der Organisation aufgeteilt werden. Ein Beispiel zur Veranschaulichung: Die Beschäftigten eines Unternehmens produzieren gemeinsam Güter und Dienstleistungen, die auf dem Markt verkauft werden. Ein Teil der dabei erzielten Einnahmen wird anschließend unter ihnen in Form von Entgelten verteilt. Ein anderes Beispiel: Bildungsorganisationen wie Schulen und Universitäten produzieren Wissen und Bildungszertifikate, die ihren lernenden Mitgliedern unterschiedliche Mobilitätschancen in der Gesellschaft eröffnen. Wie diese Zertifikate unter den Organisationsmitgliedern verteilt werden, bestimmt sich nach genau festgelegten Lehrplänen und formal kodifizierten Leistungsanforderungen.

Wie viele Güter ein Individuum nun von „seiner" Produktionsorganisation erhält, hängt zum großen Teil von der Struktur der jeweiligen Organisation ab. Unter Struktur verstehen wir das Zusammenspiel von Elementen, die den Prozess der Produktion und Verteilung dieser Güter steuern. Entscheidend ist, dass diese Strukturelemente von Organisation zu Organisation unterschiedlich ausgestaltet sind. Diese Variation ist dafür verantwortlich, dass die Mitglieder zweier verschiedener Organisationen knappe Güter in unterschiedlichem Ausmaß zugewiesen bekommen. Verdeutlichen wir uns diesen Zusammenhang an zwei ausgewählten Strukturelementen: der sozialen Zusammensetzung der Organisation und der Organisationsgröße. Über ihre Ungleichheitseffekte weiß man unter anderem Folgendes:

- *Soziale Zusammensetzung der Organisation*: Lernt ein Kind in einer Schule, die zugleich von vielen Mitschülern aus sozial schlechter gestellten Elternhäusern besucht wird, so erzielt es geringere Lernerfolge, als wenn es eine Schule mit hohem Anteil von Kindern aus sozial besser gestellten Elternhäusern besuchen würde. Dieser Zusammenhang gilt unabhängig vom sozialen Status des einzelnen Kindes.

- *Organisationsgröße*: Ist ein Beschäftigter in einem großen Unternehmen tätig, so verdient er mehr und hat bessere Aufstiegschancen, als wenn er in einem kleineren Unternehmen tätig wäre. Dieser Befund gilt unabhängig von der beruflichen Stellung und anderen Personenmerkmalen des einzelnen Beschäftigten.

Auf den Punkt gebracht: Die Variation dieser Strukturelemente ist dafür verantwortlich, dass zwei Personen mit gleichem Alter und Geschlecht, der gleichen sozialen Herkunft und identischer Bildungsabschlüsse nach einiger Zeit über ganz unterschiedliche Ressourcenausstattungen verfügen. Denken wir nun nochmals zurück an das Klassentreffen mit Andrea und Sabine und prüfen die gegebenen Informationen über die Lebensläufe beider Frauen, so können wir zwei Vermutungen aufstellen.

These 1: Andreas frühere Realschule liegt in Berlin-Steglitz, einem bürgerlichen Bezirk, der laut Berliner Sozialstrukturatlas mehrheitlich von Menschen mit höherem sozialen Status bewohnt wird (vgl. SenGSV 2004). Dagegen absolvierte Sabine ihre Realschulzeit im sozial schwächeren Innenstadtbezirk Kreuzberg (⇨ *Lernt ein Kind in einer Schule, die zugleich von einem hohen Anteil von Mitschülern aus sozial schlechter gestellten Elternhäusern besucht wird, so erzielt es geringere Lernleistungen, als wenn es eine Schule mit hohem Anteil von Kindern aus besser gestellten Elternhäusern besuchen würde*).

These 2: Seit ihrem Schulabschluss arbeitet Andrea im selben großen Industrieunternehmen. Sabine dagegen verbrachte über 20 Berufsjahre in drei kleineren Unternehmen (⇨ *Beschäftigte in großen Unternehmen verdienen mehr als Beschäftigte in kleinen Unternehmen*).

Produktionsorganisationen beeinflussen die gesellschaftliche Verteilung von Lebenschancen. Doch dies ist nur die eine Seite der „organisierten Ungleichheit". Auf der anderen Seite stehen *Verhandlungsorganisationen*. Verhandlungsorganisationen versuchen, die Verteilung von Gütern zu steuern, die außerhalb ihrer selbst hergestellt worden sind. Auch hier erhalten die Organisationsmitglieder Zuwendungen für erbrachte Anstrengungen. Doch anders als im Fall der „Produktionsorganisation" finden diese Verteilungen nicht innerhalb der Verhandlungsorganisation statt. Sie sind das Resultat von zum Teil harten Verhandlungen, die diese Organisation mit anderen Organisationen führt. Das Ziel ist dabei, die Interessen der eigenen Mitglieder möglichst weitgehend durchzusetzen.

Auch hier gilt: Verhandlungsorganisationen verfolgen das Ziel der kollektiven Interessendurchsetzung unter Rückgriff auf verschiedene Strukturelemente. Diese Elemente sind zum einen Teil der eigenen Orga-

nisationsstruktur und zum anderen Teil des Verhandlungssystems, das
Organisationen untereinander etablieren. Wiederum nennen wir zwei
Beispiele: die Größe der Organisation und die Existenz gesetzlich festge-
legter Entscheidungsrechte. Je nachdem, welche Elemente Verhandlungsorganisationen aufweisen bzw. untereinander etablieren, variieren
auch die Lebenschancen der gesellschaftlichen Gruppen, deren Interessen sie vertreten.

- *Organisationsgröße*: Je größer eine Gewerkschaft ist, d. h. je mehr Mitglieder sie hat, desto höher sind die Erwerbseinkommen ihrer Mitglieder. Dieser Effekt gilt unabhängig vom Einkommensniveau eines
  Gewerkschaftsmitglieds sowie anderer sozioökonomischer Merkmale.
- *Gesetzliche Entscheidungsrechte*: Existiert in einem (deutschen) Unternehmen ein Betriebsrat als Organ der gesetzlichen Mitbestimmung
  der Arbeitnehmer, so verdienen die Beschäftigten dieses Unternehmens mehr als die Beschäftigten in Unternehmen ohne Betriebsrat.
  Dieser Befund ist unabhängig von der Art des Unternehmens, z. B.
  seiner Größe oder seiner Branchenzugehörigkeit.

Übertragen wir diese Befunde auf unser Klassentreffen, so gelangen wir
zu zwei weiteren Thesen:

These 3: Die Beschäftigten von Andreas Unternehmen sind traditionell in der Gewerkschaft organisiert. Um Lohnverhandlungen und even-
tuelle Streiks abzuwenden, zahlt das Unternehmen seinen Beschäftigten
Zulagen über den geltenden Tariflohn hinaus. In Sabines Unternehmen
war keine Gewerkschaft aktiv, und es gab auch keinen Tarifvertrag (⇨ *Je
größer eine Gewerkschaft ist, desto höher sind die Erwerbseinkommen ihrer Mitglieder*).

These 4: In Andreas Haushaltsgerätehersteller gibt es seit vielen Jahren einen durchsetzungsstarken Betriebsrat. Im Autohaus, Sabines bislang letztem Arbeitgeber, ist die Einrichtung eines Betriebsrats daran
gescheitert, dass sich keiner der fünfzehn Angestellten zur Wahl stellen
wollte (⇨ *existiert in einem Unternehmen ein Betriebsrat als Organ der gesetz-*

lichen Mitbestimmung der Arbeitnehmer, so verdienen die Beschäftigten dieses Unternehmens mehr als die Beschäftigten in Unternehmen ohne Betriebsrat).

Ob unsere vier Thesen auf den konkreten Fall von Andrea und Sabine tatsächlich zutreffen oder nicht, lässt sich nicht aus der Ferne des Studierzimmers entscheiden. Doch dies ist auch gar nicht nötig. Wichtig ist allein, dass wir einen ersten Eindruck davon erlangt haben, wie formale Organisationen die Verteilung von Lebenschancen in modernen Gesellschaften beeinflussen, dass diese Verteilung sich in ungleicher Art und Weise vollzieht und dass es dafür strukturelle, im Aufbau der Organisation liegende Gründe gibt.

Dieser Zuweisungsprozess vollzieht sich jedoch häufig hinter dem Rücken der Organisationsmitglieder. Die sozialen Strukturen, die diese Prozesse steuern, bleiben meist unsichtbar. Es ist die Aufgabe des vorliegenden Lehrbuchs, an dieser Stelle mehr Licht ins Dunkel der Sozialstruktur moderner Gesellschaften zu bringen. Dabei ist die Beschäftigung mit Organisationen für uns kein Selbstzweck. Wir interessieren uns für diejenigen Gründe von sozialer Ungleichheit, die nicht auf andere soziale Ursachen, sondern ausschließlich auf die Existenz von Organisationen zurückzuführen sind. Wir studieren den strukturellen Aufbau von formalen Organisationen, ihre Umweltbeziehungen und die in ihnen ablaufenden Austauschprozesse einzig und allein aus einem Grund: Weil wir durch sie besser verstehen, warum die Menschen in modernen Gesellschaften zwar gleiche Ansprüche an ein stets individuell bestimmbares erfülltes Leben richten, aber dennoch unterschiedliche Chancen zur Durchsetzung dieser Zielvorstellungen besitzen.

I. Grundlagen organisierter Ungleichheit

In diesem Teil beschäftigen wir uns mit den Grundlagen des Verhältnisses von formaler Organisation und sozialer Ungleichheit. Folgende Fragen leiten uns durch den Text. Sie dienen zugleich als Lernziele:

- Was sind Organisationen, und warum gibt es sie?
- In welcher Hinsicht sind die Lebenschancen von Menschen in modernen Gesellschaften ungleich verteilt?
- Auf welche grundlegende Weise sind Organisationen an der ungleichen Verteilung von Lebenschancen beteiligt?

Im *ersten Kapitel* dreht sich alles um die „formale Organisation". Wir lernen unterschiedliche Organisationsbegriffe kennen, beschäftigen uns mit verschiedenen organisationssoziologischen Perspektiven und suchen eine Antwort auf die Frage, warum es offenkundig schwierig ist, eine eindeutige Definition des sozialen Phänomens der „Organisation" zu formulieren. Anschließend werden wir anhand ausgewählter Theorien erfahren, warum sich die formale Organisation im 19. und 20. Jahrhundert massenhaft ausgebreitet hat.

Das *zweite Kapitel* handelt vom Phänomen der sozialen Ungleichheit. Im Mittelpunkt steht der Begriff der Lebenschancen. Lebenschancen sind in allen Gesellschaften, die wir kennen, ungleich verteilt. Zunächst werden wir verschiedene Dimensionen dieser ungleichen Verteilung kennen lernen. Anschließend ziehen wir ausgewählte Begriffe – Klasse, Schicht, Milieu und Lebensstil – zur Beschreibung und Erklärung der ungleichen Verteilung von Lebenschancen heran. Am Ende des Kapitels erhalten wir einen ersten Hinweis auf den Beitrag, den formale Organisationen für die Struktur ungleicher Lebensverhältnisse in einer Gesellschaft erbringen.

Wie das erste Kapitel ist auch das zweite Kapitel separat konzipiert und kann im Falle umfangreicher Vorkenntnisse des Lesers bzw. der Leserin zügig durchgearbeitet – nicht aber ausgelassen – werden.

Im *dritten Kapitel* lernen wir drei grundlegende Verteilungssysteme in modernen Gesellschaften kennen: die Familie auf der Mikroebene, die Organisation auf der Mesoebene und den Wohlfahrtsstaat auf der Makroebene der Gesellschaft. Dargelegt wird, welche Güter in diesen drei Systemen typischerweise verteilt werden, welche Prinzipien diese Verteilungen steuern und welche Mechanismen dafür verantwortlich sind, dass aus diesen Verteilungen ungleiche Lebenschancen resultieren. Am Ende des Kapitels stellen wir die drei Verteilungssysteme einander gegenüber. Dabei lernen wir den spezifischen Charakter der Organisation als ein Familie und Wohlfahrtsstaat gleichermaßen beeinflussendes Verteilungssystem kennen.

Im *vierten Kapitel* betrachten wir vier Güterarten, deren Verteilung Organisationen beeinflussen. Anschließend identifizieren wir verschiedene Organisationstypen, die in unterschiedlicher Art und Weise an der Verteilung ungleicher Lebenschancen in der modernen Gesellschaft beteiligt sind. Diese Organisationstypen gliedern wir danach, ob Ungleichheit darauf zurückzuführen ist, dass die zu verteilenden Güter innerhalb der Organisation hergestellt wurden – *Produktionsorganisation* –, oder ob die Organisation Verteilungsprozesse beeinflusst, die außerhalb ihrer eigenen Grenzen hergestellt wurden – *Verhandlungsorganisation*. Diese Unterscheidung wird uns den Weg durch den zweiten und dritten Hauptteil dieses Buchs weisen.

1. Organisation

Dass Organisationen über das gesellschaftliche Zusammenleben bestimmen, zählt zu den Selbstverständlichkeiten des Lebens in der modernen Gesellschaft. Bereits ein Blick auf den Ablauf des eigenen Alltags genügt, um zu sehen, dass die Interaktion mit formalen Organisationen nicht weniger als die Mitgliedschaft in ihnen einen Großteil unserer Lebenszeit beansprucht und damit die Gestaltung unseres Alltags mitbestimmt. Ob als Konsumentin oder Arbeitnehmer, als Vereins- oder Krankenkassenmitglied oder als politisch aktiver Bürger: In unterschiedlichen Rollen treten Menschen Organisationen gegenüber, mit denen sie Güter tauschen, deren Dienstleistungen sie nutzen, gegenüber denen sie Rechte in Anspruch nehmen bzw. in der Pflicht stehen.

Doch was genau sind Organisationen? Warum gibt es sie, welche Zwecke werden mit ihnen verfolgt und warum nehmen sie Einfluss darauf, über welche Lebenschancen Menschen verfügen? Diese und weitere Fragen stehen im Mittelpunkt dieses Kapitels. Wir werden sie in drei Schritten beantworten.

- Im ersten Abschnitt lernen wir unterschiedliche Definitionen von und Forschungsperspektiven auf Organisationen kennen. Wir erfahren dabei, warum es keinen Konsens in der Forschung darüber gibt, was genau das Phänomen der Organisation auszeichnet.
- Im zweiten Abschnitt lernen wir anhand von ausgewählten Theorien, warum sich formale Organisationen derart rasant in der modernen Gesellschaft ausbreiten konnten.
- Im dritten Abschnitt betrachten wir zwei verschiedene Wege zur Erforschung des Verhältnisses von Organisation und Gesellschaft

und wenden sie auf die Frage nach den Ursachen von ungleich verteilten Lebenschancen an.

1.1 Was ist Organisation?

„We live in a world surrounded and made up of organizations" (Hall
1972: 3). Unternehmen und öffentliche Betriebe produzieren Güter und
stellen Dienstleistungen bereit; Krankenhäuser, Kindertagesstätten und
Pflegeheime leisten soziale Dienste; unter den Dächern von Sport-, Hei-
mat- und Freizeitvereinen finden sich Menschen zur Verfolgung gemein-
samer Interessen zusammen; Sozialämter vergeben staatliche Unterstüt-
zungen und verwalten die Armut; Unternehmensvereinigungen beeinflussen politische Entscheidungen der Parlamente im Interesse ihrer Mitglieder; Bürgerinitiativen kämpfen für Fahrradwege oder gegen Windrä-
der; Arbeitgeberverbände und Gewerkschaften ringen um Lohnprozente
und bewachen das Lohnbildungskartell; staatliche Behörden setzen Ge-
setze und Verordnungen um; Armeen entfachen Kriege oder verhindern
sie: Diese Aufzählung ist beliebig erweiterbar. Doch was ist das Gemeinsame all dieser verschiedenen Organisationen; was kennzeichnet die
Organisation als besonderen Modus der sozialen Kooperation?

1.1.1 Probleme mit dem Organisationsbegriff

Die Beantwortung dieser Frage ist alles andere als einfach. Denn die
Vielzahl an Zwecken, die einzelne Organisationen verfolgen und die
Variation der Strukturen, die sie aufweisen können, führt dazu, dass eine
Definition *der* Organisation nur aus wenigen abstrakten Merkmalen be-
stehen kann. Eine solche Definition stammt unter anderem von *Renate
Mayntz*. In ihrer 1963 erschienenen und nach wie vor lesenswerten Schrift
„Soziologie der Organisation" hebt sie drei solche Merkmale hervor:

„Gemeinsam ist allen Organisationen erstens, dass es sich um soziale Gebilde handelt, um gegliederte Ganze mit einem angebbaren Mitgliederkreis und interner Rollendifferenzierung. Gemeinsam ist ihnen zweitens, dass sie bewusst auf spezifische Zwecke und Ziele orientiert sind. Gemeinsam ist ihnen drittens, dass sie im Hinblick auf die Verwirklichung dieser Zwecke oder Ziele zumindest der Intention nach rational gestaltet sind." (Mayntz 1963: 36)

Diese Definition ist wirklich sehr allgemein. Sie sagt nichts darüber aus, welchen spezifischen Zweck die Organisation verfolgt, ob die Mitgliedschaft in ihr freiwillig oder erzwungen ist, in welchem Ausmaß die verfolgten Organisationsziele sich mit den Interessen ihrer verschiedenen Mitgliedergruppen decken, wodurch die Organisation zu einer handlungsfähigen sozialen Einheit wird, wie man die „Rationalität" der Organisation beurteilen kann und vieles weitere mehr. Organisationen, so Mayntz weiter, können sich „hinsichtlich aller Merkmale, die nicht in der Minimaldefinition festgelegt sind, unterscheiden, ohne daß man ihnen die Bezeichnung Organisation streitig machen darf" (ebd.). In der Stärke einer Minimaldefinition, die alle formalen Organisationen einschließt, liegt damit eine entscheidende Schwäche. Sie beschreibt die abstrakte Form der Organisation, ohne etwas über ihre sozialen Prozesse und Strukturen preiszugeben.

Andere Autoren werden bei der Begriffsbestimmung konkreter. Schauen wir uns dazu drei unterschiedliche Beispiele an. Die folgende Definition hat der amerikanische Soziologe *Amitai Etzioni* vor ebenfalls über 40 Jahren formuliert; sie kann nach wie vor typisch für die Mehrzahl der Organisationsdefinitionen gelten. Für Etzioni sind Organisationen „soziale Einheiten (oder menschliche Gruppenbildungen), die mit dem Zweck errichtet wurden, spezifische Ziele zu erfüllen" (Etzioni 1967: 12). Seiner Auffassung nach sind es drei Merkmale, die Organisationen von anderen sozialen Einheiten wie Volksstämmen, Schulklassen, Freundeskreisen oder Familien unterscheiden:

- eine bewusst geplante Arbeitsteilung sowie die Aufteilung von Macht und die Delegation von Verantwortung,

- die Existenz eines oder mehrerer Machtzentren, die für die Koordination und Kontrolle der arbeitsteiligen Prozesse zuständig sind,
- die prinzipielle Austauschbarkeit der Arbeitskräfte.

Wie wir sehen, beschreibt Etzioni offenbar vor allem Organisationen, in denen *Arbeit* verrichtet wird. In der Tat trifft diese Eigenschaft auf sehr viele Organisationen zu. Jedoch gibt es andererseits auch solche, deren Mitglieder weniger arbeiten, sondern die andere Formen sozialer Kooperation pflegen. Man denke etwa an Vereine, in denen gemeinsame Freizeitbeschäftigungen ausgeübt werden, an Kirchen, in denen Gottesdienste abgehalten werden, sowie an Interessenorganisationen wie Gewerkschaften, deren Mitglieder sich zur Durchsetzung kollektiver Interessen am Arbeitsmarkt zusammenfinden.

Man darf diesen Einwand nicht als akademische Spitzfindigkeit missverstehen. Denn man kann aus ihm lernen, dass der definitorische Zuschnitt eines Organisationsbegriffs offenbar davon abhängt, welche explanatorische Zielsetzung ein Autor oder eine Autorin mit dem jeweiligen Begriff verfolgt, d. h. was ihn oder sie eigentlich an der Organisation als sozialem Phänomen interessiert. Etzioni (1967) beispielsweise interessiert sich vor allem für die Zielsetzungen, den strukturellen Aufbau und die Umwelt von Organisationen, in denen eben Arbeit verrichtet wird.

Auch unserer nächsten, von *Niklas Luhmann* stammenden Definition aus dem Jahr 1964 liegt ein spezifisches Erkenntnisinteresse zugrunde. In der ihm eigenen trockenen Sprache formuliert Luhmann:

> „Diejenigen Merkmale, die nach bisheriger Auffassung den Begriff der formalen Organisation definierten: Zweck und Herrschaft, erscheinen uns mithin nur noch als Vorzugsthemen der Formalisierung. Das Charakteristische der Formalisierung selbst besteht in der Aussonderung bestimmter Erwartungen als Mitgliedschaftsbedingung. Wir wollen eine Erwartung daher als formalisiert betrachten, wenn sie in einem sozialen System durch diese Mitgliedschaftsregel gedeckt ist, d. h. wenn erkennbar Konsens darüber besteht, daß die Nichtanerkennung oder Nichterfüllung dieser Erwartung mit der Fortsetzung der Mitgliedschaft unvereinbar ist. (...) Formale Organisation ist

der Komplex dieser formalen Erwartungen." (Luhmann 1999: 38; zuerst 1964)

Zweckorientierung und Rationalität oder die Herstellung eines gemeinsamen Produkts sind keine für Luhmann zentralen Organisationsmerkmale (siehe auch Luhmann 1968). Für ihn ist allein entscheidend, dass Organisationen *Erwartungen* formalisieren. Indem sie diese Verhaltenserwartungen mit der Mitgliedsrolle verknüpfen, halten sich die Mitglieder an diese Erwartungen. Diese Definition unterscheidet sich deutlich von den vorangegangenen. Dies liegt auch daran, dass sich Luhmann mit anderen theoretischen Mitteln dem Phänomen der Organisation nähert als die Mehrzahl der Organisationssoziologen, nämlich mit den Mitteln einer allgemeinen Theorie sozialer Systeme (für Näheres vgl. Tacke 2001).

Die dritte Begriffsbestimmung fällt noch weiter aus dem Rahmen. Sie ist weniger eine Definition, sondern eher eine „Nicht-Definition", formuliert vom amerikanischen Soziologen *Karl Weick*. Weick verwirft die seiner Auffassung nach in die Irre führende Unterstellung, Organisationen wären rational geplante und formal strukturierte Gebilde:

„Das Wort Organisation ist ein Substantiv und ein Mythos zugleich. Sieht man sich nach einer Organisation um, findet man keine. Was man findet, sind miteinander verknüpfte Geschehnisse, Vorgänge, die innerhalb fester Mauern ablaufen, und diese Vorgänge oder Abläufe, ihre Bahnen, ihre zeitliche Koordination sind die Formen und Formalitäten, aus denen wir fälschlicherweise Inhalte machen, wenn wir von einer Organisation sprechen." (Weick 1974: 358, zitiert nach Scott 1986: 168)

Nicht formale *Organisation*, sondern fortlaufendes *Organisieren*, d. h. ein dauerhafter Fluss von Entscheidungen und Handlungen, kennzeichnet laut Weick den uns interessierenden Gegenstand. Nicht abstrakte Ziele bestimmen über die konkreten Entscheidungen und Handlungen, sondern genau umgekehrt ergeben sich die Ziele aus den operativen Entscheidungen: Damit Entscheidungen befolgt werden, müssen sie als legitim anerkannt werden. Genau dazu dienen Ziele, die den Entscheidungen im Nachhinein angeglichen werden (vgl. Weick 1995).

Wir wollen an dieser Stelle nicht weiter in die Welt der Definitionen eindringen. Uns reicht es festzustellen, dass Organisationsbegriffe, wenn sie konkreter als der eingangs von Renate Mayntz vorgeschlagene sind, bestimmte Eigenschaften von Organisationen besonders hervorheben, während andere ausgeblendet werden. Anders gesagt: Was eine Organisation *ist*, hängt maßgeblich von der *Perspektive* ab, unter der man sie betrachtet. Dies heißt jedoch nicht, dass es überhaupt keine Einigkeit über die zentralen Eigenschaften und Merkmale von Organisationen gibt. Warum nicht, zeigt uns der nächste Abschnitt.

1.1.2 Organisation als rationales, natürliches und offenes System

Folgt man einem Vorschlag von *W. Richard Scott* (2003), so haben sich in der Vergangenheit drei typische Organisationsverständnisse herausgebildet. Sie knüpfen an die beschriebene Vielfalt der Organisationsbegriffe an und übersetzen diese in eine überschaubare Ordnung. Diese Perspektiven betrachten Organisation entweder (1) als rationales System, (2) als natürliches System oder (3) als offenes System.

Organisation als rationales System

Im Mittelpunkt der Forschungstradition zur Organisation als rationales System, im Übrigen die älteste der drei Perspektiven, stehen unter anderem folgende Fragen: Welche formale Struktur sollte eine Organisation aufweisen, um die bestehenden spezifischen Zielsetzungen möglichst effektiv erfüllen zu können? Wie leitet man aus den Oberzielen der Organisation operative Ziele zweiter oder dritter Ordnung ab, die von den Organisationsmitgliedern innerhalb der Stellenstruktur bearbeitet werden können? Welche Anforderungen stellt die jeweilige Struktur an die Fähigkeiten der Organisationsmitglieder? Und: Wie wird sichergestellt, dass diese zugewiesenen Ziele zweiter oder dritter Ordnung auch tatsächlich befolgt werden?

Diese Perspektive legt das Hauptaugenmerk auf die rationale Gestaltung der Organisationsstrukturen, sie betont den überdurchschnittlichen Formalisierungsgrad der Ziele und sie interessiert sich für die organisationale Sozialstruktur, die zum Zwecke der Zielerreichung etabliert wird (vgl. Endruweit 2004: 19 ff.). Zu den bekanntesten Arbeiten, die aus dieser Perspektive verfasst wurden, zählen

- das „Scientific Management" Frederick W. Taylors (1977),
- Max Webers Bürokratietheorie (Weber 1972; näheres dazu in Abschnitt 1.2.2),
- die Theorie administrativer Rationalität von James G. March & Herbert A. Simon (1976).

Erinnern wir uns an die Definitionen von Renate Mayntz und Amitai Etzioni: Auch sie teilen diese Rationalitätsperspektive, denn ihnen ging es um die Spezifikation von Zielen, um planmäßige Kooperation der Organisationsmitglieder und um formale Strukturen, die der Zielerreichung dienen sollen. Allgemein gilt:

> „From the rational system perspective, structural arrangements within organizations are conceived as tools deliberately designed to achieve the efficient realization of ends, or, from Weber's perspective, the disciplined performance of participants." (Scott 2003: 53)

Organisation als natürliches System

Wer Organisationen als natürliche Systeme betrachtet, interessiert sich hauptsächlich für die sozialen Prozesse, die innerhalb von Organisationen ablaufen. Die Vertreter dieser Blickrichtung bestreiten zwar nicht, dass die Organisationsstrukturen an den formalen Zielen orientiert sein *können*. Sie behaupten jedoch, dass sie es mehrheitlich *nicht* sind. Denn zumeist geschieht das umgekehrte: Die Organisation passt die zu befolgenden Ziele an die einmal eingerichteten und damit vorhandenen Strukturen an. Dabei befolgt sie ein ungeschriebenes Oberziel, nämlich das des Fortbestands der Organisation um ihrer selbst Willen, zuweilen auch um den Preis der Vernachlässigung oder der faktischen Aufgabe ihrer formalisierten Ziele:

> „Denn oft modifizieren Organisationen ihre Ziele, um sich besser auf ihre Umwelt einstellen zu können, und wenn ihre Existenz auf dem Spiel steht, verzichten sie in der Regel darauf, ihren erklärten Zielen weiter zu folgen, wenn sie sich dadurch retten können." (Scott 1986: 121)

Eine zweite wichtige Einsicht dieser Perspektive ist, dass menschliches Verhalten in Organisationen häufig Ursachen haben und Formen annehmen kann, die von den formalen Strukturen mehr oder weniger unabhängig sind. Denn die Organisationsmitglieder legen ihre Individualität als auch ihren Gemeinschaftssinn nicht im Umkleideraum ab. Sie ordnen sich den formalen Abläufen nicht klaglos unter, sondern sie interagieren *informell*: Sie tauschen Informationen jenseits des Dienstwegs aus, bilden Allianzen und Koalitionen gegenüber unliebsamen Vorgesetzten, boykottieren die Umsetzung von Entscheidungen vorgelagerter Gremien und setzen statt dessen selbst Beschlossenes um. Und häufig geschieht all dies, ohne dass die Effektivität der Organisation zwingend irreparablen Schaden nimmt. Maßgebliche Untersuchungen dieses Organisationsverständnisses sind unter anderem:

- die „Human Relations"-Schule von Elton Mayo (1945) sowie Fritz Roethlisberger & William Dickson (1975),
- das „eherne Gesetz der Oligarchie" von Robert Michels (1970),
- der Mikropolitikansatz von Tom Burns (1962) sowie von Michel Crozier & Erhard Friedberg (1979).

Organisation als offenes System

Im Unterschied zu den beiden vorangegangenen Perspektiven untersucht man Organisationen aus der Perspektive des offenen Systems auf ihre Beziehungen zu ihrer Umwelt. Das analytische Grundmodell dieser Perspektive stammt aus der Kybernetik. Es besagt, dass jedes System drei Komponenten besitzt:

1. eine Planungseinheit, die die Anforderungen der Umwelt registriert und auf dieser Grundlage die Ziele des Systems festlegt,
2. eine Kontrolleinheit, die den Ziel- mit dem Ist-Zustand vergleicht, bei aktuellen Abweichungen Anweisungen erteilt und deren Befolgung überwacht,
3. eine operative Einheit, die die Anweisungen der Kontrolleinheit ausführt und die Änderung des Ist-Zustands an diese zurückmeldet.

Organisationen sind offene Systeme, weil ihre interne Strukturbildung von den Einflüssen der Umwelt abhängt, in der sie handeln, seien diese politisch-rechtlicher, sozialer, kultureller oder wirtschaftlicher Natur. Im Unterschied zu diesem relativ starren kybernetischen Modell, in dem jede Einheit eine eindeutige Funktion besitzt, weisen Organisationen eher lose Kopplungen zwischen ihren Elementen auf. Einer der Gründe liegt darin, dass die Anforderungen der Umwelt oftmals unklar und diffus sind, weshalb die Subeinheiten größere Flexibilität im wechselseitigen Anpassungsverhalten zeigen müssen. Ein anderer Grund ist, dass die formale Struktur den Organisationsmitgliedern genügend Freiraum zur Interpretation von Anweisungen und damit zum autonomen Handeln belassen muss. Zu dieser Perspektive zählen neben den bereits erwähnten Arbeiten von Karl Weick die Folgenden:

* die Kontingenztheorien von Paul Lawrenz & Jay William Lorsch (1967), James Thompson (1967), Tom Burns & George Stalker (1968) sowie von Joan Woodward (1980),

- der Populationsökologieansatz von Michael Hannan & John Free-
  man (1989), Michael Hannan & Glenn Caroll (1992) sowie von Bill
  McKelvey (1982),
- der organisationssoziologische Neo-Institutionalismus von Walther
  Powell & Paul J. DiMaggio (1991) sowie von John Meyer & Brian
  Rowan (1977).

Die von W. Richard Scott vorgeschlagene Unterscheidung in rationale,
natürliche und offene Systeme ist ein Versuch, die Vielfalt der unterschiedlichen Organisationsverständnisse auf einige wenige Typen zu
reduzieren. Solcherart vereinfachende Ordnungskonzepte können nie-
mals voll befriedigend sein. Denn sie setzen voraus, dass jeder Theorie
bzw. jeder empirischen Untersuchung ausschließlich eine und nur eine
Perspektive zugrunde liegt. Das ist in der Forschung jedoch zumeist
nicht der Fall. So sind in den vergangenen dreißig Jahren verstärkt Versuche unternommen worden, um die Perspektiven des rationalen und
des natürlichen Systems mit jener des offenen Systems zu verbinden (vgl.
Scott 2003: 102 ff. sowie Walter-Busch 1996: 57 ff.).

Doch dieser Differenzierung wollen wir an dieser Stelle nicht weiter
folgen. Für uns reicht es aus zu wissen, dass formale Organisation facettenreiche und mehrdimensionale soziale Gebilde sind, die nur um den
Preis abstrakter Aussagelosigkeit auf einen einzigen Begriff gebracht
werden können. Umgekehrt kann keine der drei Perspektiven für sich in
Anspruch nehmen, alle relevanten Dimensionen abzubilden. Denn Organisationen sind eben „komplex" (Perrow 1986): Nur zusammengedacht
vermitteln uns die verschiedenen Perspektiven umfassende Einsichten in
die Fülle des sozialen Lebens in und mit Organisationen.

Damit sind wir beim Fazit für diesen Abschnitt zum Begriff der Organisation angelangt:

- Es gibt in der Forschung keine einheitliche Definition dessen, was
  eine Organisation ist.

- Organisation sind facettenreiche und mehrdimensionale soziale Gebilde, die nur schwer und um den Preis abstrakter Aussagelosigkeit auf einen einzigen Begriff gebracht werden können.
- Je nach Forschungsinteresse lassen sich Organisationen als rationale, natürliche oder offene Systeme beschreiben.

1.2 Warum gibt es Organisationen?

In diesem Abschnitt gehen wir der Frage nach, warum die moderne Gesellschaft von formalen Organisationen durchdrungen ist. Auch wenn ihre Allgegenwart vielen Menschen als zeitlose Selbstverständlichkeit des sozialen Lebens gilt, so ist ihre massenhafte Verbreitung die Folge eines sozialen Wandels, der das Ende der ständischen Gesellschaft einläutete und der in die Entstehung der modernen Arbeitsgesellschaft mündete. Im Mittelpunkt dieses Prozesses steht der Begriff der *Effektivität*.

Effektivität ist ein Maß, das den Grad der Durchsetzung spezifischer Ziele wiedergibt. Sie ist die Voraussetzung dafür, dass Organisationen zentrale Orte der ungleichen Verteilung knapper Güter sind. Um diesen Zusammenhang aufzuzeigen, beginnen wir mit einer kurzen historischen Betrachtung zum Aufstieg der Organisationen seit dem ausgehenden Mittelalter. Anschließend diskutieren wir drei ausgewählte Organisationstheorien, die in unterschiedlicher Weise darlegen, warum Organisationen vergleichsweise gut geeignet sind, einmal gesetzte Ziele effektiv zu erreichen.

1.2.1 Der Aufstieg der Organisationen

In der mittelalterlichen Ständegesellschaft dominierten Gebilde sozialer Kooperation, die in der Regel die lebenslange Zugehörigkeit von Personen voraussetzten. Die Zunft, die Grundherrschaft, das Kloster oder die landwirtschaftlich-feudale Dorfgemeinschaft waren typische Vertreter dieser Gebilde (vgl. Polanyi 1978). Das entscheidende Zugehörigkeitskriterium war *askriptiv*: Der soziale Status bei Geburt bestimmte darüber, welche Lebenschancen eine Person Zeit ihres Lebens besaß und welche Rechte und Pflichten sich daraus ableiteten. Wie *James Coleman* darlegt, geriet diese starre hierarchische Ordnung seit dem 14. Jahrhundert unter einen zweifachen Druck. Zum einen gewannen die natürlichen Personen zunehmend das Recht, ihre Beziehungen autonom und nach eigenen Vorstellungen zu gestalten. Zum anderen entstand als unmittelbare Folge dieses Zuwachses individueller Freiheiten ein neuartiger Akteur in der Gesellschaft, den Coleman im Unterschied zur natürlichen Person als „korporativen Akteur" bezeichnet: die formale Organisation (Coleman 1979).

Historisch neu an diesem korporativen Akteur war zweierlei. Erstens besaß er das Recht, eigenständig Rechtsgeschäfte einzugehen, um zum Beispiel darüber zu entscheiden, in welchem Umfang und in welcher Art Güter und Dienstleistungen erbracht werden. Dazu gehörte auch das Recht, Eigentum zu erwerben. Diese juristische Person erwies sich als Verstärker der langsam zunehmenden Durchlässigkeit der Sozialstruktur. Da der korporative Akteur anders als die Zunft nicht mehr auf eine bestimmte Funktion und Position innerhalb der Sozialstruktur festgelegt war, erwies er sich

> „als eine Quelle steter Veränderung und steten Wandels (...), der von unten her kommt, durch die vereinte Kraft vieler Personen, die als Einheit handeln und vom Gesetz als Einheit betrachtet werden." (Coleman 1979: 13)

Das zweite neuartige Merkmal der mit wirtschaftlichen Rechten ausgestatteten Organisation war ihre Eigenschaft als *teilinkludierendes* Gebilde. Teilinkludierend bedeutet im Unterschied zum mittelalterlichen Kooperationsgebilde zweierlei:

- Zum einen besteht prinzipiell freie Ein- und Austrittsmöglichkeit. Weder wird man in eine formale Organisation hineingeboren, noch wird man von dieser zu lebenslanger Mitgliedschaft gezwungen.

- Zum anderen treten die Mitglieder nur einen begrenzten Teil ihrer Handlungsfreiheit an die Organisation ab.

In Arbeitsorganisationen beispielsweise sind Beschäftigte dazu verpflichtet, ihre Handlungen innerhalb der vertraglich vereinbarten Arbeitszeit (*zeitlich*) nur für bestimmte, ebenfalls vereinbarte Aufgaben zur Verfügung zu stellen (*sachlich*). Dagegen schlossen die Grundherrschaft oder die Zunft ihre Mitglieder als ganze Person in allen Dimensionen ihres sozialen Lebens ein. Diese Eigenschaft weisen in modernen Gesellschaften nur noch sogenannte „totale Institutionen" auf (vgl. Goffman 1973). Dafür typische Organisationsformen sind das Gefängnis, die geschlossene psychiatrische Anstalt und – mit Einschränkungen – die Armee.

Im ausgehenden Mittelalter wurden also die Grundlagen der Existenz formaler Organisationen gelegt. Die Phase ihrer massenhaften Ausweitung fällt jedoch in die Zeit der Industrialisierung im 19. und im 20. Jahrhundert (vgl. Kerr et al. 1966). Hierzu sind zwei bei Coleman (1986: 21 ff.) wiedergegebene Zeitreihen aufschlussreich. Die erste Zeitreihe gibt die zahlenmäßige Entwicklung der steuerpflichtigen Unternehmen in den USA an. Ihr zufolge hat sich die Zahl der Unternehmen im Zeitraum von 1916 bis 1968 von 300.000 auf 1,6 Millionen mehr als verfünffacht, ohne dass es zu einem Bevölkerungswachstum in gleicher Größenordnung gekommen wäre. Die zweite Zeitreihe ist in Abbildung 1.1 festgehalten. Sie gibt die Beteiligung von Organisationen an Gerichtsverfahren vor dem Appellationsgericht des Staates New York wieder und stellt sie den vor dem gleichen Gericht auftretenden Privatpersonen gegenüber. Wie die Abbildung zeigt, war das Verhältnis beider Akteurstypen im Jahre 1853 noch höchst ungleichgewichtig: 85 Prozent der Prozessbeteiligten waren natürliche Personen und nur 15 Prozent Organisationen. Dieses Verhältnis hat sich 1920 ausgeglichen; nunmehr waren beide zu mehr oder weniger gleichen Anteilen an Prozessen beteiligt.

Abbildung 1.1: Die Beteiligung von natürlichen Personen und Organisationen an Verfahren des Appellationsgerichts des
Staates New York, 1853-1973 (in Prozent)

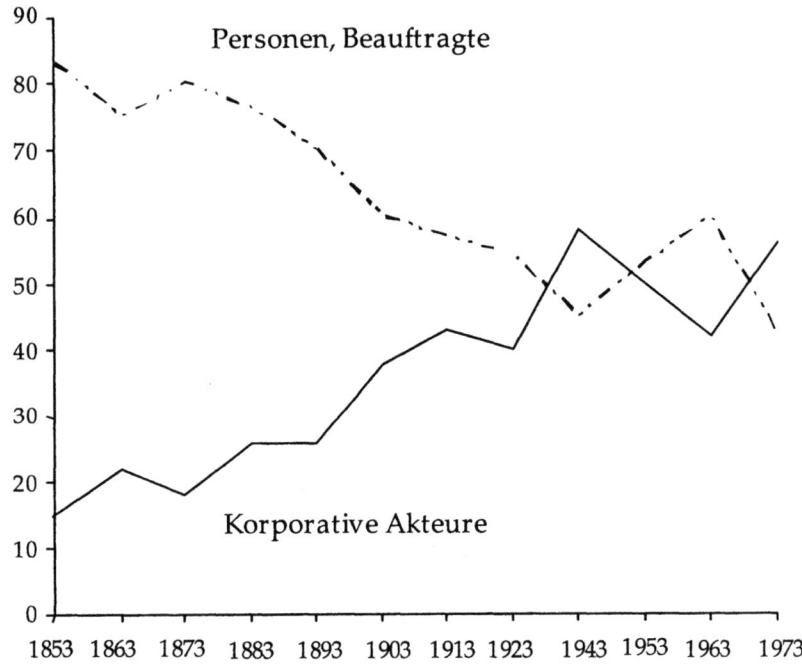

Quelle: Coleman 1986: 22

Die von Coleman beschriebene Entwicklung ist nur ein Beispiel dafür,
dass sich formale Organisationen im 19. und 20. Jahrhundert massenhaft
ausgebreitet haben. Warum dies so ist, versucht die Organisationssoziologie seit ihren Anfängen im späten 19. Jahrhundert zu ergründen. Die
gegebenen Antworten sind außerordentlich vielfältig, so dass sie sich nur
um den Preis der Trivialität auf einen gemeinsamen Nenner bringen lassen (vgl. zum Überblick die Lehrbücher bzw. Textsammlungen von

Clegg et al. 1996; Hatch 1997; Handel 2003, Müller-Jentsch 2003 und Walter-Busch 1996).

Betrachtet man Organisationen jedoch aus einer an Phänomenen sozialer Ungleichheit ausgerichteten Perspektive, so fällt eine Erklärung immer wieder ins Auge, nämlich: *Organisationen existieren, weil sie die effektivsten sozialen Einheiten in einer Gesellschaft sind, mittels derer knappe Güter arbeitsteilig erstellt und soziale Macht akkumuliert werden können.*

Dass und warum Organisationen effektiv sind, werden wir uns nun anhand von drei verschiedenen Organisationstheorien verdeutlichen: der Bürokratietheorie von Max Weber, der Transaktionskostentheorie von Oliver E. Williamson und des kontrolltheoretischen Ansatzes von Charles Perrow.

1.2.2 Max Webers Bürokratietheorie

Anders als die meisten der ihm nachfolgenden Soziologen war *Max Webers* Beschäftigung mit dem Phänomen Organisation eingebettet in ein genuin gesellschaftsanalytisches Forschungsprogramm. Sein Interesse galt der Verbindungslinie zwischen der okzidentalen Rationalisierung und der Ausbreitung der Bürokratie (Bendix 1960). Wiederholt wies er darauf hin, dass die Bürokratie als effektivste Form sozialer Herrschaft die Eigenschaft hat, in immer weitere Bereiche des sozialen Alltagslebens vorzudringen, die zuvor von traditionaler oder von spontaner Kooperation geprägt waren. Weber zeigte, dass die Ausweitung bürokratischer Ordnungsprinzipien durch sachbezogene Arbeitsorganisation und unpersönliches Fachbeamtentum zur schrittweisen Verdrängung von Individualität führt – eine Individualität, die gerade erst mit der Befreiung von den Zwängen religiös bestimmter Weltbilder in die Geschichte eingetreten war (Weber 1972: 551 ff., 825 ff.; ders. 1988; vgl. auch Gabriel 1979: 25 ff.).

Webers Interesse an organisationaler Effektivität ist vor allem ein herrschaftssoziologisches. Es geht ihm um die Frage, unter welchen Bedingungen der Führer eines sozialen Gebildes von seinen Untergebenen

Folgebereitschaft erwarten kann. Im Vergleich dreier Herrschaftstypen – rationale, traditionale und charismatische Herrschaft – kommt er zu dem Schluss, dass allein erstere dauerhaften Gehorsam garantiert (Weber 1972: 124 ff.). In ihrer reinsten Form beruht die rationale Herrschaft auf dem Grundsatz der Legalität, der allen Entscheidungen des „Verwaltungsstabs" zugrunde liegt. Im Unterschied etwa zur charismatischen Herrschaft, in der die Gefolgschaft auf dem Glauben an die Heiligkeit oder Heldenkraft eines Führers beruht, oder zu der auf sozialer Herkunft basierenden traditionalen Herrschaft, kennzeichnet die Bürokratie folgende, miteinander verbundene Prinzipien (ebd.: 551 ff.):

- Eine ausschließlich auf sachlichen Erfordernissen gründende Kompetenzverteilung,
- hierarchisch abgestufte Überwachung der Aufgabenerfüllung von oben nach unten,
- Transparenz der Entscheidungsregeln und Aktenmäßigkeit der getroffenen Entscheidungen,
- Trennung von Arbeitsmitteln und persönlichem Eigentum,
- per Arbeitsvertrag angestellte Beamte, deren Qualifikation formal nachweisbar ist (z. B. mittels Prüfungszeugnis),
- Dauerstellung sowie prinzipielle Kündbarkeit des Arbeitsverhältnisses auf Beschäftigtenseite.

Aus der Kombination dieser Prinzipien ergibt sich für Weber das entscheidende Merkmal der bürokratischen Organisation, nämlich die *Versachlichung* und *Kalkulierbarkeit* des Aufgabenvollzugs. Seine Grundlage ist die Ausschaltung der persönlichen Willkür auf Seiten des Herrschenden sowie der Schwankungen der Folgebereitschaft der ihm Untergebenen. Dies hat zwei Effekte: Erstens befördert der Ausschluss willkürlicher Entscheidungen auf Seiten des Herrschenden eine prinzipiell dauerhafte Folgebereitschaft der Untergebenen. Und zweitens führt die Trennung von Person und Funktion dazu, dass sich die sachliche Leistungserstellung präziser steuern lässt.

Zusammengenommen stellen Versachlichung und Kalkulierbarkeit die Grundlage einer nicht zu übertreffenden Effektivität der bürokratischen Organisation gegenüber anderen Formen sozialer Kooperation dar. Diese Überlegenheit führt dazu, dass nicht nur staatliche Verwaltungen oder privatwirtschaftliche Betriebe dem Muster der Bürokratie gefolgt sind, auch wenn diese auf beiden Gebieten die weiteste Verbreitung gefunden hat. Auch für karikative Einrichtungen, für öffentliche oder kirchlich geführte Krankenhäuser, für Schulen oder für politische Verbände ist sie die effektivste Form der Leistungserstellung. Lassen wir Weber selbst zu Wort kommen:

> „Der entscheidende Grund für das Vordringen der bürokratischen Organisation war von jeher ihre rein *technische* Überlegenheit über jede andere Form. Ein voll entwickelter bürokratischer Mechanismus verhält sich zu diesem genau wie eine Maschine zu den nicht mechanischen Arten der Gütererzeugung. Präzision, Schnelligkeit, Eindeutigkeit, Aktenkundigkeit, Kontinuierlichkeit, Diskretion, Einheitlichkeit, straffe Unterordnung, Ersparnisse an Reibungen, sachlichen und persönlichen Kosten sind bei streng bürokratischer, speziell monokratischer Verwaltung durch geschulte Einzelbeamte gegenüber allen kollegialen oder ehren- und nebenamtlichen Formen auf das Optimum gesteigert." (Weber 1972: 561 f.)

Webers entschiedene Position, dass formale Organisationen im höchsten Maße effektiv seien, ist nicht ohne Widerspruch geblieben. Viele Zweifel ranken um Webers Methode, die Bürokratie als Idealtypus zu konzipieren. Insbesondere geht es um die Frage, inwiefern in die idealtypische Verdichtung der charakteristischen Eigenschaften der Bürokratie zugleich Beschreibungen ihrer empirischen Realität hineingemischt seien (vgl. Mayntz 1968 sowie Scott 1986: 109 f.). Ein anderer Einwand besagt, dass in letzter Zeit mit dem *Unternehmensnetzwerk* eine Organisationsform an Bedeutung gewinnt, die unter bestimmten Bedingungen ebenfalls hocheffektiv ist, obschon ihr wesentliche Merkmale der bürokratischen Steuerung fehlen, allen voran die hierarchische Kontrolle (vgl. hierzu Powell 1990; Windeler 2001).

Unabhängig von dieser Kritik kann man Webers Überlegungen zwei wichtige Hinweise entnehmen. Erstens: Einer der maßgebenden Ursachen der massenhaften Ausbreitung von formalen Organisationen in der modernen Gesellschaft war deren historisch neuartige Effektivität als Herrschaftsverband. Und zweitens: Diese Effektivität ist zu weiten Teilen unabhängig davon, welchen konkreten Zwecken Organisationen im Einzelnen dienten.

1.2.3   Oliver E. Williamsons Transaktionskostentheorie

Während Webers Bürokratietheorie den Schwerpunkt auf den Aspekt der Herrschaft legt, betrachtet die Transaktionskostentheorie Organisationen unter ökonomischem Gesichtspunkt. Ihre grundlegende Frage lautet, warum es überhaupt Firmen gibt, wenn doch gemäß der neoklassischen Ökonomie der Wettbewerb als die effizienteste Form der Allokation von Angebot und Nachfrage gilt (vgl. Arrow 1974 sowie bereits früh Coase 1937). Eine der wichtigsten Erklärungen hierzu hat der Ökonom *Oliver E. Williamson* vorgelegt (Williamson 1975, 1981, 1990). Die folgenden Ausführungen geben die Transaktionskostentheorie nicht in der Breite wieder (vgl. zusammenfassend Walgenbach 1999: 225 ff.), sondern sie konzentrieren sich auf den Vergleich der beiden alternativen Formen der ökonomischen Kooperation: dem Wettbewerb und der Organisation.

Williamson geht davon aus, dass Wettbewerb und Organisation zwei alternative Formen sind, um ökonomische Aktivitäten unter Individuen zu koordinieren. So können sich Individuen auf die Herstellung oder den Vertrieb bestimmter Güter spezialisieren bzw. spezifische Bearbeitungsschritte an einem Gut durchführen und beide Leistungen individuell auf dem Markt anbieten (Wettbewerb). Alternativ dazu können sie sich zusammenschließen, um eine Firma gründen. In dieser Firma wird dann der komplette Bearbeitungsgang von einer oder von mehreren Produktfamilien durchgeführt. Diese Produkte werden dann anschließend über ein firmeneigenes Vertriebsnetz verkauft (Organisation).

Für welche der beiden Varianten man sich entscheidet, ist für Williamson eine Frage der anfallenden „Transaktionskosten". Transaktionskosten sind (1) Kosten für die Anbahnung von Verträgen zwischen Anbietern und Nachfragern, und (2) Kosten um sicherzustellen, dass die vertraglichen Vereinbarungen auch eingehalten werden. Wie hoch die Transaktionskosten im Einzelnen sind, hängt von drei Bedingungen ab:

- vom Zugang zu Informationen, die für die Transaktion erforderlich sind (Rationalitätproblem), wobei zwischen vollständiger und begrenzter Möglichkeit („bounded rationality") zum Einblick in das Marktgeschehen ausgegangen wird,
- von der Bereitschaft der Akteure zum Opportunismus, d. h. dazu, im Falle sich bietender vertraglicher Schlupflöcher diese zum Nachteil des Vertragspartners listig auszunutzen oder leere Versprechungen abzugeben,
- von der „Faktorspezifität", d. h. vom Grad der Spezialisierung eines Gutes oder einer Investition. Beispiele hierfür sind die Einzweckmaschine, die Güter nur in einer einzigen Ausführung fertigt (hohe Faktorspezifität), und die Mehrzweckmaschine, die verschiedene Varianten in unterschiedlicher Bearbeitungstiefe produziert (niedrige Faktorspezifität).

Aus der Kombination dieser Bedingungen erhält Williamson insgesamt vier verschiedene Vertragsformen, die die Akteure untereinander abschließen können: Planung, Versprechen, Wettbewerb und Beherrschung (vgl. Tabelle 1.1).

Im ersten Fall der *Planung* wird unterstellt, dass die Akteure streng opportunistisch handeln. Die hohe Faktorspezifität führt dazu, dass nur wenige Vertragspartner auf dem Markt zur Verfügung stehen. Da die Akteure vollständigen Einblick in die für sie relevanten Information über das Marktgeschehen besitzen, wurden alle diesbezüglichen Fragen bereits bei Vertragsschluss geregelt – angesichts dieses hohen Grads an Berechenbarkeit ist gemeinsame *Planung* die günstigste Vertragsform.

Im zweiten Fall des *Versprechens* verfügen die Akteure nur über begrenzte Informationen über das Marktgeschehen. Die dabei notwendigerweise auftretenden Vertragslücken werden aber nicht opportunistisch ausgenutzt. Die Akteure verhalten sich fair, da sie sich einander *versprechen*, die bei Vertragsschluss gewollten Transaktionen auch tatsächlich durchzuführen.

Tabelle 1.1:   Vertragsbedingungen und Vertragsformen nach
                 Williamson

Verhaltensannahme		Faktor-spezifität	Effektive Vertragsform
Begrenzte Rationalität	Opportun-ismus		
0	+	+	Planung
+	0	+	Versprechen
+	+	0	Wettbewerb
+	+	+	Beherrschung und Überwachung

Quelle: Williamson 1990: 35.

Der dritte Fall ist jener des klassischen *Wettbewerbs*: Die Akteure verhalten sich begrenzt rational sowie opportunistisch. Aufgrund der niedrigen Faktorspezifität haben sie jedoch vielfältige Möglichkeiten, sich ihre Vertragspartner auszuwählen.

Der vierte Fall der *Beherrschung* und *Überwachung* unterscheidet sich vom dritten allein in der Faktorspezifität, dies aber mit weit reichenden Auswirkungen. Da der Kreis der Vertragspartner klein, die Informationen unvollständig und alle Akteure zur List bereit sind, würden über den Wettbewerb verursachte Transaktionen horrende Such- und Kontrollkosten verursachen. Dies ist die Stunde der *Organisation*. Denn im Vergleich zum Wettbewerb löst sie das Rationalitätsproblem, da die hierarchische Kontrolle über Vorgesetzte sowie mittels Controllingsystemen präzisere Informationen liefert. Gelöst wird auch das Opportunitätsproblem, da der Erfolg jedes Einzelnen von den gemeinsamen Anstrengungen abhängt. Und ebenfalls überwunden ist das Problem der Faktorspezifität, das sich aufgrund der vertikalen Integration von vor- und nachgelagerten Produktionsschritten verringert hat. Williamson beschreibt diese Vorteile der Organisation so:

> „The advantages of firms over markets in harmonizing bilateral exchange are three. First, common ownership reduces the incentives to suboptimize. Second, and related, internal organization is able to invoke fiat to resolve differences, whereas costly adjudication is needed when an impasse develops between autonomous traders. Third, internal organization has easier and more complete access to the relevant information when dispute settling is needed. The incentive to shift bilateral transactions from markets to firms increases as uncertainty is greater, since the costs of harmonizing the interface vary directly with the need to adjust to changing circumstances." (Williamson 1981: 559)

Formale Organisation ist also im Vergleich zum Wettbewerb zwischen Individuen unter bestimmten Bedingungen die effektivere, weil die Kosten der Transaktionen minimierende Variante: Nämlich dann, wenn die erforderlichen Transaktionen unter einer begrenzten Zahl von potentiellen Vertragspartnern derart komplex sind, dass ihr Erfolg ohne Einschalten zusätzlicher Sicherungsmaßnahmen ungewiss bleibt. Nur in diesem Fall reduziert die formale Organisation die bestehende Ungewissheit. Berücksichtigt man zusätzlich, dass die Mehrzahl der Transaktionen auf den Geld- und Gütermärkten nicht zwischen Individuen, sondern zwischen Organisationen getätigt wird, so kann man aus der Perspektive der Transaktionskostentheorie die folgende Schlussfolgerung ziehen: ökonomischer Austausch in kapitalistischen Gesellschaften ist zum überwiegenden Teil komplex und undurchschaubar. Auf die kurze Formel gebracht: Je komplexer die Ökonomie, desto mehr Organisation.

Williamsons ökonomische Begründung der Existenz von Wirtschaftsorganisationen hat innerhalb der Soziologie einigen Widerspruch
ausgelöst. Einer der Einwände ist, dass Williamson die Leistungsfähigkeit der Hierarchie im Hinblick auf die effektive Kontrolle interner
Transaktionen überschätze. In Organisationen seien Opportunismus und
begrenzte Informationen an der Tagesordnung (vgl. Perrow 1981; 1986:
241 ff.). Ein anderes Argument bezieht Position gegen Williamsons Auffassung, Märkte seien die Verkörperung der hobbesianischen Vorstellung
des „Kampfes aller gegen alle". So hat *Mark Granovetter* (1985) darauf
hingewiesen, dass sich auch auf Märken Vertrauen zwischen den Markt-
teilnehmern herausbilde. Vertrauen entsteht unter anderem dann, wenn
die Marktteilnehmer wiederholt Transaktionen miteinander tätigen, was
wiederum zur Senkung der Transaktionskosten beiträgt.

Nichts desto trotz kommt Williamson der wichtige Verdienst zu, die
Rahmenbedingungen genau beschrieben zu haben, unter denen die formale Organisation und nicht der Wettbewerb die effektive Form der Erstellung von Gütern ist.

1.2.4 *Charles Perrows Theorie der korporativen Kontrolle*

Charles Perrow hat in verschiedenen Schriften eine Erklärung dafür vorgeschlagen, warum es insbesondere in den USA sehr viele große Organisationen gibt (Perrow 1986: 247 ff.; 1989; 2002). Seiner Ansicht nach waren dafür drei parallel ablaufende Prozesse verantwortlich:

- Erstens gelang es den Unternehmen in der zweiten Hälfte des 19.
  Jahrhunderts durchzusetzen, dass es zur unselbstständigen Beschäf-
  tigung keine alternative Form mehr gab, um Einkommen zu erzielen.
  Damit entfielen zugleich jene Fürsorgepflichten, die in der ständi-
  schen Gesellschaft noch zwischen Bauer und Knecht oder zwischen
  Handwerksmeister und Geselle bestanden.
- Zweitens waren vor allem große Unternehmen in zunehmendem
  Maße in der Lage, von ihnen selbst hervorgerufene Kosten auf die

Gesellschaft abzuwälzen, wie etwa Umweltverschmutzung oder die Risikovorsorge bei Arbeitslosigkeit bzw. bei Berufsunfähigkeit. Weil traditionale Sozialverbände wie Familienbetriebe oder Nachbarschaftsnetze diese Kosten nicht auffangen konnten, wurden für diese Aufgaben wiederum große, in der Regel staatliche, Organisationen geschaffen.

▪ Drittens wurde das Prinzip der fabrikinternen Lizenzvergabe, das zu Beginn des 19. Jahrhunderts dominierte, durch das „rigide Modell" der Fabrikbürokratie ersetzt, um die Beschäftigten der zentralen Kontrollinstanz einer Unternehmensführung zu unterwerfen.

In Verbindung mit einem rapiden Größenwachstum und zunehmender Unternehmensvernetzung führten diese Entwicklungen zu größerer ökonomischer wie sozialer Instabilität der US-Gesellschaft. Diese reagierte auf Krisensymptome mit weiterer formaler Organisierung: Umwelt- und Kartellbehörden wurden ins Leben gerufen, selbstständige Gemeinden wurden zu Großstädten zusammengefasst, im Bildungswesen wurden einheitliche Leistungsstandards und Organisationsformen (Pflichtschule) eingeführt, medizinische und psychosoziale Betreuungseinrichtungen wurden nach bürokratischem Vorbild eingerichtet.

Für Perrow ist klar, dass die kapitalistische Wirtschaftsverfassung sowie zahlreiche technologische Innovationen diesen Prozess ebenso maßgeblich befördert haben wie die Herausbildung eines zentralistischen Staatswesens. Entscheidend jedoch war es, dass diese Entwicklung die organisatorische Form der *Bürokratie* und eben keine andere angenommen hat. Dabei standen zum Zeitpunkt des organisatorischen „Take Off" durchaus zwei Alternativen bereit:

▪ das Gemeinschaftsmodell des kleinen, weitgehend autarken Familienunternehmens des frühen 18. Jahrhunderts mit lebenslanger Beschäftigungsdauer,

▪ das Netzwerkmodell kleiner, rechtlich selbständiger, lose verkoppelter Unternehmen mit temporären Beschäftigungsverhältnissen und

geringer hierarchischer Differenzierung gegen Mitte des 18. Jahrhunderts.

Perrows These ist, dass in den USA bereits Mitte des 18. Jahrhunderts die
Weichen für das bürokratische Modell gestellt wurden – zu einem Zeitpunkt, zu dem dazu keine funktionale Notwendigkeit bestand (Perrow
2002). Denn weder gab es Massenmärkte, noch existierten Produktions-
technologien, die eine Massennachfrage hätten bedienen können. Beides
sind jedoch Anforderungen, für deren Bewältigung große Organisationen benötigt werden. Gleichwohl wurden um 1850 die entscheidenden
juristischen Voraussetzungen zur Gründung großer, rechtlich selbständiger Kapitalgesellschaften gelegt:

> „The national political leaders and then the lawyers in the legislatures and
> judgeships paved the way for untrammeled organizational growth and the
> accompaning centralization of wealth and power." (ebd.: 47)

Diese juristischen Voraussetzungen dienten maßgeblich zwei *organisationalen Kontrollinteressen*:

- Erstens dem Interesse der bereits etablierten Organisationen an der
  Kontrolle der Unternehmensumwelt mit dem Ziel, Marktmechanis-
  men auszuschließen: „Buying out competitors, swampling the market and preventing entry of competitors, and forestalling technical
  innovations that a host of (small) competitive firms may induce."
  (Perrow 2002: 37 f.)
- Zweitens dem Interesse an der Ausweitung der Lohnabhängigkeit
  von Beschäftigten, indem Fügsamkeit im Arbeitsverhalten hergestellt und über die Zahlung des Lohns hinaus reichende Verpflichtungen gegenüber den Beschäftigten ausgeschlossen wurden.

Zunehmende Konzentration von gesellschaftlicher Macht und Reichtum
– bei gleichzeitigem Anstieg des allgemeinen Wohlstandsniveaus in den
Städten –, Verarmungstendenzen weiter Teile der ehemaligen Landbe-

völkerung sowie zunehmende Umweltverschmutzung sind Perrow zufolge weder durch die marktwirtschaftliche Dynamik, noch durch technologische Entwicklungen oder durch politisch-administratives Handeln allein erklärbar. Entscheidender Motor der Durchorganisierung der Gesellschaft war vielmehr das ursächliche Interesse sozialer Eliten an der Durchsetzung des Herrschaftsinstruments Großorganisation. Denn erst gegen Ende des 19. Jahrhunderts erforderte die ökonomische Szenerie jene Skalenerträge, die nur noch mit den bürokratischen Mitteln großer Organisationen zu erbringen war. Alternative Organisationsmodelle wie das Netzwerk kleiner, rechtlich selbstständiger und räumlich benachbarter Firmen, deren flexible Spezialisierung für die Textilproduktion des frühen 19. Jahrhunderts noch typisch war, blieben gegen das Großunternehmen chancenlos.

1.2.5 Effektivität als Realität und als Mythos

Warum gibt es Organisationen? Drei Theorien, drei verschiedene Blickwinkel und eine Antwort: Organisationen existieren, weil sie knappe Güter effektiv erstellen und soziale Macht effektiv akkumulieren. Legitimität, Kostenvorteile und Kontrolle der sozialen Umwelt sind Variationen jener Effektivität, die wir zu Beginn dieses Abschnitts hervorgehoben haben. Fassen wir die Begründungen der drei Theorien nochmals zusammen.

Für Max Weber ist es die Regelhaftigkeit, Unpersönlichkeit und Sachlichkeit, mit der in Organisationen Aufgaben aufgeteilt und die Leistungserstellung hierarchisch überwacht werden. Denn Regelhaftigkeit, Unpersönlichkeit und Sachlichkeit transformieren den Zwang zur Unterordnung in ein sachliches Erfordernis. Dieser Zwang, ein für Menschen in demokratischen Gesellschaften stets ärgerliches Ereignis, bleibt zwar objektiv bestehen. Jedoch in das Gewand sachlicher Erfordernisse gekleidet, die stets nach gleichem Muster ablaufen, erscheint er dem Einzelnen als notwendig und unvermeidbar. Er gilt nunmehr als *legitim*. Gerade Max Weber wurde nicht müde zu betonen, dass Legitimität die entscheidende Ursache dafür ist, dass die Organisationsmitglieder den Anweisungen des Leiters einer Organisation Folge leisten.

Williamson zufolge treten (wirtschaftliche) Organisationen dann auf den Plan, wenn die Handlungssituation komplex und die Zukunft ungewiss ist. Organisation bedeutet, Kontrolle auszuüben: Organisationen integrieren vor- und nachgelagerte Produktionsstufen, sie schalten Opportunismus mittels Hierarchie aus und schaffen mittels Kostenrechnungssystemen wichtige Informationen heran.[1] Williamson hebt hervor, dass die formale Organisation nur unter der Bedingung von Ungewissheit und hoher Faktorspezifität dem individuellen Wettbewerb oder der Planwirtschaft überlegen ist. Indem sie die Rahmenbedingungen des wirtschaftlichen Handelns in den Vordergrund der Betrachtung stellt, kann Williamsons Transaktionskostentheorie als Ergänzung der These Webers gelesen werden: Organisationen sind damit nicht nur unter dem Gesichtspunkt der Herrschaft, sondern auch aus ökonomischer Perspektive effektive Formen sozialer Kooperation.

Und nach Perrow sind Organisationen Mittel zur Bündelung von sozialer Macht. Ihr Zweck ist die Ausschaltung von Konkurrenz, die in der Existenz anderer Organisationen gründet. Wichtig ist der Faktor der Organisationsgröße: Je mehr Ressourcen eine Organisation besitzt, desto wirksamer ist die Kontrolle ihrer Umwelt, und umso wichtiger werden bürokratische Strukturen, um den Ressourceneinsatz steuern zu können.

Indes ist die Betonung von Rationalität und Effektivität in den drei dargestellten Ansätzen in die Kritik geraten. Dass Organisationen effektiv seien, entspricht zugleich einer Grundüberzeugung der sozialen Umwelt, aus der heraus sie gegründet werden. Diese Grundüberzeugung nennen *John Meyer* und *Brian Rowan* „rationalisierte Mythen" (Meyer/Ro-

---

[1] Dieser Gedanke lässt sich auch auf andere Organisationstypen ausweiten, zum Beispiel auf Gewerkschaften. Ist die berufliche Qualifikation eines im Unternehmen beschäftigten Arbeiters sehr speziell (hohe Faktorspezifität), sind die Informationen über alternative Jobs auf dem Arbeitsmarkt unzuverlässig und sind die Unternehmen bereit, den einzelvertraglich vereinbarten Lohn zu „drücken", so ist der Beitritt zu einer Gewerkschaft eine vergleichsweise günstige Variante, höhere Löhne und bessere Arbeitsbedingungen im Unternehmen durchzusetzen.

wan 1977). Organisationale Effektivität ist ein *Mythos*, da sie empirisch weder bestätigt noch widerlegt werden kann, und trotzdem sind die Menschen von ihrer Richtigkeit überzeugt. *Rationalisiert* ist der Mythos, weil ihm die Akteure bei der Gestaltung von Organisationsstrukturen systematisch Folge leisten. Dies hat zwei Konsequenzen. Erstens legitimiert der rationalisierte Mythos die bestehende Organisationsform. Und zweitens übt er institutionellen Zwang aus, bisher nicht-formalisierte Kooperationen in die soziale Form der formalen Organisation zu überführen (ebd.; vgl. auch DiMaggio/Powell 1983).

Wir wollen die Diskussion um den Mythencharakter von organisationaler Effektivität an dieser Stelle nicht weiter vertiefen. Uns genügt es, im Auge zu behalten, dass die Gründung einer Organisation unter bestimmten Bedingungen zum Automatismus werden kann, weil die Menschen von ihrer Alternativlosigkeit überzeugt sind. Um zum dominanten Muster sozialer Kooperation zu werden, reicht es daher nicht, dass formale Organisationen tatsächlich die effektivsten Einheiten sind. Die Menschen müssen an diese Effektivität auch glauben. Erst dann bleiben alternative Modelle wie die spontane Assoziation oder das reine Wettbewerbsmodell auf der Strecke der gesellschaftlichen Modernisierung.

Unsere Antwort auf die Frage dieses Abschnittes, warum es Organisationen gibt, lautet somit:

- Organisationen sind die effektivsten Einheiten, mittels derer knappe Güter in der modernen Gesellschaft arbeitsteilig erstellt und soziale Macht akkumuliert werden kann.
- Die Grundlagen für die Existenz formaler Organisationen wurden im ausgehenden Mittelalter gelegt. Die Phase ihrer massenhaften Ausweitung fällt jedoch in die Zeit der Industrialisierung im 19. und 20. Jahrhundert.
- Sowohl die faktische Effektivität als auch der unhinterfragte Glaube an sie (Mythos) haben die massenhafte Ausweitung von formalen Organisationen befördert.

1.3 Organisationsanalyse und ungleiche Lebenschancen

Unsere bisherige Beschäftigung mit formalen Organisationen war vorwiegend inhaltlicher Natur. Nunmehr wollen wir diese Perspektive durch eine methodische erweitern. Das Verhältnis von Organisation und moderner Gesellschaft kann man auf zwei verschiedenen Wegen analysieren. Diese Wege unterscheiden sich darin, auf welcher Ebene das Explanandum, der zu erklärende Gegenstand, angesiedelt ist. Der erste ist ein „organisationszentrierter", der zweite ein „gesellschaftszentrierter" Weg.

1.3.1 Der organisationszentrierte Weg

Wer dem organisationszentrierten Weg folgt, der richtet sein Augenmerk auf die einzelne Organisation als Explanandum. So wird die soziale, ökonomische, politische oder rechtliche Umwelt der Organisation unter anderem daraufhin befragt,

- inwiefern bestimmte Merkmale der Umwelt das Handeln und die Strukturbildung von Organisationen beeinflussen,
- wie Organisationen ihre Umweltbeziehungen gestalten,
- inwiefern Konflikte zwischen den Organisationsmitgliedern ursächlich auf gesellschaftlich verankerte, institutionalisierte Konfliktlinien zurückführbar sind.

Den Einfluss der Gesellschaft auf die Organisation können wir uns beispielhaft anhand von Überlegungen *Talcott Parsons'* verdeutlichen. Für Parsons (1960) sind Organisationen soziale Systeme, die die Aufgabe haben, für die Integration der verschiedenen Teilsysteme innerhalb des Gesellschaftssystems zu sorgen: „It seemed appropriate to define an organization as a social system which is organized for the attainment of a particular type of goal; the attainment of that goal is at the same time the performance of a type of function on behalf of a more inclusive system, the society" (Parsons 1960: 56). Parsons unterscheidet Organisationen danach, welche Funktionen sie für die Integration der ausdifferenzierten Gesellschaft erbringen. Dazu greift er auf sein berühmtes AGIL-Schema zurück, aus dem er vier Organisationstypen ableitet:

- Adaption: Im Bereich des Subsystems Wirtschaft kommt den Unternehmen die Aufgabe zu, für einen ausreichenden Bestand an materiellen Gütern zu sorgen.

- Goal Attainment: Im politischen Subsystem sind es Organisationen der staatlichen Administration (Regierung, Verwaltung), denen die Aufgabe zufällt, politische Ziele festzulegen und deren Einhaltung durchzusetzen.

- Integration: Im Gemeinschaftssystem haben politische Parteien, Gerichte sowie Interessenverbände dafür Sorge zu tragen, dass soziale Normen befolgt und soziale Gruppen mit widerstreitenden Interessen sozial integriert werden.

- Latency: Im soziokulturellen System übernehmen „Pattern Maintenance"-Organisationen wie Kirchen, Organisationen des Kunstbetriebs und Bildungsorganisationen die Funktion der Aufrechterhaltung des etablierten Bestands an sozialen Werten in der Gesellschaft.

Wie wir sehen, betrachtet Parsons formale Organisationen aus der Perspektive des „offenen Systems" (siehe Abschnitt 1.1.2). Welche Struktur die einzelne Organisation aufweist, hängt von den Funktionsanforderungen des jeweiligen Teilsystems ab. Dabei sind einige der Umweltbedingungen, mit denen die einzelne Organisation konfrontiert ist, selbst das Ergebnis des Handelns anderer Organisationen. Die ökonomischen Bedingungen auf dem Markt sind die aggregierte Folge des Wettbewerbs von Unternehmen, der technologische Stand des Wissens wurde von Wissenschaftsorganisationen bereit gestellt, die staatliche Gesetzgebung ist das Ergebnis des politischen Handelns von Parteien und Verbänden. All diese verschiedenen Organisationen wirken mit an der Reproduktion und dem Wandel der in einer Gesellschaft vorherrschenden Werte und Normen. Sie belohnen ihre Mitglieder für Konformität gegenüber bestimmten, im jeweiligen Subsystem vorgefundenen Normen und Werten, und sie sanktionieren davon abweichendes Verhalten bis hin zur Kündigung der Mitgliedschaft.

Parsons Strukturfunktionalismus dient uns nur als Beispiel dafür, wie man den Einfluss von gesellschaftlichen Strukturen und Prozessen auf Organisationen untersuchen kann. Wir werden diese Art der organisationszentrierten Analyse, die in Abbildung 1.2 mit dem Pfeil B gekennzeichnet ist, an dieser Stelle nicht weiter vertiefen. Denn zum Verständnis des Verhältnisses von Organisation und sozialer Ungleichheit müssen wir den nun folgenden zweiten Weg einschlagen.

1.3.2   Der gesellschaftszentrierte Weg

Der gesellschaftszentrierte Weg betrachtet das Verhältnis von Organisation und Gesellschaft in umgekehrter Weise. Er erkundet die Bedeutung von Organisationen für den Aufbau und den Wandel moderner Gesellschaften. Diesen Weg geht man, wenn man beispielsweise die Effekte des Handelns in und von Organisationen auf Konflikte zwischen gesellschaftlichen Großgruppen untersuchen möchte oder wenn man die Funktion von Organisationen für die Integration verschiedener gesellschaftlicher Teilsysteme wie Wirtschaft, Politik oder Bildung betrachten will (zum Überblick vgl. Schimank 2001). Die in Abschnitt 1.2 vorgestellten Organisationstheorien gehen über diese Beispiele noch hinaus. Sie bezeichnen die moderne Gesellschaft insgesamt als „Organisationsgesellschaft". So meint James Coleman, dass soziale Macht in modernen westlichen Gesellschaften von großen, bürokratischen Organisationen ausgeübt wird (Coleman 1979). Noch weiter geht Charles Perrow mit seiner Behauptung, dass formale Organisationen in den USA seit Mitte des 19. Jahrhunderts „einen großen Teil dessen, was wir als Gesellschaft betrachtet haben, aufgesaugt und sich von einem Gesellschafts-Teil zu einem Gesellschafts-Ersatz hinaufkatapultiert" haben (Perrow 1989: 4).

Theorien des gesellschaftszentrierten Wegs in der Organisationssoziologie haben gemeinsam, Organisationen als einen Teilbereich des größeren Erklärungszusammenhangs Gesellschaft zu betrachten. Auch wir wollen diesen gesellschaftszentrierten Weg im Folgenden einschlagen, um die Rolle von Organisationen für die ungleiche Verteilung von Lebenschancen in modernen Gesellschaften zu beschreiben und zu erklären. Er führt uns dahin zu erkennen, welche Eigenschaften von Organisationen es sind, die dazu führen, dass manche Menschen höheres Einkommen oder Vermögen besitzen, über qualifizierte Bildungstitel verfügen, eine bessere Gesundheit haben, größeres gesellschaftliches Ansehen genießen oder es im Lebensverlauf vielfach leichter als andere haben, die von ihnen verfolgten Lebenspläne realisieren zu können. Wir betrachten Organisationen damit nicht um der Kenntnis ihrer selbst willen, sondern um zu verstehen, inwieweit diese an der Verteilung von Lebenschancen beteiligt sind. Dieser Wirkungszusammenhang ist in Abbildung 1.2 mit dem Pfeil A bezeichnet.

Abbildung 1.2: Gesellschaft, Organisation und Sozialstruktur: einfache Wirkungszusammenhänge

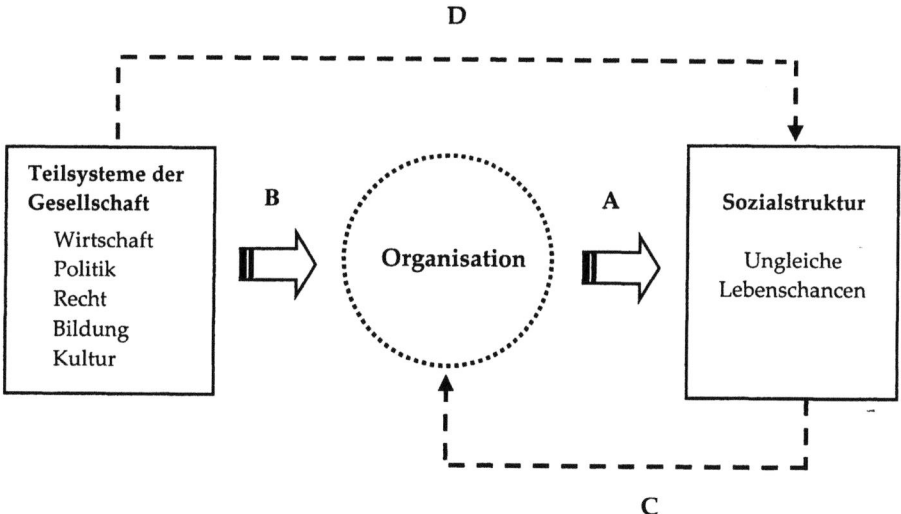

Quelle: Eigene Darstellung.

Darüber hinaus muss man in Rechnung stellen, dass sich auch die Sozial-struktur, d. h. die Hierarchie der mit unterschiedlichen Lebenschancen verbundenen Positionen in einer Gesellschaft, auf den Aufbau, die personelle Zusammensetzung oder auf die Effektivität von Organisation auswirkt (Pfeil C). Da diese Fragestellung die des organisationszentrierten Wegs ist, wird sie in diesem Lehrbuch nicht weiter vertieft (vgl. zum Überblick Baron 1984: 59 ff.).

Soziale Ungleichheit ist ohne Zweifel ein vielfältiges Phänomen. Warum die Chancen auf ein – individuell wie auch kulturell verschieden definiertes – „gutes Leben" ungleich verteilt sind, hat vielfältige Gründe. Ein großer Teil der Ursachen liegt außerhalb von Organisationen. Dies gilt vor allem für Ungleichheiten aufgrund von sozial zugeschriebenen, „askriptiven" Merkmalen, wie zum Beispiel die Zugehörigkeit zu einer Geburtskohorte, das Geschlecht und die ethnische Herkunft. Andere Einflussgrößen auf individuelle Lebenschancen sind vom Einzelnen zu einem gewissen Grad beeinflussbar: der Erwerb von Bildungstiteln, die Berufswahl oder auch die Zugehörigkeit zu einer kulturellen Gemeinschaft. Großen Teils jedoch hängen sie von den sozialen Bedingungen ab, unter denen sich ihr Erwerb vollzieht.

Beide Einflussgrößen, die askriptiven wie die individuell-verhaltensbezogenen, stehen im Mittelpunkt der klassischen Erforschung sozialer Ungleichheit; sie sind im Schaubild mit dem Pfeil D gekennzeichnet. Sie stehen ebenfalls nicht im Mittelpunkt unserer Betrachtung. Wir werden ihnen jedoch immer dann Beachtung schenken, wenn sich die Wirkung dieser Merkmale auf die Verteilung von Lebenschancen deshalb entscheidend verändert, weil sie in oder durch Organisationen moderiert werden – z. B. im Hinblick auf die Stärke der Effekte oder deren Wirkungsrichtung.

Unser Fazit zur methodischen Analyse des Verhältnisses von Organisation und Gesellschaft lautet somit:

- Es gibt zwei Wege, die man bei der Analyse des Verhältnisses von Organisation und Gesellschaft beschreiten kann: einen „organisationszentrierten" und einen „gesellschaftszentrierten" Weg.

- Der organisationszentrierte Weg führt dahin, den Einfluss der gesellschaftlichen Umwelt auf die Struktur und das Handeln von und in Organisationen zu erklären.
- Der gesellschaftszentrierte Weg dient dazu, Effekte von organisationalen Strukturen und Handlungen auf verschiedene gesellschaftliche Phänomene zu erklären; dazu zählt auch das Phänomen der ungleichen Verteilung von individuellen Lebenschancen.

1.4 Zusammenfassung

In diesem Kapitel haben wir uns mit dem ersten Zentralbegriff dieses Buchs, der formalen Organisation, beschäftigt. Wir haben verschiedene Organisationsbegriffe kennen gelernt, wir haben uns mit unterschiedlichen Forschungsperspektiven beschäftigt und wir sind der Frage nachgegangen, warum formale Organisationen in modernen Gesellschaften allgegenwärtig sind. Weiterhin haben wir zwei verschiedene Wege der Analyse des Verhältnisses von Organisation und Gesellschaft diskutiert und in einem ersten Schritt mit der Frage nach der sozialen Ungleichheit verbunden. Unser Fazit dieses kurzen Gangs durch die Organisationssoziologie lautet damit:

▶ Organisationen sind facettenreiche soziale Gebilde, die man je nach Forschungsinteresse als rationale, natürliche oder offene Systeme beschreiben kann.

▶ Aus der Perspektive der Ungleichheitsforschung betrachtet, sind Organisationen die effektivsten Einheiten in der modernen Gesellschaft, mittels derer knappe Güter arbeitsteilig erstellt und soziale Macht akkumuliert werden.

▶ Der gesellschaftszentrierte Weg in der Organisationsforschung dient uns dazu, die ungleiche Verteilung von Lebenschancen in modernen Gesellschaften zu erklären.

1.5 Weiterführende Literatur

Handel, Michael J. (Hg.) (2003): The sociology of organizations. Classic, contemporary, and critical readings. Thousand Oaks: Sage, 540 Seiten.
Sammlung zentraler klassischer und jüngerer Primärtexte zu den wichtigsten Themenstellungen der Organisationssoziologie. Jedem thematischen Bereich geht ein einführender Text des Herausgebers voran, der die wiedergegebenen Texte in den jeweiligen Forschungsstand einordnet.

Jäger, Wieland/Schimank, Uwe (Hg.) (2005): Organisationsgesellschaft. Facetten und Perspektiven. Wiesbaden: VS, 591 Seiten.
Derzeit wohl umfangreichste deutschsprachige Aufsatzsammlung zur Diagnose der modernen Gesellschaft als „Organisationsgesellschaft"; die 17 theoriegeleiteten sowie empirisch ausgerichteten Aufsätze sind vorwiegend aus dem gesellschaftszentrierten Blickwinkel in der Organisationssoziologie verfasst.

Müller-Jentsch, Walther (2003): Organisationssoziologie. Eine Einführung. Frankfurt a.M. & New York: Campus, 204 Seiten.
Neueres deutsches Lehrbuch mit einem Schwerpunkt auf Arbeits- und Interessenorganisationen, eingebettet in eine Diskussion des Verhältnisses von Organisation und Gesellschaft.

Reed, Michael I. (1992): The sociology of organizations. Themes, perspectives, and prospects. New York: Harvester Wheatsheaf, 301 Seiten.
Anspruchsvoller Essay mit einem Schwerpunkt auf dem Verhältnis von Organisation und Gesellschaft; mit einer gehaltvollen Einleitung zu den verschiedenen Berührungspunkten zwischen Organisationsforschung und gesellschaftlicher Modernisierung; im Weiteren systematisiert nach thematischen Kontinutiäten, Forschungsansätzen und zentralen organisationssoziologischen Fragestellungen.

Scott, W. Richard (2003): Organzations. Rational, natural, and open systems. 5. Auflage, New Jersey: Prentice Hall, 430 Seiten.
Umfangreicher, didaktisch sorgfältig aufbereiteter und leicht verständlicher Einführungstext in die Soziologie der Organisation; wurde seit seiner Erstauflage im Jahr 1981 kontinuierlich fortgeführt (eine - mittlerweile veraltete - deutsche Übersetzung der ersten Auflage liegt aus dem Jahr 1986 vor); eines der wichtigsten englischsprachigen organisationssoziologischen Lehrbücher.

2. Ungleiche Lebenschancen

Warum verfügen manche Menschen über ein höheres Einkommen, eine sicherere Arbeitsstelle, bessere Gesundheit und höheres Ansehen in der Gesellschaft als andere? Wieso schließen Kinder aus Akademiker-Haushalten ihre schulische Laufbahn häufiger mit dem Abitur ab und besuchen in größerem Umfang Universitäten als Kinder aus Arbeiter- oder Handwerkerhaushalten? Weshalb erzielen männliche Erwerbspersonen ein durchschnittlich höheres Einkommen und besetzen häufiger Führungspositionen in Wirtschaft, Politik, Wissenschaft und Kultur als weibliche Beschäftigte? Warum verfügen Angehörige ethnischer Minderheiten häufig über geringwertige Bildungsabschlüsse und sind in größerem Ausmaß von Arbeitslosigkeit betroffen als die Angehörigen der die Mehrheit stellenden ethnischen Gruppe?

Diese und viele weitere Fragen verweisen auf den Umstand der sozialen Ungleichheit unter den Menschen. Sie zu entschlüsseln ist Aufgabe der soziologischen Teildisziplin der „Sozialstrukturanalyse". In diesem Kapitel wollen wir einige ihrer zentralen Begriffe, empirischen Beobachtungen und deren theoretische Interpretation kennen lernen. Dieses ungleichheitsanalytische Rüstzeug soll uns im weiteren Verlauf des Buchs in die Lage versetzen, die Effekte formaler Organisationen auf die ungleiche Verteilung von Lebenschancen zu identifizieren.[2] Im Einzelnen gehen wir so vor:

---

[2] Aufgrund des umfangreichen Wissensbestands auf diesem Gebiet erheben die folgenden Ausführungen nicht den Anspruch, die vorstehenden Fragen vollständig zu beantworten.

- Im ersten Abschnitt sehen wir, dass soziale Ungleichheit die Folge kollektiver Bewertungs- und Rechtfertigungsprozesse von individuellen Merkmalen und sozialen Positionen ist.

- Der zweite Abschnitt zeigt, dass ungleiche Lebenschancen aus Verteilungen von knappen Gütern resultieren, deren Besitz die Mitglieder einer Gesellschaft als erstrebenswert ansehen.

- Im dritten Abschnitt lernen wir konkurrierende Theorien und Modelle der Beschreibung und Erklärung von ungleichen Lebenschancen kennen. Diese Theorien und Modelle befragen wir anschließend daraufhin, welche Rolle sie formalen Organisationen bei der Zuweisung ungleicher Lebenschancen zuschreiben.

2.1 Soziale Ungleichheit

Menschen können in ganz verschiedener Hinsicht „ungleich" sein. In seiner kleinen Schrift „Über den Ursprung der Ungleichheit unter der Menschen" unterscheidet *Ralf Dahrendorf* (1966: 8 f.) vier Formen der Ungleichheit:

- die natürliche Verschiedenartigkeit des Aussehens, des Charakters und der Interessen,
- die Verschiedenwertigkeit der Intelligenz, der Talente und Kräfte, wobei diese Unterschiede auf natürliche (genetische) als auch auf soziale Ursachen (z. B. Förderung in der Familie) zurückzuführen sind,
- die soziale Differenzierung prinzipiell gleichwertiger beruflicher Positionen in einer Gesellschaft,
- die soziale Schichtung, in der die Gesellschaftsmitglieder nach Ansehen und Reichtum in einer hierarchischen Rangfolge stehen.

Dazu liegen eine Reihe von Lehrbüchern und Monografien vor, von denen einige am Ende des Kapitels vorgestellt werden.

Wenn wir von *sozialer* Ungleichheit in entwickelten zeitgenössischen Gesellschaften sprechen, so betrachten wir ausschließlich die vierte von Dahrendorf beschriebene Form, nämlich die Schichtung der Gesellschaft. Sozial ungleich sind die Menschen,

- weil die individuelle Position eines Menschen innerhalb der Sozialstruktur darüber entscheidet, ob er im Hinblick auf Rechte, Güter und soziales Ansehen (Prestige) besser oder schlechter als andere gestellt ist (*Status*),
- weil es eine hierarchische *Rangfolge* sozialer Positionen gibt, die Menschen in einer Gesellschaft einnehmen können (*Statusordnung*),
- weil Personen mit gleichem Status Ähnlichkeiten in ihren gesellschaftsbezogenen Einstellungen und Verhaltensweisen aufweisen (*Klasse, Schicht, Milieu, Lebensstil*).

Indem wir den Schwerpunkt auf die Schichtung der Gesellschaft legen, behaupten wir jedoch nicht, dass die anderen von Dahrendorf genannten Ungleichheitsformen für die soziale Ungleichheit ohne Bedeutung wären. So können sich zum Beispiel besondere Talente oder intellektuelle Fähigkeiten, die manchen Menschen in die Wiege gelegt wurden, durchaus auf ihren späteren sozialen Status auswirken. Und wie wir im Weiteren sehen werden, ist die Verschiedenartigkeit von Berufen, die die Menschen im Erwerbssystem einer Gesellschaft ausüben, eine der maßgeblichen Determinanten von sozialer Ungleichheit. Dazu werden sie jedoch erst dann, wenn die Menschen diese Verschiedenheit auch unterschiedlich *bewerten*, d. h. wenn es in der Gesellschaft einen Konsens darüber gibt, dass zum Beispiel bestimmte Berufe als wichtiger anerkannt werden als andere. Für sich genommen ist der Müllmann oder der Totengräber für die Funktionsfähigkeit der Gesellschaft nicht minder wichtig als der Ingenieur oder die Ärztin. Erst die unterschiedliche Bewertung dieser Berufe führt zu ihrer Hierarchisierung innerhalb der Sozialstruktur und damit zu verschiedenen Zuweisungen an Gütern, Rechten und Prestige.

Wie nun ein Blick in die Geschichte zeigt, können sich sowohl die Gestalt der Sozialstruktur als auch die Bewertungskriterien im Zeitverlauf grundlegend wandeln (vgl. zum Überblick Hradil 2001, Kapitel 4). In antiken Gesellschaften sowie in der Ständegesellschaft des mittelalterlichen Feudalismus europäischen Zuschnitts waren es vorwiegend askriptive, den Personen qua Geburt zugeschriebene Merkmale, die über die Verteilung von Gütern und Rechten entschieden. Diesen beiden Gesellschaftstypen ist gemeinsam, dass die ungleiche Verteilung entweder als von Natur oder als von Gott gegeben angesehen wurde. Die wohl bekannteste naturbezogene Rechtfertigung sozialer Ungleichheit stammt von *Aristoteles*, einem der geistigen Begründer des antiken demokratischen Staatswesens:

> „So erhellt denn, dass einige Menschen von Natur Freie oder Sklaven sind, für welche letzteren es auch nützlich und gerecht ist, Sklaven zu sein. (...) Endlich verhält sich Männliches und Weibliches von Natur so zueinander, dass das eine das Bessere, das andere das Schlechtere und das eine das Herrschende und das andere das Dienende ist." (Aristoteles 1995: 1254b)

Im Gefolge der Emanzipation des bürgerlichen Standes im ausgehenden Feudalismus setzte ein Individualisierungsschub ein, in dem das askriptive Merkmal der Geburt als Rechtfertigungsgrund für soziale Ungleichheit zunehmend in Frage gestellt wurde. An seine Stelle traten Verteilungsmechanismen, die nicht die gott- oder naturgegebene Stellung des Einzelnen in der Gesellschaft in den Vordergrund stellen, sondern sein *Handeln* insbesondere innerhalb des Erwerbssystems einer Gesellschaft als Maßstab der Zuweisung von Gütern und Rechten ansehen.

Bereits an dieser kurzen Betrachtung können wir eine zentrale Eigenschaft von sozialer Ungleichheit ablesen: Nach welchen Kriterien Güter und Rechte verteilt werden, ist die Folge von kollektiven *Bewertungsprozessen*. Den Eigenschaften selbst ist in der Regel nicht anzusehen, warum bestimmte Merkmale von Personen oder von sozialen Gruppen höherrangiger als andere sind. Dass jemand allein aufgrund seiner qua Geburt entstandenen Zugehörigkeit zu einer sozialen Gruppe für sein Leben lang die Rechte und Pflichten dieser Gruppe teilen würde, erscheint uns heute mehr als fragwürdig. Den damaligen Zeitgenossen jedoch war dies über die Stände hinweg selbstverständlich. Umgekehrt hätte ein Sklave einer antiken griechischen Polis kopfschüttelnd das Weite gesucht, hätte man ihm eröffnet, dass sein Schicksal von seinen eigenen Anstrengungen innerhalb des Bildungs- und Erwerbssystems der Gesellschaft abhinge.

Die zweite Eigenschaft von sozialer Ungleichheit besteht darin, dass Strukturen sozialer Ungleichheit *rechtfertigungsbedürftig* sind. So bringt es die Statusordnung mit sich, dass bestimmte soziale Gruppen zu den Nutznießern gesellschaftlicher Verteilungsprozesse gehören, während andere sich mit geringeren Zuweisungen begnügen müssen. Damit Ungleichheit verursachende Strukturen dauerhaft Bestand haben können, müssen sie von den meisten Gesellschaftsmitgliedern als legitim angesehen werden. Diese Rechtfertigungsmuster von sozialer Ungleichheit sind jedoch nicht in allen Gesellschaften dieselben. Hierzu ist ein Blick auf die *soziologische Gerechtigkeitsforschung* instruktiv. Dieser recht junge Forschungszweig beschäftigt sich mit den Prinzipien, die die Verteilungsprozesse in einer Gesellschaft anleiten, den darauf bezogenen Wertvorstellungen der Menschen, den Ursachen der Einnahme eines Gerechtigkeitsstandpunktes sowie den individuellen und sozialen Folgen von wahrgenommener Ungerechtigkeit (vgl. Liebig et al. 2004).

Ländervergleichende Untersuchungen zeigen, dass in entwickelten Industriegesellschaften unterschiedliche moralische Überzeugungen darüber bestehen, wie Güter und Lasten sozial gerecht verteilt sein sollten (vgl. Wegener/Liebig 1995). So besteht in den USA mehrheitlich Einvernehmen darüber, dass ungleiche Verteilungen dann gerechtfertigt sind, wenn sie die Folge unterschiedlicher ökonomischer Anstrengungen der Gesellschaftsmitglieder auf dem Markt sind. Demgegenüber gilt es in Deutschland mehrheitlich als gerecht, wenn der Staat dafür Sorge trägt, dass durch den Markt hervorgerufene Ungleichheiten zwischen Arm und Reich ausgeglichen werden und dass jedem im Notfall eine soziale Grundversorgung bereitgestellt wird.

Worin die Ursachen dieser Variationen liegen, soll uns an dieser Stelle nicht weiter interessieren. Uns genügt die Feststellung, dass die Rechtfertigungsmuster von sozialer Ungleichheit von Gesellschaft zu Gesellschaft variieren.

Damit ziehen wir unser erstes Fazit zum Begriff der sozialen Ungleichheit:

- Von sozialer Ungleichheit sprechen wir, wenn wir die Hierarchie sozialer Positionen (Statusordnung) und die mit dem jeweiligen Status verbundene Besser- oder Schlechterstellung von Menschen in einer Gesellschaft betrachten.
- Diese Statusordnung ist nicht natur- oder gottgegeben, sondern resultiert aus kollektiven Bewertungs- und Rechtfertigungsprozessen. Sie ist keinesfalls statisch, sondern verändert sich im Zuge eines umfassenden, jedoch sehr langsamen sozialen Wandels.
- Das Ausmaß, in dem soziale Ungleichheit als legitim und damit als gerechtfertigt gilt, verändert sich im sozialen Wandel und variiert mit der Kultur eines Landes.

2.2 Individuelle Lebenschancen

Bisher haben wir das Phänomen der sozialen Ungleichheit auf der gesellschaftlichen Makroebene betrachtet. Nun wollen wir uns dem gleichen Phänomen auf der auf der Mikroebene des Individuums nähern. Den Zugang dazu ermöglicht uns der Begriff der *individuellen Lebenschancen*, den wir nunmehr erörtern.

Der Begriff individueller Lebenschancen hat insgesamt keine Schlüsselstellung in der Sozialstrukturanalyse erlangt. Möglicherweise weist er eine zu große Nähe zur Umgangssprache auf oder scheint aufgrund seines Bezugs zu den konkreten Lebensumständen der Menschen keinen Beitrag zur Erklärung von Makrophänomenen wie der Formierung von Klassen und Schichten zu leisten. Interessiert man sich dagegen für die gesellschaftliche *Mesoebene der Organisationen*, so kann man mit dem Begriff der Lebenschancen aufzeigen, wie formale Organisationen die Ausstattung des Einzelnen mit gesellschaftlich erstrebenswerten Gütern beeinflussen. Doch was genau hat man sich unter „Lebenschancen" vorzustellen? Werfen wir dazu einen kurzen Blick in das Warenhaus des soziologischen Theorieangebots.

Folgt man *Anthony Giddens*, so sind Lebenschancen die „Chancen eines Individuums, an den gesellschaftlich produzierten, ökonomischen und kulturellen ‚Gütern' in irgendeiner gegebenen Gesellschaft teilzuhaben" (Giddens 1979: 159). Giddens verwendet den Begriff Lebenschancen, um Verhältnisse der Ausbeutung zwischen verschiedenen sozialen Klassen zu beschreiben. In ähnlicher Weise betrachtet *Rainer Geißler* Lebenschancen als „Chancen auf die Verwirklichung von Lebenszielen, die in einer Gesellschaft im allgemeinen als erstrebenswert angesehen werden" (Geißler 1994: 4). Auch ihm geht es dabei um die Beschreibung von Ungleichheiten, die zwischen den Angehörigen verschiedener gesellschaftlicher Schichten bestehen.

Auch *Max Weber* widmet sich in seinen berühmten „Soziologischen Grundbegriffen", dem ersten Kapitel von „Wirtschaft und Gesellschaft", den Lebenschancen, allerdings in einem sehr existentiellen Sinne. Unter der Überschrift „§ 8. Kampf" schreibt er:

„Der ohne sinnhafte Kampfabsicht gegen einander stattfindende (latente) Existenzkampf menschlicher Individuen oder Typen um Lebens- oder Überlebenschancen soll ‚Auslese' heißen; ‚soziale Auslese', sofern es sich um Chancen Lebender im Leben, ‚biologische Auslese', sofern es sich um Überlebenschancen von Erbgut handelt." (Weber 1972: 20)

Sicherlich verweist die Wortwahl auf Einflüsse der zu Webers Zeiten modernen darwinistischen Evolutionslehre. Gleichwohl lässt Weber keinen Zweifel daran, dass Lebenschancen die Möglichkeit des Zugangs zu unverzichtbaren Grundgütern beschreiben. An anderer Stelle, an der sich Weber mit dem Begriff der „Klasse" beschäftigt, ist vom existentiellen Charakter der Lebenschancen nicht mehr die Rede. Stattdessen stehen die Chancen des ökonomischen Erfolgs unter den Bedingungen des Güter- oder Arbeitsmarkts im Vordergrund (Weber 1972: 531).

Vergleicht man die Definitionen von Giddens, Geißler und Weber miteinander, so kann man feststellen, dass in ihnen mehr oder weniger direkt Bezug auf „Güter" genommen wird. Giddens spricht direkt von ökonomischen und kulturellen Gütern, die in einer Gesellschaft produziert werden. Bei Weber ist von Güterbesitz und Marktinteressen die Rede. Und Geißler nimmt indirekt Bezug auf Güter, indem er von Lebenszielen spricht, die in einer Gesellschaft für erstrebenswert gehalten werden. Technisch gesprochen, kann man Lebenschancen damit anhand der Art und Anzahl der Güter bestimmen, die Menschen in einer gegebenen Gesellschaft für wünschenswert halten und deren Besitz sie anstreben. Doch welche Güter streben Menschen als Mittel zur Verwirklichung ihrer Lebensziele an?

Um diese Frage zu beantworten, kann man sich die unterschiedlichen Teilsysteme der Gesellschaft vornehmen und beobachten, wie bestimmte Güter und Lasten unter den Mitgliedern des jeweiligen Teilsystems verteilt werden: Schul-, Ausbildungs- und Hochschulabschlüsse im Bildungssystem, beruflicher Status und Einkommen im Erwerbssystem, Absicherung vor Arbeitslosigkeit, Altersarmut, Krankheit und Invalidität im System sozialer Sicherung, Genuss des hochkulturellen Wissensbestands einer Gesellschaft im Kultursystem und Ressourcen zur Partizipation an kollektiven Willensbildungsprozessen im politischen System, um einige der wichtigsten zu nennen (vgl. Tabelle 2.1).

Doch nicht nur Güter, sondern auch Lasten werden gesellschaftlich verteilt. Im Erwerbssystem sind dies zum Beispiel körperlich belastende und ermüdende Tätigkeiten, Tätigkeiten mit geringem Prestigewert und überlangen Arbeitszeiten sowie Entlassungen. Für die Systeme sozialer Sicherung sind Beitragszahlungen sowie Einkommensbesteuerungen zu nennen. Im politischen System werden kollektiv bindende Entscheidungen getroffen, die manchen Menschen unter Umständen wenig nutzen, sondern nur Nachteile aufbürden.

In all diesen Teilsystemen werden Güter und Lasten verteilt, die von den Menschen als erstrebens- bzw. als vermeidenswert angesehen werden und die maßgeblich über die individuellen Lebensbedingungen entscheiden. Welche Güter dabei als mehr oder weniger wertvoll betrachtet werden, ist keine ahistorische Konstante. Güterpräferenzen können sich im Zeitverlauf ändern, und sie können sich auch zwischen Gesellschaften mit verschiedener kultureller Tradition unterscheiden. Aber auch innerhalb von zeitgenössischen, ausdifferenzierten Gesellschaften ist es nicht einfach, einen klaren Konsens darüber festzumachen, welche Güter als besonders und welche als weniger erstrebenswert gelten. Einem Gut – dem mit der größten universellen Verwendbarkeit – kommt jedoch nach wie vor eine zentrale Bedeutung zu, nämlich dem Einkommen aus Erwerbsarbeit.

Tabelle 2.1:   Gesellschaftliche Teilsysteme und zu verteilende Güter und Lasten (Beispiele)

Teilsystem	Güter	Lasten
Bildungssystem	Wissen, Bildungstitel	Zeitaufwand, z.T. Erwerbsverzicht
Erwerbssystem	beruflicher Status Einkommen	Arbeitsbelastungen, Entlassungen
Soziales Sicherungssystem	Schutz vor Krankheit, Altersarmut etc.	Finanzierung über Zwangsbeiträge
Politisches System	Partizipationsrechte	Anpassung an verbindliche Rechtsnormen
Kultursystem	Nutzung gesellschaftlicher Kunstangebote	

Quelle: Eigene Darstellung.

Jenseits dessen können die Präferenzen der Gesellschaftsmitglieder auseinander gehen. Beispielsweise kann einer fünfzigjährigen leitenden Angestellten hohe Allgemeinbildung und der Zugang zu kulturellen Ereignissen in Oper und Theater als besonders erstrebenswert erscheinen. Demgegenüber legt ein dreißig Jahre alter Facharbeiter vielleicht mehr Wert auf die Sicherheit seines Arbeitsplatzes und eine ausreichende Altersabsicherung. Dass Menschen unterschiedliche Güter für wünschenswert halten, ist maßgeblich Resultat der sozialen Schichtung. In ihren Präferenzen spiegeln sich die Lebensbedingungen wieder, die die Menschen aufgrund ihres jeweiligen Status vorfinden, sowie die daraus resultierenden differenzierten Bedürfnisse zur Befriedigung von Mangelzuständen. Greifen wir unser Beispiel nochmals auf: Die leitende Angestellte könnte aufgrund ihres vergleichsweise hohen Einkommens mit einer ausreichenden Altersversorgung rechnen. Diese materielle Absicherung hält ihr den Rücken frei, nach nicht-materiellen Gütern auf den Gebieten der Bildung und der Kultur zu streben. Im Gegensatz dazu trägt der Arbeiter aufgrund eines niedrigeren Bildungsabschlusses und beruflichen Qualifikationsgrads ein größeres Arbeitslosigkeitsrisiko. Außerdem lassen seine Einzahlungen in die Rentenkasse keine allzu üppige Altersversorgung erwarten.

Individuelle Lebenschancen hängen somit immer von zwei Faktoren ab: Vom individuellen Wollen und Streben *und* von den gesellschaftlichen Strukturen, die eben jenes Wollen und Streben begrenzen und konditionieren. Wie beides miteinander zusammenhängt, hat *Ralf Dahrendorf* (1979) in seinem „Lebenschancen" betitelten, zwischen Soziologie und politischer Philosophie angesiedelten Buch beschrieben. Darin behauptet er, dass Lebenschancen eine Funktion von „Optionen" und „Ligaturen" seien. *Optionen* sind Alternativen, die Menschen innerhalb des Rahmens sozialer Strukturen vorfinden und aus denen sie auswählen können. „Sie sind es, die wir meinen, wenn wir von Gelegenheiten sprechen, von Richtungen, in die der Einzelne kraft seiner sozialen Positionen gehen kann (auch wenn sie ihm vielfach durch seine Rollen vorgeschrieben werden)" (Dahrendorf 1979: 49 f.). *Ligaturen* sind soziale Bindungen, die der Einzelne zu anderen oder zu einer Gemeinschaft unterhält. Indem sie ihm versichern, wo seine sozialen Wurzeln sind, stiften diese Bindungen Sinn und Identität. Ligaturen „sind für ihn oft mit emotionalen Gewichten geladen, was schon in den Bezeichnungen deutlich wird: die Ahnen, die Heimat, die Gemeinde, die Kirche" (ebd.: 51).

Ein Beispiel auf dem Gebiet der beruflichen Ausbildung mag diesen Sachverhalt verdeutlichen. Hier stellt die Palette der angebotenen Ausbildungsberufe das Feld der Optionen dar. Aus diesen Optionen könnte der Einzelne seinen Neigungen gemäß frei auswählen. Wie Dahrendorf betont, sind diese Neigungen immer schon durch die Schichtzugehörigkeit der Herkunftsfamilie und den in ihr gemachten Sozialisations- und Identitätserfahrungen beeinflusst (Ligaturen). Mit anderen Worten: Die Freiheit des Einzelnen besteht darin, sich zwischen Wahlmöglichkeiten zu entscheiden, die immer schon das Resultat sozialer Vorselektionen sind. Lebenschancen sind somit in zweierlei Hinsichten gesellschaftlich präformiert. Welche Güter Menschen erstreben, ist zum einen abhängig von den harten Restriktionen der zu verteilenden Gütermenge und den in einer Gesellschaft geltenden Verteilungsprinzipien. Zum anderen hängen die Lebenschancen von der Wahl eines Lebensentwurfs ab, den das Individuum für wertvoll und erstrebenswert hält. Welcher Lebensentwurf gewählt wird, wird von der jeweiligen sozialen Herkunft des Einzelnen beeinflusst.

Damit lautet unser Fazit für diesen Abschnitt zur Bedeutung der individuellen Lebenschancen:

- Lebenschancen lassen sich anhand der Art und Anzahl der Güter bestimmen, die Menschen in einer gegebenen Gesellschaft für wünschenswert halten und deren Besitz sie anstreben.
- Welche Güter Menschen für erstrebenswert halten, variiert sowohl im Zeitverlauf als auch mit dem individuellen Status innerhalb der Sozialstruktur.
- Individuelle Lebenschancen hängen von zwei Faktoren ab: Vom individuellen Wollen und von den gesellschaftlichen Strukturen, die jenem Wollen Sinn verleihen und im Richtung geben.

2.3 Theorien und Modelle sozialer Ungleichheit

Im Mittelpunkt der wissenschaftlichen Beschäftigung mit dem Phänomen der sozialen Ungleichheit stehen zwei Fragestellungen, eine deskriptive (beschreibende) und eine präskriptive (erklärende).

In *deskriptiver* Absicht wird gefragt, über welche Güter Personen typischerweise verfügen, in welchem Ausmaß diese Ressourcen über die

Statusordnung ungleich verteilt sind und aus welchen sozialen Aggrega-
ten sich die Gesellschaft zusammensetzt. Mit dieser Frage ist die Aufgabe
verbunden, die Struktur zu beschreiben, die die ungleiche Verteilung von
Lebenschancen in einer bestimmten historischen Phase einer Gesellschaft
hervorruft.

Die *präskriptive* Fragestellung zielt darauf ab, die gesellschaftlich verankerten Mechanismen zu identifizieren, die für die Entstehung der beobachteten Ungleichverteilung verantwortlich sind. Diese Frage geht damit von der deskriptiv festgestellten Ungleichheitsstruktur aus und fragt
nach den Bestimmungsgründen ihrer (historischen) Genese, nach den
maßgeblichen Ursachen ihrer Entstehung sowie nach den Gründen eines
möglichen Wandels.

Im Mittelpunkt beider Fragestellungen stehen die Konzepte von
Klasse und Schicht, Milieu und Lebensstil, denen wir uns nun zuwenden
wollen.

2.3.1 Klasse

Eine soziale *Klasse* ist eine Gruppe von Menschen, die aufgrund ihrer
Stellung im Erwerbssystem einer Gesellschaft im Hinblick auf typische
Lebenschancen anderer Gruppierungen besser bzw. schlechter gestellt
sind (vgl. Hradil 2001: 38). Sowohl Karl Marx als auch Max Weber, die
mit ihren jeweiligen Überlegungen zur Klassenbildung wichtige Grund-
steine der modernen Sozialstrukturanalyse gelegt haben, sind sich darin
einig, dass Klassen von objektiv bestehenden *wirtschaftlichen* Unterschieden hervorgerufen werden, die zwischen Menschen bestehen.

Bekanntlich ging *Karl Marx* davon aus, dass die Sozialstruktur kapi-
talistischer Gesellschaften maßgeblich aus zwei Klassen – Arbeiterklasse
und Bourgeoisie – besteht (Marx/Engels 1972). Welcher Klasse ein Individuum angehört, entscheidet sich am Eigentum bzw. Nicht-Eigentum
an Produktionsmitteln. Zwischen beiden Klassen bestehen unüberbrück-
bare Konflikte über den Einsatz der menschlichen Arbeitskraft im Produktionsprozess sowie über die Verteilung des Mehrwerts, der aus der

Kombination von Produktionsmitteln und Arbeitskraft entsteht. Marx zufolge spitzt sich der Konflikt im Verlauf der kapitalistischen Entwicklung immer weiter zu: Zunehmender Reichtum der Bourgeoisie auf der einen Seite sowie Kinderarbeit, allgemeine Verelendung auch der selbständigen Handwerker und Gewerbetreibenden auf der anderen Seite führen dazu, dass sich die Arbeiter ihres kollektiven Schicksals bewusst werden – Klassenbewusstsein – und den revolutionären Umsturz der ökonomischen Ausbeutungsverhältnisse mitsamt des diese stützenden politischen Systems herbeiführen.

Für *Max Weber* sind Klassen dagegen sozialstatistische Einheiten, deren Angehörige die gleiche Stellung im Erwerbssystem einnehmen. In seinem üblichen Bemühen um Eindeutigkeit definiert er: „Wir wollen da von einer ‚Klasse' reden, wo 1. einer Mehrzahl von Menschen eine spezifische ursächliche Komponente ihrer Lebenschancen gemeinsam ist, soweit 2. diese Komponente lediglich durch ökonomische Güterbesitz- und Erwerbsinteressen und zwar 3. unter den Bedingungen des (Güter- oder Arbeits-) Markts dargestellt wird (‚Klassenlage')" (Weber 1972: 531). Im Einzelnen unterscheidet Weber drei Typen von Klassen: Besitzklassen, Erwerbsklassen und soziale Klassen (Weber 1972: 177 ff.).

- *Besitzklassen* sind definiert über das Ausmaß an Einkommen aus dem Einsatz von Kapital oder Vermögen. Positiv privilegiert sind z. B. Fabrikbesitzer oder Schiffseigner, negativ privilegiert sind Arme und Verschuldete. Zwischen beiden sind verschiedene Mittelklassen denkbar, die Teile ihrer Lebenschancen aus der Verwertung von Besitztümern ziehen.
- *Erwerbsklassen* unterscheiden sich aufgrund der Einkommenschancen, die ihre Mitglieder auf dem Markt gemeinsam teilen. Auch hier differenziert Weber positiv privilegierte (v. a. Unternehmer), Mittelklassen (z. B. öffentlich Bedienstete) und negativ privilegierte Klassenlagen (Arbeiter unterschiedlicher Qualifikationen).
- Der Begriff der *sozialen Klasse* verweist auf den sozialen Auf- und Abstieg (Mobilität) innerhalb des eigenen Lebensverlaufs als auch über Generationen hinweg. Weber unterscheidet vier soziale Klas-

sen, innerhalb derer – aber nicht: zwischen denen – typischerweise Mobilität stattfindet: die Arbeiterschaft, das Kleinbürgertum, qualifizierte Angestellte und Beamte sowie Vermögensbesitzer.

Wie wir sehen, geht Weber im Vergleich zu Marx von einer wesentlich feiner differenzierten Klassenstruktur aus. Je nachdem, ob man sich für die Frage der Auswirkungen des Besitzes, der Stellung auf dem Markt oder für soziale Mobilität auf die Verteilung von Lebenschancen interessiert, kommt ein anderer Typus von Klasse ins Spiel. Doch ergeben sich individuelle Lebenschancen nicht allein aus der objektiven Ungleichverteilung, sondern zugleich aus Wertschätzungen, die bestimmten sozialen Gruppen entgegengebracht werden. Soziale Positionen mit gleichen Wertschätzungen und Lebensstilen nennt Weber „Stand". Angehörige eines Stands teilen häufig die gleiche Lebensweise und gehören in der Regel den gleichen Vereinigungen an, etwa Berufsverbänden oder Freizeitvereinigungen (Weber 1972: 534).

Sowohl das Marxsche als auch das Webersche Klassenkonzept haben wichtige Impulse insbesondere für die empirische Untersuchung des Zusammenhangs von Klassenlage und sozialer Mobilität gegeben. Die bekanntesten Weiterführungen stammen von Erik Olin Wright sowie von Robert Erikson & John Goldthorpe.

Erik Olin Wright (1985) hält an der Marxschen Annahme der Ausbeutung von Arbeit durch Kapital fest. Zusätzlich zur Ausstattung mit Produktionsmitteln unterscheidet er zwei weitere Ursachen: Erstens die Fähigkeit, Macht über die Organisation der Arbeit auszuüben, und zweitens das Ausmaß an Qualifikation eines Beschäftigten. Indem Wright diese drei Dimensionen verbindet, gewinnt er ein aus zwölf Klassenlagen bestehendes Raster sozialer Ungleichheit (vgl. Tabelle 2.2).

Interessant ist, dass Wright neben den relativ klaren Lagen der ausbeutenden und der ausgebeuteten Klassen „widersprüchliche" Klassenlagen unterscheidet, die weder der einen noch der anderen Kategorie eindeutig angehören. Auf der Seite der Produktionsmittelbesitzer sind dies die kleinen Arbeitgeber, die, obschon sie Personal beschäftigen, zugleich von der Marktmacht großer Unternehmen abhängen. Und auf der Beschäftigtenseite handelt es sich um Angehörige der mittleren Führungsebene, die über begrenzte Organisationsmacht und mittlere Qualifikationsgrade verfügen.

Tabelle 2.2:   Das Klassenschema nach E.O. Wright

		Ausstattung mit Produktionsmitteln			
	Besitz		*Nicht-Besitz*		
		Ausbeuter	*Weder / noch*	*Ausgebeutete*	
Ausbeuter	1 Bourgeoisie	4 fachlich qualifizierte Manager	7 fachlich teilw. qual. Manager	10 fachlich nicht-qual. Manager	+
weder / noch	2 Kleine Arbeitgeber	5 fachlich qualifizierte Vorgesetzte	8 fachlich teilweise qual. Vorgesetzte	11 fachlich nicht-qual. Vorgesetzte	**Organisationsmacht**
Ausgebeutete	3 Kleinbürgertum	6 fachlich qualifizierte Nicht-Manager	9 fachlich teilweise qual. Arbeiter	12 Proletarier	–
		+	**Qualifikationsgrad**	–	

Quelle: Wright 1985: 88.

Während Wright am Marxschen Begriff der Ausbeutung festhält, rücken *Robert Erikson & John Goldthorpe* die Weberschen Erwerbsklassen in den Mittelpunkt ihres Klassenschemas (Goldthorpe 1987; Erikson/Goldthorpe 1992). Als Indikator zur Ermittlung einer Klassenlage dient ihnen zum einen der *Beruf*. Weiterhin gehen sie, ähnlich wie Wright, von der Annahme aus, dass Ausbeutungsverhältnisse nicht allein eine Folge des Produktionsmittelbesitzes sind, sondern ebenso vom Ausmaß der Kontrolle über den Einsatz der menschlichen Arbeitskraft abhängen. Diese Dimension der Lebenschancen wird über die *berufliche Stellung* innerhalb einer Arbeitsorganisation abgebildet. Aus der Kombination von Beruf, basierend auf der ISCO-Skala[3], und beruflicher Stellung (wie Arbeiter, Angestellter oder Selbständiger) gewinnen die Autoren ein aus elf Stufen bestehendes Klassenschema, das in empirischen Analysen häufig auf sieben Stufen reduziert wird (vgl. Tabelle 2.3).

Tabelle 2.3:   Das Klassenschema nach Erikson & Goldthorpe

I	Obere Dienstklasse
	(v.a. akademische Berufe mit Leitungsfunktion)
II	Untere Dienstklasse
	(qualifizierte technische Berufe / mittlere Leitungstätigkeit im nicht-manuellen Gewerbe)
IIIa	Gehobene nicht-manuelle Berufe mit Routinetätigkeiten (Handel und öffentliche Verwaltung)
IIIb	Einfache nicht-manuelle Berufe mit Routinetätigkeiten (Verkauf und Dienstleistungen)
IVa	Kleingewerbetreibende und Handwerker mit Angestellten
IVb	Kleingewerbetreibende und Handwerker ohne Angestellte
IVc	Landwirte
V	Einfache Techniker und untere Leitungstätigkeiten im manuellen Gewerbe
VI	Facharbeiter
VIIa	Un- und angelernte gewerbliche Arbeitnehmer
VIIb	Landarbeiter

Quelle: Erikson/Goldthorpe (1992): 38 f.

Die Diskussion um die Klassenstruktur industrialisierter Gesellschaften ist bei den genannten Ansätzen nicht stehen geblieben, wiewohl diese

---

[3] Die „International Standard Classification of Occupations" (ISCO) der International Labour Organization (ILO) fasst ähnliche Berufe in Berufsgattungen zusammen, die wiederum hierarchisch in Berufsuntergruppen, -gruppen und –hauptgruppen eingeteilt werden. Ziel der ISCO-Klassifikation ist es, nationale Berufssysteme international vergleichbar zu machen (http://www.ilo.org/public/english/bureau/stat/class/index.htm).

sicherlich zu den einflussreichsten zählen. Zu nennen sind weiterhin Arbeiten von Ralf Dahrendorf (1957), Anthony Giddens (1979) und insbesondere von Pierre Bourdieu, der die materielle („Marktlage") und die kulturelle Dimension („Lebensstil") einer Klassenlage im Konzept des Habitus aufeinander bezieht (vgl. Bourdieu 1987). Auch hat sich die Analyse der Struktur ungleicher Lebenschancen bekanntlich nicht im Klassenkonzept erschöpft. In Deutschland hat sich seit den frühen Arbeiten Theodor Geigers (1932) das Konzept der *Schichtung* als alternativer Beschreibungs- und Erklärungsweg entwickelt (vgl. Bolte et al. 1967; Dahrendorf 1965; Geißler 1994), und in den USA waren funktionalistische Schichtungstheorien einflussreich (vgl. Parsons 1973; Lenski 1966; Davis/Moore 2001).

2.3.2 Schichtung

Schichtungsmodelle teilen mit den Klassenmodellen die Annahme, dass Lebenschancen vertikal ungleich verteilt sind. Sie führen diese Ungleichverteilung stärker auf die subjektive Dimension des sozioökonomischen Status zurück. Im Mittelpunkt von Schichtungsmodellen stehen Prestigezuschreibungen, die Menschen gegenüber ihrer sozialen Umgebung vornehmen. Die meisten Prestigeskalen, die zur Messung des Ungleichheitsgefüges eingesetzt werden, basieren auf dem gesellschaftlichen Ansehen des Berufs, den eine Person im Erwerbssystem ausübt. Berufsprestigeskalen bringen die in einer Gesellschaft existierenden Berufe in eine Rangreihe. Sie basieren auf empirischen Untersuchungen, in denen repräsentativ ausgewählten Befragten zumeist eine Liste von Berufsgruppen oder von typischen Berufen vorgelegt wird. Diese Berufe werden von den Befragten dann nach dem Ansehen eingeschätzt, das dem jeweiligen Beruf in der Gesellschaft typischerweise entgegengebracht wird (vgl. Treiman 1977 sowie Wegener 1988).

Neben dem Beruf bzw. dem Berufsprestige werden weitere Merkmale als Indikatoren der Schichteinstufung herangezogen, unter anderem kollektive Mentalitäten und typische gruppenbezogene Lebensweisen, aber auch askriptive Merkmale wie die ethnische Herkunft. Ein Beispiel dafür liefert das Schichtmodell *Rainer Geißlers* (Geißler 2002). Geißler wendet sich gleichermaßen gegen die aus seiner Sicht zu statischen Klassenmodelle sowie gegen Positionen innerhalb der Ungleichheitsforschung, die von einer weitgehenden Auflösung vertikaler Ungleichheitsstrukturen im modernisierten Deutschland des späten 20. Jahrhunderts ausgehen (Geißler 1996). Vielmehr komme es darauf an anzuerkennen, dass zwischen den Schichten keine starren, unüberwindlichen Grenzen bestehen, sondern dass an den Rändern benachbarter Schichten rege soziale Mobilität stattfindet.

Gleiches gilt für die hierarchische Gliederung der Gesellschaft. Auch wenn mit der Schichteinstufung typischerweise ein Mehr oder Weniger an Lebenschancen verbunden ist, so gibt es auch Schichten, die zwar im Hinblick auf Prestige und Güterausstattung die gleiche vertikale Lage aufweisen, deren jeweilige Mitglieder jedoch unterschiedliche Lebensstile und Mentalitäten besitzen, wie z. B. ethnische Minderheiten. Im Ergebnis gelangt Geißler zu einem zwölf Schichten umfassenden Modell, das er in Form eines Hauses anordnet (siehe Abb. 2.1).

Abbildung 2.1: Soziale Schichtung der westdeutschen Bevölkerung im Jahr 2000

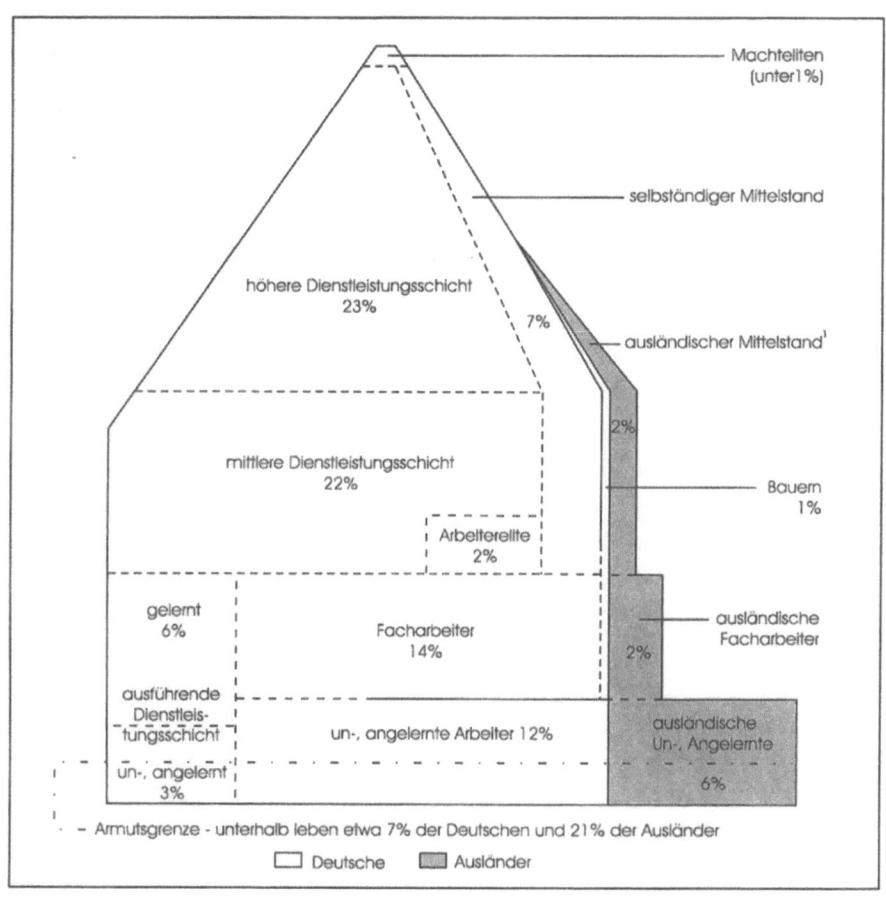

[1] Selbständige, mittlere und höhere Dienstleiter.
Datenbasis: SOEP 2000; N=1785, Quelle: Geißler 2002.

2.3.3 Kulturelle Muster sozialer Ungleichheit

Seit Ende der 1980er Jahre sind Klassen- und Schichttheorien in die Kritik geraten. Einer der wichtigsten Einwände besagt, dass die Einteilung der Gesellschaft in Großgruppen der Entwicklung seit Ende der 1970er Jahre nicht mehr angemessen sei. Bildungsexpansion, allgemein erhöhter Lebensstandard sowie ein Sozialstaat, der die mit dem Erwerbssystem verbundenen Risiken abfedert, hätten einer sozialen Differenzierung Vorschub geleistet, die mit den herkömmlichen soziökonomischen Modellen sozialer Ungleichheit nicht mehr erklärt werden könnte. Infolge dieser Entwicklung hätten sich die objektiven soziökonomischen Ungleichheiten zwar nicht wesentlich verändert. Was sich jedoch geändert habe, seien die soziokulturellen Lebensweisen (vgl. Müller-Schneider 1994). Noch bis in die 1970er Jahre hinein wiesen objektiv bestimmbare klassen- bzw. schichtspezifische Lagen für sie jeweils typische Einstellungs- und Verhaltensweisen in den verschiedenen Bereichen des Lebens (politisches Verhalten, Freizeitverhalten, Einstellungen zur sozialen Ungleichheit) auf. Spätestens seit den 1980er Jahren jedoch hätten sich objektive Lebensbedingungen und soziokulturelle Lebensweisen weitgehend entkoppelt.

Ein weiterer Kritikpunkt betrifft die Beobachtung, dass objektiv feststellbare ungleiche Lebenschancen auch auf Ursachen gründen, die nicht im Erwerbssystem liegen. Die wichtigsten dieser Merkmale sind askriptiver Natur, wie das Geschlecht, die ethnische Herkunft und die Zugehörigkeit zu einer Alterskohorte (vgl. statt anderer Beck 1986; Berger 1996; Hradil 1992).

Um die unterschiedlichen Lebensweisen abbilden zu können, sind verschiedene Ansätze vorgeschlagen worden, die versuchen, möglichst viele Dimensionen ungleicher Lebenschancen jenseits der Erwerbssphäre einzufangen. Zwei dieser Konzepte – Lebensstil und Milieu – schauen wir uns ein wenig näher an.

Lebensstil

Lebensstilansätze legen ihr Augenmerk auf die Regelmäßigkeiten in den subjektiven Mustern der Lebensführung (vgl. Hartmann 1999; Lüdke 1989; Otte 2004). Folgt man *Hans-Peter Müller* (1992: 376), so sind Lebensstile „raum-zeitlich strukturierte Muster der Lebensführung". Ihre Gestalt hängt von drei Faktoren ab:

- von materiellen und kulturellen Ressourcen, die über das Ausmaß an Lebenschancen entscheiden,
- von den Haushalts- und Familienformen, die die Lebens-, Wohn- und Konsumbedingungen beeinflussen,
- von den Werthaltungen, die über Lebensziele und kollektive Mentalitäten entscheiden.

Müller zufolge sind Lebensstile regelmäßige Verhaltensweisen von Individuen auf vier Gebieten des sozialen Lebens: dem Freizeit- und Konsumverhalten (expressiv), dem Verhalten im sozialen Nahbereich wie Kontakte zu Freunden oder die gewählte Familienform (interaktiv), den Wertüberzeugungen z. B. auf politischem Gebiet (evaluativ) und der kognitiv-gesteuerten Selbst- und Fremdwahrnehmung (kognitiv) (Müller 1992: 377 f.).

Wie eine solche Konzeption empirisch umgesetzt wird, demonstriert *Anette Spellerberg* in einer auf Umfragedaten beruhenden empirischen Studie (Spellerberg 1996). Die Autorin ermittelt für Westdeutschland neun Lebensstile, die sie entlang kultureller Geschmacksmuster sowie nach dem Aktionsradius (häuslich-außerhäuslich) aufteilt (Spellerberg 1996: 122 ff.). Auf der Basis zusätzlicher Analysen zum Einfluss verschiedener sozioökonomischer und demografischer Merkmale auf die Übernahme eines Lebensstils kommt Spellerberg zu dem Schluss, dass „die sozialstrukturellen Merkmale die Ausprägung von Lebensstilen maßgeblich bestimmen" (ebd.: 194). Besonders großen Einfluss haben das Alter, der Bildungsgrad und das Geschlecht. Erwerbsbezogene Merkmale wie die berufliche Stellung sowie die Einkommenshöhe weisen dagegen nur schwache Zusammenhänge auf.

Soziales Milieu

Im Unterschied zu Lebensstilen, die das Individuum in den Mittelpunkt rücken, gibt der Begriff des *sozialen Milieus* typische Denk- und Verhaltensweisen sozialer Gruppen wieder (vgl. Müller-Schneider 1994; Schulze 2000). Hradil (1992: 21) zufolge ist ein Milieu „eine Gesamtheit von natürlichen, sozialen (sozio-ökonomischen, politisch-administrativen und sozio-kulturellen) sowie geistigen Umweltkomponenten (...), die auf eine konkrete Gruppe von Menschen einwirkt und deren Denken und Handeln prägt". Populär geworden ist das Milieukonzept durch Studien des kommerziellen SINUS-Umfrageinstituts (vgl. Flaig et al. 1993) sowie durch seine Weiterentwicklung durch eine Hannoveraner Forschungsgruppe um Michael Vester (Vester et al. 1993).

Den SINUS-Milieus liegen acht verschiedene Dimensionen überwiegend subjektiver Merkmale der Lebensführung zugrunde – darunter Einstellungen zu Arbeit, zu Familie und Partnerschaft und zum Freizeitverhalten –, die jeweils weiter differenziert werden. Mittels Umfragedaten unterscheidet SINUS seit Anfang der 1980er Jahre acht, später dann zehn Milieus. Abbildung 2.2 gibt die Milieulandschaft Deutschlands für das Jahr 2005 wieder. Die Milieus wurden dabei in einem zweidimensionalen Raum angeordnet. Dabei gibt die vertikale Dimension die Schichteinordnung des Milieus wieder, während die horizontale Dimension die im Milieu vorherrschenden Wertorientierungen anzeigt.

Abbildung 2.2: Milieus in Deutschland

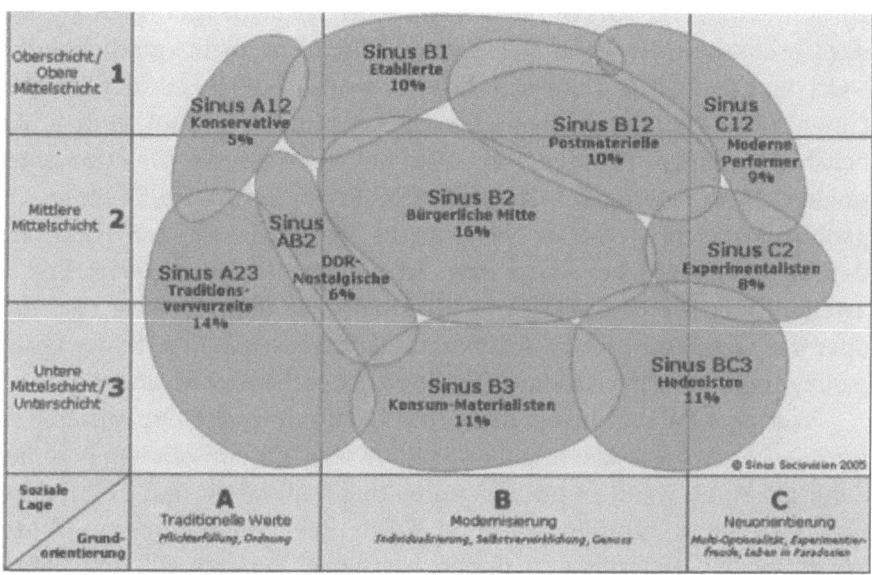

Quelle: http://www.sinus-sociovision.de/

2.4 Organisation als Leerstelle

Im vorangegangenen Abschnitt haben wir zwei unterschiedliche Ansätze zur Beschreibung und Erklärung von sozialer Ungleichheit kennen gelernt: Die strukturalistisch angelegten Klassen- und Schichtungstheorien auf der einen Seite und die kultursoziologisch ausgerichteten Lebensstil- und Milieumodelle auf der anderen Seite. Uns interessiert an dieser Stelle nicht, inwiefern der eine oder der andere Ansatz das Phänomen sozialer Ungleichheit besser beschreibt oder erklärt (vgl. hierzu Zerger 2000). Uns geht es vielmehr um die Frage, inwiefern beide Ansätze Aussagen über den Einfluss von Organisationen auf die Verteilung von individuellen Lebenschancen machen.

Beginnen wir mit den Klassen- und Schichtungsmodellen. Obwohl zwischen beiden eine Reihe von Unterschieden bestehen (vgl. hierzu zusammenfassend Burzan 2004: 71 ff.), sehen sie beide im Erwerbssystem der Gesellschaft den zentralen – wenngleich nicht allein entscheidenden – Ort der Entstehung ungleicher Lebenschancen. Sowohl auf der Seite der Güter, die individuelle Lebenschancen konstituieren – Einkommen, Arbeitsbedingungen, Prestige – als auch auf der Seite der Determinanten ungleicher Verteilungen – Kapitalbesitz, Beruf, berufliche Stellung, Organisationsmacht – sind es ökonomische Merkmale, die den Ausschlag darüber geben, welcher Klasse bzw. Schicht eine Person angehört. Erst an zweiter Stelle werden askriptive Merkmale wie die ethnische Herkunft oder das Geschlecht sowie soziokulturelle Eigenschaften z. B. der Gruppenmentalität zur Erklärung ungleicher Lebenschancen herangezogen.

Was aber haben Klassen und Schichten mit formaler Organisation zu tun? Die Antwort lautet: offenbar relativ wenig. Organisationen kommen dann ins Spiel, wenn es um die Aufteilung von Arbeit und Leitungsbefugnissen geht, typischerweise in Form des Unternehmens. In der Wrightschen Klassentheorie finden wir einen Verweis auf den Faktor „Organisationsmacht": Je höher die Stellung einer Person in der Hierarchie einer Organisation, desto größer sind deren Möglichkeiten, Macht über andere auszuüben („Ausbeutung"), und desto umfangreicher sind deren Lebenschancen. Dieses Verständnis von Organisationen ist auch in der von Erikson & Goldthorpe vorgeschlagenen Klassentheorie und im Schichtmodell von Geißler enthalten. In beiden zeigt sich: Wer andere anweisen kann, steht innerhalb der gleichen Berufsgruppe (z. B. Dienstklasse) höher als andere. In diesen Modellen wird Leitungsbefugnis damit als Merkmal des *Berufs* einer einzelnen Person angesehen, aber nicht als Merkmal der *Organisation*, in der der entsprechende Beruf ausgeübt wird. Die Rolle der Organisation beschränkt sich hier darauf, die Wirkung der gesellschaftlichen Bewertung von Berufen am Individuum zu exekutieren.

Ähnlich lautet der Befund, wenn wir uns die neueren kultursoziologisch orientierten Modelle sozialer Ungleichheit ansehen. Wie eingangs dargelegt wurde, verstehen sich Lebensstil- und Milieukonzepte als Alternativen zu den aus ihrer Sicht zu statischen, undifferenzierten und zu stark auf die Erwerbssphäre konzentrierten Klassen- und Schichtungsmodellen. Sie bestreiten zwar nicht, dass Lebenschancen in der modernen Gesellschaft ungleich verteilt sind und dass die Erwerbssphäre eine entscheidende Stellung dabei einnimmt. Jenseits dessen gibt es jedoch eine Vielzahl weiterer, nicht mit dem Erwerbssystem in Beziehung stehender Determinanten ungleicher Lebenschancen, die mit herkömmlichen Großgruppenkonzepten nicht erklärt werden können. Verantwortlich dafür ist die diagnostizierte Entkopplung der individuellen Wege der Lebensführung von der materiellen Basis des Erwerbssystems: Weil berufliche Tätigkeiten im stetigen Wandel begriffen sind, können sie auch keine dauerhaften kollektiven Identitäten, Einstellungsmuster und Lebensformen mehr konstituieren.

Das Ergebnis unseres kurzen Rundgangs durch die Theorien und Modelle zur Erklärung von sozialer Ungleichheit lautet also: Organisationen sind im Hinblick auf die ungleiche Verteilung von Lebenschancen und die Verschiedenheit subjektiver Lebensweisen von allenfalls randständiger Bedeutung. Wäre dem auch in der Realität so, dann könnten wir das Buch an dieser Stelle beschließen. Doch wie wir im weiteren Verlauf sehen werden, scheint der Einfluss formaler Organisationen in den letzten Jahrzehnten kaum abgenommen zu haben. Darauf deuten eine Vielzahl empirischer Studien und theoretische Interpretationen hin, die auf ganz unterschiedlichen Gebieten der Sozialwissenschaften entstanden sind.

Um diese Effekte von Organisationen auf die Verteilung von Lebenschancen erkennen zu können, muss man einen Perspektivenwechsel vollziehen. Denn in den bislang beschriebenen Theorien und Modellen wurden die Erscheinungsformen ungleicher Lebenschancen auf der Ebene *sozialer Aggregate* angesiedelt. Will man dagegen durch Organisationen hervorgebrachte Ungleichheiten erkennen, dann kann man deren Wirkungen nicht auf der Ebene von sozialen Kollektiven oder statistischen Gruppierungen suchen. Man muss auf der Ebene des *Individuums* ansetzen. Wer so verfährt, fragt zum Beispiel, in welchem Umfang Unterschiede in den Güterausstattungen von Individuen (nicht: Gruppen) darauf zurückzuführen sind, dass diese verschiedenen Organisationen angehören, die sich im Hinblick auf bestimmte strukturelle Merkmale voneinander unterscheiden. Wie eine solche individuumsbezogene Analyse organisierter Ungleichheit aussehen kann, wollen wir an drei Beispielen beschreiben.

- Eine Herangehensweise besteht darin, Muster der beruflichen Mobilität von Beschäftigten in ein und derselben *Arbeitsorganisation* mit Mobilitätsmustern in anderen Arbeitsorganisationen zu vergleichen. Dabei schaut man sich zum Beispiel an, wie unterschiedlich häufig Beschäftigte mit bestimmten individuellen Eigenschaften (z. B. Alter, Bildungsgrad oder Geschlecht) innerhalb der jeweiligen Organisation befördert werden und welche organisationsbezogenen Ursachen für diese Unterschiede verantwortlich sind.

- Ein anderer Analyseweg wäre, das individuelle Einkommen eines Beschäftigten daraufhin zu untersuchen, in welchem Ausmaß es auf die Zugehörigkeit des Beschäftigten zu einer *Gewerkschaft* zurückzuführen wäre, ob diese Gewerkschaft viele oder wenige Mitglieder hat oder ob die Gewerkschaft Lohnverhandlungen mit einem einzelnen Unternehmen oder einem Arbeitgeberverband führt.

- Eine dritte Fragestellung wäre, die Leistungen von Schülerinnen und Schülern miteinander zu vergleichen, die verschiedene *Schulen* mit unterschiedlichem strukturellen Aufbau besuchen. Hier interessiert beispielsweise, welche Effekte die sozioökonomische Zusammensetzung der Schülerschaft auf den Lernerfolg des Einzelnen hat oder inwiefern die Größe der Schule oder der einzelnen Schulklasse sich auf die Bildungschancen des einzelnen Schülers auswirkt.

All diese Fragen sind ausgewählte Beispiele. Sie sollen illustrieren, welche Phänomene ungleicher Lebenschancen man betrachtet, wenn man die Blickrichtung weg vom Aggregat sozialer Großgruppen und direkt auf das einzelne Gesellschaftsmitglied richtet. Wir werden diese individualistische Perspektive auf das Verhältnis von Organisation und unglei-

chen Lebenschancen im zweiten und dritten Teil dieses Buchs näher kennen lernen.

2.5 Zusammenfassung

Von sozialer Ungleichheit sprechen wir, wenn wir die Rangfolge sozialer
Positionen und die mit dem jeweiligen Status einer Person verbundene
Besser- oder Schlechterstellung im Hinblick auf die Verteilung von Lebenschancen in einer Gesellschaft betrachten. Um die Regelmäßigkeiten
in dieser Verteilung erfassen und erklären zu können, wurden eine Reihe
von konkurrierenden Modellen vorgeschlagen:

▶ Klassen und Schichten sind Modelle, denen zufolge die Stellung im
   Erwerbssystem einer Gesellschaft maßgeblich darüber entscheidet,
   welche der wertvollen Güter der Einzelne typischerweise zu erwarten hat. Darüber hinaus wird behauptet, dass mit der Klassenlage
   bzw. der Zugehörigkeit zu einer sozialen Schicht typische Einstellungen zur Gesellschaft, kollektive Mentalitäten und Verhaltensweisen verbunden sind.
▶ Dieser enge Zusammenhang zwischen objektiver sozioökonomischer
   Lage und Lebensweise wird von den jüngeren Ansätzen des Lebensstils und des Milieus ebenso bestritten wie die Annahme der Zentra-
   lität des Erwerbssystems. Sie zeigen, dass Personen mit dem gleichen
   sozioökonomischen Status offenbar unterschiedliche Wege der subjektiven Lebensführung einschlagen können.
▶ In beiden Ansätzen spielen Organisationen als Verursacher sozialer
   Ungleichheit eine vernachlässigbare Rolle. Dies ändert sich, wenn
   man ungleiche Lebenschancen nicht auf der Ebene von sozialen
   Großgruppen wie Klassen oder Milieus ansiedelt, sondern auf der
   Ebene des Individuums lokalisiert. Dies ist die Perspektive der sich
   über verschiedene Forschungsfelder erstreckenden organisationsbe-
   zogenen Ungleichheitsforschung, deren Ergebnisse wir im weiteren
   Verlauf dieses Lehrbuchs kennen lernen.

2.6 Weiterführende Literatur

Nicole Burzan (2004): Soziale Ungleichheit. Eine Einführung in die zentralen Theorien. Wiesbaden: VS, 210 Seiten.
Eingängig geschriebene und trotz des moderaten Umfangs ausführliche Darstellung des klassischen und neueren Theorienbestands vorwiegend der deutschen Ungleichheitsforschung einschließlich kritischer Würdigungen und Literaturempfehlungen.

Rainer Geißler (2006): Die Sozialstruktur Deutschlands. Zur gesellschaftlichen Entwicklung mit einer Bilanz seit der Vereinigung. 4. Auflage, Wiesbaden: VS, 428 Seiten.
Eines der Standardwerke der deutschen Ungleichheitsforschung aus dem Blickwinkel des Schichtungsansatzes verfasst; reich an empirischen Informationen zur Struktur und Entwicklung ungleicher Lebenschancen in Deutschland im Ost-West-Vergleich.

David B. Grusky (Hg.) (2001): Social stratifiction. Class, race, and gender in sociological perspective. 2. Auflage, Boulder: Westview Press, 911 Seiten.
Umfassende Sammlung von empirisch und theoretisch ausgerichteten grundlegenden Originaltexten zu Struktur, Folgen und Wandel sozialer Ungleichheit; ausführliche Berücksichtigung der askripriven Determinanten Geschlecht und ethnische Zugehörigkeit; jeder Hauptteil wird von einem vergleichendem Beitrag abgeschlossen.

3. Drei Verteilungssysteme in modernen Gesellschaften

In den ersten beiden Kapiteln haben wir uns mit formaler Organisation und ungleichen Lebenschancen separat beschäftigt. In diesem Kapitel richten wir erstmals den Blick auf die formale Organisation als ein soziales System, in dem vielfältige Entscheidungen über die Verteilung von Gütern und Lasten in einer Gesellschaft getroffen werden. Doch sind Organisationen nicht die einzigen Verteilungseinheiten, die moderne Gesellschaften kennen. Ebenso bedeutsam sind die Familie und der Wohlfahrtsstaat.[4]

- *Familien* sind soziale Gruppen, deren Mitglieder aufgrund biologischer (Abstammung) oder rechtlicher (Ehe, Adoption) Verwandtschaftsverhältnisse untereinander Fürsorgeleistungen austauschen.
- Der demokratisch legitimierte *Wohlfahrtsstaat* ist eine politische Institution, die kollektiv verbindliche Verteilungsentscheidungen über die Lebensbedingungen der in einem spezifischen Territorium ansässigen Bürgerinnen und Bürger trifft.

---

[4] Von Märkten wird im Folgenden keine Rede sein. Denn im Unterschied zu Familie, Wohlfahrtsstaat und Organisation ist der Markt kein Verteilungssystem in dem hier verwendeten Sinne des Wortes. Auf dem Markt gibt es kein soziales Mitgliedschaftsverhältnis, das an bestimmte Kriterien gebunden ist, das klar formalisiert und in der Tendenz zumindest mittelfristig ausgelegt ist. Auch kennt der Markt keine Verpflichtung zur Reziprozität, die sowohl den Austauschbeziehungen in der Familie (Solidarität), aber auch in Organisationen (v. a. Leistung) und im Wohlfahrtsstaat (Bürgerrechte und -pflichten) zugrunde liegen.

- Unter *Organisation* verstehen wir – wie im ersten Kapitel beschrieben wurde – eine soziale Einheit, in der knappe Güter arbeitsteilig erstellt und soziale Macht akkumuliert wird.

Allen drei sozialen Systemen ist gemeinsam, dass die Verteilungsprozesse, die in ihnen ablaufen, an das Kriterium der *Mitgliedschaft* gebunden sind. Mitgliedschaft heißt: Nur wer von Anderen dauerhaft und auf der Grundlage klar definierter *formaler* Regeln als zugehörig anerkannt wird, kann auch an den Gütern partizipieren, die dem jeweiligen System zur Verfügung stehen. Doch ist es damit noch nicht getan. Denn zugleich ergeben sich aus der Mitgliedschaft wechselseitige, zum Teil sehr dauerhafte und für den Einzelnen gelegentlich recht unliebsame Verpflichtungen.

In den folgenden drei Abschnitten werden wir die Familie, die Organisation und den Wohlfahrtsstaat jeweils separat anhand von drei Kriterien charakterisieren, die den Kern eines jeden Verteilungssystems ausmachen. In Fragen gefasst, lauten die unsere Betrachtung ordnenden Kriterien:

1. Welche Güter werden in den drei Systemen verteilt?
2. Welche Prinzipien steuern diese Verteilungen?
3. Welche Mechanismen erzeugen ungleiche Lebenschancen?

Im vierten Abschnitt werden wir anhand von zwei Fallbeispielen Wechselwirkungen zwischen den drei Verteilungssystemen betrachten. Dabei werden wir sehen, dass Organisationen eine besondere Stellung im Geflecht der Güterströme einnehmen.

3.1 Familie

Die Familie ist das Verteilungssystem auf der Mikroebene der Gesellschaft. Verteilungsprozesse in Familien können zwei Formen annehmen: eine intragenerationale und eine intergenerationale Form. *Intragenerationale* Leistungstransfers finden in der Regel zwischen den Lebenspartnern statt und dienen der Reproduktion des gemeinsamen Haushalts. *Intergenerationale* Verteilungen vollziehen sich zwischen den Angehörigen verschiedener Generationen, typischerweise zwischen den biologischen Eltern bzw. den gesetzlichen Erziehungsberechtigten einerseits und einem Kind oder mehreren Kindern andererseits.

3.1.1 Güter

Im Hinblick auf ungleich verteilte Lebenschancen ist der Fall der intergenerationalen Verteilung besonders bedeutsam. Betrachten wir Transfers von den Eltern zu den Kindern, so werden drei Arten von Gütern wichtig:

- Sachgüter, die der unmittelbaren physischen Reproduktion dienen, wie Wohnung, Ernährung und Kleidung,
- monetäre Güter, die der gegenwärtigen Teilhabe an sozialen Austauschprozessen dienen, wie der Kinobesuch mit Freunden, die Teilnahme an der Klassenfahrt oder die Jahresgebühr für den Sportverein,
- Güter, die die zukünftige Teilhabe an gesellschaftlichen Austauschprozessen fördern, wie Investitionen in die technischen Fertigkeiten und in freiwillige Bildungsanstrengungen, die von Eltern vorgelebte Wertschätzung von Literatur und Kunst, der Wille zu Selbstbestimmung, zur Teilhabe an politischer Willensbildung oder zu Normkonformität sowie soziale Kompetenzen wie Empathie und Solidarität.

Dieser intergenerationale Güterfluss von den Eltern zu den Kindern nimmt mit Eintritt der vollen Geschäftsfähigkeit des Kindes (Volljährigkeit) bzw. nach Abschluss seiner Ausbildungsphase ab. Jedoch verebbt er nicht vollständig, sondern erstreckt sich auch auf spätere Lebensphasen (vgl. hierzu Kühnemund/Motel 2000; Szydlik 2000). Insbesondere in der Phase der Erziehung einer neu eingetretenen Kindergeneration finden erneut Transfers statt. In dieser Phase unterstützen die Eltern ihre nunmehr erwachsenen Kinder, indem sie sich an der Betreuung ihrer Enkel beteiligen. Entgegen manch romantisierender Vorstellung, dass generationenübergreifende Solidarität ein Merkmal der feudalen Gesellschaft gewesen sei, ist diese Form der Unterstützung erst im Zuge der Industrialisierung im 19. Jahrhundert möglich geworden. In vorindustriellen Familienformen waren die Lebenserwartung und damit die gemeinsam verbrachte Lebenszeit von Großeltern und Enkeln schlichtweg zu kurz, um maßgebliche Unterstützungsleistungen zu ermöglichen (vgl. Rosenbaum 1996).

Zieht man eine Bilanz über die zwischen den Generationen über den gesamten Lebenslauf fließenden monetären Transfers, so haben empirische Studien für die Bundesrepublik ergeben, dass diese in der Regel zu Gunsten der Kindergeneration ausfällt (vgl. Motel/Szydlik 1999). Dabei muss man jedoch bedenken, dass diese Bilanz nicht zuletzt das Ergebnis eines Prozesses der Anhäufung von Vermögen durch die Elterngeneration in den 1960er und 1970er Jahren ist.

3.1.2 Verteilungsprinzipien

Intergenerationale Verteilungsprozesse werden von zwei Prinzipien gesteuert: dem Bedürftigkeitsprinzip und dem Gleichheitsprinzip. Betrachtet man die erste Phase der Kindererziehung, so ist das Prinzip der uneingeschränkten *Bedürftigkeit* dominant. Materielle Transfers werden unabhängig davon geleistet, ob und in welchem Umfang die Empfänger eigene Beiträge zur materiellen Reproduktion des Familienhaushalts erbringen. Die Anwendung des Bedürftigkeitsprinzips ändert sich nach dem Auszug der Kinder aus dem Elternhaus. Zwar fühlen sich die Eltern nach wie vor zur materiellen Unterstützung verpflichtet. Diese Unterstützung ist nun jedoch nicht mehr die Regel, sondern die Ausnahme. Transfers erfolgen dann, wenn die Kinder trotz eigener Anstrengungen in eine Notlage geraten (vgl. Szydlik 2000: 92 ff.).

Das *Gleichheitsprinzip* kommt zu Lebzeiten beider Generationen dann zur Anwendung, wenn es sich um Gütertransfers von den Eltern an mehrere Kinder handelt, die nicht aufgrund von Notlagen der Kinder zustande kommen, sondern die als reine Gaben getätigt werden. Ähnlich verhält es sich im Falle von „mortis-causa-Transfers" (Übertragungen nach dem Tode). Stehen mehrere Erben bereit, so haben ökonometrische Studien gezeigt, dass die Übertragung vorrangig nach dem Gleichheitsprinzip erfolgt (vgl. Mechnik 1980; Wilhelm 1996).

3.1.3 Mechanismen sozialer Ungleichheit

Eine der maßgeblichen Ursachen dafür, dass die Angehörigen derselben Geburtskohorte verschiedene Lebenschancen zu erwarten haben, sind unterschiedliche Ressourcenausstattungen ihrer Eltern (vgl. statt anderer Mayer/Blossfeld 1990). Maßgeblich dafür sind die früheren Bildungsanstrengungen der Eltern, deren Berufswahl und das damit verbundene berufliche Qualifikationsniveau (klassisch dazu: Blau/Duncan 1967). Mit dem Bildungsniveau und dem ausgeübten Beruf variiert nicht nur die Höhe des Haushaltseinkommens, sondern auch das Risiko, von Arbeitslosigkeit betroffen zu sein. Beides hat unmittelbare Folgen für den Umfang der Lebenschancen des Kindes. Der gleiche Zusammenhang gilt auch für Transfers jenseits der Minderjährigkeit. Beispielsweise sind Kinder aus Arbeiterfamilien trotz der Bildungsexpansion in den 1970er Jahren in Deutschland unter den Hochschulabsolventen nach wie vor stark unterrepräsentiert (vgl. Szydlik 2000: 134 ff.; Henz/Maas 1995; Müller/Haun 1994 sowie die Ausführungen im sechsten Kapitel).

Eine weitere Variante intergenerationaler Verteilungen, die in letzter Zeit an Bedeutung gewinnen, sind Erbschaften. Hohe Erbschaften verstärken bestehende soziale Ungleichheiten, da sie in der Regel denjenigen Kindern zufließen, die ohnehin in Familien mit höherem Haushaltseinkommen und höherer Bildung aufgewachsen sind. Dagegen erben diejenigen Kinder seltener und zugleich weniger, die es von Haus aus ohnehin wesentlich schwerer haben, höhere soziale Positionen zu erreichen (Szydlik 1999). Erbschaften reproduzieren also nicht nur bestehende soziale Ungleichheiten, sondern sie tragen auch zu deren Zunahme bei. „Eltern, die in ihrer Altersgruppe im Gefüge vertikaler sozialer Ungleichheit höhere Positionen einnehmen, vermachen ihren Kindern höhere Stellungen in ihrer Kohorte. Arme Eltern haben hingegen ihren Kindern nicht nur nichts zu vererben, sondern sie befinden sich oftmals sogar in der Situation, Zuwendungen ihrer Kinder akzeptieren zu müssen" (Szydlik 2000: 171).

3.2 Wohlfahrtsstaat

Der Wohlfahrtsstaat ist das umfassendste, auf der Makroebene angesiedelte Verteilungssystem der modernen Gesellschaft. Seine wichtigste Eigenschaft besteht darin, die Verteilung von Sach-, Dienst- oder Geldleistungen unter den Bürgerinnen und Bürgern eines Landes nach bestimmten, politisch festgelegten Kriterien vorzunehmen. Historisch betrachtet, leitet sich die Existenz wohlfahrtsstaatlicher Institutionen aus der Notwendigkeit ab, durch den Markt erfolgte Verteilungsergebnisse zu korrigieren bzw. umzuverteilen. Im Unterschied zu absolutistischen Sozialsystemen, wie z. B. der früheren englischen Armenfürsorge, gründen wohlfahrtsstaatliche Re-Distributionen auf rechtlichen, von den Bürgern einklagbaren Verpflichtungen (vgl. Schmidt 1998).

3.2.1 Güter

Die Spanne wohlfahrtsstaatlicher Leistungen ist recht breit. Zu den wichtigsten zählen:

- Leistungen der sozialen Sicherungssysteme,
- infrastrukturelle Maßnahmen,
- Transferzahlungen.

Leistungen der sozialen Sicherungssysteme unterscheiden sich darin, ob sie auf Beiträgen beruhen, die die Leistungsempfänger entrichtet haben, oder ob sie auf Rechtsansprüchen gegenüber dem Staat gründen. In der ersten Variante handelt es sich um Leistungen der verschiedenen Zweige der Sozialversicherung. In Deutschland sind dies die Arbeitslosen-, Renten-, Kranken-, Pflege- und Unfallversicherung. Im zweiten Fall fließen Leistungen aus der Sozialhilfe jenen Personen zu, deren aktueller Lebensstandard ein gesetzlich definiertes Existenzminimum vorübergehend oder dauerhaft unterschreitet.

Infrastrukturelle Maßnahmen sind Kollektivgüter, die der Wohlfahrtsstaat allen Bürgerinnen und Bürgern prinzipiell unabhängig von ihrem sozioökonomischen Status zur Verfügung stellt. Hierzu zählen zum Beispiel Kindertagesstätten, Schulen und Hochschulen, Bibliotheken, Schwimmbäder, Grünanlagen sowie der öffentliche Nahverkehr. Allerdings kann der Staat seinen Bürgern ein nach sozialer Lage differenziertes Nutzungsentgelt abverlangen. Beispiele hierfür sind Senioren- und Arbeitslosentarife in öffentlichen Schwimmbädern oder nach Einkommen gestaffelte Beiträge für die Nutzung von Kindergartenplätzen.

Transferzahlungen zeichnen sich dadurch aus, dass sie an spezifische Empfängergruppen aufgrund von genau definierten, in der Regel sozioökonomischen Merkmalen geleistet werden. Transferzahlungen können sowohl direkter als auch indirekter Natur sein. Beispiele für *direkte* Transfers sind das Kindergeld, die (frühere) Eigenheimzulage sowie Subventionen für bestimmte Berufsgruppen wie z. B. Agrarsubventionen. *Indirekte* Transferzahlungen sind etwa die zweckgebundene staatliche Kreditförderung zum Erwerb von Wohneigentum (Kreditanstalt für Wiederaufbau, Bausparzulagen) oder Ausbildungskredite (BaföG oder Bildungskredit).

3.2.2 Verteilungsprinzipien

Der Wohlfahrtsstaat ist ein „re-distributives" Verteilungssystem. Das ihm zugrunde liegende Leitmotiv ist das der *Korrektur* von Ungleichheiten, die aus dem Spiel der Marktkräfte entstanden sind. Wie weitgehend diese Korrekturen sind, hängt von der institutionellen Architektur des jeweils nationalen Wohlfahrtsstaats ab (vgl. Esping-Andersen 1990). Generell lässt sich jedoch sagen, dass wohlfahrtsstaatliche Institutionen zumeist jenem Ausmaß an Ungleichheit entgegen wirken, das die soziale Integration der Gesellschaft gefährden und bestimmte Gruppen dauerhaft von der Wohlfahrtsentwicklung ausgrenzen könnte.

Dabei folgen die wohlfahrtsstaatlichen Institutionen keinem einheitlichen Verteilungsprinzip, sondern es werden in Abhängigkeit von der Art des transferierten Gutes drei verschiedene Prinzipien angewandt (vgl. Leisering 2004; Ullrich 2004):

- das *Bedürftigkeitsprinzip,* nach dem die gesellschaftlich definierten Grundbedürfnisse einer Person an Wohnung, Kleidung, Ernährung und Gesundheitsversorgung über die Güterzuweisungen entscheiden,
- das *Gleichheitsprinzip,* wonach gleiche Leistungen unabhängig von der sozioökonomischen Stellung des Empfängers erbracht werden,
- das *Beitrags-* bzw. *Proportionalitätsprinzip,* das im Unterschied zum Verteilungssystem Organisation nicht nur Arbeitseinkommen, sondern in der Regel alle erzielten Einkünfte einer Person einschließt, also auch Kapital- oder Mieterträge.

Tabelle 3.1: Wohlfahrtsstaatliche Leistungen und Verteilungsprinzipien in Deutschland

Leistungen	Verteilungsprinzip	Finanzierungsprinzip
Gesetzliche Sozialversicherung		
Gesundheitsversorgung Pflege	Bedürftigkeit	Beiträge (einkommensproportional)
Rente Arbeitslosengeld	Proportionalität	Beiträge (einkommensproportional)
Versorgung bei Arbeitsunfall bzw. Invalidität	Gleichheit & Proportionalität	Beiträge (risikoproportional; nur unternehmensfinanziert)
Sozialhilfe	Bedürftigkeit	Steuern
Infrastruktur (Beispiele)		
Kinderbetreuung, Sportstätten, Nahverkehr	Gleichheit, z. T. Bedürftigkeit (für sozial schwache Gruppen)	Beiträge & Steuern
Bildungsstätten	Gleichheit	Steuern
Transferzahlungen (Beispiele)		
Kindergeld	Gleichheit	Steuern
Förderung von Wohneigentum	Bedürftigkeit (Einkommensgrenzen)	Steuern
Bildungsförderungskredit	Bedürftigkeit (Einkommensgrenzen)	Steuern

Quelle: Eigene Darstellung.

Auch die Finanzierung wohlfahrtsstaatlicher Leistungen unterliegt keiner alleinigen Regel. Zu unterscheiden sind drei Finanzierungsquellen:

(1) das allgemeine Steueraufkommen des Staates, (2) das Beitragsaufkommen der potentiellen Leistungsempfänger sowie der sie beschäftigenden Unternehmen, und (3) das Beitragsaufkommen der Unternehmen, wobei letzteres nur der Arbeitsunfallversicherung zugrunde liegt.

Tabelle 3.1 stellt die Verteilungs- und Finanzierungsprinzipien am Beispiel des deutschen Wohlfahrtsstaates im Überblick dar.

3.2.3 Mechanismen wohlfahrtsstaatlicher Umverteilung

Wie die Leistungen und Prinzipien, so sind auch die wohlfahrtsstaatlichen Mechanismen vielfältig, die zur Dämpfung sozialer Ungleichheit in einer Gesellschaft beitragen. Dazu gehören zunächst die genannten Systeme sozialer Sicherung, infrastrukturelle Maßnahmen sowie jene Transferleistungen, die nach den Prinzipien der Bedürftigkeit bereitgestellt werden. Leistungen, die sich nach der Höhe von zuvor eingezahlten Beiträgen richten, haben im Vergleich zu ihrer Nicht-Existenz zwar auch Ungleichheit dämpfende Effekte. Gleichwohl fallen diese eher gering aus. Die nach dem Gleichheitsprinzip verteilten Leistungen – z. B. das Kindergeld – wirken in der Regel verteilungsneutral. Dennoch tragen auch sie dazu bei, die soziale Lage der in einer Gesellschaft am schlechtesten Gestellten zu verbessern.

Ein anderer bedeutsamer Mechanismus der Umverteilung ist die Besteuerung von Einkommen und Erträgen. Mittels Ertragssteuern werden Einkünfte von Individuen und Organisationen in Abhängigkeit von ihrer Wirtschaftskraft belastet. Ertragssteuern sind – neben der Mehrwertsteuer – zum einen die zentrale finanzielle Grundlage für wohlfahrtsstaatliche Umverteilungen, und zum anderen ein zentraler Verteilungsmechanismus. Die vom Steuervolumen her wichtigsten Ertragssteuern sind die *Lohn- bzw. Einkommensteuer*, die *Kapitalertragssteuer* sowie die *Körperschaftssteuer*, mittels derer Gewinne von Kapitalgesellschaften besteuert werden.

Unter Ungleichheitsgesichtspunkten betrachtet, ist die Einkommensbesteuerung besonders bedeutsam, weil sie direkt auf den Ressourcenzufluss von der Arbeitsorganisation hin zu den Beschäftigten zugreift. Das Einkommensteuersystem legt fest, ab welcher Einkommenshöhe Steuern erhoben werden (Freibetrag), zu welchem Steuersatz dies geschieht (Eingangssteuersatz), wie hoch der maximale Steuersatz ist (Spitzensteuersatz) und ab welcher Einkommenshöhe er greift. Zum anderen bestimmt es, ob der prozentuale Steueranteil mit steigendem Einkommen gleich bleibt bzw. ansteigt (Steuerprogression). Vereinfacht kann man sagen: die *Einkommensungleichheit* in der Gesellschaft fällt umso geringer aus bzw. wird gedämpft,

- je höher der Freibetrag für Bezieher niedriger Einkommen ist,
- je niedriger der Eingangssteuersatz ist,
- je progressiver der Verlauf der Steuersätze ist,
- je höher der Spitzensteuersatz ist,
- je später der Spitzensteuersatz innerhalb des Einkommenskontinuums greift.

3.3 Organisation

Organisationen sind in zweifacher Weise an der Verteilung von Lebenschancen beteiligt. Zum einen werden Güter, die von den Organisationsmitgliedern produziert wurden, auch unter ihnen verteilt. Zum anderen beeinflussen Organisationen Verteilungsprozesse, die außerhalb ihrer selbst stattfinden. An diesen *organisationsexternen* Verteilungen sind sowohl natürliche Personen, andere Organisationen als auch der Staat beteiligt.

3.3.1 Güter

Welche Güter jeweils verteilt werden, hängt vor allem davon ab, welchem Zweck die jeweilige Organisation dient. Betrachten wir zunächst *organisationsinterne* Verteilungen. In Bildungsorganisationen werden Wissen, Bildungszertifikate oder Berufsabschlüsse verteilt, in Gesundheitsorganisationen sind es Behandlungstypen wie Transplantationen oder Zahnersatz, und innerhalb von Wirtschaftsorganisationen werden vor allem Arbeitsentgelte und Gewinne sowie Aufstiegschancen verteilt. *Organisationsextern* werden unter anderem Arbeitsbedingungen und Löhne zwischen Arbeitgeberverbänden und Gewerkschaften verhandelt, und Mitgliedsverbände wie Automobil- und Umweltvereinigungen nehmen Einfluss auf politische Entscheidungen über Immissionsrechte oder staatliche Förderungen für oder gegen bestimmte Energiearten. Wie man diese Vielfalt an Gütern systematisch ordnen kann, werden wir im vierten Kapitel kennen lernen.

3.3.2 Verteilungsprinzipien

Was in Organisationen nicht variiert, ist das dominante Verteilungsprinzip. Denn in den meisten Organisationen, die auf der Freiwilligkeit der Mitgliedschaft gründen, werden Güter nach dem Beitrags- oder *Proportionalitätsprinzip* verteilt. Proportionalität bedeutet, dass derjenige einen größeren Anteil am zu verteilenden Gütervolumen erhält, der einen vergleichsweise höheren Beitrag zur Funktionsfähigkeit der jeweiligen Organisation erbracht hat. Drei Beispiele dazu:

- In Unternehmen wird die Höhe der Entlohnung an den Umfang der erbrachten Arbeitsleistung geknüpft.
- In Bildungsorganisationen erhält derjenige bessere Abschlussnoten, der die jeweiligen Leistungsvorgaben (Lehrplan) der Organisation erfüllt.
- Arbeitgeberverbände und Gewerkschaften vereinbaren prozentuale Gehaltssteigerungen, die jenen Berufsgruppen höhere absolute Einkommenszuwächse bescheren, die in der Hierarchie der Tätigkeiten höher angesiedelt sind.

- Hilfsorganisationen wie z. B. Organisationen der internationalen Entwicklungshilfe oder lokale Fürsorgeeinrichtungen setzen ein Mindestmaß an Bereitschaft zur Selbsthilfe gegenüber den Leistungsempfängern voraus.

Eine Ausnahme von dieser Regel stellen Interessenorganisationen dar, die *Kollektivgüter* herstellen. Als Kollektivgüter bezeichnet man Güter, die von einer kleinen Zahl von Menschen produziert, aber von einer wesentlich größeren Zahl oder der Allgemeinheit genutzt werden (vgl. hierzu grundlegend Olson 1998). Zum Beispiel besteht eines der wichtigsten Ziele von Umweltverbänden wie „Greenpeace" oder dem „Bund für Umwelt und Naturschutz Deutschland" darin, die Bevölkerungen der Industriestaaten sowie dort ansässige Unternehmen zu einem für die Natur verträglicheren wirtschaftlichen und konsumtiven Handeln zu bewegen. Das Kollektivgut „saubere Natur" kommt dabei nicht nur den Organisationsmitgliedern, sondern allen Bewohnern der betreffenden Regionen zugute.

Ein anderes Kollektivgut wird von den Gewerkschaften hergestellt. Die Probleme, die dabei bestehen, sind besonders interessant, weil sie vergleichsweise große Effekte auf die Verteilung materieller Lebenschancen nach sich ziehen. Zwar rücken Gewerkschaften – wie andere Verhandlungsorganisationen auch – die jeweiligen spezifischen Mitgliederinteressen ins Zentrum ihrer Aktivität. Nun ist es aber so, dass sich viele dieser Interessen weitgehend mit den Interessen derjenigen Erwerbstätigen decken, die keiner Gewerkschaft angehören. Gleichwohl profitieren auch diese von den Früchten des gewerkschaftlichen Handelns. Dazu zählten in der Vergangenheit unter anderem der politische Einfluss der deutschen Gewerkschaften bei der gesetzlichen Begrenzung der Länge der täglichen Arbeitzeit, die Etablierung der Unternehmensmitbestimmung sowie eine Vielzahl weiterer Arbeitsgesetze und -verordnungen, die die Beschäftigten vor übermäßiger Vernutzung ihrer Arbeitskraft schützen.

Besonders erwähnenswert sind Tarifverträge über die Festlegung von prozentualen Lohnsteigerungen. Diese kollektiven Lohnsteigerun-

gen wurden in der Regel nur deshalb durchgesetzt, weil sie von den Gewerkschaften unter Androhung oder Praktizierung von Arbeits-
kampfmaßnahmen erstritten wurden. Gleichwohl kommen diese Erfolge
in tariflich gebundenen Unternehmen in Deutschland nicht nur den Gewerkschaftsmitgliedern, sondern faktisch der gesamten Belegschaft zugute. Verantwortlich dafür ist die Politik der Unternehmen, keine Lohn-
differenzierungen nach Gewerkschaftsmitgliedschaft vorzunehmen.
Würde das Unternehmen den Tariflohn ausschließlich den Mitgliedern
zahlen, hätte dies zur Folge, dass den Gewerkschaften Scharen neuer
Mitglieder zufließen würden.[5]

Grundsätzlich anders liegt der Fall bei Organisationen, die Zwangs-
mitgliedschaften für bestimmte Gruppen von Individuen oder Organisationen vorsehen. Beispielsweise gilt für Gefängnisse oder psychiatrische
Anstalten das *Gleichbehandlungsprinzip* bei der Gestaltung der Haft- bzw.
Verwahrungsbedingungen, das nur durch richterliche oder durch medizinische Entscheidungen durchbrochen wird. Auch die deutschen In-
dustrie-, Handels- und Handwerkskammern sowie die Berufsgenossen-
schaften basieren auf der gesetzlich verankerten Zwangsmitgliedschaft.
Sie bieten ihren Mitgliedern Dienstleistungen nach dem *Gleichheitsprinzip*
an. Anders ist dies bei den Zwangsorganisationen des Gesundheitssys-
tems, den gesetzlichen Krankenkassen in Deutschland. Sie sehen für Erwerbspersonen unterhalb einer gesetzlich bestimmten Einkommens-
schwelle die Zwangsmitgliedschaft vor. Krankenkassen verteilen die
verfügbaren Mitgliedsbeiträge in der Regel nach dem *Bedürftigkeitsprin-*
zip. In gleicher Weise verfahren öffentlich-rechtliche Krankenhäuser, die
ihre medizinischen Kapazitäten an die Patienten weitgehend unabhängig
vom jeweiligen Einkommen verteilen.

---

[5] Näheres dazu finden Sie im siebten Kapitel.

3.3.3 Ungleichheitsmechanismen

Organisationale Mechanismen der Güterverteilung sind vielfältig. Welcher Mechanismus im Einzelnen am Werke ist, hängt wiederum vom formal definierten Zweck einer Organisation ab. Doch nicht nur zwischen Organisationen mit verschiedenen Zwecken variieren diese Mechanismen. Auch Organisationen des gleichen Typs können unterschiedliche Mechanismen in Anschlag bringen. Im zweiten und dritten Teil dieses Buchs werden wir diese Mechanismen systematisch kennen lernen. Vorab heben wir zwei Mechanismen hervor: das Positionssystem der Organisation und ihre Größe.

Positionssysteme gibt es überall dort, wo gegen Entgelt gearbeitet wird. Ein Positionssystem ist ein hierarchisches, auf Dauer gestelltes Gefüge arbeitsteilig bestimmter Aufgaben, für deren Bewältigung jeweils spezifische Belohnungen zugewiesen werden. Je bedeutsamer eine Aufgabe im Zusammenhang der Leistungserstellung angesehen wird, desto höher ist sie in der Hierarchie der Positionen angesiedelt und umso höher sind die Belohnungen, die die Positionsinhaberin oder der Positionsinhaber erzielen kann. Soziale Ungleichheit resultiert dabei, erstens, aus dem Grad der *Arbeitsteilung* in einer Organisation. Je höher der Grad der Arbeitsteilung, desto ausdifferenzierter ist das Positionssystem und umso differenzierter sind auch die Belohnungen unter den Mitgliedern verteilt. Das Ausmaß dieser Differenzierung kann jedoch von Organisation zu Organisation verschieden ausfallen. Deshalb resultieren soziale Ungleichheiten, zweitens, aus der Unterschiedlichkeit der Positionssysteme über alle Organisationen in einer Gesellschaft hinweg.

Die *Größe* einer Organisation wird in der Regel daran bemessen, wie viele Mitglieder der Organisation angehören. Der Größenfaktor hat in der Organisationsforschung lang anhaltende Aufmerksamkeit erlangt, vor allem deshalb, weil er als empirisch recht einfach bestimmbarer Indikator für eine Vielzahl anderer Merkmale der Organisationsstruktur angesehen wird, die sich nicht ohne Weiteres messen lassen. In Unternehmen wurde unter anderem beobachtet, dass der Grad der strukturellen Differenzierung mit steigender Beschäftigtenzahl zunimmt. Je mehr Aufgaben arbeitsteilig zu bewältigen sind, desto schwieriger wird es, den Arbeitsprozess mit Hilfe von direkten Anweisungen durch Vorgesetzte zu koordinieren und zu überwachen. Umso notwendiger werden formale Kontrollmechanismen, eine räumliche Aufgliederung und eine ausdifferenzierte Hierarchie (vgl. dazu klassisch Blau/Schoenherr 1971; Child 1973; Pugh et al. 1969).

In unserem Zusammenhang ist ein weniger beachteter Effekt der Organisationsgröße bedeutsam, auf den *James Coleman* sowie *Charles Perrow* hingewiesen und den wir bereits im ersten Kapitel kennen gelernt haben. Insbesondere große Organisationen sind Zentren der Akkumulation von sozialer Macht. Je mehr Mitglieder eine Organisation hat, desto größer ist ihr Einfluss auf andere, zur sozialen Umwelt einer Organisation zählende Akteure, und desto größer ist der Güteranteil, den die Organisation in der Auseinandersetzung mit anderen Organisationen und mit natürlichen Personen realisieren und an ihre Mitglieder ausschütten kann. Für Verhandlungsorganisationen wie Gewerkschaften, Branchenvereinigungen und Umweltverbände ist die Zahl der aktiven Mitglieder eine der wichtigsten Voraussetzungen ihrer Durchsetzungsfähigkeit. Beispielsweise hängt die Fähigkeit einer Gewerkschaft, im Arbeitskampf möglichst hohe Löhne durchzusetzen, von der Anzahl der Mitglieder sowie von deren Bereitschaft ab, im Ernstfall in den Streik zu treten. In Arbeitsorganisationen beispielsweise wirkt sich die Organisationsgröße positiv auf die Lohnhöhe aus: Größere Unternehmen können durchschnittlich höhere Löhne an ihre Beschäftigten zahlen als dies kleinere Unternehmen vermögen.

3.4 Interdependenzen

Damit kommen wir zum Fazit der Abschnitte 3.1 bis 3.3. In diesen Abschnitten haben wir drei Sozialsysteme kennen gelernt, in denen der ganz überwiegende Teil knapper Güter in der Gesellschaft verteilt wird. Im Mittelpunkt standen die jeweils wichtigsten Güterarten, die eingesetzten Verteilungsprinzipien und die Mechanismen des jeweiligen Systems der ungleichen Verteilung von Lebenschancen. Tabelle 3.2 fasst die Ergebnisse im Überblick zusammen.

Tabelle 3.2:   Drei Verteilungssysteme in modernen Gesellschaften

	Familie	**Organisation**	**Wohlfahrtsstaat**
Güterart	Reproduktionsgüter (z. B. Nahrung, Wohnung) Transferzahlungen Kulturelles Kapital (Bildung)	Einkommen Mobilitätschancen Bildung Prestige Macht	Soziale Sicherung Infrastruktur Transferzahlungen
Verteilungsprinzip	Bedürftigkeit Gleichheit	Proportionalität (Ausnahmen: Zwangsorganisationen, Kollektivgutproduzenten)	Bedürftigkeit Proportionalität Gleichheit
Ungleichheitsmechanismen	Soziale Herkunft (Bildung & Beruf der Eltern; Erbschaften)	Positionssystem Organisationsgröße, u. a.	Steuersystem Arbeits- und Sozialgesetzgebung

Quelle: Eigene Darstellung.

Unsere bisherige Betrachtungsweise hat nahe gelegt, dass die Verteilungsprozesse in jedem System autonom, d. h. ohne Einfluss der jeweils anderen ablaufen. Bei genauerem Hinsehen zeigt sich, dass sich die Verteilungssysteme durchaus wechselseitig beeinflussen. Der soziologische Fachterminus hierfür ist „Interdependenz". Ihre Existenz lässt sich dadurch erklären, dass die meisten Menschen in modernen Gesellschaften in der Regel Mitglied in allen drei Verteilungssystemen sind. Als Tochter, Enkel oder Großmutter sind sie in die Verpflichtungsnetze der Familie eingebunden; als Beschäftigter, Vereinsmitglied oder Studentin sind sie Mitglied von zumeist mehreren Organisationen; und als Staatsbürger,

Rentnerin oder Arbeitsloser partizipieren sie an den Verteilungsprozessen des Wohlfahrtsstaats.

Eine Folge dieser Mehrfachmitgliedschaften ist, dass die zugeteilten Güter, die eine Person aufgrund ihrer Zugehörigkeit in einer Organisation erhält, zugleich *Restriktionen* für Verteilungsprozesse in den beiden anderen Systemen darstellen, der die Person ebenfalls angehört. Wir können uns diese Konstellation an zwei Fallbeispielen verdeutlichen.

Beispiel 1: Arbeitsorganisation

Das Dienstleistungsunternehmen „Detektei Lausch & Guck" zahlt seiner Angestellten Sabine Aufgeweckt ein Bruttogehalt von rund 2200 €. Zusammen mit den Einkünften des selbständig tätigen Ehemanns verfügt die vierköpfige Familie über ein Haushaltseinkommen von 3200 €. Damit müssen sie die monatlichen Ausgaben unter anderem für Miete, Lebensmittel, Verkehr, Kleidung, Freizeitgestaltung und Taschengeld bestreiten. In diesem Fall stellt das Gehalt von Frau Aufgeweckt eine dreifache Restriktion dar:

- Als Haushaltseinkommen bestimmt es den finanziellen Ausgabenrahmen der *Familie* und damit den Verteilungsspielraum unter den Familienmitgliedern, zum Beispiel für Kleidung oder Taschengeld für die Kinder.

- Als Bruttogehalt geht es in die Berechnung der Höhe der zukünftigen gesetzlichen Altersversorgung ein, die Sabine Aufgeweckt nach Beendigung ihrer Erwerbstätigkeit aus der staatlichen Rentenkasse bezieht.

- Zugleich bestimmt das Gehalt die Höhe des Arbeitslosengeldes, das ihr das Arbeitsamt im Falle einer Kündigung des Arbeitsverhältnisses durch „Lausch & Guck" auszahlen würde.

Beispiel 2: Interessenorganisation

Die selbstständige Landwirtin Kornelie Eiermann bewirtschaftet zusammen mit ihrer fünfköpfigen Familie einen Bauernhof, der sich auf die Produktion von Geflügel und Hühnereiern in konventionellen Legebatterien spezialisiert hat. Die fünf Familienangehörigen sind als versicherungspflichtig Vollzeitbeschäftigte bei Frau Eiermann angestellt. Im Jahre 2001 hat der deutsche Bundesrat eine Verordnung beschlossen, die eine EU-Richtlinie in nationales Recht überführt. Inhalt der Verordnung ist, dass konventionelle Legebatterien in Deutschland bereits mit Beginn des Jahres 2007 verboten sein werden. Diese Verordnung würde Frau Eiermann dazu zwingen, viel Geld in neue Käfiganlagen zu investieren. Da der Hof nicht genug Gewinn abwirft, müsste sie Konkurs anmelden.

Kornelie Eiermann ist jedoch zugleich Mitglied des „Bundes der Pommerschen Eierwirtschaft" (BPEi). Dieser Interessenverband hat bereits frühzeitig verschiedene Protestaktionen seiner Mitglieder gegen die Umsetzung der EU-Richtlinie organisiert und Gespräche mit hochrangigen Vertretern aller deutschen Landwirtschaftsminister geführt. Das Hauptargument des BPEi ist, dass die deutschen Eierproduzenten gegenüber ihren europäischen Konkurrenten benachteiligt wären, da die meisten EU-Länder Legebatterien erst zum Jahr 2012 (gemäß der EU-Richtlinie der spätest mögliche Zeitpunkt) verbieten werden. Daraufhin hat der Bundesrat im Jahr 2003 seine frühere Entscheidung zurückgenommen und die Abschaffung der Legebatterien auf 2010 verschoben. Damit verfügt Frau Eiermann über ausreichend Zeit, um ihren Hof langfristig auf Freilandproduktion umzustellen und darauf ausgerichtete Vertriebswege aufzutun.

Wie wir sehen, wirkt sich das Handeln der Interessenorganisation BPEi auf die folgenden, nachgelagerten Verteilungsprozesse aus:

- Aufgrund des vermiedenen Konkurses verfügt Frau Eiermann weiterhin über ein regelmäßiges Einkommen aus *Unternehmens*tätigkeit.

- Da alle fünf Arbeitsplätze erhalten bleiben, ist auch das Haushaltseinkommen der *Familie* gesichert, denn es existieren keine ausreichenden alternativen Einkommensquellen.

- Da die Familienmitglieder weiterhin beschäftigt sind, bleibt es der Sozialversicherung erspart, die erforderlichen Zahlungen des Arbeitslosengeldes bzw. der Sozialhilfe zu leisten.

Es ist kein Zufall, dass in den beiden Beispielen Organisationen eine besondere Stellung im Beziehungsgefüge der Verteilungssysteme einnehmen. Denn Arbeitsorganisationen stellen die Ressourcen bereit, die in den anderen beiden Verteilungssystemen aufgeteilt werden, und Verhandlungsorganisationen beeinflussen unter anderem politische Willensbildungsprozesse, woraus sich Wohlfahrtseffekte im Rahmen der nationalen Volkswirtschaft als auch innerhalb der Familien der betroffenen Erwerbspersonen ergeben.

Man kann diese zentrale Bedeutung von Organisationen noch weiter begründen. Zugespitzt formuliert kann man sagen, dass es den Wohlfahrtsstaat nicht gäbe ohne die massenhafte Ausbreitung von Organisationen – vor allem: von Unternehmen und Gewerkschaften – im Zuge der Industrialisierung im 19. Jahrhundert. Denn der Wohlfahrtsstaat bearbeitet die klassischen Folgeprobleme einer auf abhängige Erwerbstätigkeit ausgerichteten Ökonomie (vgl. Ganßmann 2000). Erinnern wir uns an Charles Perrows Theorie der korporativen Kontrolle aus dem ersten Kapitel dieses Lehrbuchs. Am Fall der US-amerikanischen Gesellschaft beschreibt Perrow, dass es insbesondere große, bürokratisch aufgebaute Konzerne waren, die, wenn sie in die ökonomische Krise gerieten, derart gravierende soziale Risiken produzierten, die nur vom Wohlfahrtsstaat aufgefangen werden konnten. Und nur am Rande soll erwähnt sein, dass die Gründung der deutschen Sozialversicherung in den 1880er Jahren auf die Strategie Bismarcks zurückging, den Einfluss der im Erstarken begriffenen Gewerkschaften und der sozialistischen Parteien auf die Arbeiterschaft zurückzudrängen (vgl. Schmidt 1998: 28 ff.).

Was ist die Ursache der beschriebenen Interdependenzen zwischen den Verteilungssystemen? Die Antwort lautet: Es ist die *Mehrfachmitglied-*

schaft. Dies gilt auch umgekehrt für Effekte zum Beispiel von der Familie auf die Organisation. Beispielsweise können sich familiale Verteilungsmuster in Verbindung mit spezifischen nationalen Kulturen auf die Rekrutierungstätigkeit von Unternehmen auf dem Arbeitsmarkt auswirken (am Beispiel Mexikos hat dies Buhr 1998 beschrieben). Auch die gesetzliche Ausgestaltung des Sozialversicherungs- und des Arbeitsrechts gilt als bedeutende Einflussgröße auf die Beschäftigungsbereitschaft von Unternehmen.

Dass in beiden Fallbeispielen wirtschaftsbezogene Organisationen im Mittelpunkt standen, ist ebenfalls kein Zufall. Denn wie wir im Weiteren sehen werden, sind Arbeitsorganisationen und wirtschaftsbezogene Verhandlungsorganisationen unter der Vielzahl von Organisationen jene Typen, deren Strukturen und deren außengerichtetes Handeln weit reichende Folgen für die ungleiche Verteilung von Lebenschancen in modernen Gesellschaften nach sich ziehen. Sie produzieren die Substanz, aus der soziale Ungleichheit gemacht ist. Doch geschieht diese Produktion nicht allein in und durch Organisationen. Askriptive Zuweisungsprozesse vor allem über familiale Herkunft und Geschlecht sind dabei zumindest ebenso wichtig wie durch den Wohlfahrtsstaat vorgenommene Transferleistungen. Gleichwohl sind viele Ressourcen, über die das Individuum verfügt, im Verlauf seines Lebens *erworben.* Der Ort dieses Erwerbsprozesses ist die Organisation.

3.5 Zusammenfassung

In diesem Kapitel haben wir mit der Familie, dem Wohlfahrtsstaat und der Organisation drei Verteilungssysteme in modernen Gesellschaften kennen gelernt. Dabei haben wir sie anhand der verteilten Güterarten, der praktizierten Verteilungsprinzipien und der institutionalisierten Ungleichheitsmechanismen beschrieben.

► Für Organisationen wurde festgehalten, dass die an die Mitglieder verteilten Güterarten mit dem Organisationszweck variieren. Was

nicht variiert, ist das Proportionalitätsprinzip als dominante Verteilungsregel. Dies gilt für Arbeits-, Verhandlungs- und Bildungsorganisationen gleichermaßen.

▶ Organisationen nehmen eine besondere Stellung zwischen Familie
und Wohlfahrtsstaat ein: Sie sind die Produzenten der Ressourcen,
die in den beiden anderen Systemen (um)verteilt werden, und sie
nehmen unter ihren Mitgliedern Güterverteilungen nach zum Teil
selbst gesetzten Regeln vor.

3.6 Weiterführende Literatur

*Schmidt, Manfred G. (1998): Sozialpolitik in Deutschland. Historische Entwick-
lung und internationaler Vergleich. 2. Aufl., Opladen: Leske & Budrich, 334
Seiten.*

Standardlehrbuch zum deutschen Wohlfahrtsstaat, historisch und
mit Blick auf die OECD-Staaten vergleichend angelegt.

*Esping-Andersen, Gøsta (1990). The three worlds of welfare capitalism. Cam-
bridge: Polity Press, 248 Seiten.*

Klassiker der komparativen Wohlfahrtsstaatsforschung, der seine
Popularität einer Typologie nationaler Verteilungsregime verdankt.

*Peuckert, Rüdiger (1999): Familienformen im sozialen Wandel. 3. Aufl. Opla-
den: Leske & Budrich.*

Umfassende Einführung in die Familiensoziologie; der Schwerpunkt
liegt auf empirischen Ergebnissen des Wandels von Familienformen sowie seiner theoretischen Erklärung.

Rosenbaum, Heidi (1996): Formen der Familie. Untersuchungen zum Zusammenhang von Familienverhältnissen, Sozialstrukturen und sozialem Wandel in der deutschen Gesellschaft des 19. Jahrhunderts. 7. Aufl., Frankfurt a.M.: Suhrkamp.

Historisch-soziologische Studie zur Herausbildung der bürgerlichen Familienform im Zuge der Industrialisierung des 19. Jahrhunderts; im Mittelpunkt steht der Zusammenhang zwischen dem Wandel von Erwerbsarbeit und der sozioökonomischen Reproduktion innerhalb verschiedener Familienformen.

4. Eine Systematik organisierter Ungleichheit

Blicken wir noch einmal zurück. Im zweiten Kapitel haben wir von sozialer Ungleichheit gesprochen, wenn wir die Rangfolge sozialer Positionen und die mit dem jeweiligen Status einer Person verbundene Besser- oder Schlechterstellung betrachten. Diesen Satz können wir nun unter dem Blickwinkel auf Organisationen konkreter fassen. Dass knappe Güter ungleich verteilt sind, setzt voraus, dass sie zuvor erstellt, aus anderen Quellen zusammengefasst und Wert steigernd bereitgestellt werden. So zahlen Produktions- und Dienstleistungsunternehmen Entgelte für geleistete Arbeit und stellen Aufstiegschancen zur Verfügung, Schulen und Universitäten verleihen Bildungstitel und Unternehmen sowie außerbetriebliche Ausbildungsstätten produzieren Berufsabschlüsse.

Auch die ungleiche Verteilung von Macht bedingt, dass die Handlungsmöglichkeiten Einzelner zuvor gebündelt, zusammengeführt und auf ein Handlungsziel hin koordiniert werden: Gewerkschaften organisieren Streiks um Löhne und bessere Arbeitsbedingungen, Berufsverbände entscheiden mit über Ausbildungsbestimmungen und Berufsbilder, Verbraucherschutzverbände stellen Informationen über untaugliche oder schädigende Produkte zur Verfügung, Umweltschutzorganisationen prangern Schadstoff emittierende Unternehmen an, Sportverbände verhandeln mit Medienunternehmen über die Rechte zur kommerziellen Nutzung von Großveranstaltungen, und alle zusammen versuchen, politische Entscheidungen des parlamentarischen Systems im Sinne der Interessen ihrer Mitglieder zu beeinflussen.

Offenbar sind wir mit einer Vielzahl von Organisationen konfrontiert, die aufgrund unterschiedlicher, in ihnen eingelagerten Mechanismen an der Herstellung von organisierter Ungleichheit beteiligt sind.

Diese Vielfalt bedeutet Unübersichtlichkeit, und diese Unübersichtlichkeit zu überwinden, ist Aufgabe dieses Kapitels. Zu diesem Zweck wollen wir eine Systematik entwickeln, die uns als Wegweiser durch den weiteren Text leiten wird. Diese *Systematik organisierter Ungleichheit* hat drei Funktionen zu erfüllen:

- Erstens reduziert sie die Vielfalt empirisch vorfindbarer Organisationen auf eine überschaubare Anzahl.
- Zweitens gibt sie Aufschluss über die grundlegenden Organisationsmerkmale, aus denen sich ungleiche Lebenschancen ergeben.
- Drittens zeigt sie auf, welcher Organisationstyp an der Verteilung welcher Ressourcenart beteiligt ist.

Ich beginne meine Überlegungen mit der Wahl eines Klassifikationskriteriums. Im Mittelpunkt steht die Unterscheidung zwischen „Produktionsorganisation" sowie „Verhandlungsorganisation" (Abschnitt 4.1). Anschließend unterscheide ich unter Rückgriff auf einen Vorschlag von Pierre Bourdieu (1983) verschiedene Arten von Ressourcen, an deren Verteilung Organisationen beteiligt sind (Abschnitt 4.2). Im dritten Schritt unterscheide ich sechs ungleichheitsrelevante Organisationstypen (Abschnitt 4.3), von denen vier für die weitere Darstellung ausgewählt werden.

4.1 Produktion und Verhandlung

Im Folgenden unterscheiden wir Organisationen danach, ob sozial begehrte Güter, die die Organisation unter ihren Mitgliedern verteilt, *außerhalb* oder *innerhalb* der jeweiligen Organisation hergestellt werden. Wir unterscheiden dabei zwischen dem Aufbau der Organisation sowie den in ihr ablaufenden Prozessen auf der einen Seite und dem auf die Umwelt bezogenen strategischen Handeln der Organisation sowie den zwischen Organisationen bestehenden Austauschbeziehungen auf der anderen Seite. Aus dieser „Binnen-Außen"-Perspektive kann man nun die durch Organisationen gesteuerten Güterzuweisungen weiter differenzieren. Mit ihrer Hilfe kann man fragen, ob ungleiche Lebenschancen

- aufgrund von Mechanismen zustande kommen, die im Produktionssystem der Organisation verankert sind,
- die (intendierte oder unbeabsichtigte) Folge strategischer Verhandlungen der Organisation in ihrer sozialen Umwelt sind.

4.1.1 Produktionsorganisation

Im dritten Kapitel haben wir Organisationen erstmals als Orte der Produktion von knappen Gütern betrachtet. Dort haben wir beispielhaft zwei organisationsstrukturelle Elemente angesprochen, die für die ungleiche Verteilung unter den Organisationsmitgliedern verantwortlich sind und die wir daher als Ungleichheitsmechanismen bezeichnet haben, nämlich die Positionsstruktur und die Organisationsgröße. Beide Elemente sind Teil der *Gelegenheitsstruktur* der Organisation. Dies bedeutet, dass diese Elemente Möglichkeiten zum Gütererwerb sowie zur Ausübung sozialer Macht darstellen. Sie wirken sich direkt oder indirekt auf individuelle Güterzuweisungen aus.

Die dabei entstehenden Verteilungen lassen sich auf zwei verschiedenen Ebenen betrachten: auf der Ebene der Sozialstruktur der Organisation und auf der Ebene der Sozialstruktur der Gesellschaft. Im ersten Fall betrachtet man Güterzuweisungen an die Mitglieder von ein und derselben Organisation. Das Ausmaß sozialer Ungleichheit folgt hier, um im Beispiel zu bleiben, aus dem Grad der Differenzierung der Positionsstruktur und aus der Mitgliederzahl. Im zweiten Fall werden Verteilungen unter den Mitgliedern desselben Organisations*typs*, aber verschiedener einzelner Organisationen analysiert. Hier geht es darum, die Ungleichheitsfolgen von Organisationen mit verschiedenen Gelegenheitsstrukturen zu vergleichen. Diese zweite Perspektive ist die für die Ungleichheitsforschung interessantere. Sie zeigt auf,

- welche Effekte *unterschiedliche* Gelegenheitsstrukturen von Organisationen auf die Verteilung von Einkommen, Berufsprestige, Bildungstiteln und Partizipationschancen in der Gesellschaft nehmen,
- inwiefern mit diesen unterschiedlichen Strukturen die Chancen auf sozialen Auf- oder Abstieg innerhalb der Statusordnung der Gesellschaft variieren,
- ob bestimmte strukturelle Merkmale bestehende Ungleichheiten zwischen verschiedenen sozialen Gruppen verstärken oder abschwächen.

4.1.2 Verhandlungsorganisation

Verhandlungsorganisationen beeinflussen die Verteilung von Gütern, die in ihrer sozialen Umwelt hergestellt werden. Wichtig ist, dass die Verteilungsfolgen nicht allein die Mitglieder der jeweils handelnden Organisation betreffen, sondern in der Regel weit darüber hinaus reichen. Aus dieser Perspektive wird gefragt,

- inwieweit Organisationen als rechtlich und sozial autonom handelnde Akteure Einfluss auf die Verteilung von materiellen Gütern unter bestimmten gesellschaftlichen Gruppen nehmen,
- in welcher Weise sie an der Durchsetzung von kollektiven Gruppeninteressen in makropolitischen Willensbildungsprozessen beteiligt sind,
- inwieweit sie bestimmten, in der Regel sozial schlechter gestellten Gruppen die Möglichkeit zu solidarischer Unterstützung und zu sozialem Austausch ermöglichen.

Grundlage des strategischen Handelns von Verhandlungsorganisationen ist es, gegenüber ihrer sozialen Umwelt Macht auszuüben. Doch was genau ist Macht? Folgen wir einem in der Organisationsforschung prominenten Vorschlag, so verfügt über Macht, wer die für andere relevanten Unsicherheitszonen des Handelns kontrolliert (vgl. hierzu ausführlich Crozier/Friedberg 1979). Macht ist nicht im Besitz von Personen, Gruppen oder Organisationen, sondern sie ist eine Eigenschaft der sozialen Beziehungen, die diese zu anderen Personen, Gruppen oder Organisationen unterhalten: „Was einer hat, ergibt sich aus der Stellung, in der er zu den anderen steht" (Sofsky/Paris 1994: 14).

Ein spezieller Fall von Machtbeziehungen sind formalisierte *Verhandlungsbeziehungen*. In formalisierten Verhandlungen wird unter Beachtung gesatzter Regeln ausgelotet, wie groß der Einfluss des Gegenübers auf die eigene Handlungsautonomie ist. Organisationen verhandeln mit Personen, sozialen Gruppen, anderen Organisationen und mit staatlichen Einrichtungen über die Verteilung von Gütern, an deren Besitz die Organisationsmitglieder großes Interesse anmelden. Dabei kann ein Mehr an Einfluss des einen ein Weniger an Einfluss des anderen nach sich ziehen. Dies ist, in der Terminologie der Spieltheorie gesprochen, der klassische Fall eines *Negativsummenspiels*: Was der eine gewinnt, verliert der andere.

Dies hat Konsequenzen für die Verteilung ungleicher Lebenschancen. Die erfolgreichere Organisation kann für ihre Mitglieder materielle Zugewinne oder vorteilhafte Regelwerke auf Kosten einer spezifischen sozialstrukturellen Gruppe, der Mitglieder einer anderen Verhandlungsorganisation oder der Allgemeinheit durchsetzen. Ein typisches Beispiel hierfür sind Tarifverhandlungen zwischen Gewerkschaft und Arbeitgeberverband um die Höhe der zukünftigen Lohnzahlungen. Jede Einheit, um die der Lohn steigt, senkt den Gewinn derjenigen Kapitaleigner, deren Unternehmen Mitglieder im Arbeitgeberverband sind. Wir kommen darauf im siebten Kapitel zurück.

4.2 Güterarten

Mit der Unterscheidung in Produktions- und Verhandlungsorganisation haben wir zwei Formen benannt, mittels derer Organisationen die Verteilung von Lebenschancen beeinflussen. Technisch gesprochen, liegen sie auf der Seite der unabhängigen Variablen unserer Betrachtung. Doch was für Güter verteilen Produktions- und Verhandlungsorganisationen? Um diese Frage zu klären, greifen wir auf Überlegungen von *Pierre Bourdieu* zurück. Bourdieu (1983) geht davon aus, dass der Besitz von Kapital die zentrale Quelle der ungleichen Verteilung von Lebenschancen darstellt. Über den engen ökonomischen Kapitalbegriff (Geld, Vermögen, Aktien etc.) hinaus unterscheidet Bourdieu drei weitere Kapitalarten: Kulturelles, soziales und symbolisches Kapital.

Unter *kulturellem Kapital* versteht Bourdieu die Ausstattung einer Person mit allgemeinem Wissen (das in eine Person „inkorporierte" Kulturkapital), formalen Bildungstiteln („institutionalisiertes" Kulturkapital) und Kunstobjekten wie seltenen Gemälden oder wertvollen Schriften („objektiviertes" Kulturkapital). Alle drei Unterarten unterscheiden sich in der Art ihrer Herstellung bzw. ihrer Aneignung. Um Wissen zu erlangen, bedarf es umfangreicher zeitlicher und intellektueller Anstrengungen. Da das Wissen zu einem Teil der Person geworden ist, ist es auch nur bedingt auf andere Personen übertragbar. Um Bildungstitel über die Schulpflicht hinaus zu erwerben, bedarf es sowohl zeitlicher Freiräume als auch überschüssigen ökonomischen Kapitals, um die Zeit der Erwerbslosigkeit überbrücken zu können. Objektiviertes Kulturkapital kann dagegen relativ problemlos mit Hilfe von ökonomischem Kapital erworben und weitergegeben werden.

Soziales Kapital bezeichnet Kapital, das man aus sozialen Beziehungen schlägt. Es ist „die Gesamtheit der aktuellen und potentiellen Ressourcen, die mit dem Besitz eines dauerhaften Netzes von mehr oder weniger institutionalisierten Beziehungen gegenseitigen Kennens oder Anerkennens verbunden sind; oder, anders ausgedrückt, es handelt sich dabei um Ressourcen, die auf der Zugehörigkeit zu einer Gruppe beruhen" (Bourdieu 1983: 190 f.). Sein Nutzen liegt in der Förderung und Solidarität, die dem Einzelnen als Mitglied einer konkreten Gruppe (Familie, Club) oder einer abstrakten sozialen Einheit (Ehemalige einer Elite-Schule, soziale Schichten, Adel usw.) zuteil wird. Das Ausmaß an Unterstützung, die der Einzelne mobilisieren kann, hängt von zwei Faktoren ab: Zum einen vom Umfang des Beziehungsnetzes – je mehr Mitglieder, desto mehr Opportunitäten – und zum anderen vom Umfang des (ökonomischen, kulturellen oder symbolischen) Kapitals, über das die jeweiligen Angehörigen verfügen. *Symbolisches Kapital* ist das Ansehen oder Prestige, das Personen in der Wahrnehmung anderer besitzen. Symbolisches Kapital ist keine den anderen Kapitalien gleichgestellte Kapitalart, sondern entsteht aus der Bewertung der Summe der jeweils anderen Kapitalien, über die eine Person verfügt. Zwischen beiden besteht jedoch kein Kausalnexus. So verfügt etwa ein Zuhälter möglicherweise über hohes ökonomisches Kapital und ist in umfangreiche Beziehungsnetze eingebunden. Beides schlägt sich jedoch kaum in hohem symbolischen Kapital (Prestige) nieder. Auch rangieren Ärzte oder Richter im Prestigewert deutlich vor Topmanagern, obschon letztere in der Regel über deutlich höheres ökonomisches Kapital verfügen.

Wie wir im nächsten Abschnitt sehen werden, sind Organisationen an der Verteilung aller vier Kapitalarten beteiligt, jedoch nicht alle in gleichem Maße. Die in diesem Zusammenhang wichtigen Kapitalarten sind:

- ökonomisches Kapital in Form von Einkommen, Mobilitätschancen und Transferzahlungen,
- kulturelles Kapital in Gestalt von Schulabschlüssen, Berufsbildungszeugnissen und Hochschuldiplomen (institutionalisiert) sowie Wissen (inkorporiert),
- symbolisches Kapital in Gestalt von Berufs- und Organisationsprestige.

4.3 Organisationstypen

Mit der Unterscheidung zwischen Produktions- und Verhandlungsorganisation sind die beiden Formen benannt, mittels derer Organisationen die Verteilung individueller Lebenschancen beeinflussen. Mit dem ökonomischen, kulturellen, sozialen und symbolischen Kapital sind die Güterarten beschrieben, die Menschen zur Realisierung ihrer Lebenspläne anstreben. Nunmehr können wir daran gehen, verschiedene Organisationstypen zu identifizieren, die auf jeweils spezifische Weise an der Produktion von organisierter Ungleichheit in einer Gesellschaft beteiligt sind. Wir wollen an dieser Stelle sechs Organisationstypen unterscheiden (siehe Abbildung 4.1):

Abbildung 4.1:   Typen organisierter Ungleichheit

Produktionsorganisation	*Verhandlungsorganisation*
▪ Arbeitsorganisation	▪ Interessenverband
▪ Bildungsorganisation	▪ Tariforganisation
▪ Zivilgesellschaftliche Organisation	▪ Mitbestimmungs-organisation

Quelle: Eigene Darstellung.

Arbeitsorganisation

Der gesellschaftliche Zweck von Arbeitsorganisationen besteht darin, Produkte und Dienstleistungen herzustellen und der allgemeinen Öffentlichkeit, einer spezifischen Teilöffentlichkeit oder anderen Organisationen bereitzustellen. Entscheidend ist jedoch, dass in ihnen Arbeit gegen Entgelt verrichtet wird, und dass beides im Rahmen eines vertraglich fixierten Beschäftigungsverhältnisses stattfindet. Zu den Arbeitsorganisationen zählen:

▪   erwerbswirtschaftliches Unternehmen,
▪   öffentlicher Betrieb, Anstalt sowie Körperschaft öffentlichen Rechts,
▪   gemeinnütziges Unternehmen bzw. selbstverwalteter Betrieb.

Arbeitsorganisationen verteilen vor allem zwei Güterarten: Zum einen ökonomisches Kapital in Form von Einkommen, Aufstiegschancen, Arbeitsbedingungen (Inhalte, Formen, Lage und Länge der Arbeitszeit), und zum anderen symbolisches Kapital in Gestalt von Berufsprestige sowie das Ansehen, das mit der Stellung einer Person in der Positions-struktur der Organisation verbunden ist.

Bildungsorganisation

Unter einer Bildungsorganisation verstehen wir eine Einrichtung der Produktion und Distribution von kulturellem Kapital. Bildungsorganisa-tionen vermitteln Wissen an ihre Mitglieder und dokumentieren den Bildungserfolg in Form von formalen Bildungstiteln. Zu ihnen gehören folgende staatliche bzw. staatlich anerkannte Einrichtungen:

- Kindertagesstätte,
- Schule,
- Berufsschule und außerbetriebliche Ausbildungsstätte,
- Hochschule.

Der Prozess der Wissensproduktion ist in der Regel standardisiert, weil ihm Lehrpläne zugrunde liegen, die formal abgefasst und dokumentiert sind. Diese Lehrpläne, die in politischen Entscheidungsprozessen be-schlossen wurden, setzen den individuellen Bildungsorganisationen ver-bindliche Rahmenbedingungen des jeweils eigenen Handelns. Neben den unmittelbaren Bildungsgütern produzieren besonders erfolgreiche („Eli-te-")Organisationen auch symbolisches Kapital in Form von Organisati-onsprestige. Dieses Ansehen kann der Absolvent bzw. die Absolventin im Erwerbssystem in ökonomisches Kapital umwandeln.

Zivilgesellschaftliche Organisation

Zivilgesellschaftliche Organisationen sind freiwillige Zusammenschlüsse von Menschen zum Zwecke der Herstellung von kulturellem und sozia-lem Kapital. Indem sie Menschen mit gleichen Interessen- bzw. Problem-lagen zusammen führen, tragen sie zur sozialen Integration der Gesellschaft bei und erhöhen die Lebenschancen der Angehörigen von sozial unterprivilegierten Schichten. Drei Untertypen kann man unterscheiden:

- Soziokulturelle Organisation
- Hilfsorganisation
- Selbsthilfeorganisation

Soziokulturelle Organisationen – z. B. Sport-, Gesangs- und Heimatvereine sowie Kirchen – handeln nicht primär für ihre Mitglieder. Sie sind ein sozialer Raum, den Menschen aufsuchen, um ihre jeweiligen Interessen kollektiv, in Austausch mit anderen ausüben. Hilfsorganisationen bearbeiten gesellschaftliche Probleme, die weder vom Markt noch vom Staat zureichend aufgegriffen werden. Zu ihnen zählen z. B. das Rote Kreuz, Jugendhilfeverbände, Behindertenwerkstätten oder die Obdachlosenhilfe. Die bearbeiteten Probleme können verschiedene Ursachen haben: Eine vorübergehende oder dauerhafte soziale Notlage (z. B. Armut, Obdachlosigkeit), gesellschaftliche Stigmatisierung aufgrund von askriptiven (z. B. ethnische Herkunft) oder verhaltensbezogenen (z. B. Gefängnisstrafe) Merkmalen sowie körperliche oder geistige Einschränkungen.

Zwischen soziokulturellen und Hilfsorganisationen stehen Selbsthilfeorganisationen. In ihnen schließen sich Menschen entweder zur kollektiven Bewältigung von individuellen Problemen („Anonyme Alkoholiker") oder von gemeinsamen Lebenserfahrungen (z. B. Trauerbewältigung) zusammen.

Interessenverband

Interessenverbände sind freiwillige Zusammenschlüsse von Individuen oder Organisationen, die die partikularen Interessen ihrer Mitglieder bündeln und diese Interessen in Verhandlungen mit anderen Organisationen und gegenüber dem Staat durchzusetzen versuchen. Dies können im Einzelnen sein:

- Wirtschaftsverband (z. B. Bundesverband der Deutschen Industrie, Unternehmensverbände ohne Tariffunktion),
- Berufsgruppenverband (z. B. Juristinnenbund, Deutscher Bauernverband),
- *Special Interest*-Verband (z.b. Verkehrsclub, Mieterschutzverein, Verbraucherschutzverband, Sportbund).

Interessenverbände versuchen politische Entscheidungen mit dem Ziel zu beeinflussen, staatliche Ressourcenflüsse auf direktem oder indirektem Weg in Richtung ihrer Mitglieder umzuleiten. Weiterhin versuchen sie, durch die Beeinflussung der öffentlichen Meinung Unterstützung für ihre partikularen Ziele zu erlangen. Ihr wichtigstes Mittel ist die Mobilisierung von Macht aus den eigenen Mitgliederreihen heraus.

Tariforganisation

Tariforganisationen verhandeln miteinander um die Bedingungen des Einsatzes von menschlicher Arbeitskraft in Arbeitsorganisationen. Drei Untertypen sind zu unterscheiden:

- Gewerkschaft,
- Arbeitgeberverband, bestehend aus einzelnen Arbeitsorganisationen oder branchenspezifischen Arbeitgeberverbänden,
- einzelne Arbeitsorganisation mit Verhandlungsfunktion.

Tariforganisationen haben drei Aufgaben zu bewerkstelligen. Erstens müssen sie in Verhandlungen Entscheidungen darüber herbeiführen, wie die von Unternehmens- und Beschäftigtenseite zusammengelegten Ressourcen im Prozess der Güterproduktion eingesetzt werden. Dabei geht es beispielsweise um die Länge der Arbeitszeit oder des Erholungsurlaubs. Zweitens führen sie Einigungen darüber herbei, wie der durch die Ressourcenzusammenlegung entstandene Kooperationserfolg auf beide Seiten aufgeteilt wird (Arbeitsentgelt vs. Gewinne). Und drittens werden Entscheidungen darüber getroffen, nach welchen Kriterien das Entgeltvolumen unter den Beschäftigten verschiedener Berufe und unterschiedlicher Leistungsanforderungen aufgeteilt wird. Entsprechend streiten Tariforganisationen vorwiegend um die Aufteilung ökonomischen Kapitals.

Mitbestimmungsorganisation

Mitbestimmungsorganisationen sind ein Spezialfall im Kreis der Organisationen. Ihr Zweck ist es, die Interessen von Personen mit bestimmten (askriptiven, sozioökonomischen oder statusbezogenen) Merkmalen innerhalb von anderen Organisationen (Wirtsorganisationen) zu vertreten. Beispiele für diesen Organisationstyp sind:

- Betriebsrat und Auszubildendenvertretung in erwerbswirtschaftlichen Unternehmen,
- Personalrat, Gleichstellungs- bzw. Frauenbeauftragte sowie Behindertenvertretung in öffentlichen Verwaltungen,
- Schüler-, Eltern- und Studierendenvertretung in Bildungsorganisationen.

Mitbestimmungsorganisationen werden nicht durch freiwilligen Zusammenschluss von potentiellen Mitgliedern gegründet, sondern per Gesetz eingerichtet. Das jeweilige Mitbestimmungsgesetz bzw. die Mitbestimmungsverordnung regelt darüber hinaus, welche Aufgaben und

Kompetenzen die Organisation gegenüber der Wirtsorganisation (Unternehmen, öffentliche Verwaltung oder Universität) besitzt. Ihr gegenüber überwacht sie die gesetzlich definierten Rechte der von ihr vertretenen Personengruppe. Die Quellen ihrer Macht liegen vor allem in der eigenen Organisationsstruktur. Dazu gehört die Größe der Interessenvertretung, der Umfang der formalen Rechte und ihre faktische Ressourcenausstattung, aber auch das Ausmaß an Unterstützung, dass sie von ihrer zu vertretenden Klientel erhält. Wie die Praxis der Mitbestimmung zeigt, „schlafen" diese Organisationen ohne freiwilliges Engagement und Unterstützung der betroffenen Personengruppen ein, d. h. sie werden in ihrer Funktion wirkungslos.

Tabelle 4.1 stellt die sechs Organisationstypen und die Güterarten, deren Verteilung durch sie beeinflusst wird, im Überblick zusammen.

Tabelle 4.1: Eine Systematik organisierter Ungleichheit

	Organisationstyp	Untertypen	Verteilte Ressourcen
Produktions-organisation	(1) Arbeitsorganisation	Erwerbswirtschaftliches Unternehmen Öffentlich-rechtlicher Betrieb Körperschaft öffentlichen Rechts Gemeinnütziges Unternehmen	Ökonomisches Kapital: Einkommen, Aufstiegschancen, Arbeitsbedingungen Ausbildungsplätze Symbolisches Kapital: Berufsprestige
	(2) Bildungsorganisation	Kindertagesstätte Schule Hochschule Außerbetriebliche Berufsbildungsstätte	Kulturelles Kapital: Bildungstitel, Wissen Symbolisches Kapital: Organisationsprestige
	(3) Zivilgesellschaftliche Organisation	Soziokulturelle Organisation Hilfsorganisation Selbsthilfeorganisation	Ökonomisches Kapital: Einkommen Soziales Kapital: soziale Integration
Verhandlungs-organisation	(4) Tariforganisation	Gewerkschaft Arbeitgeberverband Arbeitsorganisation mit Verhandlungsfunktion	Ökonomisches Kapital: Einkommen, Arbeitsbedingungen, Arbeitszeit
	(5) Interessenverband	Wirtschaftsverband Berufsgruppenverband Special-Interest-Verband	Ökonomisches Kapital: Subventionen, Wirtschafts- und sozialpolitische Entscheidungen
	(6) Mitbestimmungs-organisation	Betriebsrat & Personalrat Gleichstellungsbeauftragte Schüler- & Studierenden-vertretung	Ökonomisches Kapital: Einkommen, Arbeitsbedingungen Kulturelles Kapital: Bildungstitel

Da eine ausführliche Behandlung aller genannten Organisationstypen den Rahmen dieses Lehrbuchs übersteigen würde, konzentrieren wir uns in den folgenden Kapiteln auf vier Organisationstypen, die für die Konstitution ungleicher Lebenschancen in modernen Gesellschaften besonders wichtig sind:

- *Arbeitsorganisation* und *Bildungsorganisation* als Typen der Produktionsorganisation,
- *Tariforganisation* und *Mitbestimmungsorganisation* als Typen der Verhandlungsorganisation.

4.4 Zusammenfassung

In diesem Kapitel haben wir eine Systematik organisierter Ungleichheit kennen gelernt. Organisationen wurden danach unterschieden, ob die durch sie hervorgerufenen Ungleichheitseffekte aufgrund von Mechanismen zustande kommen, die im Produktionssystem der Organisation verankert sind, oder ob die ungleiche Verteilung die Folge von Verhandlungen einer Organisation innerhalb ihrer sozialen Umwelt ist. Auf der Basis eines Vorschlags von Pierre Bourdieu haben wir drei Kapitalarten hervorgehoben, deren gesellschaftliche Verteilung von Organisationen beeinflusst wird: ökonomisches, kulturelles und symbolisches Kapital. Insgesamt wurden sechs Organisationstypen identifiziert, von denen vier in den folgenden Kapiteln vorgestellt werden:

▶ Arbeitsorganisationen verteilen ökonomisches Kapital (Einkommen, Aufstiegschancen, Arbeitsbedingungen) und symbolisches Kapital (Berufs- und Organisationsprestige).
▶ Bildungsorganisationen beeinflussen die Verteilung kulturellen Kapitals (Wissen, Bildungstitel).
▶ Tariforganisationen sind an der Verteilung ökonomischen Kapitals (Einkommen, Gewinne, Arbeitsbedingungen) beteiligt.

► Mitbestimmungsorganisationen beeinflussen die Verteilung derjenigen Güterarten, die in der jeweiligen Wirtsorganisation verteilt werden.

4.5 Weiterführende Literatur

Baron, James N. (1984): Organizational perspectives on stratification. In: Annual Review of Sociology 10, 37-69.

Älterer, jedoch umfassender Überblick über die verschiedenen Effekte von Organisationen auf die Bezahlung von Erwerbsarbeit sowie auf berufliche Mobilität. Im Mittelpunkt der anspruchsvollen Darstellung stehen Unternehmen und Gewerkschaften.

Schimank, Uwe (2001): Organisationsgesellschaft. In: Kneer, Georg/Nassehi, Armin/Schroer, Markus (Hg.): Klassische Gesellschaftsbegriffe der Soziologie, München, Fink, 278-307.

Systematische und verständliche Darstellung der sozial- und systemintegrativen Effekte formaler Organisationen in modernen Gesellschaften.

Kalleberg, Arne L. (1988): Comparative perspectives on work structures and inequality. In: Annual Review of Sociology 14, 203-225.

Zusammenfassung der Ergebnisse vergleichender Studien zum Zusammenhang von sozialer Ungleichheit und nationalen Arbeits-, Organisations- und Industriestrukturen, Berufssystemen und industriellen Beziehungen unter Berücksichtigung der Kategorie Geschlecht.

II. Produktionsorganisation

In diesem Teil behandeln wir zwei Typen von Organisationen: Die *Arbeitsorganisation*, in der vor allem ökonomisches Kapital wie Einkommen und Aufstiegschancen verteilt wird, und die *Bildungsorganisation*, in der Wissen und Bildungstitel distribuiert werden. Beiden Typen ist gemeinsam, dass die verteilten Güter innerhalb der Organisation selbst produziert werden. Einkommen und Aufstiegschancen sind das Resultat des wirtschaftlichen Leistungsprozesses der Arbeitsorganisation, Wissen sowie Bildungstitel sind das Ergebnis der Auseinandersetzung von Schülerinnen und Schülern mit den Bildungsinhalten und -ressourcen, die ihnen die Schule bereitstellt. Die räumliche Identität von Produktion und Verteilung unterscheidet Arbeits- und Bildungsorganisationen von Organisationen, die innerhalb ihrer Umwelt strategisch handeln. Diese Organisationen werden im dritten Teil dieses Studienbriefs behandelt. Im Folgenden geht es um diese Leitfragen:

- Welches sind die Strukturelemente von Arbeits- und Bildungsorganisationen, die die Verteilung von Gütern unter den Organisationsmitgliedern beeinflussen?
- Wie wirkt sich die Variation dieser Strukturelemente auf die Güterverteilung aus?
- Inwieweit erhalten Personen mit verschiedenen sozialstrukturellen Merkmalen (Alter, Geschlecht, soziale und ethnische Herkunft) unterschiedliche Güterzuweisungen?

Im fünften Kapitel dreht sich alles um die Arbeitsorganisation. Zunächst wird dargelegt, warum Arbeitsorganisationen eine zentrale Stellung bei der Verteilung knapper Güter einnehmen. Dann werden vier Strukturelemente von Arbeitsorganisationen beschrieben und auf ihre Effekte hin untersucht: die Organisationsgröße (Abschnitt 5.1), der organisationsinterne Arbeitsmarkt (5.2), die demografische Verteilung der Organisationsmitglieder (5.3) und die Struktur der Organisationspopulation (5.4).

Im sechsten Kapitel widmen wir uns der Bildungsorganisation, wobei wir uns auf die Schule als zentralem Ort des Bildungserwerbs konzentrieren. Im Anschluss an eine kurze Beschreibung des Verhältnisses von Sozialstruktur, den Folgen des Bildungserwerbs und der Rolle der Schule werden drei Strukturelemente vorgestellt: die Schul- und Klassengröße (6.1), die sozialstrukturelle Zusammensetzung der Schule (6.2) und die Leistungsgruppierung der Schülerinnen und Schüler innerhalb der Schule (6.3).

5. Arbeitsorganisation

Wenn es darum geht, in modernen, ausdifferenzierten Gesellschaften jene sozialen Orte auszumachen, in denen die wichtigsten Verteilungsentscheidungen getroffen werden, so stößt man unweigerlich auf die produktiven Einheiten des Erwerbssystems, nämlich die Arbeitsorganisationen. Ganz gleich ob es sich um profitorientierte oder gemeinnützige Unternehmen, um staatliche Betriebe, um Behörden oder um Hochschulen handelt: All diesen Organisationen ist gemein, dass in ihnen abhängig Beschäftigte Arbeitsleistungen gegen ökonomisches Kapital wie Lohn und Arbeitsbedingungen sowie gegen symbolisches Kapital wie Prestige und Statussymbole austauschen. In der Arbeitsorganisation entscheidet sich unter anderem, in welchem Umfang eine Erwerbsperson Gelegenheit zum beruflichen und sozialen Aufstieg erhält, ob sich frühere Anstrengungen im Bildungssystem der Gesellschaft im erwünschten Maße materiell oder symbolisch bezahlt machen oder in welchem Ausmaß die Erwerbsperson mit den Risiken der Arbeitslosigkeit und des damit verbundenen ökonomischen und sozialen Abstiegs konfrontiert ist.

Warum nehmen Arbeitsorganisationen diese zentrale Stellung bei der Verteilung von Gütern und Lasten ein? Die Antwort lautet: Weil sie die grundlegenden Elemente bereitstellen, aus denen sich die Sozialstruktur einer Gesellschaft zusammensetzt. Erinnern wir uns an die Ausführungen zum Begriff der sozialen Ungleichheit im zweiten Kapitel. Dort wurde die Sozialstruktur als eine hierarchische Rangordnung sozialer Positionen beschrieben, die die Menschen in einer Gesellschaft einnehmen können. An diesen Positionen entscheidet sich, ob man im Hinblick auf Güter und Prestige besser oder schlechter als andere gestellt ist. Genau diese Positionen sind es, aus denen Arbeitsorganisationen bestehen. Zwei ihrer Eigenschaften machen sie für die Verteilung der Lebenschancen besonders bedeutsam:

1. Nach welchen Verteilungsmechanismen den Positionsinhabern Güter in bestimmter Höhe zugewiesen werden, entscheidet sich – unter Mitwirkung externer Faktoren – innerhalb der einzelnen Arbeitsorganisation.
2. Diese Mechanismen sind nicht immer und überall dieselben. Sie variieren zwischen den verschiedenen Arbeitsorganisationen, und teilweise variieren sie auch zwischen verschiedenen Gruppen von Positionen innerhalb von ein und derselben Arbeitsorganisation.

Diese Varianz der Verteilungsmechanismen führt dazu, dass zwei Personen gleicher sozialer Herkunft, gleicher Bildungs- und Berufabschlüsse und vergleichbarer Leistungsbereitschaft zum Teil sehr unterschiedliche Zielpositionen in der Sozialstruktur erreichen, nämlich deshalb, weil sie in ihrer Erwerbskarriere verschieden aufgebaute Arbeitsorganisationen durchlaufen haben. Doch welche Mechanismen sind es, die für diese Verteilungsfolgen verantwortlich sind? Die vier wichtigsten sind:

- die *Größe* der Organisation, gemessen über die Zahl ihrer Beschäftigten,
- der *interne Arbeitsmarkt* als System der Rekrutierung und Beförderung von Beschäftigten,
- die *demografische Zusammensetzung* der Organisation, d. h. die Zusammensetzung nach dem Alter und dem Geschlecht ihrer Mitglieder,
- die Struktur der *Organisationspopulation*, d. h. die Zusammensetzung der aus Organisationen desselben Typs bestehenden Umwelt einer Organisation.

In diesem Kapitel untersuchen wir diese vier Verteilungsmechanismen daraufhin, inwieweit sie das Einkommen der Beschäftigten beeinflussen, und wir fragen danach, in welcher Weise sie den Beschäftigten unterschiedliche Chancen auf berufliche Mobilität eröffnen. Doch bevor wir damit beginnen, wollen wir einen Blick auf die Theorieperspektive werfen, aus der heraus die meisten der Erklärungsmodelle und empirischen Studien, die in diesem Kapitel vorgestellt werden, entstanden sind. Die Rede ist vom soziologischen „Neostrukturalismus".

Der Neostrukturalismus ist eine Forschungsrichtung innerhalb der Sozialstrukturanalyse, die sich seit Mitte der 1970er Jahre aus der Kritik an den bis dato vorherrschenden „individualistischen" Ansätzen in der Analyse sozialer Mobilität entwickelt hat. Zu diesen kritisierten Ansätzen gehören unter anderem der Statuszuweisungsansatz („Status Attainment Approach") von *Peter Blau & Otis D. Duncan* (1967) sowie die Humankapitaltheorie von *Gary S. Becker* (1964). Blau & Duncan untersuchen empirisch, inwieweit sich Unterschiede in der sozialen Herkunft von Erwerbspersonen, ihren Bildungsanstrengungen und ihren individuellen Fähigkeiten auf unterschiedliche berufliche Mobilitätsverläufe auswirken (vgl. auch Erikson/Goldthorpe 1992). Im Mittelpunkt der Humankapitaltheorie steht die Behauptung, dass sich Einkommensunterschiede auf unterschiedliche Investitionen der Erwerbspersonen in ihre berufsspezifische Bildung zurückführen lassen. „Individualistisch" sind beide Ansätze, weil sie sich auf individuelle Mobilitätsfaktoren wie das Ausmaß an Bildung und Leistungsbereitschaft konzentrieren; Faktoren also, die zu großen Teilen durch das Individuum beeinflussbar sind.

An beiden Ansätzen kritisiert der Neostrukturalismus, dass die ohne Zweifel wichtigen individuellen Mechanismen des Statuserwerbs ihre Wirkung erst innerhalb der strukturellen Gegebenheiten des Erwerbssystems entfalten können (vgl. Sørensen 1975). Deren Kernelemente sind soziale Positionen, die durch Arbeitsorganisationen bereitgestellt werden. Folglich untersuchen neostrukturalistische Autoren verschiedene Merkmale des Aggregats von Organisationen, wie etwa die Zusammensetzung einer Branche und deren wirtschaftliche Dynamik. Weiterhin analysieren sie die Folgen von in Organisationen eingesetzten Technologien, sie bestimmen die Konsequenzen der Unterteilung („Segmentation") des Arbeitsmarkts in sogenannte „Kern- und Randarbeitsmärkte"; und sie schätzen ab, welche Effekte das System der industriellen Beziehungen als auch die in diesem Kapitel diskutierten Strukturelemente von Arbeitsorganisationen auf die ungleiche Verteilung von Lebenschancen nehmen (vgl. zum Überblick Baron 1984; Preisendörfer 1987). Mit anderen Worten: Der Neostrukturalismus präzisiert die Effekte des organisationalen Kontexts, innerhalb dessen sich individuelle Lebenschancen realisieren.

5.1 Organisationsgröße

Wohl kaum ein anderes Thema hat die organisationsbezogene Ungleichheitsforschung in den letzten vierzig Jahren intensiver beschäftigt als das der Organisationsgröße. Wie beim Organisations-Stratifikations-Link generell sind auch die meisten empirischen Forschungen zum Größeneffekt in den USA durchgeführt worden. Für andere Länder liegen nur vereinzelt Befunde vor (für japanische Unternehmen vgl. Sakamoto/Chen 1993; für deutsche Firmen siehe Brüderl/Preisendörfer 1986 sowie Carroll/Mayer 1984, 1986). Deren Ergebnisse unterscheiden sich von denen der US-Studien jedoch kaum. Daher werden wir im Folgenden einen Blick auf die US-Studien zum Größeneffekt werfen.

Die ersten Untersuchungen aus Mitte der 1960er Jahre basierten vorwiegend auf Daten, die aus Haushaltsbefragungen stammten (vgl. beispielhaft Stolzenberg 1978). Dabei wurden erwerbstätige Personen nebst einer Reihe von Indikatoren zum sozialen Status – Bildungsstand, Beruf und Einkommen – unter anderem danach gefragt, wie groß die Firma bzw. die Behörde ist, in der sie arbeiten. Beide Arten von Informationen wurden dann statistisch ausgewertet. Einige wenige Studien verwendeten offizielle Angaben der nationalen Statistikbehörden, die Angaben zur Branchenstruktur und zur Verteilung von Unternehmensgröße und Einkommen bereitstellen (z. B. Lester 1967). Nachteilig an diesen Daten ist jedoch, dass sie es aufgrund ihres hohen Aggregationsniveaus nicht erlauben, Kausalanalysen vorzunehmen. Zudem basieren die Daten zumeist auf Querschnittserhebungen, was die kausale Interpretation von statistisch messbaren Unterschieden zusätzlich erschwert.

In den 1980er Jahren wuchs das Forschungsinteresse an der Organisationsgröße nochmals stark an. Verantwortlich hierfür war vor allem die verbesserte Datenlage. Nunmehr standen neben unmittelbaren Organisationsbefragungen (z. B. Carroll/Mayer 1984) auch sogenannte „Employer-Employee-Datensätze" zur Verfügung (vgl. Villemez/Bridges 1988; Kalleberg/Van Buren 1996). In diesen Datensätzen werden separat erhobene Informationen über die Unternehmen mit den ebenfalls separat erhobenen Individualdaten ihrer Beschäftigten verkoppelt. Beide Vorgehensweisen ermöglichen es, vielfältige Aspekte der Organisationsgröße kausalanalytisch wesentlich genauer zu überprüfen als es die früheren Studien vermochten.

Unabhängig von der Datenqualität beschäftigen sich die Studien zur Organisationsgröße mit zwei Fragen:

- Hat die Größe einer Arbeitsorganisation einen Effekt auf die Höhe der Ausschüttung von verschiedenen Gütern bzw. Aufstiegschancen an die Beschäftigten, und wenn ja, wieso ist das so?
- Fallen die beobachteten Effekte für Beschäftigte mit unterschiedlichen Merkmalen (wie z. B. Geschlecht, Qualifikationsgrad oder berufliche Stellung) verschieden stark aus?

5.1.1 Was ist „Größe"?

Bevor wir uns diesen Fragen eingehend widmen, müssen wir zuvor in Erfahrung bringen, was genau unter „Größe" zu verstehen ist. Die Antwort lautet lapidar: Die Größe einer Arbeitsorganisation bestimmt sich aus der Anzahl ihrer Beschäftigten. In einem älteren Überblicksartikel kommt Kimberly (1976: 582) zu dem Schluss, dass in mehr als 80 Prozent der damals vorliegenden organisationssoziologischen Studien, die sich in irgendeiner Hinsicht mit der Organisationsgröße auseinandersetzen, Bezug auf die Anzahl der Beschäftigten genommen wird – in den hier interessierenden Ungleichheitsstudien sind es meines Erachtens sogar 100 Prozent. So einsichtig diese Festlegung auf den ersten Blick erscheinen mag, so wenig ist sie in der Forschung systematisch begründet worden. Offenbar scheinen die meisten Autoren John Childs Begründung „It is people who are organized" (1973: 170) im Auge gehabt zu haben. Denn alternative Definitionen, z. B. der Umfang der Produktionskapazität oder der des Umsatzes, wurden nicht berücksichtigt.

In den vorliegenden Studien werden zwei verschiedene organisatorische Größeneinheiten untersucht: zum einen die Größe des gesamten Unternehmens als rechtliche Einheit („Firm"), und zum anderen die Größe des konkreten Betriebs, in dem ein Beschäftigter tätig ist („Establishment"). Einige Autoren gehen davon aus, dass die Betriebs- und nicht die Unternehmensgröße maßgeblich sei, da erstere die konkrete Arbeitsmarktlage der Beschäftigten beeinflusse (vgl. Granovetter 1984; Lester 1967). Andere Autoren betonen dagegen den Zusammenhang zwischen Unternehmensgröße und der „Segmentierung" des Arbeitsmarkts (vgl. Evans/Leighton 1988; Kalleberg et al. 1981; Stolzenberg 1978): Je größer das Unternehmen, desto eher verfügt es über einen betriebsinternen Arbeitsmarkt, eines der bedeutendsten Stratifikationsmerkmale von Arbeitsorganisationen (hierzu näheres in Kapitel 5.2). Da offenbar sowohl die Betriebs- als auch die Unternehmensgröße voneinander unabhängige, d. h. eigenständige Effekte zeitigen können, werden in vielen Studien beide Größenindikatoren analysiert (z. B. bei Villemez/Bridges 1988; Hodson 1984 oder Kalleberg/Van Buren 1996).

5.1.2 Größe zahlt sich aus ...

Auf den ersten Blick sind die empirischen Befunde zum Effekt der Organisationsgröße auf die Lebenschancen der Beschäftigten überwältigend einheitlich: Beschäftigte in großen Arbeitsorganisationen sind in fast jeder materiellen Hinsicht besser gestellt als ihre Kollegen in kleineren Arbeitsorganisationen. Je größer das Unternehmen, die Verwaltung oder der Betrieb,

- desto höher ist das Einkommen der Beschäftigten (vgl. Brown/Medoff 1989; Brüderl/Preisendörfer 1986; Carroll/Mayer 1984; Evans/Leighton 1988; Hodson 1984; Kalleberg/Van Buren 1996; Kalleberg et al. 1981; Lester 1967; Masters 1969; Mellow 1982; Pfeffer 1977; Stolzenberg 1978; Villemez/Bridges 1988; Weiss/Landau 1984; für weitere Literatur vgl. die Übersicht bei Groshen 1991),
- desto umfangreicher sind die betrieblichen Sozialleistungen wie Betriebsrente, Unfall- oder Lebensversicherung (Evans/Leighton 1988; Kalleberg/Van Buren 1996),
- desto besser sind die unternehmensinternen Aufstiegschancen (Bielby/Baron 1983; Kalleberg/Van Buren 1996; Wholey 1985),
- desto größer ist die individuelle Beschäftigungssicherheit – „Tenure" – (Bielby/Baron 1983; Brown/Medoff 1989; Brüderl/Preisendörfer 1986; Evans/Leighton 1988; Schasse 1991).

Schauen wir uns exemplarisch drei Studien zum Effekt der Größe auf das Einkommen näher an. Wir beginnen mit einer älteren, empirisch recht einfach gehaltenen Analyse von *Richard Lester* (1967). Lester verwendet Angaben der offiziellen US-amerikanischen Betriebszählung für verschiedene Jahrgänge zwischen 1939 und 1964. Die aggregierten Daten geben die durchschnittlichen Stundenlöhne wieder, und zwar sowohl gruppiert nach dem Industriezweig als auch nach der Größenklasse des Betriebs.

Tabelle 5.1 gibt die Verteilung des Indexes der Stundenlöhne für das Jahr 1954 wieder, wobei jeweils der Stundenlohn der obersten Größenklasse gleich 100 gesetzt wurde. Zu sehen ist, dass der Index des durchschnittlichen Stundenlohns in fast allen Industriezweigen mit ansteigender Größenklasse ebenfalls ansteigt. Einen ähnlichen Zusammenhang findet Lester für die Verteilung von betrieblichen Sozialleistungen wie Versicherungen und Betriebsrente. Natürlich erlaubt es diese rein deskriptive Vorgehensweise nicht, Kausalzusammenhänge nachzuweisen. Dennoch kann Lesters einfache Auszählung als Pionierstudie auf diesem Gebiet gelten, da sie als eine der ersten den Größeneffekt empirisch plausibel gemacht hat.

Tabelle 5.1:   Index der durchschnittlichen Stundenlöhne nach Industriezweig und Unternehmensgröße 1954 in den USA

Industriezweig	*Anzahl der Beschäftigten*							Bezugs-stunden-löhne in $ (= 100)
	10-19	20-49	50-99	100-249	250-499	500-999	>1000	
alle Industrien	73	73	74	77	81	87	100	2,16
Lebensmittel	64	67	71	77	85	92	100	2,08
Schlachtereien	72	74	79	85	88	97	100	2,10
Papier-verarbeitung	79	82	87	95	100	104	100	1,91
Bauholz-verarbeitung	65	70	73	76	83	88	100	1,99
Möbel-produktion	83	82	81	80	78	85	100	1,91
Chemische Produkte	70	70	74	83	91	96	100	2,22
Brennstoffe	73	77	77	83	89	94	100	2,60
Kautschuk	71	68	70	77	83	84	100	2,26
Steine & Erden	70	71	75	81	85	89	100	2,17
Glas-herstellung	83	78	82	91	88	91	100	1,96
Roheisen-herstellung	76	78	82	86	91	93	100	2,35
Metall-verarbeitung	80	81	83	85	88	94	100	2,34

Quelle: Lester 1967; gekürzte Darstellung.

Doch was erklärt der von Lester (1967) und vielen anderen gezeigte Größeneffekt wirklich? So eindeutig man weiß, dass sich Größe auszahlt, so
wenig ist damit soziologisch erklärt. Denn Größe ist ein Strukturmerkmal, aufgrund dessen keine unmittelbaren Einkommenszahlungen vor-

genommen werden. Offenbar verändern sich mit der Größe ein oder mehrere Faktoren der Organisation, die dazu führen, dass Beschäftigte in kleinen Unternehmen materiell schlechter als in großen Firmen gestellt sind. Daraus folgt, dass die Größe einer Organisation eine „Black Box" darstellt, die soziologisch aufgelöst werden muss in jene verborgenen Bestandteile, die für die unterschiedlichen Ressourcenzuweisungen verantwortlich sind. Diese Einsicht hat in der Forschung zu zahlreichen „De-Aggregations"-Versuchen geführt, unter anderem von Kalleberg & Van Buren (1996) und von Brown & Medoff (1989) – zwei Studien, die wir uns im Folgenden näher ansehen.

Die Studie von *Arne Kalleberg & Mark Van Buren* (1996) ist Teil der in den USA durchgeführten, groß angelegten „National Organizations Study" (NOS). Die NOS-Studie basiert auf einem 1991 erstellten Employer-Employee-Datensatz, in dem Informationen über 727 US-amerikanische Unternehmen mit Individualdaten der in ihnen beschäftigten Personen verknüpft sind. In ihrer Teilstudie untersuchen Kalleberg & Van Buren die Effekte von drei Faktorengruppen auf die individuelle Einkommenshöhe: *Personenmerkmale* (z. B. Geschlecht und Hautfarbe), *Merkmale der Umwelt* der Organisation (etwa der Grad der Konzentration innerhalb der Branche, die Marktmacht oder die Profitorientierung der Organisation) und *Merkmale der Organisationsstruktur.* Zur letzten Gruppe zählen unter anderem die Existenz eines betriebsinternen Arbeitsmarkts und der Grad der hierarchischen Differenzierung der Organisation. Alle genannten Merkmale, deren Existenz bzw. Umfang mit steigender Organisationsgröße immer wahrscheinlicher werden, haben in anderen Studien Effekte auf die Einkommenshöhe gezeigt.

Wie wird die „Black Box" von Kalleberg & Van Buren nun zerlegt? Dies geschieht auf statistischem Weg, nämlich mit Hilfe multipler Regressionsmodelle, in die neben den Unternehmens- und Betriebsgrößenvariablen die genannten Faktorengruppen schrittweise als unabhängige Variablen in die Berechnung eingehen. Angenommen wird, dass der Größeneffekt dann zurückgeht, wenn es zu wechselseitigen Abhängigkeiten zwischen der Größe und den anderen unabhängigen Variablen kommt (Multikollinearität). Im idealen Fall wäre der Größeneffekt dann nach schrittweisem Hinzufügen aller unabhängigen Variablen verschwunden. Die Ergebnisse der Einkommensanalyse jedoch zeigen, dass dem nicht so ist. Nur der zuvor positive Effekt der Betriebsgröße wird nach Berücksichtigung aller unabhängigen Variablen insignifikant (Kalleberg/Van Buren 1996: 56). Nicht so jener der Unternehmensgröße: Er wird zwar schwächer, aber er ist noch da. Und dies, obwohl nahezu jede der in das Modell integrierten Organisationsvariablen einen eigenen plausiblen Effekt auf das Einkommen besitzt.

Während Kalleberg & Van Buren (1996) den Größeneffekt „additiv", d. h. unter Berücksichtigung aller bekannten und verfügbaren Einflussgrößen aufzulösen versuchen, möchte unsere dritte, von *Charles Brown & James Medoff* (1989) stammende Untersuchung das Problem auf theoriegeleitete Art und Weise in den Griff bekommen. Die Autoren diskutieren zwei Theorierichtungen der modernen Ökonomie, die den Größen-Einkommens-Effekt auf nicht-organisatorische Ursachen zurückführen. Diese Theorierichtungen sind die Neoklassik und der Neoinstitutionalismus.

Aus *neoklassischer* Perspektive wird behauptet, dass größere Unternehmen deshalb höhere Löhne zahlen, weil sie die leistungsfähigeren Arbeiter beschäftigen. Warum aber suchen sich große Unternehmen „bessere" Arbeiter? Dafür gibt es mehrere Erklärungen. Zum einen steigen mit der Unternehmensgröße die Überwachungs- und Koordinationskosten an: Je mehr Arbeiter am Produktionsprozess mitwirken, desto mehr muss angewiesen, koordiniert, überwacht und sanktioniert werden, und desto mehr Personen müssen in den verschiedenen Stufen des Managements extra dafür beschäftigt werden. Arbeiter mit höherer Qualifikation und Produktivität, so die Annahme, übernehmen einen Teil dieser Anweisungs- und Koordinationsaufgaben gleich mit. Deshalb sei es rational, sie bevorzugt einzustellen (vgl. auch Oi 1983; Weiss/Landau 1984).

Die *neoinstitutionalistische* Schule führt die höheren Löhne dagegen auf die Strategie der „Großen" zurück, den Einfluss der Gewerkschaften im eigenen Hause gering zu halten („Union Avoidance"). Dahinter steht die Kalkulation des Managements, dass gut bezahlte Arbeiter keinen zusätzlichen Nutzen darin sehen werden, sich einer Gewerkschaft anzuschließen und Streikmaßnahmen zu organisieren. Doch funktioniert diese Strategie nur in großen Unternehmen. Denn die Bedingungen für gewerkschaftlichen Einfluss sind in großen Arbeitsorganisationen deutlich besser als in kleinen. Hinzuzufügen ist jedoch, dass diese gewerkschaftsfeindliche Seite des Human Resources Management nur für US-amerikanische Unternehmen typisch ist; in Deutschland wurde derartiges bislang kaum beobachtet (vgl. Weitbrecht/Mehrwald 1999).

Beide Erklärungsmodelle setzen Brown & Medoff einem empirischen Test aus. Dazu verwenden sie mehrere Datensätze, die sie parallel regressionsanalytisch auswerten. Ihr Befund lautet, dass der Größen-Einkommenseffekt zum guten Teil auf das Konto der individuellen Produktivität geht: Größere Firmen beschäftigen tatsächlich die „besseren" Arbeiter. Kaum empirische Anhaltspunkte ergeben sich für die Existenz einer „Union-Avoidance"-Strategie: Große Unternehmen mit hoher Gewerkschaftsneigung zahlen nicht mehr als große Unternehmen, in denen traditionell eine geringe Neigung zu gewerkschaftlicher Organisation vorherrscht. Laut Union-Avoidance-Strategie müssten sie dies jedoch, um die Arbeiter von gewerkschaftlicher Aktivität abzuhalten.

Im Ergebnis bleibt in den Analysen ein Erhebliches an Varianz des Einkommens übrig, das auf die bloße Organisationsgröße zurückgeführt wird. Angesichts dieser und weiterer Überprüfungen, die Brown & Medoff anstellen, kann ihr resignierendes Schlusswort stellvertretend für die gesamte bisherige Forschung zum Größeneffekt stehen:

> „Our bottom line is that the size-wage differential appears to be both sizable and omnipresent; our analysis leaves us uncomfortable unable to explain it, or at least the part of it that is not explained by observable indicators of labor quality. " (Brown/Medoff 1989: 1056)

Wie immer man es dreht und wendet: Größe zahlt sich aus, auch wenn man nicht genau weiß, warum das so ist.

5.1.3 ... aber nicht für jeden!

In der bisherigen Darstellung haben wir uns mit dem Größeneffekt und seinen möglichen Ursachen ganz allgemein beschäftigt. Wir greifen diesen Strang nun nochmals auf, indem wir fragen, ob die Einkommens- und Gratifikationszuwächse, die durch die Organisationsgröße verursacht werden, allen Beschäftigten in der Organisation in gleicher Weise zugute kommen, oder ob es bestimmte Gruppen gibt, die mehr als andere vom Größeneffekt profitieren. Wie die Forschung zeigt, gibt es in der Tat erhebliche Gruppenunterschiede. Die wichtigsten Merkmale, aufgrund derer Einkommensunterschiede zwischen den Gruppen entstehen, sind:

- Bildungsgrad,
- Geschlecht,
- berufliche Stellung.

Bildung

Beschäftigte mit höherer Bildung verdienen in großen Unternehmen mehr als in kleineren Firmen. Dieser Effekt wurde schon früh von *Ross Stolzenberg* (1978) entdeckt und in nachfolgenden Untersuchungen bestätigt (vgl. Brüderl/Preisendörfer 1986; Kalleberg et al. 1981). Doch warum ist dies so? Stolzenberg argumentiert, dass in großen Unternehmen die Produktions- und Koordinationsprozesse nicht mehr allein mit den Mitteln der persönlichen Kontrolle durch die Vorgesetzten gesteuert werden können. Dazu ist der Arbeitsprozess zu komplex geworden. Produktionsprozesse werden stattdessen in zunehmendem Maße standardisiert, und die interne Kommunikation – Anweisungen und Kontrolle – wird formell dokumentiert.

Standardisierung und Dokumentation produzieren damit große Mengen von Daten. Um diese Daten verstehen und verarbeiten zu können, müssen die Beschäftigten über vertiefte Fähigkeiten des Lesens,

Schreibens und Rechnens verfügen, wozu üblicherweise ein längerer Schulbesuch erforderlich sei. Dies betrifft jedoch nicht nur das Kontrollpersonal, sondern auch die ausführenden Beschäftigten. Denn auch an diesen Arbeitsplätzen, z. B. in der Produktion, muss man sich mit Laufkarten und computergesteuerten Maschinen auskennen. Deshalb rekrutieren größere Unternehmen auf dem Arbeitsmarkt Personen mit höherer Bildung, denen sie jedoch einen entsprechend höheren Lohn zahlen müssen. In kleineren Firmen ist hohe Bildung aufgrund der weniger standardisierten Arbeitsabläufe wesentlich weniger wichtig. Deshalb werden Beschäftigte mit höherer Bildung in kleineren Firmen entsprechend geringer entlohnt (Stolzenberg 1978).

Geschlecht

Im Hinblick auf das Geschlecht eines Beschäftigten fällt der Größen-Einkommens-Effekt widersprüchlich aus. Wie verschiedene Studien demonstrieren, scheinen Frauen stärker als Männer vom Größenfaktor zu profitieren. In einer der wenigen Untersuchungen deutscher Unternehmen zeigen *Josef Brüderl & Peter Preisendörfer* (1986), dass Frauen durchschnittlich 120 DM mehr verdienen, wenn sie in Unternehmen mit mehr als 50 Beschäftigten tätig sind. Für Männer springt hingegen nur ein vergleichsweise geringer Vorteil von 11 DM heraus. Zum gleichen Ergebnis gelangen auch Bridges (1980) sowie Hodson (1984) auf der Basis US-amerikanischer Daten. Hodson erklärt diesen Befund mit der für Großunternehmen typischen bürokratischen Struktur. Diese verringere die Möglichkeit zur Einkommensdiskriminierung, der insbesondere Frauen in kleineren Unternehmen ausgesetzt sind:

„Based on the elimination of at least *some* discriminatory practices in bureaucratically organized companies, women may receive greater benefit from increased scale than men." (Hodson 1984: 344 f.)

Die Lage verkompliziert sich jedoch, wenn man, analog zu Stolzenberg (1978), zusätzlich den Bildungsfaktor in den Größen-Einkommens-Effekt hineinrechnet. *Arne Kalleberg, Michael Wallace & Robert Althauser* zeigen in einer Sekundäranalyse der bereits von Stolzenberg verwendeten Daten, dass sich höhere Bildung in größeren Unternehmen nur für Männer in einem höheren Lohn niederschlägt (Kalleberg et al. 1981). Weibliche Beschäftigte profitieren von einer höheren Bildung dagegen stärker, wenn sie in kleineren Unternehmen tätig sind, obschon diese Unternehmen bekanntermaßen in geringerem Ausmaß standardisiert sind.

Dieser Befund wird in der bereits erwähnten Studie von *Josef Brüderl & Peter Preisendörfer* (1986) bestätigt. Die Autoren untersuchen unter anderem, wie viel die Beschäftigten im Monat durchschnittlich zusätzlich verdienen, wenn sie über eine höhere Bildung verfügen. Tabelle 5.2 gibt einen Teil der Berechnungen von Brüderl & Preisendörfer wieder.

Tabelle 5.2: Bildung, Unternehmensgröße und Geschlecht

	Returns pro zusätzliches Bildungsjahr in DM-Einkommen
Alle Befragten	
Kleinbetriebe	120,9
Großbetriebe	181,2
Männer	
Kleinbetriebe	110,6
Großbetriebe	197,3
Frauen	
Kleinbetriebe	133,2
Großbetriebe	114,8

Quelle: Brüderl/Preisendörfer 1986, gekürzte Darstellung.

Die Tabelle zeigt die mittleren Einkommen in absoluten Zahlen nach Geschlecht differenziert für kleine (< 50 Beschäftigte) und große Unternehmen (> 50 Beschäftigte). Wie wir in den ersten beiden Zeilen sehen, zahlt sich Bildung in der Tat in größeren Unternehmen stärker aus (181 vs. 121 DM). Nach Geschlecht differenziert, sieht man jedoch, dass dies nur für Männer gilt. Frauen mit höherer Bildung verdienen dagegen in kleineren Unternehmen besser (133 vs. 114 DM).

Die Ursachen des Geschlechtereffekts sind weitgehend unklar. Möglicherweise verbirgt sich hinter dem Geschlechtereffekt ein Statusgruppeneffekt. Denkbar wäre, dass Frauen in kleineren Unternehmen im Verhältnis häufiger besser dotierte Angestelltenpositionen innehaben, z. B. in der Verwaltung. Dagegen würde man in Großunternehmen einen höheren Anteil einfach qualifizierter Produktionsarbeiterinnen vorfinden. Da dieser Effekt in den genannten Studien jedoch nicht geprüft werden konnte, bleibt die Antwort offen.

Berufliche Stellung

Profitieren Arbeiter wie Angestellte in gleicher Weise vom Größeneffekt? Dieser Frage sind *Wayne Villemez & William Bridges* (1988) nachgegangen. Sie zeigen zunächst, dass die Größe des Unternehmens für das Einkommen von Angestellten wichtig wird, nicht aber für das der Arbeiter. Für die Betriebsgröße zeigt sich der umgekehrte Effekt: Je größer der lokale Betrieb, desto höher das Arbeitereinkommen; für Angestellte zeigen sich keine nennenswerten Effekte.

Wie ist ein solcher Unterschied von Unternehmens- und Betriebsgröße zu erklären? Für Villemez & Bridges ist entscheidend, in welchem räumlichen Kontext ein beruflicher Aufstieg stattfindet. Für Arbeiter wird angenommen, dass diese in der Regel in dem Betrieb aufsteigen, in dem sie sich einmal befinden. Entsprechend wichtiger wird für sie die Betriebsgröße. Angestellte dagegen wechseln ihre Position häufiger zwischen verschiedenen Betrieben desselben Unternehmens. Da sich ihre Beförderungschancen mit steigender Unternehmensgröße erhöhen, bringt die Unternehmensgröße für diese Gruppe den entscheidenden Vorteil. Die Autoren schlussfolgern:

„To the extent that a person's work career tends to be linked to a specific organization or suborganization, the attributes of the organization will have a
stronger effect on that person's earnings." (Villemez/Bridges 1988: 253)

Fassen wir die Ergebnisse dieses Abschnittes zur Organisationsgröße
zusammen:

- Je größer die Arbeitsorganisation, desto höher ist das Einkommen
  der in ihr Beschäftigten. Dieser Befund ist auch dann nachweisbar,
  wenn man versucht, die „Black Box" der Organisationsgröße soziologisch in ihre verteilungsrelevanten Bestandteile aufzulösen.
- Beschäftigte mit höherer Bildung, Angestellte und Frauen profitieren
  stärker vom Größen-Einkommenseffekt als Beschäftigte mit niedriger Bildung, Arbeiter und Männer.

5.2 Interner Arbeitsmarkt

Nicht die Größe einer Organisation allein, sondern auch die Struktur der
in ihr befindlichen Positionen beeinflusst die Verteilung von Löhnen und
Mobilitätschancen in einer Gesellschaft. Im dritten Kapitel haben wir den
Begriff des „Positionssystems" definiert als ein hierarchisches, auf Dauer
gestelltes Gefüge arbeitsteilig bestimmter Aufgaben, für deren Bewältigung jeweils spezifische Belohnungen zugewiesen werden (vgl. Abschnitt 3.3). Diese Arbeitsdefinition können wir nun etwas konkretisieren, indem wir sie aus der Perspektive des einzelnen Beschäftigten betrachten. Aus dem Blickwinkel des Individuums sind Arbeitsorganisationen Elemente eines größeren sozialen Systems, nämlich des *Arbeitsmarkts*.

Arbeitsmärkte sind Arenen, in denen Erwerbspersonen ihre Arbeitskraft gegen Güter wie Lohn, Prestige und andere Arten von Belohnungen
austauschen (vgl. Kalleberg/Sørensen 1979: 351). In der frühen neoklassischen Arbeitsmarkttheorie ist man davon ausgegangen, dass Personen,
die ihre Fähigkeiten am Arbeitsmarkt optimal in klingende Münze um-

setzen wollen, diejenigen freien Stellen annehmen werden, die bei identischer Tätigkeit den höchsten Lohn versprechen. In einer neueren Fassung, der Humankapitaltheorie (Becker 1964), wird davon ausgegangen, dass die Art und der Umfang der Bildungs- und Qualifikationsanstrengungen, die ein Individuum im Laufe des Erwerbslebens in sein „Humankapital" investiert, maßgeblich über seine Arbeitsmarktchancen entscheiden. Beide Zweige der ökonomischen Arbeitsmarktforschung beschreiben daher vor allem die Effekte der *individuellen* Anstrengungen auf die Erwerbskarriere der Beschäftigten.

Doch dies ist nur die eine Seite der Medaille. Die andere ist, dass ein Gutteil der Wechsel, die ein Individuum zwischen verschiedenen Stellen vollzieht, nicht zwischen verschiedenen Unternehmen auf dem Arbeitsmarkt stattfindet, sondern sich innerhalb ein und desselben Unternehmens vollzieht. Diese Einsicht hat die sozialwissenschaftliche Arbeitsmarktforschung dazu gebracht, die Regeln und Institutionen, die organisationsinterne Karrieren ermöglichen, als „firmeninternen Arbeitsmarkt" zu bezeichnen.

Ein firmeninterner Arbeitsmarkt ist, einer älteren Definition zufolge, „the complex of rules which determines the movement of workers among job classifications within administrative units, such as enterprises, companies or hiring halls" (Dunlop 1966: 32). Sein hervorstechendes Merkmal ist, dass er nach anderen Regeln funktioniert als der firmenexterne Arbeitsmarkt. Auf dem externen Markt entscheiden Angebot und Nachfrage im Zusammenspiel mit den Tariforganisationen über die Bereitstellung von freien Stellen und über die Lohnhöhe. Dagegen sind Bewegungen innerhalb des firmeninternen Arbeitsmarkts von den Marktkräften weitgehend abgekoppelt. Warum dies so ist, nach welchen Regeln Aufstiege im firmeninternen Arbeitsmarkt ablaufen und welche Ungleichheitsfolgen sich daraus ergeben, wollen wir im Folgenden näher betrachten.

5.2.1 Die Struktur des internen Arbeitsmarkts

Auf internen Arbeitsmärkten findet horizontale und vertikale Mobilität
statt. In horizontaler Hinsicht wechseln Beschäftigte zwischen verschiedenen Positionen, die sich in Hinblick auf Entlohnung oder Prestige voneinander kaum oder gar nicht unterscheiden. Wichtiger jedoch ist die
vertikale Dimension; in der Regel ist sie gemeint, wenn vom internen
Arbeitsmarkt gesprochen wird. Vertikal heißt, dass die Positionen innerhalb der Organisation hierarchisch nach Anforderungen sowie Lohnsät-
zen geordnet sind. Diese Ordnung ermöglicht eine klar definierte Abfol-
ge, nach der Aufstiege über die einzelnen Positionen hinweg stattfinden.
Wenn im Folgenden ausschließlich von vertikaler Mobilität im Sinne von
Aufstiegen die Rede ist, dann deshalb, weil Abstiege (Degradierung) von
einer höheren auf eine niedrigere Position innerhalb derselben Organisation sehr selten sind (vgl. Dalton 1951; Rosenbaum 1979a).

Die Aufstiegsleiter

Im Folgenden konzentrieren wir uns auf das rigide geschlossene Aufstiegssystem als Idealtypus eines internen Arbeitsmarkts. Sein wichtigstes Kennzeichen ist laut *Peter Doeringer & Michael Piore*, den Pionierfor-
schern auf diesem Gebiet, die „Line of Progression", auch Aufstiegsleiter
(„Promotion Ladder") genannt (Doeringer/Piore 1971). Eine Aufstiegsleiter liegt vor, wenn die Tätigkeitsmerkmale der hierarchisch über- und
untergeordneten Positionen ähnlich sind, sich aber wesentlich in den
Qualifikationsanforderungen unterscheiden:

> „This structure occurs in enterprises where jobs are differentiated by levels
> of skill and fall, or can be designed to fall, into natural skill progressions.
> Work on one job develops the skills required for the more complex tasks on
> the job above it, and those at one point in the line constitute the natural
> source of supply for the next job along the line." (Doeringer/Piore 1971: 58)

Einstiege von organisationsexternen Personen erfolgen in der Regel über sogenannte „Entry Ports" auf der untersten Stufe der Leiter. Diese Einstiegspositionen verknüpfen damit den internen mit dem externen Arbeitsmarkt (vgl. Sengenberger 1987: 154). Für Außenstehende besteht dann nur die Möglichkeit, ein Beschäftigungsverhältnis zu den Bedingungen der Einstiegsposition zu ergreifen. Viele Einstiegspositionen sind daher als reine Durchgangsstationen konzipiert.

Da wir es mit einem firmeninternen *Markt* zu tun haben, besteht zwischen den Beschäftigten der untersten Stufe S-1 der Organisation ein zumeist impliziter Wettbewerb darum, wer eine nächst höhere Position auf der Stufe S-2 einnehmen kann. Verdeutlichen wir uns die Wirkungsweise dieses Wettbewerbs an einem Beispiel. Nehmen wir einmal an, die Position S-4 wird vakant, entweder durch Ausscheiden des bisherigen Positionsinhabers oder weil die Position neu geschaffen wird. Damit ergibt sich für Personen auf der Stufe S-3 die Möglichkeit aufzusteigen. Die Vakanz wird geschlossen durch die Person, die sich nach spezifischen Auswahlkriterien als am besten geeignet herausgestellt hat. Doch nun ist deren alte Position auf der Stufe S-3 vakant. Diese wird wieder durch einen nachrückenden Bewerber bzw. eine Bewerberin der Stufe S-2 besetzt, und immer so weiter. Während also einige Personen die Aufstiegsleiter nach oben klettern, wandern die Vakanzen entsprechend nach unten. Damit kommt ein Mobilitätsprozess in Gang, der von *Aage B. Sørensen* (1983) in Anlehnung an White (1970) als Vakanzkette („Vacancy Chain") bezeichnet wird:

> „In a hierarchically organized system, the filling of vacancies from within the system may be conceptualized as a process where a vacancy moves down as a person moves up. The chains thus formed are then vacancy chains moving in opposite direction of promotions, to be terminated by someone entering from the outside, or by a person being eliminated." (Sørensen 1983: 208)

Aufstiegsleitern sind berufsfachbezogen. Dies bedeutet, dass Aufstiege immer nur innerhalb einer spezifischen Berufsgruppe nach deren einschlägigen Anforderungen und Qualifikationen erfolgen können. Dies gilt besonders dann, wenn bereits der „Entry Port" ein Mindestmaß fachbezogener Qualifikationen erfordert, z. B. eine Facharbeiterlehre. Daraus folgt aber auch, dass es im gleichen Unternehmen für jeden Funktionsbereich (Produktion, Entwicklung, Verwaltung) unter Umständen mehrere Aufstiegsleitern geben kann.

Ein Fallbeispiel

Das folgende längere Zitat eines Beispiels aus der Metallindustrie illustriert, wie sich eine solche Aufstiegsleiter aus der Sicht eines auf der Einstiegsposition eintretenden Beschäftigten darstellt.

> Beispiel: Vertikale Mobilität in einem Röhrenwerk (zitiert nach: Bosch/Lichte 1982: 207 f.).
> „Herr Kowalski wurde zunächst als Fahrer des Elektrokarrens eingestellt. Er lernte dabei die räumlichen Zusammenhänge des Produktionsablaufs und einzelne Schritte der Produktion vom Schneiden der Blöcke in der Blocksägerei bis zum Einrollen in den Ofen kennen. Gleichzeitig hatte er ersten Kontakt mit dem Material. Er musste Blöcke verschiedener Länge transportieren und erfuhr beiläufig und zufällig von der Ofenbesatzung, dass einzelne Stähle härter waren und deshalb in kleineren Stücken erhitzt und gepresst werden mussten. Als Elektrokarrenfahrer hatte Herr Kowalski auf einem Arbeitsplatz, auf dem er durch einen Fehler keinen großen Schaden anrichten konnte, erste Orientierungen über die räumliche Anordnung der Produktion, über das Material, das Aggregat und die Arbeitsweise der Ofenmannschaft erhalten.
> Nach einigen Monaten wurde er vierter Ofenmann. Er legte jetzt die Blöcke in den Ofen ein und rollte sie in der Zone der niedrigsten Hitze nach vorne. Er lernte den Ofen und den Rhythmus der Ofenmannschaft, durch den seine Arbeit bestimmt wurde, kennen, und erwarb erste Fähigkeiten, die richtige Hitze der Blöcke an ihrer Farbe festzustellen. In seinem Arbeitsbereich waren die Blöcke noch relativ hart. Er konnte sie beim Vorrollen mit einer Stange kaum beschädigen. Er beobachtete die Arbeitsweise des dritten und zweiten Mannes, musste gelegentlich auch für den dritten Mann einspringen und erfuhr, wie dieser sehr viel vorsichtiger mit den heißen Blö-

cken umgehen musste, ohne dabei die Luken zu lange offen zu halten, da die Blöcke sonst zu stark oxydierten und teilweise unbrauchbar wurden. Nach einiger Zeit war er in der Lage, den dritten Ofenmann ständig zu vertreten und wurde später dritter Ofenmann. Das gleiche wiederholte sich bei seinem Aufstieg zum zweiten Ofenmann, wobei seine Qualifikation ausgebaut und verfeinert wurde. Er musste allerdings weitere sechs Jahre als zweiter Ofenmann arbeiten und konnte erst nach der Pensionierung des ersten Ofenmannes an dessen Stelle treten."

Interessenlagen der Organisation und der Beschäftigten

Man sieht an diesem Beispiel, wie bedeutsam die Rolle der Qualifikation „On the Job" in diesem Aufstiegsmodell ist. Und man erkennt, warum Arbeitsorganisationen ein Interesse daran haben können, derartige Aufstiegsleitern zu installieren. *Werner Sengenberger* (1987: 156) nennt zwei Vorteile: Zum einen ist das begleitende Anlernverfahren wesentlich kostengünstiger als eine vom externen Arbeitsmarkt eingekaufte Qualifikation und auch als eine unternehmensintern durchgeführte Berufsausbildung. Denn je formalisierter eine Ausbildung ist, desto höhere Kosten entstehen durch Bereitstellung separater Räume, Materialien und Lehrpersonal. Zum anderen werden im internen Aufstiegsmodell nur jene Qualifikationen erzeugt, die im Rahmen der Arbeitsplatzkette tatsächlich gebraucht werden, nämlich diejenigen, die für die aktuelle Position und höchstens für die Position auf der nächst höheren Stufe benötigt werden.

Ein dritter Vorteil liegt im Anreiz für die Beschäftigten, möglichst lange im Unternehmen zu verbleiben. Denn häufige Ausstiege von Beschäftigten aus dem Unternehmen bedeuten nicht zu unterschätzende Anlernkosten. Folgt man der ökomischen Effizienzlohntheorie, ist es für das Unternehmen rational, den Beschäftigten auf den Eintrittspositionen Löhne knapp unterhalb ihres jeweiligen Grenzprodukts zu zahlen. Im Gegenzug werden ihnen bei langfristigem Verbleib im Unternehmen stetige Lohnzuwächse in Aussicht gestellt (vgl. hierzu grundlegend Lazear 1979). Das Ergebnis ist eine Bezahlung nach dem Senioritätsprinzip und eine mit zunehmender Dauer der Betriebszugehörigkeit ansteigende

Einkommenskurve. Da innerhalb der Aufstiegsleiter mit jeder Stufe auch die Entlohnung ansteigt, sind Aufstiegsleitern Anreizinstrumente zum längerfristigen Verbleib im Unternehmen.

Der vierte Vorteil ist, dass Aufstiegsleitern Instrumente der Negativselektion von Arbeitskräften sind. Wird eine Position vom externen Arbeitsmarkt aus besetzt, dann besteht für die Arbeitsorganisation das Risiko, dass ein Kandidat oder eine Kandidatin im Bewerbungsverfahren behauptet, über Fähigkeiten zu verfügen, die faktisch jedoch nicht vorhanden sind. Innerhalb des internen Arbeitsmarkts entscheiden jedoch nicht allein Erwartungen gegenüber zukünftigen Leistungen. Wichtiger sind bereits erbrachte Leistungen. In unserem Beispiel hat Herr Kowalski, mittlerweile zum dritten Ofenmann aufgestiegen, den zweiten Ofenmann zeitweise vertreten, bis er nach einiger Zeit dessen Position übernehmen konnte. Während dieser Vertretung hat er unter Beweis stellen können, dass seine Fähigkeiten geeignet sind, um die nächste Aufstiegsstufe zu erklimmen.

Parallel zur Aufstiegsleiter sind auch die Belohnungen hierarchisiert sowie formalisiert. Dies ist von Vorteil für die Beschäftigten, denn aus dieser Hierarchie ergeben sich relativ stabile Löhne. Mit einem Aufstieg von einer zur nächsten Position ist zumeist auch ein Anstieg des Prestiges der Tätigkeit verbunden. Ein weiterer Vorzug der Aufstiegsleiter ist ihre relative Berechenbarkeit. Zwar ist den Beschäftigten oft nicht genau bekannt, wann eine Position auf der darüber liegenden Stufe vakant wird. Doch wenn dies der Fall ist, bietet sich die Chance zum Aufstieg. Aus dieser Aussicht schöpft sich ein Gutteil der Motivation, die die Arbeitskräfte zur Leistung anhält.

Die Bedingung dafür ist jedoch, dass es auf keiner anderen Stufe als der Einstiegsposition zu Besetzungen durch externe Kandidaten kommt. Anderenfalls könnten solche „systemfremden" Interventionen geeignet sein, die Berechenbarkeit der Aufstiege zu zerstören und damit zur De-Motivierung der Arbeitskräfte beizutragen. Diese Vorteile lassen erkennen, wieso zu Beginn dieses Abschnittes davon gesprochen wurde, dass berufliche Mobilität vor allem innerhalb von Firmen mit internen Arbeitsmärkten stattfindet. Denn je spezieller die Fähigkeiten sind, die ein

Beschäftigter auf den einzelnen Sprossen der Aufstiegsleiter erworben hat, desto größer ist die Gefahr, dass diese Fähigkeiten bei einem Wechsel zu einem anderen Unternehmen entwertet werden, da sie dort nicht zum Tätigkeitsprofil passen und schlimmstenfalls überflüssig wären. Die Folge wäre ein erneuter Eintritt auf der dortigen Einstiegsposition (vgl. Kock 1994: 20).

Interne Arbeitsmärkte haben sich weiter entwickelt. In der Realität gibt es zahlreiche Abweichungen und Modifikationen des rigiden geschlossenen Aufstiegsmodells. Sei es, indem für bestimmte, formal definierte Aufstiegsleitern Einstiege auf höheren Positionen möglich sind (vgl. Baron et al. 1986; DiPrete 1987); sei es, weil Einkommenssteigerungen nicht notwendigerweise parallel zu den Mobilitätssprossen der Aufstiegsleiter erfolgen, sondern auch innerhalb der jeweiligen Position stattfinden (vgl. Baker et al. 1994; Lazear 1992). Diese und weitere Fragen wollen wir an dieser Stelle jedoch nicht weiterverfolgen (näheres dazu bei Althauser 1989; Osterman 1984). Uns interessiert stattdessen, welche Folgen interne Arbeitsmärkte für die Ungleichheit der Lebenschancen haben.

5.2.2 Einkommenseffekte

Grundsätzlich gilt: Personen, die in Unternehmen mit internem Arbeitsmarkt beschäftigt sind, verdienen im Durchschnitt mehr als Personen in Unternehmen ohne internen Arbeitsmarkt. Auch sind sie in größerem Umfang vertikal mobil (vgl. u. a. Capelli/Cascio 1991; Felmlee 1982; Lazear/Rosen 1981). Empirische Evidenz für diese Tatsache hat unter anderem die bereits zitierte NOS-Studie erbracht (Kalleberg et al. 1996a; siehe hierzu Abschnitt 5.1). Da es sich beim firmeninternen Arbeitsmarkt um einen Sammelbegriff für recht verschiedene Elemente und Praktiken der betrieblichen Positionsstruktur handelt, wollen wir an dieser Stelle einen Blick auf die empirische Operationalisierung werfen.

In der NOS-Studie wurden Personalmanager mit Hilfe eines standardisierten Fragebogens gefragt, (a) ob vakante Stellen normalerweise durch interne oder betriebsexterne Kandidaten besetzt werden, (b) ob es innerhalb einer Berufsgruppe Aufstiegsstufen gibt, und (c) wie häufig diese Aufstiege normalerweise sind (vgl. Kalleberg et al. 1996b: 94). Auf dieser Basis wurde ein Index gebildet, der in die berechneten Regressionsmodelle als unabhängige Variable eingeht. Nachteilig an dieser Operationalisierung ist, dass nicht identifiziert werden kann, ob eine Person mit einem bestimmten Einkommen Teil des internen Arbeitsmarkts ist, sondern nur, ob und in welchem Ausmaß ein solcher Arbeitsmarkt im Unternehmen existiert. Dennoch zeigte sich in der gleichen Studie, dass Personen, die in Firmen mit internem Arbeitsmarkt tätig sind, ihre Beförderungsaussichten tatsächlich höher einschätzen als Personen in Unternehmen ohne ein solches Aufstiegssystem (Kalleberg/Van Buren 1996: 60).

Eine andere Strategie, um Einkommenseffekte zu untersuchen, besteht darin, Arbeitsorganisationen danach zu typisieren, nach welchen Regeln vakante Positionen besetzt werden, um anschließend zu vergleichen, wie viel die Beschäftigten in den verschiedenen Typen jeweils verdienen. Einen solchen, mittlerweile klassischen, Vorschlag hat *Clark Kerr* unterbreitet (Kerr 1954; vgl. auch Doeringer/Piore 1971: 2 ff.). Kerr unterscheidet drei Typen von Aufstiegssystemen:

- offene („open") Arbeitsmärkte
- berufsständische („guild") Arbeitsmärkte
- hierarchische („manorial") Arbeitsmärkte

Im offenen Arbeitsmarkt wird jede freie Position durch externe Bewerber besetzt. Dieser Typ entspricht dem Bild des allgemeinen Arbeitsmarkts. Der berufsständische Arbeitsmarkt zeichnet sich dadurch aus, dass die Beschäftigten zwar von Firma zu Firma wechseln, aber in der gleichen berufsfachlichen Position verbleiben. Dieses Modell trifft man häufig bei handwerklichen Unternehmen mit ständischer Tradition an. Der dritte, hierarchische Typ entspricht dem oben beschriebenen geschlossenen Arbeitsmarkt mit Aufstiegsleiter, Entry Ports und standardisierter Gehaltshierarchie (Kerr 1954).

In einer empirischen Untersuchung hat *Arthur Alexander* (1974) die Kerrsche Typologie aufgegriffen. Anhand von US-amerikanischen Branchendaten prüft er empirisch, inwiefern die durchschnittlichen Einkommen über die drei Typen hinweg variieren. Alexander rekonstruiert die drei Typen auf der Ebene von Branchen. Er teilt die Branchen danach ein, wie viele Betriebswechsel die in ihr Beschäftigten in einem Jahr vollzogen haben. Eine Branche verfügt damit definitionsgemäß über einen offenen Arbeitsmarkt, wenn die zwischenbetriebliche Mobilität über 20 Prozent beträgt. Im Falle des berufsständischen Arbeitsmarkts sind es zwischen 10 und 20 Prozent; bei hierarchischen Arbeitsmärkten wird von weniger als 10 Prozent zwischenbetrieblicher Mobilität ausgegangen.

Tabelle 5.3 zeigt die Verteilung der Einkommen über die drei Typen hinweg. Wie wir sehen, sind beim hierarchischen Arbeitsmarkt die höheren Einkommensgruppen ab 6.000 $ stärker besetzt als bei den anderen beiden Typen. Dagegen unterscheiden sich die Verteilungen der Einkommen beim offenen und berufsständischen Arbeitsmarkt kaum voneinander. Auch wenn man die Branchen zusätzlich nach Beschäftigtenmerkmalen kontrolliert, die sich einkommensverändernd auswirken können – wie Alter, Bildung und Berufserfahrung –, bleibt das Ergebnis das gleiche: Geschlossene firmeninterne Arbeitsmärkte zahlen sich für die darin beschäftigten Personen aus.

Der interne Arbeitsmarkt ist zugleich ein Mechanismus der sozialen Schließung. Er verbessert die Mobilitätschancen der dazugehörigen „Insider", während er die Chancen der „Outsider" in gleichem Maße verringert.

„The emergence of job ladders divides the labour force because the relatively privileged position of those within the ladders gives them an incentive to exclude others. A system of 'haves' and 'not haves' is created and tends to perpetuate itself." (Garavan/Coolahan 1996: 30).

Diese Trennlinie zwischen Insidern und Outsidern verläuft jedoch nicht nur zwischen Organisationen mit offenen und geschlossenen Arbeitsmarktmodellen. Auch innerhalb derselben Arbeitsorganisation können geschlossene und offene Arbeitsmärkte nebeneinander existieren. Dies ist insbesondere in den USA der Fall, lässt sich aber auch für deutsche Unternehmen zeigen. So weisen Studien des „Segmentationsansatzes" (Reich et al. 1978; Sengenberger 1987) darauf hin, dass interne Arbeitsmärkte vor allem in den zentralen produktiven Bereichen eines Unternehmens anzutreffen sind. Diese produktiven Bereiche sind der technologische Kern einer Organisation. Entsprechend lang ist die Betriebszugehörigkeit dieser „Stammbelegschaften"; auch sind sie vergleichsweise überdurchschnittlich qualifiziert.

Tabelle 5.3:   Verteilung der Beschäftigten nach Einkommen und nach Arbeitsmarkttypen (in Prozent)

	Einkommensgruppe (in US-Dollar)				
	2000 -4000	4000 -6000	6000 -8000	8000 -10000	> 10.000
offen	29,6	31,7	21,6	8,9	8,2
berufsständisch	30,9	28,5	18,7	10,6	11,2
hierarchisch	5,6	21,3	37,6	18,9	16,6

Anm.: Jahreseinkommen 1965; Quelle: Alexander 1974: 81.

Kommt es zu Nachfrageschwankungen, so werden diese damit ausgeglichen, dass in den Randbereichen des technologischen Kerns neue Positionen geschaffen bzw. vorhandene gestrichen werden. Das dazugehörige Rekrutierungsmodell ist das des offenen Arbeitsmarkts mit befristeten Anstellungen, mit Leiharbeitsverhältnissen und mit geringen Qualifikationsanforderungen. Übergänge zum geschlossenen Arbeitsmarkt, d. h. zu Positionen im technologischen Kern, gibt es in der Regel nicht.

Zusammenfassend halten wir für diesen Abschnitt fest:

▪ Interne Arbeitsmärkte reduzieren die Kosten und Risiken der externen Personalrekrutierung und schaffen Anreize für dauerhaft höhere Leistungsabgabe der Beschäftigten.

- Personen, die in Organisationen mit internem Arbeitsmarkt beschäftigt sind, verdienen im Durchschnitt mehr und steigen häufiger auf als Personen in Organisationen ohne internen Arbeitsmarkt.
- Interne Arbeitsmärkte wirken als Mechanismen der sozialen Schließung, indem sie die Mobilitätschancen der „Insider" verbessern, während sie die Chancen der „Outsider" verschlechtern.

5.3 Demografische Zusammensetzung

In einem Unternehmen mit geschlossenem internen Arbeitsmarkt tätig zu sein, *kann* die Aufstiegschancen eines Beschäftigten erheblich steigern. Doch dies ist nicht zwingend, da die Existenz eines internen Aufstiegssystems nur die Voraussetzung für berufliche Mobilität ist. Entscheidend ist, ob es tatsächlich vakante Positionen auf den höheren Stufen einer Aufstiegsleiter gibt. Solange diese Positionen besetzt sind, können selbst Beschäftigte mit herausragender Leistungsbereitschaft und vielen anderen aus Sicht der Organisation hoch erwünschten Merkmalen sich drehen und wenden wie sie wollen: Sie können einfach nicht aufsteigen. Diese eminente Bedeutung von Vakanzen haben wir bereits in unserem Beispiel der Rollofenbesatzung im letzten Abschnitt kennen gelernt. Dort konnte Herr Kowalski, der mittlerweile auf die Position des zweiten Ofenmanns aufgerückt war, erst dann zum ersten Ofenmann aufsteigen, nachdem dieser in den Ruhestand gegangen war.

5.3.1 Die Bedeutung der Altersstruktur

Doch wovon hängt es ab, ob es in einer Organisation vakante Positionen gibt? Diese Frage wird vor allem in einem Forschungszweig zum Organisations-Stratifikations-Link behandelt, den man als „Organisationsdemografie" bezeichnet (für einen Überblick vgl. Stewman 1988 und Williams/O'Reilly 1998). Dort wird gezeigt, dass die Anzahl der vakanten

Positionen zwei verschiedene Ursachen hat. Erstens können diese Positionen neu geschaffen werden. Dies geschieht in Arbeitsorganisationen oftmals in einer Phase des allgemeinen organisationalen Wachstums. Generell zeigt sich: Beschäftigte in wachsenden Unternehmen haben bessere Karrierechancen, denn sie steigen schneller und weiter auf als Beschäftigte in stagnierenden Unternehmen. Empirische Evidenz für diese These stammt von Brüderl (1991: 106 ff.) sowie von Preisendörfer & Burgess (1988) aus einer Längsschnitt-Fallstudie in einem deutschen Maschinenbauunternehmen, von Bielby & Baron (1983: 98 ff.) auf der Basis einer repräsentativen US-Beschäftigtenbefragung, von Rosenbaum (1979a) aus einer Längsschnitt-Fallstudie von einem der größten US-Konzerne sowie von Wholey (1985) für Angestellte in großen US-Anwaltskanzleien.

Da diese Befunde nicht weiter überraschend sind, wollen wir der Rolle des Wachstums an dieser Stelle nicht nachgehen. Wir wollen uns stattdessen mit der zweiten Ursache beschäftigen, nämlich mit der *Altersstruktur* der Organisationsmitglieder über die Positionsstruktur hinweg. Gefragt wird, welche Auswirkungen die Altersstruktur der Beschäftigten einer Organisation auf die Mobilitätschancen und die Einkommenshöhe ihrer Mitglieder hat.

Ein Fallbeispiel

Wir wollen die Effekte der Altersstruktur anhand eines Fallbeispiels untersuchen. Nehmen wir ein beliebiges Unternehmen ALPHA und betrachten dort eine aus vier Stufen bestehende Aufstiegsleiter. Die einzelnen Positionen auf den vier Stufen verteilen sich wie folgt über die Aufstiegsleiter:

- S-1 (Sachbearbeitung):   40 Positionen
- S-2 (Gruppenleitung):   20 Positionen
- S-3 (Abteilungsleitung):   10 Positionen
- S-4 (Regionalleitung):   5 Positionen

Nun sind diese Stufen mit Personen besetzt, die das folgende Durch-
schnittsalter aufweisen (vgl. dazu Abbildung 5.1):

- S-1 (Sachbearbeitung):   30 Jahre
- S-2 (Gruppenleitung):   35 Jahre
- S-3 (Abteilungsleitung):   50 Jahre
- S-4 (Regionalleitung):   60 Jahre

Nehmen wir an, dass die Altersverteilung der Beschäftigten auf jeder
einzelnen Stufe relativ homogen ist. Weiterhin gehen wir davon aus, dass
das Renteneintrittsalter für alle Beschäftigten unabhängig vom Geschlecht bei 65 Jahren liegt. Vorzeitige Ausstiege sowie Einstiege vom
externen Arbeitsmarkt finden in diesem Beispiel nicht statt.

Betrachtet man nun die Aufstiegschancen der Beschäftigten auf den
Stufen S-1 bis S-3, so sieht man, dass in den nächsten fünf Jahren keine
Beförderungen stattfinden werden. Solange dauert es, bis die Regionallei-
ter auf der Stufe S-4 in den Ruhestand gehen und eine gleich große Anzahl an Abteilungsleitern der Stufe S-3 nachrücken kann. Da die Positionsstruktur in unserem Beispiel pyramidal ist und sich die Anzahl der
Positionen von der untersten bis zur obersten Stufe linear halbieren,
betragen die Aufstiegschancen für die Beschäftigten jeweils 50 Prozent.
Nur die Hälfte der Personen auf einer Stufe kann auf die nächst höhere
Stufe aufsteigen. Da der Altersabstand zwischen allen Stufen immer
gleich ist, finden die weiteren Beförderungen alle zehn Jahre statt.

Wie unser Beispiel zeigt, legt die Altersverteilung in nicht unerhebli-
chem Maße die zeitliche *Dynamik der Mobilität* fest. Dagegen beschreibt
das Verhältnis der Positionen auf zwei benachbarten Stufen die Konkurrenz der potentiellen Kandidaten und damit über das Ausmaß der Mobilitätschancen.

Abbildung 5.1:   Positionsstruktur und Altersverteilung in der
                   Organisation ALPHA

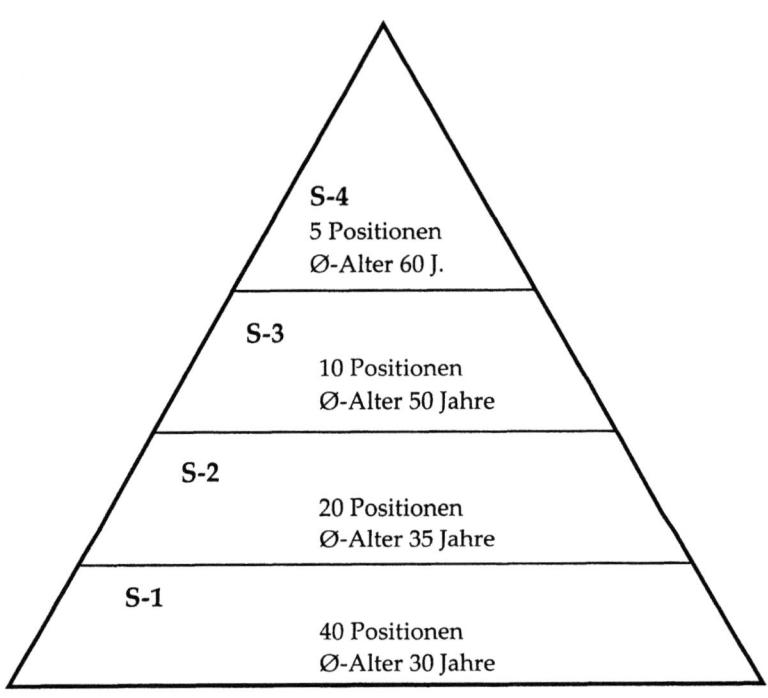

Quelle: Eigene Darstellung.

Nun modifizieren wir unser Beispiel ein wenig und denken uns eine
zweite Organisation BETA. Nehmen wir an, dort wären die Abteilungsleiter auf Stufe S-3 nicht durchschnittlich 50, sondern nur 40 Jahre alt.
Alle anderen Altersmerkmale bleiben dagegen konstant. Diese Altersverteilung ist in Abbildung 5.2 dargestellt.

Abbildung 5.2:   Positionsstruktur und Altersverteilung in der
Organisation BETA

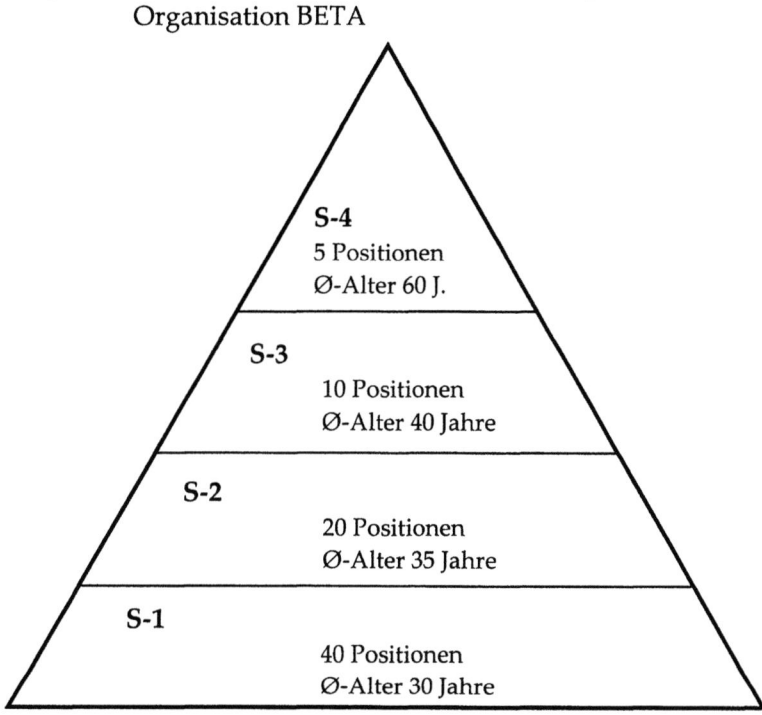

S-4
5 Positionen
Ø-Alter 60 J.

S-3
10 Positionen
Ø-Alter 40 Jahre

S-2
20 Positionen
Ø-Alter 35 Jahre

S-1
40 Positionen
Ø-Alter 30 Jahre

Quelle: Eigene Darstellung.

Wie in Organisation ALPHA findet auch in Organisation BETA die nächste Beförderungsrunde in fünf Jahren statt. Wer hier jedoch nicht mit aufsteigt, muss dann ganze 20 Jahre warten, bis die Vakanzkette aufgrund des Ausscheidens der Personen auf S-4 wieder in Gang kommt. Dies liegt daran, dass die in Organisation BETA jüngeren Abteilungsleiter nach ihrem Aufstieg deutlich länger auf der Spitzenposition S-4 verweilen. Die Leidtragenden sind die Personen auf den darunter liegenden Stufen.

In Organisation ALPHA erreichen die zehn aufgestiegenen Gruppenleiter aus Stufe S-2 in 15 Jahren die Spitzenposition der Regionalleitung und verbleiben dort für zehn Jahre. In Organisation BETA dauert es aufgrund des vergleichsweise niedrigen Alters der darüber befindlichen Personengruppe 25 Jahre, und die Verweildauer auf S-4 beträgt nur fünf Jahre. Weil in ALPHA also die zweite Beförderungsrunde früher stattfindet, haben dort die Beschäftigten auf Stufe S-1 bessere Mobilitätschancen.

Nun können wir sehen, dass sich aus der nur in einem Punkt unterschiedlichen Altersverteilung Ungleichheitseffekte bei ansonsten gleicher Positionsstruktur ergeben. Zum einen bringt der schnellere und regelmäßige Aufstieg in Organisation ALPHA unmittelbare Prestigegewinne mit sich. Zum anderen sind damit materielle Ungleichheiten in Form verschiedener Auszahlungen verbunden. Insbesondere die Tatsache, dass die zweite Aufstiegsrunde in ALPHA früher als in BETA stattfindet, verbessert die Einkommenschancen der bei ALPHA Beschäftigten um ein Vielfaches. Warum das so ist, schauen wir uns nun näher an.

5.3.2 *Einkommenseffekte*

Betrachten wir nochmals unsere Beispielorganisationen ALPHA und BETA. Zunächst unterstellen wir, dass in beiden Organisationen die folgenden Gehälter (in der fiktiven Einheit E) auf den verschiedenen Stufen gezahlt werden:

- S-1 (Sachbearbeitung):   100 E
- S-2 (Gruppenleitung):   200 E
- S-3 (Abteilungsleitung):   300 E
- S-4 (Regionalleitung):   400 E

Nun betrachten wir ausschließlich diejenigen Beschäftigten, die bei jeder sich bietenden Gelegenheit tatsächlich aufgestiegen sind. Für jede Person, die zum Zeitpunkt t_0 auf einer der beiden Stufen S-1 oder S-2 stand, berechnen wir die Summe der Einkommen zunächst pro Verweildauer auf einer Stufe. Wenn wir diese Stufeneinkommen nun aufaddieren, erhalten wir für jede Person die Summe aller erzielten Einkommen in der Zeit der von uns beobachteten Organisationszugehörigkeit. Die Ergebnisse sind in Tabelle 5.4 festgehalten.

Tabelle 5.4: Rechenbeispiel: Mobilität und Einkommensentwicklung im Vergleich

Verweildauer in Jahren auf Stufe N x Jahreseinkommen N	Stufe zum Beobachtungszeitpunkt t_0	
	S-1	S-2
Organisation ALPHA		
Verweildauer S-1 x Jahreseinkommen S-1	5 x 100 = 500	–
Verweildauer S-2 x Jahreseinkommen S-2	10 x 200 = 2.000	5 x 200 = 1.000
Verweildauer S-3 x Jahreseinkommen S-3	15 x 300 = 4.500	10 x 300 = 3.000
Verweildauer S-4 x Jahreseinkommen S-4	5 x 400 = 2.000	15 x 400 = 6.000
Summe Organisationseinkommen	*9.000*	*10.000*
Organisation BETA		
Verweildauer S-1 x Jahreseinkommen S-1	5 x 100 = 500	–
Verweildauer S-2 x Jahreseinkommen S-2	20 x 200 = 4.000	5 x 200 = 1.000
Verweildauer S-3 x Jahreseinkommen S-3	5 x 300 = 1.500	20 x 300 = 6.000
Verweildauer S-4 x Jahreseinkommen S-4	5 x 400 = 2.000	5 x 400 = 2.000
Summe Organisationseinkommen	*8.000*	*9.000*

Quelle: Eigene Berechnungen

Nun können wir die Organisationseinkommen der Beschäftigten auf den verschiedenen Stufen in den beiden Beispielorganisationen miteinander vergleichen. Wir richten unser Augenmerk nur auf die Personen, die sich zum Beobachtungszeitpunkt auf S-1 und auf S-2 befinden. Nochmals zur Erinnerung: Der einzige Unterschied zwischen beiden Organisationen ist, dass die Abteilungsleiter der Stufe S-3 in Organisation ALPHA im Durchschnitt zehn Jahre älter sind als ihre Kollegen in BETA.

Diese 10 Jahre Unterschied führen jedoch dazu, dass es in BETA einen Beförderungsstau gibt. Weil die Sachbearbeiter (S-1) und die Gruppenleiter (S-2) länger auf die nächste Aufstiegsmöglichkeit warten müssen, erhalten sie für diese Wartezeit auch ein im Vergleich zu ihren Kollegen in Organisation ALPHA niedrigeres kumuliertes Stufeneinkommen. So verweilen die Beschäftigten, die sich zu Beginn des Beobachtungszeitpunkts t_0 auf S-1 befanden, insgesamt 25 Jahre auf den beiden unteren und nur 10 Jahre auf den beiden oberen Stufen. Ihr Organisationseinkommen beträgt summa summarum 8.000 E. Wären sie stattdessen in Organisation ALPHA angestellt, so bräuchten sie für die beiden unteren Stufen nur 15 Jahre und befänden sich für 20 Jahre auf den beiden oberen Stufen. Das Resultat ist ein um 1.000 E oder 12,5 Prozent höheres Organisationseinkommen. Gleiches gilt analog für die Beschäftigten der Stufe S-2.

Fazit: In unserem Beispiel ergeben sich erhebliche Einkommensunterschiede für jene Beschäftigten, die zum gleichen Zeitpunkt auf gleicher Stufe in die jeweilige Organisation eingetreten sind. Was sich im Fallbeispiel relativ einfach und nachvollziehbar auf die unterschiedliche Altersstruktur zurückführen lässt, ist in der Realität jedoch um ein Vielfaches komplexer. Denn in realen Unternehmen ist zwar der Aufbau der Positionsstruktur mehr oder weniger pyramidal. Dennoch nimmt die Aufstiegswahrscheinlichkeit je genommene Stufe nicht monoton ab. So hat z. B. *Josef Brüderl* in einer Fallstudie einen nicht-linearen Verlauf der Mobilitätschancen vorgefunden. Brüderl (1991: 99 ff.) zeigt, dass im untersuchten Unternehmen die Aufstiegschancen in der sechsstufigen Aufstiegsleiter von S-2 nach S-3 am höchsten sind; knapp 70 Prozent der Beschäftigten haben diesen Aufstieg genommen. Dagegen sind nur 44 Prozent der

Beschäftigten von S-1 nach S-2 aufgestiegen. Von S-3 nach S-4 und S-4 nach S-5 fallen sie zunächst schwach ab (47 bzw. 41 Prozent), um von S-5 nach S-6 mit rund vier Prozent stark zurück zu gehen (ebd.; vgl. auch Brüderl et al. 1993).

Sanduhreffekte

Wie aber kann man sich diesen nicht-linearen Verlauf erklären? Folgt man einem Vorschlag von *Shelby Stewman & Suresh Konda* (1983: 644 ff.), so sind die Mobilitätschancen analog dem Bild einer umgekehrten Sanduhr verteilt (vgl. auch Stewman 1986: 227 ff.):

> „There is a Venturi or hourglass promotion effect from the organization's hierarchical staff ratios. The promotion probabilities accelerate, then decelerate at a middle grade, and then accelerate once again toward the top of the organization." (Stewman/Konda 1983: 644)

Dieser Sanduhreffekt entsteht damit aus dem Verhältnis der Positionen zweier benachbarter Stufen zueinander. Die Sanduhr verengt sich, wenn die Zahl der Positionen von einer Stufe zur nächst höheren Stufe stärker zurückgeht als auf den darunter liegenden Stufen. Je näher ein Bewerber dem Engpass kommt, desto geringer sind dann seine Mobilitätschancen. Für diejenigen, die den Engpass erfolgreich durchqueren, beschleunigt sich der Aufstieg anschließend wieder.

Wie die Organisationsdemografieforschung zeigt, sind Mobilitätsprozesse in Organisationen eine recht komplizierte Angelegenheit. Denn offenbar kann man die Mobilitätschancen der Beschäftigten nicht anhand eines einzigen Indikators abbilden, wie dies zum Beispiel in den Studien zum internen Arbeitsmarkt der Fall war. Denn um die Chancen empirisch exakt zu bestimmen, muss man die Verteilung der Positionen über die Stufen sowie die Altersstruktur der Positionsinhaber separat berechnen (vgl. Stewman/Konda 1983). Dieses Zusammenspiel müsste dann für jede einzelne Aufstiegsleiter in jeder Organisation separat untersucht werden – was häufig an den fehlenden empirischen Informationen scheitern dürfte.

5.3.3 Aufstiegsturniere

Im letzten Abschnitt haben wir uns mit der Bedeutung der Zusammensetzung der Organisation nach dem Alter ihrer Mitglieder in Verbindung mit der Positionsstruktur beschäftigt. Die daraus resultierenden Mobilitätseffekte haben wir an der Gruppe der jeweils erfolgreich Aufgestiegenen illustriert. Nun gibt es in Organisationen aber nicht nur Gewinner, sondern immer auch Verlierer im Aufstiegsprozess. Denn aufgrund der pyramidalen Positionsstruktur nimmt die Zahl der freien Positionen – absolut gesehen – nach oben hin ab. Damit stellt sich die Frage, nach welchen Kriterien Organisationen entscheiden, wer auf die nächste Stufe aufsteigt und wer nicht. Diese Frage wird in sogenannten „Turniermodellen" von *James Rosenbaum* behandelt (Rosenbaum 1979a,b, 1981, 1984; vgl. auch Brüderl 1991: 122 ff.).

Rosenbaum geht davon aus, dass man sich Aufstiegsmobilität als das Resultat von impliziten „Turnieren" vorstellen kann. Turniere sind „Prozeduren zur ordinalen Reihung einer Population" (Brüderl 1991: 112). In ihnen werden die Teilnehmer nach näher zu bestimmenden Leistungskriterien in eine Rangfolge gebracht. Werden eine oder mehrere Positionen z. B. auf der Stufe S-3 vakant, so wird unter den Positionsinhabern auf der Stufe S-2 ein implizites Aufstiegsturnier veranstaltet. Dessen wichtigstes Merkmal ist, dass nicht die absolute Leistung zählt, die ein Beschäftigter erbringt. Entscheidend ist die *relative* Leistung im Vergleich zu den Mitstreitern.

Das Turnier erbringt für die Organisation zwei wichtige Funktionen: Zum einen ist es ein Verfahren, mit deren Hilfe die „besten" Kandidaten identifiziert werden sollen (und die weniger guten gleich mit). Während die Gewinner unmittelbar aufsteigen, bleiben die Verlierer auf ihrer gegenwärtigen Position. Letztere haben die Möglichkeit, zusammen mit den Nachrückern um die zum nächsten Zeitpunkt vakant werdenden

Positionen zu konkurrieren. Zum anderen soll das Turnier – wie der interne Arbeitsmarkt generell – die Beschäftigten dazu motivieren, durch die Aussicht auf Beförderung hohe Leistungen zu erbringen. Dies setzt jedoch voraus, dass Aufstiege ausschließlich durch individuelle Leistung zu erreichen sind. Anderenfalls kommt es zur Zunahme von Frustration und von Leistungszurückhaltung (vgl. Rosenbaum 1984).

Allerdings werden sowohl die Selektions- als auch die Anreizfunktion ihrem Anspruch in der Realität nur bedingt gerecht. Denn Rosenbaums empirische Analysen, durchgeführt an einer Längsschnitt-Fallstudie eines großen US-Konzerns, zeigen, dass nicht allein die faktische Leistung, sondern das *Alter* eines Wettbewerbers maßgeblich über den Ausgang des Aufstiegsturniers entscheidet. Je jünger eine Person bei Organisationseintritt im Vergleich zu ihren Konkurrenten auf der gleichen Aufstiegsstufe ist, desto größer sind ihre Karrierechancen. Die Folgen sind:

- Jüngere werden im Vergleich früher befördert,
- Jüngere erreichen häufiger höhere Positionen,
- Jüngere erzielen ein vergleichsweise höheres Einkommen.

Wie kann man diesen „Frühstarteffekt" erklären? Rosenbaum geht davon aus, dass frühe Beförderungen als Indikator für ein hohes Leistungspotential angesehen werden. Wer früh aufsteigt, ist „positiv stigmatisiert": Er (seltener jedoch: *sie*, vgl. dazu weiter unten) ragt aus der Menge der Konkurrenten um vakante Positionen auf der nächst höheren Aufstiegsstufe heraus. Und er tritt in ein eigenes, speziell für Frühstarter reserviertes Turnier ein, dass bessere Chancen (Bezahlung, Weisungskompetenzen, Prestige oder ähnliches) verspricht als das Turnier der älteren Konkurrenten.

Damit wandelt sich das askriptive Merkmal des Alters zu einem Leistungsmerkmal. Ein Beförderungsautomatismus kommt in Gang: Wer jung aufsteigt, gilt als besonders leistungsstark und wird bei weiteren Beförderungen bevorzugt, was wiederum als Indikator von besonderer Leistungsfähigkeit gilt. Karrieren sind daher pfadabhängig. Die Chancen auf Beförderung werden *nicht* bei jeder Aufstiegsrunde neu gemischt. Frühe Erfolge machen spätere Erfolge wahrscheinlicher, und frühe Misserfolge lassen sich in späteren Turnieren kaum mehr kompensieren. Und mit noch einem interessanten Befund wartet Rosenbaum auf: Mit zunehmender Dauer der Organisationszugehörigkeit werden Bildungstitel, die die Wettbewerber um vakante Positionen *vor* Organisationseintritt erworben haben, für die eigenen Aufstiegschancen immer unwichtiger (Rosenbaum 1981). Sie spielen nur für die ersten Aufstiege in der Karriere eine Rolle. Für den weiteren Mobilitätsverlauf ist wichtiger, welche Aufstiegsstufe ein Beschäftigter vor dem Auftreten einer neuen Vakanz bereits genommen hat. Auch hier gilt: Der beste Prädiktor für zukünftigen Aufstiegserfolg ist der vorangegangene Aufstiegserfolg (ebd.: 111).

5.3.4 Geschlechterverteilung

Allgemein bekannt ist, dass Frauen und Männer ungleich entlohnt werden und über unterschiedliche Karrierechancen verfügen (vgl. zum Überblick Achatz et al. 2002; Reskin et al. 1999). Diese Ungleichheiten resultieren zum guten Teil daraus, dass die Geschlechter über die verschiedenen Stufen der Positionsstruktur ungleich verteilt sind (klassisch dazu: Kanter 1977; siehe auch Bielby/Baron 1986). Weil zum Beispiel den unterschiedlichen Stufen einer Positionsstruktur ebenfalls hierarchisierte Lohngruppen zugewiesen werden, resultieren überproportional häufige Besetzungen von Frauen auf den unteren Stufen der Positionsstruktur in einem – statistisch gesehen – niedrigeren Gruppeneinkommen (vgl. u. a. Featherman/Hauser 1976; Randsom/Oaxaca 2005; Winter 1998). Auch haben zahlreiche empirische Studien gezeigt, dass die Mobilitätschancen von Frauen in Arbeitsorganisationen deutlich geringer sind als die ihrer männlichen Kollegen (vgl. u. a. Cannings/Montmarquette 1991; DiPrete/Soule 1988; Felmlee 1982; Halaby 1982; Spilerman/Petersen 1999).

Aus der Vielzahl geschlechterbedingter Ungleichheitseffekte, die durch organisationale Strukturen hervorgerufen werden, ragt eine Beobachtung heraus, die wie kaum eine zweite den unsichtbaren Einfluss der Organisationsstruktur auf die Lebenschancen sowohl von Frauen als auch von Männern bezeugt. Die Rede ist vom Einfluss der *Geschlechterquote der Organisation* auf das Einkommen der Beschäftigten. Die Geschlechterquote ist ein Strukturmerkmal der Organisation, das von verschiedenen Faktoren der Organisation selbst als auch von ihrer Umwelt abhängt (vgl. zum Überblick Reskin et al. 1999: 337 ff.). So ist beispielsweise bekannt, dass der Anteil von Frauen in Dienstleistungsbranchen höher ausfällt als in der verarbeitenden Industrie. Ursächlich dafür ist unter anderem die geschlechtsspezifische Segregation von Berufen, die sich von Branche zu Branche unterscheidet.

Wie nun verschiedene Studien auf der Basis von Daten aus U.S.-amerikanischen Unternehmen zeigen, beeinflusst das Geschlechterverhältnis in einer Organisation die Bezahlung *aller* Beschäftigten: Je höher der Frauenanteil in der Organisation innerhalb der gleichen Berufsgruppe, desto geringer ist die Bezahlung der Beschäftigten, und dies gilt in der Regel sowohl für Frauen als auch für Männer (vgl. Hodge/Hodge 1965; Pfeffer/Davis-Blake 1987; Roos 1981; Snyder/Hudis 1976). Dieser Befund bleibt bestehen, wenn man eine Vielzahl von möglichen Dritteffekten berücksichtigt, die die Einkommenshöhe beeinflussen, wie z. B. Alter, Bildung, Dauer der Betriebszugehörigkeit oder Organisationsgröße.

Schauen wir uns exemplarisch die Befunde einer Studie von *Jeffrey Pfeffer & Alison Davis-Blake* (1987) genauer an. Das Autorenteam untersucht, inwieweit die Gehälter von Verwaltungsangestellten in U.S.-amerikanischen Colleges und Universitäten vom Grad der Geschlechterquote in diesen Organisationen abhängen. Diese doppelte Beschränkung auf Verwaltungspersonal und auf einen engen Kreis von Bildungseinrichtungen dient dazu, die untersuchten Zusammenhänge von Effekten der Geschlechtersegregation nach Berufen und Branchen frei zu halten. Die zu zwei Zeitpunkten (1978 und 1983) erhobenen Daten enthalten zwei Arten von Informationen: Angaben über die Organisationen (Größe, Ressourcenausstattung, regionale Lage, Geschlechterquote) und Informationen über die individuellen Positionen (Gehaltshöhe, Beschäftigungsdauer, ethnische Zugehörigkeit). Die Befunde sind in den Abbildungen 5.3 und 5.4 festgehalten.

Im Ergebnis zeigt sich, dass mit steigendem Frauenanteil das Gehalt pro Position in der Organisation sinkt, und zwar sowohl für Frauen als auch für Männer. Allerdings ist der fallende Verlauf nicht für beide Geschlechter identisch. Bei Frauen ist der Verlauf nicht-monoton: Zwischen fünf und 20 Prozent Frauenanteil fällt das Gehalt leicht ab, bis 35 Prozent fällt es stark ab, um anschließend wiederum nur in geringem Maße zurückzugehen (siehe Abb. 5.3). Bei Männern fällt das Gehalt bis zu einem Frauenanteil von 45 Prozent monoton, um jenseits dieser Geschlechterquote nur gering abzufallen (vgl. Abb. 5.4).

Abbildung 5.3: Frauenanteile und Fraueneinkommen nach Pfeffer & Davis-Blake 1987

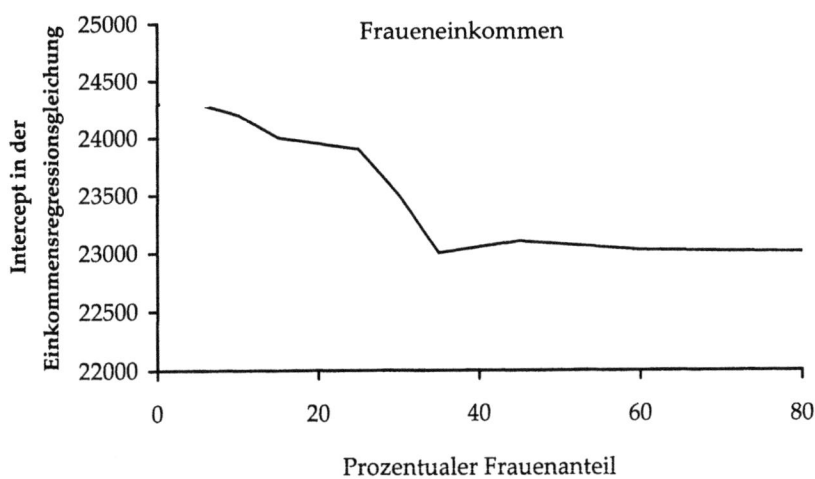

Wie kann man diese Effekte erklären? Zwei Theorien kommen hier in Frage. Die erste, *institutionalistische* Theorie behauptet, dass der gesellschaftliche Prestigewert einer Tätigkeit umso geringer ist, je mehr Frauen diese Tätigkeit ausüben. Umso geringer erscheint dann die angemessene Bezahlung für diese Tätigkeit. Den Hintergrund dieser These bilden experimentelle Studien (vgl. z. B. Major/Deaux 1982). In diesen Studien hat sich gezeigt, dass Männer wie Frauen einer identischen Tätigkeit dann eine geringere ökonomische Bedeutung – und ein geringeres Gehalt – zumessen, wenn die Tätigkeit von überproportional vielen Frauen ausgeübt wird. Diese Tätigkeit gilt jedoch erst ab einem bestimmten Schwellenwert als „weiblich markiert". Dies erklärt den von Pfeffer & Davis-Blake (1987) beobachteten nicht-linearen Verlauf der beiden Kurven.

Abbildung 5.4: Frauenanteile und Männereinkommen nach Pfeffer & Davis-Blake 1987

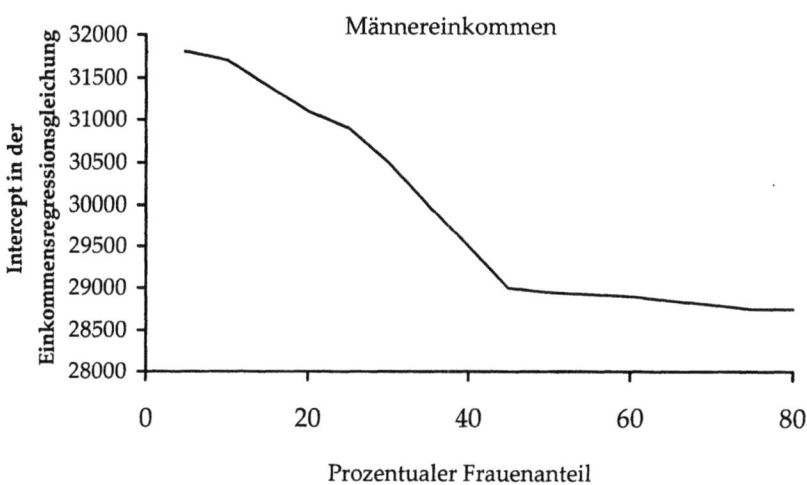

Aus Sicht der zweiten Theorie, der *Wettbewerbstheorie,* resultiert der hohe Frauenanteil daraus, dass die betreffende Organisation aufgrund ihrer ökonomischen Situation nur niedrige Gehälter zahlen kann. Aufgrund der oben genannten Gründe sind diese Organisationen jedoch für Männer weniger interessant als für Frauen. Entsprechend höher ist der Frauenanteil. Wie wir sehen, dreht die Wettbewerbstheorie die Kausalität des beobachteten Zusammenhangs um: Hier ist der Frauenanteil die Folge des geringen Gehaltsniveaus der Organisation und nicht umgekehrt, wie es die institutionalistische Theorie formuliert.

Die Wirkung der Geschlechterquote fügt dem Phänomen der ungleichen Verteilung von Lebenschancen aufgrund von demografischen Merkmalen der Organisation eine wichtige Facette hinzu. Weitere Effekte wären zu nennen, wie die ethnische Zusammensetzung oder die Bildungsstruktur der Organisation. Gleichwohl wollen wir den Gang durch die Demografieforschung an dieser Stelle beenden, denn das Hauptargument dieses Abschnitts sollte deutlich geworden sein: Was eine Person in ihrer Organisationskarriere erreichen kann, hängt nicht allein davon ab, wie viel sie zu leisten imstande ist, wie die Positionsstruktur der Organisation aufgebaut ist oder nach welchen Aufstiegssystem – wie etwa dem internen Arbeitsmarkt – Beförderungen stattfinden. Ebenso wichtig für die berufliche Mobilität einer Person ist, wie alt die anderen Organisationsmitglieder sind, die sich über die verschiedenen Positionsstufen verteilen, und welches Geschlecht sie haben: beides Merkmale, die nur deshalb die Verteilung der Lebenschancen beeinflussen, weil die Menschen ihnen kulturell verfestigte Bedeutungen über Leistung und Erfolg beimessen.

Unser Fazit für diesen Abschnitt lautet:

- Die Mobilität eines Beschäftigten und sein langfristiges Einkommen hängen von der Altersverteilung der Organisation ab. Die Mobilitätschancen sinken, wenn die Zahl der Positionen von einer Stufe zur nächst höheren Stufe stärker zurückgeht als auf den darunter liegenden Stufen. Nach erfolgter Überwindung des Engpasses steigt die Mobilität wieder an (Sanduhreffekt).
- Das Alter zum Zeitpunkt des Organisationseintritts entscheidet mit über die Mobilitätschancen: Je jünger ein Beschäftigter ist, desto früher finden Beförderungen statt, desto höhere Positionen werden erreicht und desto höher ist das Einkommen (Frühstarteffekt).
- Je höher der Frauenanteil in der Organisation innerhalb der gleichen Berufsgruppe, desto geringer ist die Bezahlung der Beschäftigten;

dies gilt in der Regel sowohl für Frauen als auch für Männer (Geschlechtereffekt).

5.4 Die Population der Organisationen

Die Größe, der interne Arbeitsmarkt und die demografische Zusammensetzung sind Strukturmerkmale von Arbeitsorganisationen, die man als Ungleichheitsmechanismen *erster Ordnung* bezeichnen kann. Sie beeinflussen die Lebenschancen direkt: Allein aufgrund der Organisationsmitgliedschaft einer Person führen Variationen in den Strukturmerkmalen zu Variationen in den Güterzuweisungen bzw. den Mobilitätschancen. Nun gibt es jedoch auch organisationale Ungleichheitsmechanismen, die die Verteilung der Lebenschancen indirekt beeinflussen. Sie sind in der Umgebung der einzelnen Organisation, ihrer *Umwelt*, angesiedelt. Man denke allein an ökonomische Faktoren (z. B. die Absatzmarktstruktur oder das Arbeitskräfteangebot), die sich im Einkommen bzw. in der Beschäftigungsstabilität niederschlagen, oder an rechtliche Faktoren (z. B. das Arbeitsrecht), die die Beziehungen zwischen Arbeitgeber und Arbeitnehmer regeln.[6]

Wir wollen uns an dieser Stelle auf einen speziellen Umweltfaktor konzentrieren, nämlich auf die aus Organisationen bestehende Umwelt: die *Population der Organisationen*. Eine Organisationspopulation besteht aus Organisationen, die ein zentrales Merkmal miteinander teilen. Folgt man *Michael Hannan & John Freeman,* so unterscheiden sich Organisationen, analog zur evolutionären Biologie, anhand von verschiedenen genetischen Strukturen (Hannan/Freeman 1977: 934 f.). Diese genetische Struktur ist im Bauplan („blueprint") der Organisation enthalten. Der Bauplan entscheidet darüber, nach welcher Regel und mit welchen Ver-

---

[6] Einige dieser Einflussgrößen resultieren aus dem strategischen Handeln von Organisationen. Zu den wichtigsten zählen arbeitsmarktpolitische Faktoren wie der Einfluss der gewerkschaftlichen Verhandlungsmacht auf die innerbetriebliche Lohnhöhe. Dieses Thema wird im siebten Kapitel behandelt.

fahren bzw. welcher Technologie Inputs in Produkte oder Leistungen transformiert werden. Da die Bestimmung dieser Verfahren relativ aufwendig ist und viele Abgrenzungsprobleme aufwirft, werden Populationen in der Forschungspraxis üblicherweise über eng definierte Branchen bestimmt.

Im Mittelpunkt der „Organizational Ecology"-Studien steht die Frage, in welcher Weise die Struktur einer Population die Gründungs- und Auflösungsraten der Organisationen beeinflusst, die dieser Population angehören. Während in diesem Forschungszweig alle Arten von Organisationen untersucht werden, also z. B. auch Verbände, Kirchen und politische Parteien, so konzentrieren wir uns im Folgenden auf die Befunde zu Arbeitsorganisationen. Hier ziehen Prozesse der Gründung und Auflösung zwei Arten von Mobilität der Beschäftigten nach sich:

- Mobilität innerhalb derselben Organisation (*intra-organisationale* Mobilität),
- Mobilität zwischen Organisationen der gleichen Population bzw. zwischen Organisationen verschiedener Populationen (*inter-organisationale* Mobilität).

Um diese Zusammenhänge verständlich zu machen, werde ich zunächst die Grundannahmen und wichtigsten Befunde dieses Forschungszweigs darlegen. Anschließend werden beide Mobilitätseffekte untersucht.

5.4.1 *Ökologische Mechanismen des Populationswandels*

Die Entwicklung von Organisationen lässt sich analog zur Evolution von Arten in der Biologie begreifen (vgl. für das Folgende Hannan/Freeman 1977, 1989; gute Zusammenfassungen geben Carroll 1984; Kieser/Woywode 1999 sowie Windzio 2003: 84 ff.). In der biologischen Welt überleben diejenigen Arten, die am besten in der Lage sind, sich an die veränderten Umweltbedingungen anzupassen. Arten, die diese Anpassungsleistung nicht vollziehen können, sterben dagegen aus (Selektion). Ähnlich ist es in der Welt der Organisationen. *Populationen* von Organisationen (nicht: einzelne Organisationen) wandeln sich, indem unter veränderten Umweltbedingungen neue Organisationen gegründet werden. Diese Organisationen sind gewissermaßen Kopien (Imitationen) der in der Population bisher erfolgreichen Organisationen. Beispielsweise hat der anfängliche Erfolg von Software-Firmen in den 1990er Jahren dazu geführt, dass eine Reihe von neuen in der Regel kleinen und kapitalschwachen „Start-Up"-Firmen gegründet wurde. Deren Gründer waren früher häufig in bereits etablierten Firmen beschäftigt. Sie besaßen umfangreiche Kenntnisse des „Blueprints" ihres früheren Arbeitgebers, die sie bei der Gründung der eigenen Firma als Vorlage benutzten. Da diese Imitation in der Regel jedoch nicht vollständig gelingt, kommt es aus der Sicht der Populationsperspektive zur *Variation*.

Nun agieren Arbeitsorganisationen derselben Population nicht isoliert voneinander, sondern sie befinden sich in einem Wettbewerbsverhältnis. Hier lehrt uns die evolutionäre Biologie: Diejenigen Arten, die sich den veränderten Umweltbedingungen nicht anpassen, sterben aus. Diese Unfähigkeit einer Organisation, sich in ihrem Bauplan strukturell weitgehend umzustellen, wird mit dem Begriff der „Trägheit" beschrieben. Organisationen sind aus verschiedenen Gründen träge. Zum einen sind es vollzogene Investitionen z. B. in Anlagen und Personal, die eine Umstellung als zu aufwendig erscheinen lassen. Zum anderen fehlt dem verantwortlichen Management zur Umstellung oftmals das entsprechende Wissen. Auch Blockaden verschiedener Interessengruppen können die Umstellung behindern.

Doch mündet Trägheit nicht zwingend in die Auflösung der Organisation. Paradoxerweise können auch häufig oder drastisch durchgeführte Wandlungsprozesse den Bestand der Organisation gefährden: Anstatt ihr Überleben zu sichern, leitet der organisationale Wandel dann das Ende der Organisation ein. Wie *Michael Hannan* & *John Freeman* (1989) ausführen, gefährden Organisationen im Prozess des Wandels zwei ihrer wichtigsten Bestandsgrößen: Erstens die Zuverlässigkeit, Güter und Dienstleistungen in stabiler Qualität am Markt bereitzustellen („Reliability"), und zweitens ihren maßgeblichen Interessengruppen transparent Rechenschaft über den Leistungsprozess und die zugrunde liegenden Entscheidungen abzulegen („Accountability"). Wird der Bauplan der Organisation nun drastisch geändert, ist diese in der Regel zumindest vorübergehend nicht in der Lage, beide Bestandsgrößen zu gewährleisten. Die Folge sind erhöhte Auflösungsraten während des Strukturwandels:

> „Versucht eine Organisation hingegen, sich auf jede Veränderung ihrer Umwelt einzustellen, verbraucht sie durch den internen Veränderungsprozess ihre Ressourcen und wird gerade durch den Versuch der Anpassung verwundbar." (Windzio 2003: 86)

Im Mittelpunkt des Forschungsinteresses stehen die Ursachen der Gründungs- und Auflösungsraten von Organisationen. Drei der wichtigsten Determinanten sind:

- Organisationsalter,
- Organisationsgröße zum Gründungszeitpunkt,
- Populationsdichte.

Organisationsalter: Mit zunehmendem Alter einer Arbeitsorganisation steigt die Wahrscheinlichkeit, sich auch in Zukunft am Markt behaupten zu können („Liability of Newness"). Anders gesagt: Junge Unternehmen haben eine wesentlich höhere Auflösungsrate als ältere Unternehmen. Diesen Effekt führt bereits *Arthur Stinchcombe* (1965) unter anderem darauf zurück, dass das Personal von neu gegründeten Unternehmen Anfangsprobleme hat, im Leistungsprozess Routinen aufzubauen und stabile Beziehungen zu Kapitalgebern, Kunden und Lieferanten zu entwickeln. In der Begrifflichkeit von Hannan & Freeman (1989) formuliert, steigen Zuverlässigkeit (Reliability) und Verantwortlichkeit (Accountability) einer Organisation erst im Zeitverlauf. Allerdings steigt die Wahrscheinlichkeit des Überlebens nicht linear an. So wurde gezeigt, dass die Auflösungsrate kurze Zeit nach der Organisationsgründung zunächst stark ansteigt, um anschließend schrittweise abzufallen („Liability of Adolescence", vgl. Brüderl/Schüssler 1990).

Organisationsgröße zum Gründungszeitpunkt: Wie empirische Untersuchungen u. a. von Brüderl et al. (1993) und Windzio (2003) zeigen, nimmt die Auflösungsrate mit steigender Organisationsgröße ab. Auch hier ist die Ursache unter anderem in der fehlenden Routine kleiner Organisationen zu suchen. Kleine Organisationen sind zwar flexibler in der Anpassung an die Umweltbedingungen (und damit wenig träge). Sie erkaufen sich diese Flexibilität aber mit übermäßigen Ressourcenaufwendungen. Neugegründete größere Organisationen sind dagegen eher in der Lage, stabile Kapitalgeber-, Kunden- und Lieferantenbeziehungen aufzubauen.

Abbildung 5.5: Dichteverlauf einer Organisationspopulation nach Windzio 2004

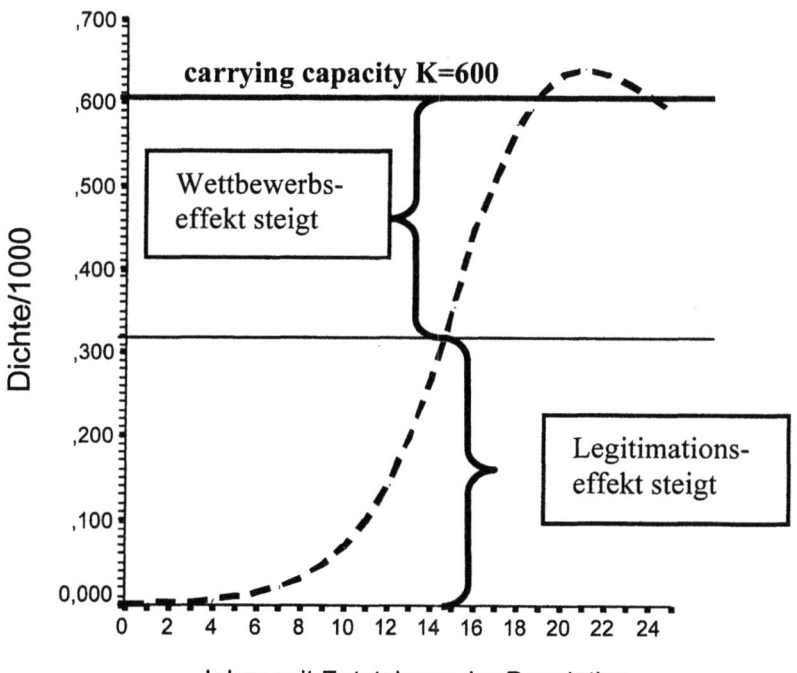

Jahre seit Entstehung der Population

Dichte: Während Alter und Größe strukturelle Merkmale der einzelnen Organisation sind, ist die „Dichte", der dritte Erklärungsfaktor, ein Aggregatmerkmal der Organisationspopulation. Die Dichte ist definiert als die Zahl der Organisationen eines Populationstyps auf einem Markt. Folgt man Überlegungen von *Michael Hannan und Glenn Carroll* (1992), so wirkt sich die Dichte der Population auf weitere Gründungen und Auflösungen von Organisationen aus. Ist die Dichte auf einem Markt zunächst gering, so verfügen die vorhandenen Organisationen über ein geringes Ausmaß an Attraktivität und gesellschaftlicher Akzeptanz.

Hannan & Carroll nennen diesen Effekt die „Legitimation" einer Population. Treten weitere Organisationen hinzu, so wächst die Legitimation und damit der Anreiz für weitere Neugründungen. Mit zunehmender Dichte nimmt jedoch auch der Wettbewerb der Organisationen um Ressourcen und Abnehmer zu. Ab einem bestimmten Punkt kommt es zu abnehmenden Gründungsraten und irgendwann zu Organisationsauflösungen. Bleiben die Umweltbedingungen jedoch stabil, so pendelt sich die Dichte mittelfristig auf einem Niveau nicht weit unterhalb des Maximums ein. Empirische Belege für diese Zusammenhänge liegen für US-amerikanische (Hannan/Carroll 1992) und auch für deutsche Arbeitsorganisationen vor (Windzio 2004). Abbildung 5.5 gibt den S-förmigen Verlauf der Dichte und die gegenläufigen Effekte von Legitimation und Wettbewerb wieder.

5.4.2 Mobilitätseffekte

Bislang haben wir in diesem Kapitel die berufliche Mobilität der Beschäftigten als eine Folge unterschiedlicher struktureller Elemente von Arbeitsorganisationen betrachtet. Diese Betrachtung war überwiegend *statisch*: Unterstellt wurde, wie unterschiedlich mobil Beschäftigte in Organisationen mit verschiedener Größe, verschiedenen Typen interner Arbeitsmärkte oder unterschiedlicher demografischer Zusammensetzung sind.

Im Unterschied dazu kann man aus der Populationsperspektive sehen, was mit der Mobilität passiert, wenn einige dieser strukturellen Parameter in Veränderung geraten. Die Betrachtung ist dann *dynamisch*: Aus der Populationsperspektive betrachtet, sind Beschäftigte beruflich mobil, weil sich die Umwelt einer Population so verändert, dass es zu veränderten Gründungs- und Auflösungsraten der Population sowie zu Zusammenschlüssen kommt (vgl. Abbildung 5.6).

Abbildung 5.6:   Mobilitätsursachen aus populationsökologischer Perspektive

Quelle: Eigene Darstellung.

Anders als in den Untersuchungsergebnissen, die in den vorangegangenen Abschnitten dieses Kapitels vorgestellt wurden, bedeutet Mobilität hier nicht allein einen Auf- bzw. Abstieg innerhalb derselben Organisation. Die Populationsperspektive ermöglicht es, Mobilitätsraten zu untersuchen, die sich ergeben, weil Beschäftigte zwischen Organisationen derselben Population wechseln (freiwillig oder gezwungenermaßen), oder weil sie die Population verlassen und ihr Glück in einer anderen Branche suchen. Besonders interessant ist, dass Gründungen, Auflösungen und Zusammenschlüsse beide Mobilitätsformen zugleich beeinflussen.

Gründungen

Unter Mobilitätsgesichtspunkten betrachtet, bedeutet die Gründung einer Organisation, dass zusätzliche vakante Positionen geschaffen werden, die es innerhalb der Population zuvor nicht gab. Diese Vakanzen können auf zwei Wegen geschlossen werden. Zum einen werden bislang branchenfremde beschäftigungslose Personen eingestellt. Dieser Umstand ist für die Betroffenen zwar von enormer materieller Bedeutung. Doch in der Regel ist er in der Rekrutierungspraxis der Unternehmen von nachrangiger Bedeutung. Denn weil Branchenfremde häufig nur über geringe oder keine branchenspezifischen Qualifikationen und Erfahrungen verfügen, ist ihre Einstellung mit hohen Weiterbildungskosten verbunden.

Der zweite Weg ist der wichtigere: Hier werden Personen eingestellt, die zuvor in der Regel ähnliche Positionen in Organisationen der gleichen Branche innegehabt haben. Betrachten wir diesen Fall näher und erinnern uns an die Überlegungen zum internen Arbeitsmarkt aus Kapitel 5.2. Während ein Beschäftigter die Herkunftsorganisation verlässt und in die neugegründete Organisation wechselt, nimmt die vakante Position den umgekehrten Weg: Sie wandert in die Positionsstruktur der Herkunftsorganisation. Dort löst sie Mobilitätsprozesse aus. Verfügt die Herkunftsorganisation über einen geschlossenen internen Arbeitsmarkt, so kommt es zum Anstieg von intra-organisationaler Mobilität. Ist dies nicht der Fall, d. h. werden die neuen Vakanzen überwiegend durch externe Bewerber geschlossen, so verstärkt sich die inter-organisationale Mobilität, die ja ursprünglich direkt durch die Neugründung ausgelöst wurde (vgl. DiPrete 1993; Fujiwara-Grewe/Grewe 2001; Haveman/Cohen 1994; Windzio 2003: 193 ff.). Dabei zeigt sich, dass der größte Teil der durch Gründungen hervorgerufenen Mobilität Aufstiege sind (Windzio 2001).

Auflösungen

Was für die Mobilität bei Gründungen beobachtet wird, gilt umgekehrt auch für Auflösungen innerhalb einer Population. Je mehr Organisationen aufgelöst werden, desto mehr Beschäftigte werden arbeitslos. Diese suchen dann in den überlebenden Organisationen nach vakanten Positionen. Weil dadurch das Angebot an Arbeitskräften auf dem Arbeitsmarkt steigt, sinkt der Durchschnittslohn. Daher ist es für überlebende Organisationen häufig interessant, Vakanzen extern zu besetzen. Die Folge ist: die Rate der intra-organisationalen Mobilität sinkt. Zugleich verringert sich die Rate der inter-organisationalen Mobilität. Dies deshalb, weil es infolge der Auflösungen nun insgesamt deutlich weniger Vakanzen gibt, die aufgrund von Organisationswechseln geschlossen werden könnten. Zugleich steigt der Anteil der Beschäftigten, die aufgrund der verschlechterten Aufstiegschancen die Branche verlassen (Haveman/Cohen 1994). Diese durch Auflösungen hervorgerufenen Organisationswechsel sind zumeist mit positionalem Abstieg verbunden.

Paradoxerweise finden im Zuge von Auflösungen aber auch Aufstiege statt, obgleich in geringerem Maße und dies auch nur in Organisationen, die ihren Personalbestand reduzieren und sich daher gewissermaßen „partiell" auflösen. Zwei mögliche Erklärungen werden für diesen merkwürdigen Umstand angeboten. Zum einen wird vermutet, dass mit zunehmendem Auflösungsrisiko die Verhandlungsmacht des Managements schwindet und den verbliebenen Beschäftigten Zugeständnisse gemacht werden müssen (Phillips 2001). Zum anderen müssen die verbliebenen Beschäftigten Teile der Aufgaben ihrer entlassenen Kollegen übernehmen. Dies führt zu organisationsinternen Personalumsetzungen und dabei eben auch zu Aufstiegen (Windzio 2002).

Zusammenschlüsse

Der dritte Mobilitätseffekt entsteht dadurch, dass sich zwei oder mehrere vormals eigenständige Organisationen des gleichen Populationstyps zusammenschließen. Dies kann als gleichberechtigte Fusion oder in Form einer Übernahme der einen durch die andere Organisation geschehen. Zusammenschlüsse ziehen in der Regel Stellenstreichungen nach sich. Der Grund ist, dass man für bestimmte Funktionsbereiche nicht zwei Abteilungen, sondern eben nur eine benötigt. Fallen diese Positionen weg, so müssen sich die bisherigen Positionsinhaber nach Vakanzen in anderen Organisationen umschauen. Folglich steigt der Grad an interorganisationaler Mobilität. In vielen der zusammengeschlossenen Organisationen sinkt aber auch die intra-organisationale Mobilität, denn die bestehenden Vakanzen werden zumindest teilweise durch externe Bewerber besetzt. Und wie schon im Falle der Schließungen steigt auch die Zahl der Austritte von Beschäftigten aus ihrer bisherigen Branche (Haveman/Cohen 1994).

Im Vergleich zu anderen Feldern des Organisations-Stratifikations-Links ist die populationsökologische Mobilitätsforschung ein sehr junges und noch ausbaufähiges Gebiet. Denn leider liegen zum Beispiel so gut wie keine Befunde zur beruflichen Mobilität jenseits von Gründungen und Auflösungen vor. Man denke allein an Anpassungen von bestehenden Organisationen an veränderte Umweltzustände, die arbeitsorganisatorische Umbauten erzwingen, wie z. B. die Einführung von Gruppenarbeit oder von Profit Centers. Auch der Übergang von der hierarchischen Steuerung von Produktion und Absatz hin zu netzwerkförmigen Leistungsprozessen könnte sich in den Mobilitätschancen der Beschäftigten niederschlagen. Dazu jedoch bedarf es detaillierter Datensätze, die neben den Mobilitätsraten der Beschäftigten auch ausführliche Informationen über die Struktur von Organisationen jenseits ihrer Lebensdauer enthalten.

Zusammenfassend halten wir für den Zusammenhang zwischen Organisationspopulation und Mobilität fest:

- Neugründungen erhöhen die Mobilität in anderen Organisationen der gleichen Population (inter-organisationale Mobilität).
- Organisationsauflösungen senken die inter-organisationale Mobilität und steigern vereinzelt Mobilitätsprozesse innerhalb der betroffenen Organisation (intra-organisationale Mobilität).
- Fusionen steigern die inter-organisationale Mobilität und senken intra-organisationale Mobilität.

5.5 Zusammenfassung

In diesem Kapitel haben wir vier Elemente des strukturellen Aufbaus einer Organisation und ihrer aus Organisationen bestehenden Umwelt kennen gelernt: Größe, interner Arbeitsmarkt, demografische Zusammensetzung und Organisationspopulation. Dargelegt wurde, welche Einkommens- und Mobilitätseffekte sich aus der Varianz dieser Elemente im Erwerbssystem einer Gesellschaft ergeben. Die wichtigsten Befunde lauten wie folgt:

▶ *Größe* zahlt sich aus. Je größer eine Arbeitsorganisation ist, desto höher sind die Ausschüttungen an die Beschäftigten. Dieser Befund bleibt auch dann bestehen, wenn man den Einfluss von Faktoren herausrechnet, die typischerweise mit der Organisationsgröße korrelieren, wie z. B. die Leistungsfähigkeit der Arbeiter, die Branchenzugehörigkeit oder die Existenz interner Arbeitsmärkte.

▶ Beschäftigte in Organisationen mit geschlossenen *internen Arbeitsmärkten* haben höhere Einkommen, bessere Aufstiegschancen und eine größere Beschäftigungssicherheit als Beschäftigte, deren Organisation vakante Positionen durch Rekrutierungen auf dem externen Arbeitsmarkt vornehmen.

▶ Die Mobilitätschancen eines Individuums hängen von der *Altersverteilung* der Beschäftigten auf die verschiedenen hierarchischen Stufen einer Organisation ab. Zudem zeigt sich, dass Jüngere vergleichsweise früher befördert werden, höhere Positionen erreichen und höhere Einkommen erzielen. Und je größer der *Frauenanteil* in einer Organisation, desto geringer sind die Löhne aller Organisationsmitglieder.

▶ Gründungen neuer Organisationen verstärken inter- wie intraorganisationale Mobilität in der *Population* der betreffenden Organisation, Auflösungen verringern sie. Reduzieren Organisationen Teile ihres Leistungsprozesses (Entlassungen), kommt es in ihnen auch zu vereinzelten Aufstiegen. Bei Zusammenschlüssen von Organisationen steigt die inter-organisationale Mobilität, während die intraorganisationale Mobilität abnimmt.

5.6 Weiterführende Literatur

Kalleberg, Arne/Knoke, David/Marsden, Peter V./Spaeth, Joe L. (1996): Organizations in America. Analyzing their structures and human resource practices. Thousand Oaks: Sage, 382 Seiten.
Breit angelegte empirische Studie über Arbeitsstrukturen und Personalpolitik von U.S.-amerikanischen Arbeitsorganisationen. Aufwändige empirische Analysen unter anderem zu den Effekten organisationaler Strukturelemente und Personalpolitiken auf Einkommen, Mobilität und Arbeitszufriedenheit.

Kanter, Rosabeth R. (1977): Men and women in the corporation. New York: Basic Books, 348 Seiten.
Grundlegende Untersuchung der organisationsdemografischen Ursachen ungleicher Einkommens- und Mobilitätschancen von Frauen und Männern, derzufolge ein geringer Frauenanteil in einer Organisation die Wahrnehmung geschlechtsspezifischer Besonderheiten befördert und damit die Karrierechancen von Frauen verschlechtert („Token Woman").

Windzio, Michael (2003): Organisation, Strukturwandel und Arbeitsmarktmobilität. Untersuchungen zum evolutionären Wandel der Sozialstruktur. Wiesbaden: Westdeutscher Verlag, 283 Seiten.
Empirische Studie über den Zusammenhang zwischen Populationsentwicklung und beruflicher Mobilität auf der Basis von Surveydaten des deutschen Arbeitsmarkts. Die ersten vier Kapitel informieren zugleich über den Forschungsstand zum Organisation-Stratifikations-Link.

White, Harrison C, (1970): Chains of opportunity. System models of mobility in organizations. Cambridge, Mass.: Havard Univ. Press, 418 Seiten.
Klassiker der neostrukturalistischen Ungleichheitsforschung; erstmalige vertiefte Ausarbeitung des Einflusses von Vakanzketten auf firmeninterne Mobilitätsprozesse.

6. Bildungsorganisation

Nicht für die Schule, sondern für das Leben lernen wir!

Welchem Schüler bzw. welcher Schülerin ist dieser Leitsatz nicht entgegengehalten worden, um den Glauben an Sinn und Zweck des Unterrichts wach zu halten? Zwar lautete der Leitsatz im Original – vom römischen Philosophen Seneca stammend – genau andersherum.[7] Doch für uns ist allein entscheidend, dass der Leitsatz im ungleichheitssoziologischen Sinne einen Gutteil Wahrheit enthält. Denn auf indirekte Weise beschreibt er ein Kausalverhältnis zwischen den Bildungsanstrengungen einer Person (Explanans) und ihren zukünftigen Lebenschancen (Explanandum), nämlich: Welche Lebenschancen eine Person in der modernen Erwerbsgesellschaft besitzt, hängt zu großen Teilen davon ab, welches Ausmaß an Bildung sie sich während der Schulzeit angeeignet hat.

Dass dem so ist, zeigen vielfältige empirische Befunde aus verschiedenen Forschungsgebieten. Soziologische wie ökonomische Mobilitätsstudien weisen auf einen starken Effekt des formalen Bildungsabschlusses auf die zukünftige Berufswahl, die berufliche Stellung und das erzielte Einkommen hin (vgl. Becker 1964; Blau/Duncan 1967; Müller et al.

---

[7] Im Original heißt es: „ (...). Lebensweisheit liegt offener zutage als Schulweisheit; ja sagen wir's doch gerade heraus: Es wäre besser, wir könnten unserer gelehrten Schulbildung einen gesunden Menschenverstand abgewinnen. Aber wir verschwenden ja, wie alle unsere übrigen Güter an überflüssigen Luxus, so unser höchstes Gut, die Philosophie, an überflüssige Fragen. Wie an der unmäßigen Sucht nach allem anderen, so leiden wir an einer unmäßigen Sucht auch nach Gelehrsamkeit: Nicht für das Leben, sondern für die Schule lernen wir" (Seneca, „epistulae morales ad Lucilium" 106, 12, zitiert nach Bartels 1998). Seinen heutigen Sinn erhielt der Leitsatz vermutlich erst im Verlauf des Mittelalters (vgl. Bartels 1998).

1997). Lebensstilforschungen zeigen, wie mit dem Bildungsniveau einer Person verschiedene Dimensionen des kulturellen Lebens und der sozialen Einstellungen einhergehen (vgl. Kohn 1977; Otte 2004: 200 f.; Spellerberg 1996; Schultze 2000: 191 f.). Wahlstudien weisen auf Bildungseffekte im Wahlverhalten hin (vgl. z. B. Müller 1997), und Heiratsstudien weisen nach, dass das Bildungsniveau einen starken Einfluss auf die Wahl des Lebenspartners bzw. der Lebenspartnerin hat (Blossfeld/Timm 1997, 2003; Wirth 2000).

Doch wovon hängt es ab, welches Ausmaß an Schulbildung sich eine Person aneignet? Für moderne, allen sozialen Schichten grundsätzlich offen stehende Bildungssysteme lautet die zentrale Diagnose der soziologischen Bildungsforschung: Bildungschancen werden zu einem erheblichen Maße *sozial vererbt*. Welchen Bildungsweg ein junger Mensch einschlägt, ob er im deutschen Schulsystem einen Hauptschul-, Realschul- oder Gymnasialabschluss erlangt oder – wie im US-System – einen High School- oder College-Abschluss erringt: All diese Bildungserfolge hängen zum großen Teil davon ab, welchen sozioökonomischen Status die Eltern eines Schülers besitzen, d. h. von ihrer Stellung innerhalb der Sozialstruktur einer Gesellschaft. Je niedriger der Status der Eltern, desto niedriger ist deren Bildungsgrad. Und entsprechend geringer sind die im Rahmen der familialen Sozialisation vermittelten Anregungen, Anreize und Gelegenheiten für das Kind, Bildungsanstrengungen zu unternehmen, die über das Bildungsniveau der Eltern hinausgehen und die sozialen Aufstieg als erstrebenswertes und realisierbares Ziel erscheinen lassen.

Zwar wurden die Bildungssysteme der Industriestaaten im Verlauf des zwanzigsten Jahrhunderts für die unteren Schichten geöffnet, wodurch sich deren Bildungschancen durchaus verbessert haben. Zugleich hat sich jedoch in vielen Ländern auch die Bildungsbeteiligung von Kindern aus Familien der Mittel- und der Oberschicht erhöht, insbesondere im Bereich der höheren Bildung (Abitur und Hochschulabschluss). Damit hat sich das Bildungsniveau *aller* Schichten – einem Fahrstuhl gleich – erhöht, ohne dass sich die Verteilung der schichtspezifischen Bildungschancen geändert hätte. Im Ergebnis sind die Ungleichheiten bei der Weitergabe von Bildung über die letzten dreißig Jahre in vielen Ländern

mehr oder weniger konstant geblieben. Nach wie vor determiniert die
soziale Herkunft die Bildungschancen der Kinder in beträchtlichem Maße. Dies ist ganz besonders in Deutschland der Fall (vgl. statt anderer
Baumert/Schümer 2001; Blossfeld/Shavit 1993; Ehmke et al. 2004;
Schimpl-Neimanns 2000; ein knapper Überblick zum Forschungsstand
findet sich bei Below 2002: 65 ff.).

Die soziale Herkunft ist also der *primäre* Ungleichheitsfaktor, der die
Bildungschancen der Kinder beeinflusst (vgl. Boudon 1973; Nash 2003).
Jedoch ist er nicht der einzige. *Sekundäre,* der sozialen Herkunft nachgelagerte Effekte resultieren aus dem Bildungssystem selbst, das den Prozess der Wissensaneignung steuert. Zwei grundlegende Einflussfaktoren
des Bildungssystems lassen sich unterscheiden:

▪   *Institutionelle Eigenschaften.* Hierzu zählen vor allem die Differenzie-
    rung des Schulsystems in verschiedene leistungsbezogene Schulfor-
    men sowie das Lebensalter der Schülerinnen und Schüler bei der
    Verteilung auf die verschiedenen Schulformen (vgl. etwa Allmen-
    dinger 1989; Baumert et al. 2003b; Below 2002).
▪   *Organisationsstrukturelle Eigenschaften.* Hier sind vor allem die Struk-
    turen und Praktiken der konkreten *Bildungsorganisationen* zu nennen,
    insbesondere der allgemeinbildenden Schulen als den zentralen Or-
    ganisationen im Kreise der verschiedenen Bildungseinrichtungen
    (vgl. OECD 2005).

Da dieses Buch von Organisationen und ungleichen Lebenschancen handelt, konzentrieren wir uns in diesem Kapitel auf den zweiten Faktor,
durch den das Bildungssystem die Lebenschancen der Kinder und Jugendlichen beeinflusst. Dabei lassen wir die institutionellen Faktoren des
Bildungssystems weitgehend außer Acht. Uns interessiert zum Beispiel
nicht, nach welchen Kriterien die Schülerinnen und Schüler nach Abschluss der Grundschule auf verschiedene Schulformen verteilt werden,
und welche Effekte diese Gruppierung auf die Verstärkung oder Minde-
rung ungleicher Startchancen im Erwerbssystem nach sich zieht. Warum
wir uns dafür nicht interessieren, wurde bereits im vierten Kapitel erläu-

tert: Über die Gliederung des Schulsystems entscheidet ja nicht die Schule als einzelne Bildungsorganisation, sondern die jeweilige Bildungspolitik eines Landes oder einer Region. Diese legt die dauerhaften institutionellen Bedingungen des Lernens fest – in unserem Beispiel eben die Art der Leistungsdifferenzierung zwischen verschiedenen Schulformen.

Die zentrale These, der wir in diesem Kapitel nachgehen, lautet: Schulen sind Organisationen der Vermittlung von ungleichen Startchancen, die aus der unterschiedlichen sozialen Herkunft der Schülerinnen und Schüler resultieren und die sich in unterschiedlichem Lernverhalten und Bildungserfolgen niederschlagen. Schulen können diese ungleichen Startchancen reproduzieren und verstärken. Sie können sie aber auch nivellieren und somit zu mehr Chancengerechtigkeit im Bildungssystem beitragen. Die Schule übersetzt dabei die institutionellen Vorgaben des Bildungssystems in die Praxis des Lernprozesses. Je nachdem, wie viel Freiraum die institutionellen Regelungen der Schule bei der Organisation dieser Bildungspraxis lassen, desto unterschiedlicher fällt der organisationsstrukturelle Einfluss der jeweils einzelnen Schule auf den Lernprozess der Schülerinnen und Schüler aus.

Doch wovon hängt es ab, in welcher Richtung Schulen Einfluss auf die Bildungschancen ihrer Schülerinnen und Schüler nehmen? Wiederum richten wir den Blick auf drei strukturelle Elemente, aus denen sich die Schule als Bildungsorganisation zusammensetzt, und die in der soziologischen, ökonomischen und erziehungswissenschaftlichen Bildungsforschung als maßgebliche Mechanismen ungleicher Bildungschancen hervorgehoben wurden (vgl. zum Überblick Hallinan 1988, 2000 sowie jüngst OECD 2005). Es sind dies:

- Schul- und Klassengröße (*Abschnitt 6.1*),
- Verteilung der Schüler zwischen Schulen des gleichen Typs (*Abschnitt 6.2*),
- Leistungsgruppierung der Schüler innerhalb der Schule (*Abschnitt 6.3*).

Ein Großteil der Forschungsergebnisse, die im Folgenden dargestellt werden, handelt von US-amerikanischen Schulen. Dies liegt daran, dass sich die empirische Bildungsforschung in den USA so intensiv wie nirgendwo anders mit der Frage beschäftigt, wie man den Einfluss der primären Ungleichheitseffekte auf den Bildungserfolg reduzieren und damit zu mehr Bildungsgerechtigkeit („Equal Educational Opportunity") gelangen kann. Entsprechend weit entwickelt ist dieser Forschungsbereich.

Gleichwohl weist das US-Schulsystem einige institutionelle Besonderheiten auf, aufgrund derer einige Ergebnisse nicht umstandslos auf andere Länder übertragbar sind. Beispielsweise besteht ein wichtiger Unterschied darin, dass das US-Schulsystem im Prinzip *einzügig* aufgebaut ist: Nach Abschluss der Grundschule gibt es zwei für alle Schülerinnen und Schüler gemeinsame Schulstufen („Middle" und „High School" für jeweils vier Jahre). Dies bedeutet, dass die Schüler gemäß ihrer individuellen Leistungsfähigkeit auf verschiedene Klassen und Kurse aufgeteilt werden und nicht, wie in Deutschland, verschiedene Schulformen mit unterschiedlichem Anforderungsniveaus besuchen. Wie dies jedoch im Einzelnen organisiert wird, kann wiederum von Bundesstaat zu Bundesstaat und von Schule zu Schule variieren.

Doch für uns ist diese Besonderheit nicht entscheidend. Für uns ist allein wichtig, zu sehen, welche Ungleichheitseffekte die Schule als Bildungsorganisation hervorruft, wenn ihr das Bildungssystem die Möglichkeiten zuweist, ihre Struktur nach eigenen Regeln zu variieren. Denn was für die Arbeitsorganisation im fünften Kapitel galt, gilt in abgewandelter Form auch für die Bildungsorganisation: *Strukturvariation* ist die formale Ursache dafür, dass und wie die einzelne Schule die primären Ungleichheiten in den Bildungschancen moderiert, ob sie sie also zu einem gewissen Grad reproduziert, verstärkt oder abschwächt.

Inwieweit diese These auch für andere Länder wie Deutschland gilt, werden wir zusätzlich anhand von neueren Ergebnissen aus international vergleichenden Untersuchungen, vor allem den PISA-Studien der „Organisation für wirtschaftliche Zusammenarbeit und Entwicklung" (OECD), überprüfen.

6.1 Schul- und Klassengröße

Wir beginnen mit dem Einfluss der Organisationsgröße auf verschiedene
Aspekte der Aneignung von Bildung. Zwei Größeneinheiten sind hierbei
zu unterscheiden. Die erste Einheit ist die Größe der gesamten *Schule*, der
ein Schüler bzw. eine Schülerin angehört; sie wird über die Anzahl ihrer
Schülerinnen und Schüler bestimmt. Die zweite Einheit ist die Größe der
jeweiligen *Klasse* bzw. des jeweiligen Kurses. Die Klassengröße ist definiert über das Verhältnis der unterrichteten Schüler pro Lehrer in einer
Klasse oder einem Kurs.

Über die Effekte von Schul- und Klassengröße auf den Bildungserwerb ist seit den 1960er Jahren eine kaum überschaubare Menge an empirischen Untersuchungen durchgeführt worden (für Versuche, einen
Überblick zu gewinnen, vgl. Cotton 1996 sowie Weissleder 1997). Der
Löwenanteil dieser Studien stammt aus der Bildungsökonomie; weitere
Studien kommen aus der Erziehungswissenschaft, der Soziologie und
der Psychologie. Warum ist das Interesse am Größenfaktor so massiv?
Zwei Gründe lassen sich anführen. Der erste Grund lautet, dass Schul-
wie Klassengröße empirisch leicht zu erhebende Kontextfaktoren des
schulischen Lernens sind. Weil die meisten Schulen staatlich finanziert
sind, liegen diese Informationen zumeist bei nationalen Schulbehörden
vor. Schwieriger ist es dagegen schon, den Lernerfolg messen. Dazu
muss man die Bildungsleistung von Schülerinnen und Schülern aus verschiedenen Klassen bzw. Schulen messen. Gehören diese Schüler dem
gleichen Schulsystem an, so kann man auf die Ergebnisse der regulären
standardisierten Leistungstests zurückgreifen; vorausgesetzt, es gibt diese Tests. Will man jedoch Vergleiche von Schulsystemen mit unterschiedlichen institutionellen Bedingungen anstellen, wie dies bei international
vergleichenden Großstudien der Fall ist, so müssen länderübergreifend
einheitliche Erhebungsinstrumente zum Einsatz kommen.[8]

---

[8] Dies ist bei den internationalen Bildungsstudien PISA (Baumert et al. 2001; OECD 2001,
2004; Prenzel 2004a) oder TIMSS (Baumert et al. 2000; Mullis et al. 2004) der Fall. Näheres
zu PISA und TIMSS siehe weiter unten.

Der zweite Grund für das lang anhaltende Interesse am Größenfaktor ist bildungspolitischer Natur. Klassen- wie Schulgröße sind nämlich nicht nur für die Forschung leicht bestimmbare Faktoren. Sie sind zugleich für die Bildungspolitik und die Schulverwaltung eines Landes oder einer regionalen Verwaltungseinheit verhältnismäßig leicht steuerbare Einheiten. Nehmen wir einmal an, man könnte eindeutig nachweisen, dass Schüler, die in Klassen mit maximal 20 Mitschülern lernen, bessere Leistungen erbringen als in Klassen mit 25 oder mehr Schülern. Was läge dann bildungspolitisch näher, als die Zahl der Lehrer zu erhöhen, um auf diese Weise die Schulklassen zu verkleinern? Ob dies auch faktisch geschieht, ist dann allerdings keine bildungspolitische Frage mehr, sondern vor allem eine finanzpolitische.

6.1.1 Schulgröße

Was die Schulgröße betrifft, so weisen die Befunde der empirischen Schulforschung überwiegend in die gleiche Richtung: *Kleiner ist fast immer besser.* „Research has repeatedly found small schools to be superior to large schools on most measures and equal to them on the rest" (Cotton 1996: 2). Dass und warum kleine Schulen meist besser als große für den individuellen Bildungserfolg sind, schauen wir uns anhand von drei Parametern an (vgl. zum Überblick Cotton 1996; Howley 1989):

- schulische Leistung,
- extracurriculares Engagement,
- Sozialverhalten sowie Einstellungen zur Schule.

Schulische Leistung

Auf den ersten Blick betrachtet, fallen die Forschungsergebnisse widersprüchlich aus. Eine Reihe von Studien stößt auf einen klar negativen Zusammenhang zwischen Schulgröße und Lernerfolg (vgl. Fowler/Walberg 1991; Lee/Smith 1995; Mok/Flynn 1986). Ihr Fazit lautet: Je *kleiner* die Schule, desto größer der Lernerfolg. Diese Studien gehen überwiegend davon aus, dass die sozialen Beziehungen zwischen Schülern und Lehrern sowie die Kontakte innerhalb der Schülerschaft in kleineren Schulen persönlicher und direkter sind. Dies wirke sich positiv auf das Lernklima und damit auch auf den Lernerfolg aus.

Demgegenüber finden andere Studien keine Effekte der Schulgröße auf die Schülerleistung (vgl. Caldas 1987; Fowler 1995). Wiederum andere Studien weisen darauf hin, dass zwischen Schulgröße und Leistung ein positiver Zusammenhang bestehe: Je größer die Schule, desto besser die individuellen Leistungen (vgl. Conant 1967; Haller et al. 1990; Ornstein 1991, 1993). Erklärt wird dieser Befund damit, dass größere Schulen auch über ein höheres Budget pro Schüler verfügen. Dies erlaube es zum einen, qualifiziertere Lehrer zu beschäftigen und die Lehrinhalte häufiger zu variieren. Zum anderen sänken mit steigender Schulgröße die relativen Unterrichtskosten, also die Aufwendungen z. B. für Verwaltung und Lehrmaterial (vgl. Borland/Howsen 2003).

Auch die international vergleichenden PISA-Studien aus den Jahren 2000 und 2003 haben den Zusammenhang zwischen Schulgröße und Schülerleistung überprüft.[9] Unter Kontrolle einer großen Zahl von Drittvariablen zeigt sich, dass die Schülerleistung mit zunehmender Schulgröße *steigt*: Pro zusätzlichen 100 Schüler steigt die durchschnittliche Testleistung um zwei Leistungspunkte (vgl. OECD 2004: 295, 489). Zu ähnlichen Resultaten kommt eine vertiefende Analyse der OECD auf der Grundlage der im Jahr 2000 erhobenen Daten (OECD 2005: 31 ff.).

---

[9] *PISA* („Programme for International Student Assessment") untersucht die schulische Leistungsfähigkeit von fünfzehnjährigen Schülerinnen und Schülern, die sich in zahlreichen Staaten am Ende ihrer Pflichtschulzeit befinden. Schwerpunktgebiete der standardisierten Tests sind Mathematik, Naturwissenschaften und Lesefähigkeit. Die Untersuchungen werden im Abstand von drei Jahren in über 40 OECD- und Partnerländern durchgeführt. Allgemeines Ziel des PISA-Programms ist es, „Erkenntnisse über Probleme, notwendige und mögliche Verbesserungen im Bildungsbereich der Teilnehmerstaaten zu erhalten" (vgl. Prenzel et al. 2004b: 14).

Wie lassen sich diese widersprüchlichen Ergebnisse in Einklang bringen? Zwei Argumente wurden ins akademische Feld geführt. Das erste Argument lautet, dass der untersuchte Zusammenhang nicht linear sei, sondern einen umgekehrt U-förmigen Verlauf aufweise. Dieser allgemeine Verlauf ist in Abbildung 6.1 skizziert. Demnach steigt das relative Leistungsniveau bei niedrigen Schülerzahlen an, erreicht ab einem bestimmten Schwellenwert sein Maximum und fällt dann bei weiterem Zuwachs an Schülern wieder ab.

Diese Erklärung verbindet das Argument des Budgetvorteils großer Schulen mit der These des Vorzugs starker personalen Beziehungen in kleinen Schulen. Empirische Evidenz liefern *Melvin Borland & Roy Howsen* (2003) in einer Untersuchung der Schulleistungen von über 31.000 Grundschülern an 654 Schulen im U.S.-Bundesstaat Kentucky. Demnach steigt die Schülerleistung mit zunehmendem Budget pro Schüler zunächst stark an. Ab einer Größe von rund 760 Schülern geht der Lernerfolg jedoch wieder zurück (ähnlich Lee/Smith 1997). Diesen Rückgang interpretieren die Forscher als Folge der zunehmenden Anonymität und der sinkenden Identifikation der Kinder mit ihrer Schule (Borland/Howsen 2003).

Abbildung 6.1:   Zusammenhang zwischen Schulgröße und Lernerfolg

Schulgröße

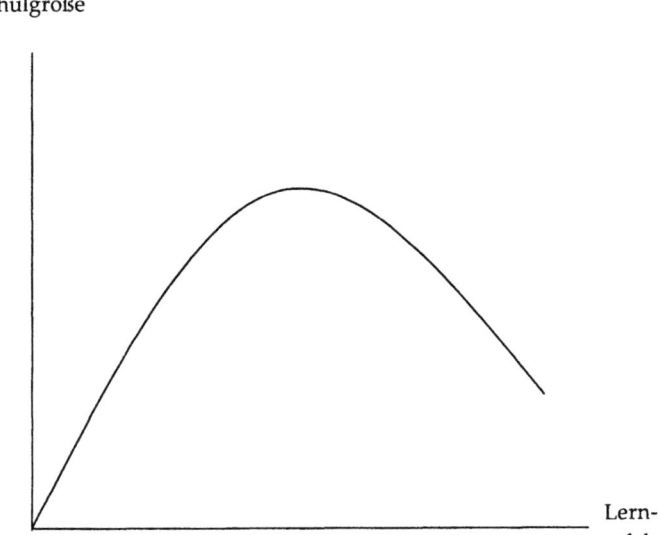

Quelle: Eigene Darstellung.

Die zweite Erklärung dafür, warum viele Studien keine einheitlichen Zusammenhänge zwischen Schulgröße und Lernerfolg finden, lautet, dass der Schulgrößen-Leistungs-Effekt mit der sozioökonomischen und ethnischen Herkunft der Kinder variiert. Denn mit zunehmender Schulgröße verschlechtern sich die Leistungen jener Kinder, deren Eltern einen niedrigen sozioökonomischem Status aufweisen oder – damit hoch korreliert – die einer ethnischen Minoritätengruppe angehören. Ursächlich dafür ist der zu Beginn dieses Kapitels erwähnte „primäre" Effekt der sozialen Herkunft auf die individuellen Bildungschancen. Dieser Effekt kann in kleineren Schulen mit direkteren Schüler-Lehrer-Beziehungen besser bewältigt und eher ausgeglichen werden als in großen Schulen (vgl. Fowler 1995; Fowler/Walberg 1991; Friedkin/Necochea 1988; Lee/Smith 1997).

Extracurriculares Engagement

In kleineren Schulen ist die Beteiligung von Schülern an Aktivitäten außerhalb des Pflichtprogramms (z. B. in Zusatzkursen, Arbeitsgemeinschaften, Kulturarbeit oder Sport) umfangreicher als in großen Schulen, und zwar in zweierlei Hinsicht: Zum einen ist das extracurriculare Engagement in kleinen Schulen gleichmäßiger über die Schülerschaft verteilt. Zum anderen nehmen die Schüler an vergleichsweise mehr unterschiedlichen Angeboten teil (vgl. Fowler 1995; Fowler/Walberg 1991; Lee/Smith 1995). Obschon größere Schulen ein breiteres Angebot bereithalten, teilt sich ihre Schülerschaft in eine Minderheit von sehr aktiven und eine Mehrheit von vollständig passiven Kindern auf. Ursächlich für das umfangreichere Engagement an kleineren Schulen scheint zu sein, dass dort nahezu jeder Schüler und jede Schülerin gebraucht wird, um überhaupt gemeinsame Aktivitäten wie Theatergruppen und Mannschaftssportarten durchführen zu können (vgl. Schoggen/Schoggen 1988). Entsprechend fällt die Exit-Option, z. B. „Drückebergerei", in kleineren Schulen deutlich geringer aus.

Einstellung zur Schule und Sozialverhalten

Angehörige kleiner Schulen identifizieren sich stärker mit ihrer Bildungsorganisation als dies Schülerinnen und Schüler tun, die große Schulen besuchen. Umgekehrt fällt der Grad der subjektiven Entfremdung von der Schule in größeren Bildungseinrichtungen deutlich höher aus (vgl. Campbell et al. 1981; Fowler/Walberg 1991). In die gleiche Richtung weisen die Ergebnisse über destruktives und aggressives Sozialverhalten. Größere Schulen sind häufiger von Verhaltensweisen wie massiven Unterrichtsstörungen, Diebstahl, Vandalismus und Gewalt geprägt als kleinere Schulen (vgl. Gottfredson 1985). Verantwortlich für diese Beobachtungen ist die größere Interaktionsdichte in kleinen Schulen, die ein höheres Maß an sozialer Integration und sozialer Kontrolle stiftet.

6.1.2 Klassengröße

Schulen variieren jedoch nicht allein in ihrer Gesamtgröße, sondern auch in der Anzahl der Schüler pro Klasse oder Kurs. Auf Basis der Alltagserfahrung würde man vielleicht annehmen, dass Schülerinnen und Schüler in kleineren Klassen, sagen wir beispielsweise 20 Kinder, höhere Lernleistungen erbringen als ihre Mitschüler in Klassen mit 30 oder mehr Schülern. Denn je größer eine Klasse ist, so die These, desto geringer wären die Möglichkeiten für die betreffende Lehrkraft, auf die individuellen Lernbedingungen eines einzelnen Schülers einzugehen, desto geringer wäre auch das Ausmaß der sozialen Kontrolle, und entsprechend niedriger dürfte der Aufmerksamkeitsgrad der Schüler sein. Mit anderen Worten: Je kleiner die Klasse, desto größer der Bildungserfolg.

Kann die Schulforschung diese These untermauern? Die Antwort lautet: Nein, zumindest zum gegenwärtigen Zeitpunkt kann sie es nicht. Seit über vierzig Jahren ist der sogenannte „Class-Size"-Effekt Gegenstand einer kaum zu überblickenden Debatte mit mehreren hundert Studien, wobei die meisten dieser Studien in den USA durchgeführt wurden. Außerhalb der USA ist das Forschungsinteresse dagegen deutlich geringer (vgl. Glewwe 2002). Engagiert geführte Streits innerhalb der Forschergemeinschaft drehen sich um die Frage, ob es überhaupt einen „Class-Size"-Effekt auf die Schülerleistung gibt, und wenn ja, wie groß dieser Effekt ausfällt.[10] Die vorliegenden Primärstudien liefern jedoch mehr oder weniger widersprüchliche Ergebnisse (zum Überblick vgl. Finn 1998 sowie Wößmann 2002: Kapitel 3).

Ein Versuch, diese Widersprüche aufzulösen, sind sogenannte „Meta-Analysen". Diese Studien vergleichen die Ergebnisse der vorliegenden Primärstudien miteinander. Aber unglücklicherweise kommen auch diese Studien zu keinem klaren Befund. In einer älteren Meta-Analyse von knapp 80 Einzelstudien gelangen *Mary Lee Smith & Gene Glass* (1980) zu

---

[10] Ein Beispiel dafür, wie leidenschaftlich solche Streits geführt werden können, zeigt die Debatte zwischen den derzeit wichtigsten Protagonisten auf diesem Gebiet, den US-Bildungsökonomen Alan Krueger (1999) und Erik Hanushek (1999; vgl. auch Hoxby 2000).

dem Schluss, dass kleinere Klassen moderat höhere Lernerfolge bewirken. Dagegen findet *Erik Hanushek* (1997) in seiner Meta-Analyse von 277 Untersuchungen, dass nur in rund 15 Prozent der Studien ein signifikant negativer Zusammenhang zwischen Klassengröße und Schulleistung besteht. 13 Prozent der Studien kommen zum genau entgegengesetzten Fazit, und 62 Prozent der Studien finden keinen signifikanten Effekt. Auch die bereits zitierte PISA-Studie von 2003 kann keinen signifikanten Effekt der Klassengröße feststellen (OECD 2004: 295, 489). Dagegen berichten Greenwald et al. (1996), ebenfalls im Rahmen einer Meta-Analyse, dass bereits geringfügige Klassenreduktionen den Lernerfolg der Schüler maßgeblich steigern.

Wie man sieht, führen Meta-Analysen auch nicht recht weiter. Woher aber kommen diese Widersprüche? Die maßgeblichen Gründe sind überwiegend methodischer Natur. Zentral ist unter anderem die Art und Weise der Drittvariablenkontrolle. Denn viele der durchgeführten Primärstudien berechnen den Einfluss der Klassengröße auf die Ergebnisse standardisierter Leistungstests, ohne den Einfluss von Dritteffekten systematisch zu berücksichtigen. Ein Beispiel hierzu: Nehmen wir einmal an, dass sich in einer Studie ein *positiver* Größeneffekt auf die Schülerleistung zeigt.

- Dies kann, erstens, daran liegen, dass nur größere Klassen auf qualitativ oder quantitativ vorteilhafte Lehrressourcen zurückgreifen können, wie z. B. auf Lehrassistenten oder Nachhilfekräfte.
- Es kann aber, zweitens, auch daran liegen, dass in größeren Klassen von vorneherein die leistungsfähigeren Schüler zusammengefasst sind. Dies ist in Schulsystemen wie dem der USA durchaus üblich, in dem – anders als im deutschen System – alle Schüler im Anschluss an den Besuch der Grundschule ein Gesamtschulsystem durchlaufen. Hier werden oftmals leistungsschwächere Schüler zu kleineren Klassen zusammengefasst, um ihnen bessere individuelle Fördermöglichkeiten zu bieten (ähnlich argumentiert OECD 2004: 295; siehe auch Abschnitt 6.3).

- Und ein dritter Grund wäre, dass besonders erfahrene und qualifizierte Lehrer überwiegend in großen Klassen eingesetzt werden, um den dort typischerweise auftretenden Aufmerksamkeits- und Kontrollproblemen zu begegnen.

Was bedeutet dies nun für die Validität der vorgelegten Studien? Im Falle der letzten beiden organisatorischen Maßnahmen hängt der Lernerfolg nicht von der Klassengröße ab. Klassengröße ist dann, genau umgekehrt, eine Folge der Schülerleistung und der Qualität der Lehrer („Within School-Sorting"). Der gleiche Zusammenhang tritt auf, wenn sich die Schüler nicht zufällig auf die Schulen verteilen, sondern wenn es zu soziodemografischen Konzentrationen von leistungsschwächeren Schülern z. B. in den Innenstädten oder in bestimmten Stadtquartieren kommt („Between School-Sorting", näheres dazu in Abschnitt 6.2). Werden diese Effekte bei empirischen Analysen nicht systematisch kontrolliert, so erhält man am Ende eine Scheinkorrelation (größere Klassen fördern den Lernerfolg), deren geringe Validität als solche nicht überprüfbar ist.

Damit rücken Methodenfragen in das Zentrum der Debatten um die Klassengröße. Denn um den *eigenständigen* Effekt der Klassengröße auf den Bildungserfolg unabhängig von intervenierenden Variablen zu messen, muss man möglichst viele potentielle Einflussfaktoren in der Anlage der Untersuchung mit berücksichtigen. Im Klartext: Es müssen möglichst viele Kontextinformationen über die Lernsituation erhoben werden.

Einen solchen Weg ist man unter anderem mit der „Third International Mathematics and Science Study" (TIMSS) gegangen. TIMSS ist eine der größten international vergleichenden Befragungen zu schulischen Leistungen in den Fächern Mathematik und Naturwissenschaften. Die erste TIMSS-Erhebung wurde 1994/1995 in 40 nationalen Schulsystemen durchgeführt; Nachfolgeuntersuchungen fanden 1999 und 2003 statt (vgl. Baumert et al. 2000; Mulis et al. 2004). Im Unterschied zu späteren PISA-Erhebungen wurden in der ersten Welle nicht nur OECD-Länder untersucht, sondern es wurden auch Schwellen- und Entwicklungsländer wie Thailand oder Rumänien mit einbezogen. Analysiert wurden die Leistungen von zumeist 13-jährigen Schülern mit Hilfe von standardisierten

Testinstrumenten, wobei pro Land mindestens 150 Schulen untersucht wurden. Parallel dazu wurden Lehrer, Schulleitungen und Eltern mittels schriftlichem Fragebogen befragt.

In einer Analyse zum Effekt der Klassengröße mit TIMSS-Daten berücksichtigen *Ludger Wößmann & Martin West* (2002), dass die Verteilung der Schüler auf die einzelnen Schulen sowie innerhalb der Schulen nicht zufällig erfolgt, sondern unter anderem jenen sozioökonomischen Regelmäßigkeiten unterliegt, die wir weiter oben beschrieben haben. Welche Effekte es mit und ohne Kontrolle von Zufallseffekten gibt, kann man den beiden Graphen in Abbildung 6.2 entnehmen.

Der obere Graph stellt das Ergebnis einer Regression der Schulgröße auf die Testergebnisse am Beispiel Singapurs dar. Aus dem Verlauf der Geraden könnte man schlussfolgern, dass die Testleistung mit steigender Schulgröße linear zunimmt.

Berücksichtigt man dagegen, dass sich die Schülerinnen und Schüler nicht zufällig auf die Schulen verteilen, sondern sich nach soziodemografischen Merkmalen konzentrieren, und kontrolliert man diesen Einfluss, so ergibt sich, wie der untere Graph zeigt, ein vollkommen anderes Bild. Nun zeigt sich keine lineare Beziehung mehr zwischen Schulgröße und Testergebnissen.

Was kann man aus diesen Befunden und denen anderer methodisch anspruchsvoller Studien schlussfolgern? Eingedenk der Ambivalenz der Forschungsergebnisse, der nach wie vor anhaltenden Forschungsbemühungen und der Einsicht, dass meisten Studien in den USA durchgeführt wurden und daher nur eingeschränkt verallgemeinerbar sind, lassen sich drei Punkte benennen.

Abbildung 6.2:   Klassengröße und Mathematikleistungen

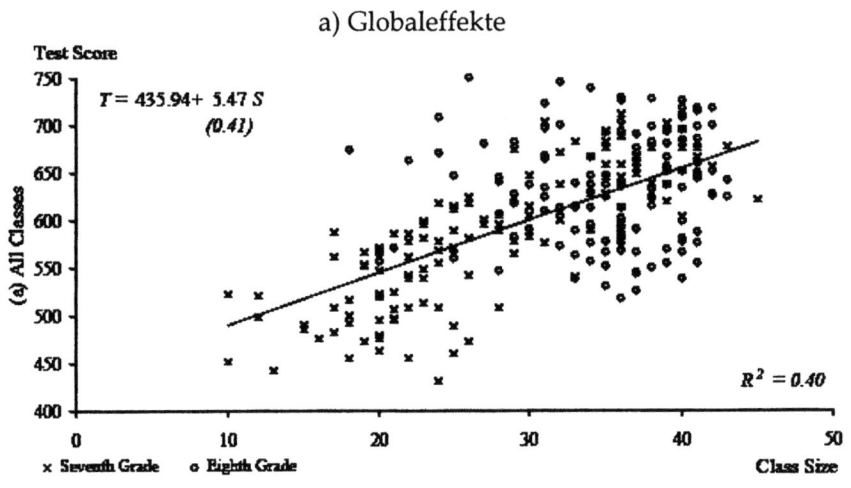

a) Globaleffekte

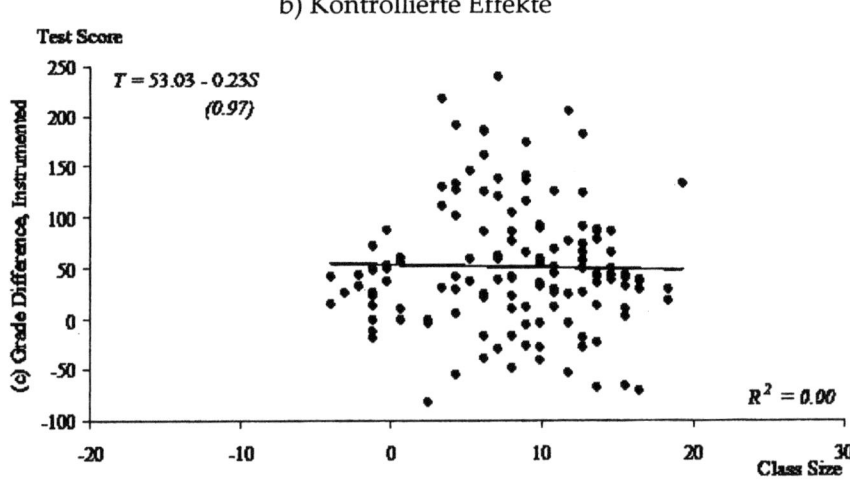

b) Kontrollierte Effekte

Quelle: Wößmann/West 2002

Erstens: Mit abnehmender Klassengröße steigt zwar der Lernerfolg der Schüler, jedoch fällt der Effekt in der Regel nicht groß aus. Zu Beginn der

Pflichtschulzeit, also in der ersten und zweiten Klasse, sind die Vorteile kleiner Klassen – relativ betrachtet – am größten. Wie eine experimentelle Großstudie zeigt, nehmen die durch die Klassengröße hervorgerufenen Lernerfolge im weiteren Schulverlauf stark ab (vgl. Krueger 1999). Andere Studien zeigen, dass nennenswerte Leistungseffekte nur dann auftreten, wenn man die Klassengröße radikal verändern würde, beispielsweise von 40 auf 10 Schüler (vgl. Smith/Glass 1980; Mosteller 1995; Shapson et al. 1980; vgl. jedoch auch Graddy/Stevens 2005). Marginale Veränderungen führen dagegen zumeist nicht zu Verbesserungen.

Zweitens: Kleinere Klassen schaffen zwar Möglichkeiten für einen besseren Unterricht, aber sie erzwingen ihn nicht. Die Leistungsfähigkeit kleinerer Klassen hängt maßgeblich davon ab, ob die Lehrkräfte in der Lage sind, den Größenvorteil auch tatsächlich zu nutzen. Denn Klassengrößeneffekte variieren mit der Unterrichtsqualität. So weisen weitergehende TIMSS-Analysen darauf hin, dass der negative Klasseneffekt zumeist in Ländern auftritt, in denen die Lehrkräfte strukturell geringere Qualifikationen aufweisen und vergleichsweise niedrigere Gehälter beziehen (Wößmann/West 2002). Anders gesagt: Gering qualifizierte Lehrer haben Probleme mit großen Klassen, nicht aber mit kleinen. Dagegen kommen Lehrkräfte in Ländern ohne nachweisbaren Klasseneffekt offenbar mit großen wie kleinen Klassen gleich gut oder schlecht zurecht.

Drittens: Angehörige ethnischer Minderheiten sowie Schüler aus Elternhäusern mit niedrigem sozioökonomischen Status profitieren stärker von verkleinerten Klassen als die Angehörigen der Mehrheitsethnie bzw. Kinder aus Mittelschichtfamilien (vgl. Finn 1998: 9; Finn/Achilles 1990: Krueger 1999; Krueger/Whitmore 2001; Lazear 2001). Warum dies so ist, erfahren wir im nächsten Abschnitt.

Damit sind wir an der Zusammenfassung dieses Abschnittes zur Schul- und Klassengröße angelangt:

- Schüler in kleineren Schulen sind durchschnittlich engagierter und identifizieren sich stärker mit ihrer Bildungsorganisation als Schüler in größeren Schulen.

- Zwischen Schulgröße und Schulleistung besteht ein umgekehrt U-förmiger Zusammenhang: Zunächst steigt der Lernerfolg an (Ressourceneffekt). Ab einer Größe von rund 700 Schülern fällt er wieder ab (Anonymitätseffekt).
- Mit abnehmender Klassengröße steigt der Lernerfolg der Schüler nur geringfügig an.

6.2 Die soziale Zusammensetzung der Schülerschaft

Die Bildungschancen eines Kindes hängen zum großen Teil von seiner sozialen Herkunft ab – auf diesen Zusammenhang haben wir bereits im einleitenden Teil dieses Kapitels hingewiesen. Dass die Schule diesen Einfluss des sozialen Status auf den Bildungserfolg in unterschiedlicher Weise moderiert, haben wir an verschiedenen Stellen des vorangehenden Abschnitts über die Rolle von Schul- und Klassengröße gesehen.

Auch in diesem und dem nächsten Abschnitt bleiben wir bei den organisatorischen Einheiten Schule und Klasse. Jedoch betrachten wir sie jetzt aus einer anderen Perspektive. Wir schauen uns an, wie die *Zusammensetzung* beider Einheiten den Lernerfolg von Kindern mit unterschiedlichem sozioökonomischen Status beeinflusst. Wir fragen, ob sich die sozioökonomische und die ethnische Zusammensetzung der Schule auf den Lernerfolg der Kinder auswirkt, und wenn ja, warum das so ist. Um diese Frage zu beantworten, lernen wir zunächst zwei der wichtigsten Studien zur Chancengleichheit im US-amerikanischen Bildungssystem kennen, nämlich die so genannten *Coleman-Reports I* und *II* von 1966 bzw. 1975. Anschließend werfen wir einen Blick auf die bildungspolitische und sozialstrukturelle Entwicklung, die diese Studien zum Teil maßgeblich mit beeinflusst haben. Um zu sehen, ob sich diese aus den USA stammenden Befunde auch in anderen Ländern zeigen, widmen wir uns einigen ausgewählten Ergebnissen der PISA-Studien zum Einfluss von sozioökonomischer und ethnischer Zusammensetzung der Schule.

6.2.1 Coleman I: Sozioökonomischer Status und ethnische Herkunft

Im Jahre 1965 erhielt der Soziologe *James Coleman* den Auftrag des US-Bildungsministeriums, eine empirische Studie über das Ausmaß der Bildungsungleichheit in den USA durchzuführen. Hintergrund dieses Auftrags war die gerade überwundene juristische Rassentrennung („Segregation") in den Südstaaten der USA und die verstärkt vorgetragene Forderung der schwarzen Bevölkerungsminorität nach Chancengleichheit in allen Bereichen des politischen und wirtschaftlichen Lebens. Zu diesem Zeitpunkt war aber auch klar, dass die wesentlichen Ungleichheiten in nahezu allen Bereichen des Lebens bis dato durch die Hautfarbe determiniert waren, mit der weißen Bevölkerungsmehrheit an der Spitze und im Mittelfeld der Sozialstruktur und, in Abstufungen, mit den lateinamerikanischen, schwarzen und indianischstämmigen Minderheiten auf den unteren Positionen.

Der Bildungsbereich war hier keine Ausnahme. Zwar lag das Ende der gesetzlichen Segregation im Schulsystem der Südstaaten bereits einige Jahre zurück. Die anhaltend gravierenden Ungleichheiten im Bildungserwerb führten jedoch dazu, dass das US-Bildungsministerium im Rahmen des 1964 erlassenen Bürgerrechtsgesetzes dazu verpflichtet wurde, eine Untersuchung durchzuführen „concerning the lack of availability of equal educational opportunities for individuals by reason of race, color, religion, or national origin in public educational institutions at all levels in the United States" (Section 402 des Cilvil Rights Act von 1964). Diese Untersuchung sollte wie kaum eine zweite die Sozialpolitik der USA in den späten 1960er Jahren beeinflussen. Die Ergebnisse wurden im Jahre 1966 von James Coleman und seinen Mitarbeitern dem US-Senat unter dem Titel „Equality of Educational Opportunity" vorgelegt (Coleman et al. 1966).[11] In der Öffentlichkeit wurde die Studie als „Coleman-Report I" bekannt.

---

[11] Die folgenden Ausführungen stützen sich, wenn nicht anders vermerkt, auf eine von Coleman zusammengestellte, leicht zugängliche Zusammenfassung seiner bildungssoziologischen Studien (Coleman 1990).

Datenbasis der Studie war eine Befragung von Schülerinnen und Schülern aus fast 4000 Schulen. Dabei wurden drei Typen von Informationen erhoben: (1) Informationen über die Schulstruktur, insbesondere die Ausstattung mit verschiedenen Arten von Ressourcen, (2) Informationen über den sozialen Status der Schüler und ihrer Eltern sowie eine Reihe von Indikatoren zum häuslichen Bildungsverhalten, und (3) Daten über die Leistungsfähigkeit der Schüler. Die letzte Information war für die Untersuchung zentral, denn sie fungierte in den statistischen Analysen als abhängige Variable. Da das US-Schulsystem keine genormten Lehrinhalte vorsieht, haben die Forscher einen standardisierten Test entworfen, der für vier Jahrgangsstufen – drei, sechs, neun und zwölf – differenziert wurde.

Die zentrale Frage der Forschungsgruppe war: Was sind die Ursachen für Unterschiede in den Schülerleistungen? Um diese Frage zu beantworten, wurden drei mögliche Ursachenebenen unterschieden: die strukturelle Ebene der *Schulumgebung*, die Struktur der *Schule* und die individuelle Ebene des *Sozialstatus der Eltern*. Für die ersten beiden strukturellen Faktoren fiel das Ergebnis recht ernüchternd aus. Wie die statistischen Analysen zeigten, können Unterschiede in der Leistungsfähigkeit der Schüler nur zu geringem Teil durch Schulumgebung und Schulstruktur erklärt werden.

> „School to school variances in achievement, from whatever source (community differences, variations in the average home background of the student body, or variations in school factors), are less smaller than individual variations within the school, at all grade levels, for all racial and ethnic groups." (Coleman et al. 1966; zit. n. Coleman 1990: 77)

Mit anderen Worten: Ob eine Schule in einer wohlhabenden Gegend liegt, ob eine überdurchschnittliche Ausstattung mit Lehrmaterial, Laboratorien oder Bibliotheken vorliegt, oder ob die Lehrkräfte regelmäßig den Lehrplan ändern; all diese Faktoren spielen für die Leistungsfähigkeit der Schüler eine relativ geringe Rolle.

Dies bedeutet jedoch nicht, dass es gar keine strukturellen Effekte gibt. Einer der wesentlichen Befunde lautet hierzu, dass die Schulleistungen immer dann besser ausfallen, wenn die Lehrkräfte über bessere Qualifikationen verfügen und wenn die Schüler mit anspruchsvolleren Lehrinhalten und wechselnden Lehrmethoden konfrontiert werden. Insgesamt profitieren die Angehörigen von ethnischen Minoritäten in höherem Maße von einem verbesserten Unterricht als die weiße Schülermajorität. Dieser Befund, den wir bereits im Zusammenhang mit der Klassengröße im letzten Abschnitt kennen gelernt haben, wurde von vielen US-Studien immer wieder ermittelt.

Insgesamt betrachtet, hängen die messbaren Leistungsunterschiede jedoch kaum von der Schulstruktur ab. Doch wovon werden sie dann hervorgerufen? Die Antwort lautet: Vom sozioökonomischen Status der Eltern, vom damit zusammenhängenden Interesse am schulischen Lernen und, ebenfalls damit hoch korreliert, von der ethnischen Zugehörigkeit des einzelnen Schülers (vgl. Coleman 1990: 80 ff.). Erhebliche Leistungsunterschiede treten besonders zwischen Schwarzen und Puerto-Ricanern auf der einen und den Weißen auf der anderen Seite auf. Soziale Herkunft und ethnische Zugehörigkeit sind damit bestimmende Faktoren der Bildungschancen in den USA – ein Befund, an dem sich seit den 1960er Jahren, trotz einer Reihe von Verbesserungen im Primär- und im Sekundarbereich, nichts Wesentliches geändert hat (vgl. Hallinan 2000). Mit anderen Worten: Ungleiche Startchancen, die aus dem sozioökonomischen Status der Eltern resultieren, werden durch die Schule nicht maßgeblich verringert.

Der interessanteste und für die Rezeption des Coleman-Reports in Politik und Öffentlichkeit wichtigere Befund ist jedoch ein anderer. Coleman und Mitarbeiter fanden nämlich auch heraus, dass die Zusammensetzung der Schülerschaft nach ethnischen Gruppen und das Mengenverhältnis dieser Gruppen zueinander einen bedeutenden Einfluss auf die Leistungsfähigkeit der einzelnen Schüler haben (vgl. Coleman 1990: 86 ff.). Der Befund lautet: Angehörige ethnischer Minderheiten – hier: Schwarze – erbringen in Schulen mit *weißer* Schülermehrheit bessere Schulleistungen als in Schulen mit überwiegend *schwarzen* Mitschülern. Für die Weißen zeigt sich dagegen kein nachweisbarer Effekt. Weder

steigt ihre Schulleistung bei höherem Anteil der eigenen Ethnie, noch
sinkt sie, wenn der Anteil der schwarzen Schüler steigt.

Doch warum ist das so? Coleman und Kollegen sind davon überzeugt, dass die ethnische Zugehörigkeit eines Schülers – ein askriptives
Merkmal – für sich genommen den Lernerfolg nicht beeinflussen kann.
Außerdem könnte man dann nicht erklären, warum schwarze Schüler
von einer überwiegend weißen Mitschülerschaft profitieren. Coleman
weist stattdessen auf den Einfluss des sozioökonomischen Status hin, der
sich hinter dem Merkmal der ethnischen Zugehörigkeit verbirgt. Demnach profitieren die Angehörigen der Minderheiten deshalb, weil sie in
einem Schulklima lernen, das stärker von der Leistungsorientierung und
dem Bildungsinteresse der Schüler mit höherem Status geprägt ist. Die
Ursache dafür ist, dass die meisten weißen Eltern ihren Kindern bessere
Bildungschancen mit auf den Weg geben können:

> „The higher achievement of all racial and ethnic groups in schools with grea-
> ter proportions of white students is largely, perhaps wholly, related to ef-
> fects associated with the student body's educational background and aspira-
> tions. This means that the apparent beneficial effect of a student body with a
> high proportion of white students comes not from racial composition per se,
> but from the better educational background and higher educational aspira-
> tions that are, on the average, found among white students." (Coleman 1990:
> 93)

6.2.2 Coleman II: „Busing" und Re-Segregation

Dieser Befund, sachlich und nüchtern vorgetragen, veränderte die US-
Bildungspolitik auf einen Schlag. Denn im Unterschied zu allen anderen
Befunden des Coleman-Reports wurde die Veränderung der Zusammensetzung der Schülerschaft als ein möglicher Hebel zu mehr Bildungsgerechtigkeit angesehen. Die Botschaft war klar: Wenn es nach ethnischen
Kriterien segregierte Schulen gibt –, d. h. Schulen, die nur von bestimmten ethnischen Gruppen besucht werden – und wenn diese Segregation
für die ethnischen Minoritäten ein Nachteil für ihre zukünftigen Lebens-

chancen darstellt, dann muss die ethnische Segregation überwunden werden. Dies schien auch machbar, denn scheinbar musste man nur die ethnische Zusammensetzung der Schulen verändern, d. h. sie ethnisch und sozialstrukturell mischen bzw. „integrieren". Diese Überlegungen mündeten Ende der 1960er Jahre in die Politik der De-Segregation: Schüler aus überwiegend von Schwarzen bewohnten Wohnbezirken wurden per Bus zu Schulen verbracht, die in mehrheitlich von Weißen bewohnten Bezirken lagen („Busing"). Umgekehrt besuchten weiße Schüler bislang überwiegend von schwarzen Schülern besuchte Schulen.

Die hohen Erwartungen an die De-Segregation als Strategie zu mehr Bildungsgerechtigkeit hielt Coleman jedoch für überschätzt (Coleman 1967). Ihm zufolge sind De-Segregation und Bildungsgerechtigkeit zwei verschiedene, voneinander unabhängige Zielsetzungen. De-Segregation sei vor allem dazu geeignet, individuelle Kontakte zwischen den Angehörigen der ethnischen Gruppen zu fördern und damit zum Abbau von Vorurteilen beizutragen. Ihr Effekt sei zu gering, um Bildungsgerechtigkeit zu bewirken. Dazu sei ein anderes Konzept von Schule notwendig, das unter anderem die Leistungsorientierung sowohl der Schüler als auch der Lehrer fördere und das auch zum Austausch von ganzen Klassen verschiedener Schulen anrege (Coleman 1967: 23 ff.).

Jedoch war noch aus einem anderen Grund Skepsis an der Strategie der De-Segregation angebracht. Und wieder war es James Coleman, der zusammen mit Kollegen diese Skepsis mit einer empirischen Studie nährte. In dem 1975 unter dem Titel „Trends in school segregation, 1968-73" erschienenen *Coleman-Report II* wurde untersucht, inwieweit die De-Segregationspolitik tatsächlich zur ethnischen Integration der Schulen beigetragen hat. Dazu verwendeten die Autoren offizielle statistische Daten, mit deren Hilfe das Ausmaß der Segregation für die Jahre 1968, 1970 und 1972 bestimmt werden konnte (vgl. Coleman et al. 1975).

Zunächst zeigten die Analysen, dass die Segregation im Aggregat tatsächlich zurückgegangen war. Während ein durchschnittliches schwarzes Schulkind 1969 eine Schule besuchte, in der ebenfalls 74 Prozent der Schüler schwarze Hautfarbe hatten, waren es im Jahr 1972 nur noch 61 Prozent. Die größten De-Segregationsschritte machten die Südstaaten. Dort war das Ausmaß der schulischen Segregation zuvor ohnehin wesentlich stärker ausgeprägt als an den Küsten, im mittleren Westen oder in den nördlichen Staaten (vgl. Coleman 1990: 176 f.).

Schaut man jedoch genauer hin und betrachtet die Segregation auf der Ebene der Schuldistrikte und Städte, so weisen die Daten auf einen erstaunlichen Gegentrend hin (ebd.: 180 ff.). In vielen Distrikten hat die ethnische Segregation im Zeitverlauf nicht nur nicht abgenommen, sondern ist sogar angestiegen. Zwar ist der Anteil der schwarzen Schulkinder in jenen Schulen gestiegen, die in Distrikten liegen, die überwiegend von weißen Schulkindern bewohnt waren. In den Südstaaten-Distrikten und in den Innenstädten jedoch, wo die schwarze Minorität ohnehin die lokale Bevölkerungsmehrheit stellte, ist der Anteil der weißen Schulkinder in den überwiegend von Schwarzen besuchten Schulen stark gesunken.

Was war geschehen? Coleman zeigt, dass es zu erheblichen räumlichen Abwanderungen der weißen Bevölkerungsteile kam. Besonders groß war die Abwanderung, wenn die Innenstädte und deren Vororte zu unterschiedlichen Schuldistrikten gehörten. Da es kein distriktübergreifendes Busing gab, zogen die weißen Familien aus überwiegend von Schwarzen bewohnten Innenstädten in die mehrheitlich von Weißen bevölkerten Vororte. In den ländlichen Gebieten vor allem des Südostens der USA bestand diese Möglichkeit nicht, denn dort erstreckte sich der Schuldistrikt zumeist über den ganzen Staat. Dort kam es vermehrt zur Gründung von Privatschulen, die dann überwiegend von weißen Schülerinnen und Schülern besucht wurden.

„All the changes described so far suggest a strong individual response to school desegregation on the part of families, especially where desegregation has been great. Direct evidence, however, lies in the tendency of white families to move when desegregation occurs, either to a district with fewer blacks, or to a district in which there is greater segregation – in either case, keeping the proportion of black schoolmates for its children low." (Coleman et al. 1975, zit. n. Coleman 1990: 185)

Die Präsentation dieser Befunde löste in der Öffentlichkeit heftige Irritationen bis hin zu feindseliger Ablehnung der Studie und seiner Autoren aus. Wurde der erste Coleman-Report noch als Beitrag zu einer progressiven Schulpolitik bewertet, schien der zweite Coleman-Report dem ersten ganz und gar zu widersprechen. In der politisch aufgeheizten Atmosphäre der 1970er Jahre galt er vielen als Versuch, die in Gerichtssälen und Demonstrationen erkämpften Rechte der Minoritäten auf dem Gebiet der Bildungspolitik wieder rückgängig zu machen (vgl. Ravitch 1993: 134 ff.). Da nützte es wenig, dass einige Nachfolgestudien darauf hingewiesen haben, dass die erhofften Effekte der De-Segregation bestenfalls gering ausfielen (vgl. Amor 1972; St. John 1975), und dass auch andere Untersuchungen die negativen Seiten des Busing bestätigten (z. B. Clotfelter 1976).

Auch Coleman relativierte seine frühere Position gegenüber der staatlichen De-Segregationspolitik nochmals, ohne jedoch das Ziel der ethnischen Integration mit den Mitteln veränderter Schülerverteilungen aufzugeben (Coleman 1990: 198 ff.). Anstatt eines zwangsweisen „Busing" sollte schulische Integration über Anreize für Eltern und Schulen hergestellt werden. Beispielsweise sollten Schüler die Möglichkeit erhalten, freiwillig Schulen außerhalb ihres Distrikts zu besuchen. Voraussetzung jedoch sei, dass der Anteil der ethnischen Minorität, der ein Schüler angehört, 15 bis 20 Prozent an der aufnehmenden Schule nicht übersteigt. Ein anderer Vorschlag war, Schüler für den Besuch einer integrierten Schule mit zusätzlichen attraktiven Unterrichtsangeboten und Fördermöglichkeiten zu belohnen.

Ohne Zweifel waren die Coleman-Reports Meilensteine in der US-Bildungssoziologie. Zusammen mit dem dritten Coleman-Report (Coleman et al. 1982), der den positiven Einfluss privater Schulen auf den Lernerfolg nachwies, beeinflussten Coleman und Kollegen die akademischen und öffentlichen Debatten in den USA über mehr als zwei Jahrzehnte. Der vielleicht wichtigste Impuls, der von ihnen ausging, war der nachdrückliche Hinweis darauf, dass die Organisation der Schulstruktur einen bildungspolitisch bewegbaren Hebel darstellt, um den Anteil der nicht-legitimen Bildungsungleichheit zumindest ein bescheidenes Stück zu verringern.

6.2.3 Befunde der PISA-Studien

Die Ergebnisse der Coleman-Reports sind jedoch nur mit großer Vorsicht auf andere nationale Bildungssysteme übertragbar. Zum einen sind es die Besonderheiten des US-Bildungssystems mit seinem einzügigen Grundaufbau der Sekundarstufe, die eine unmittelbare Verallgemeiner-barkeit der Ergebnisse erschweren. Zum anderen rücken die Coleman-Reports das Verhältnis von ethnischer Segregation und sozioökonomi-schem Status in den Mittelpunkt ihrer Analyse; ein Zusammenhang, der in seiner bildungspolitischen Bedeutung in vielen anderen nationalen Bildungssystemen so nicht auftritt. Um nun überprüfen zu können, in-wieweit sich die soziale Zusammensetzung der Schulen auf die Schüler-leistung *unabhängig* von der institutionellen Struktur eines Bildungssys-tems und der ethnischen Zusammensetzung der Bevölkerung auswirkt, muss man zu einem anderen methodischen Mittel greifen, nämlich dem Ländervergleich. Ländervergleiche ermöglichen es, allgemeine Hypothe-sen unter Kontrolle der institutionellen Besonderheiten eines Landes zu testen. Sie sind immer dann von großem Nutzen, wenn man wissen will, wie sich zwei Größen unabhängig von den jeweiligen nationalen Kon-textbedingungen zueinander verhalten (vgl. Kohn 1987).

Schüler- und Schulstatus

Die internationalen PISA-Studien aus den Jahren 2000 und 2003 sowie die jeweiligen deutschen Erweiterungsstudien ermöglichen es, den für uns interessanten Zusammenhang im Ländervergleich zu testen. In beiden PISA-Studien hat sich gezeigt, dass die sozioökonomische Herkunft eines Schülers in vielen Ländern einen entscheidenden Einfluss auf die individuellen Schülerleistungen hat (OECD 2001, 2004, 2005; Baumert/ Schümer 2001; Ehmke et al. 2004). Dieser Effekt kann zwei Ursachen haben: Erstens kann der familiäre Hintergrund eines Schülers – d. h. vor allem der sozioökonomische Status seiner Eltern – den Lernerfolg beeinflussen (*Schülerstatus*). Darüber hinaus kann aber auch, wie Coleman für die USA gezeigt hat, die sozioökonomische Verteilung der Schüler auf die Schulen einen eigenständigen Effekt auf die Lernleistung haben (*Schulstatus*).

Anhand der PISA-Daten zu Lesefähigkeit und Mathematikleistungen wurden beide Thesen überprüft (vgl. OECD 2001: 236 ff.). Im Ergebnis zeigt sich: Ein beachtlicher Varianzanteil des Effekts der sozialen Herkunft ist auf die sozioökonomische Zusammensetzung der Schule zurückzuführen. Die Resultate sind in Auszügen in Tabelle 6.1 wiedergegeben. Tabelle 6.1 zeigt, um wie viele Testpunkte sich die Schülerleistung erhöht, wenn sich (a) der durchschnittliche sozioökonomische Status der Schule (Spalte 1) oder (b) der individuelle sozioökonomische Status eines Schülers (Spalte 2) um jeweils eine halbe Standardabweichung erhöht.[12]

---

[12] Zur Messung des soziökonomischen Status verwendet die OECD einen Index, in den folgende Maße eingehen: die berufliche Stellung der Eltern, deren höchster Bildungsabschluss, der relative Wohlstand der Familie, Art und Umfang von Bildungsressourcen und von Kulturgütern im Elternhaus (vgl. OECD 2001: 263 f.).

Tabelle 6.1:   Effekte des sozioökonomischen Status von Schulen und
Schülern auf die Lesekompetenz

	Effekt des aggregierten Schulstatus	*Effekt des individuellen Schülerstatus*
Island	5	11
Finnland	8	13
Norwegen	12	17
Spanien	16	10
Schweden	16	14
Australien	21	17
Kanada	22	14
Dänemark	22	17
Mexiko	22	3
Neuseeland	22	16
Irland	23	13
USA	28	13
Portugal	29	11
Großbritannien	29	15
Korea	30	3
Schweiz	32	12
OECD-Durchschnitt	**32**	**10**
Griechenland	39	7
Luxemburg	40	12
Italien	44	3
Ungarn	47	4
Polen	49	2
Tschech. Rep.	52	10
Belgien	56	7
Österreich	59	4
Deutschland	66	8

Quelle: OECD (2001): 355 (Auszug). Angegeben sind die Effekte der Erhöhung um eine
halbe Standardabweichung auf Schülerebene des Index des wirtschaftlichen, sozialen und
kulturellen Status auf die Lesekompetenz (Angaben für Japan und Niederlande fehlen).

Wie wir sehen, ist der Effekt des Schulstatus in einer Reihe von Ländern deutlich größer als der Einfluss der sozialen Herkunft des einzelnen Schülers. Besonders stark ist dieser Effekt in Deutschland und in Österreich. Welche enorme Bedeutung dieser Zusammenhang für die Bildungschancen der Schüler hat, lassen wir uns von den PISA-Autoren am besten selbst erläutern:

> „Nehmen wir das Beispiel zweier fiktiver Schüler aus Österreich oder Deutschland, die über ähnliche Fähigkeiten verfügen und in Familien aufwachsen, deren sozioökonomischer Hintergrund gemessen am Index des wirtschaftlichen, sozialen und kulturellen Status dem Durchschnitt entspricht. Einer dieser beiden Schüler besucht eine Schule in einer relativ gut situierten Wohngegend, in der das Indexmittel für den wirtschaftlichen, sozialen und kulturellen Status der Schülerschaft insgesamt (auf Schülerebene) eine halbe Standardabweichung über dem OECD-Durchschnitt liegt. Die meisten Mitschülerinnen und Mitschüler dieses Schülers stammen somit aus wirtschaftlich besser gestellten Familien als er selbst. Der andere Schüler besucht eine Schule in einer weniger gut situierten Wohngegend, in der das Indexmittel für den wirtschaftlichen, sozialen und kulturellen Status eine halbe Standardabweichung unter dem OECD-Durchschnitt liegt, so dass dieser Schüler folglich aus einer wohlhabenderen Familie kommt als die Mehrzahl seiner Mitschülerinnen und Mitschüler.
>
> Die Angaben [in Tabelle 6.1; HL] zeigen, dass der erste Schüler in Bezug auf seine Lesekompetenz wahrscheinlich wesentlich besser abschneiden würde als der zweite (und zwar um 66 Punkte auf der Gesamtskala Lesekompetenz in Deutschland und um rund 59 Punkte in Österreich). Für zwei Schüler hingegen, deren wirtschaftlicher, sozialer und kultureller Status nach dem Index jeweils eine viertel Standardabweichung unter bzw. über dem Durchschnitt liegt und die dieselbe Schule besuchen, deren sozialer Hintergrund dem Durchschnitt entspricht, würde der zu erwartende Leistungsunterschied wesentlich geringer ausfallen (8 in Deutschland und 4 Punkte in Österreich." (OECD 2001: 238).

Offenbar gibt es nicht nur in Deutschland, sondern auch in vielen anderen Ländern beachtliche Effekte der sozioökonomischen Schülerzusammensetzung auf den Lernerfolg. Einschränkend muss man jedoch sagen, dass die PISA-Analysen den Einfluss des Schulstatus möglicherweise überschätzen. Verantwortlich dafür ist ein methodisches Problem. Anhand der Daten lässt sich nämlich nicht zweifelsfrei überprüfen, ob die gemessenen Effekte tatsächlich auf die Zusammensetzung der Schulen zurückgehen oder ob sie die Folge von bewussten Selektionen der Schüler durch die Schulen sind, z. B. durch bestimmte Eingangsvoraussetzungen. Da die früheren Schülerleistungen in der internationalen PISA-Befragung nicht miterhoben werden, ist es möglich, dass der tatsächliche Einfluss geringer ausfällt (vgl. OECD 2001: 238; Schümer 2004: 80).

Dass dem wahrscheinlich so ist, zeigt *Gundel Schümer* (2004) anhand der sogenannten PISA-E-Daten für Deutschland, der nationalen Erweiterungsstichprobe zur internationalen PISA-Befragung aus dem Jahr 2001. Dort wurden auch Effekte der Schulform in Deutschland (Haupt-, Real- und Gesamtschule, Gymnasium) auf den Lernerfolg überprüft. Im Ergebnis zeigt sich, dass die soziale Zusammensetzung der Schule sich besonders negativ bei Schülern in Haupt- und Realschulen auswirkt, während sich in den Gymnasien keine großen Effekte der Schulzusammensetzung finden. Die Autorin vergleicht diese Effekte anschließend mit dem Einfluss der individuellen sozialen Herkunft und dem Einfluss der Zugehörigkeit eines Schülers zu einer bestimmten Schulform. Dabei stellt sie fest, dass die Effekte der Zusammensetzung der Schülerschaft eine vergleichsweise geringe Bedeutung haben. Da Herkunfts- und Schulformeffekte in Deutschland größer ausfallen als in den OECD-Analysen, kann man dieses Ergebnis nicht unmittelbar auf die internationale Ebene übertragen.

Ethnische Herkunft

Die letzte Frage, der wir in diesem Zusammenhang nachgehen wollen, lautet: Wie beeinflusst die *ethnische* Zusammensetzung der Schulen die Leistungen der Schüler? Hierzu sind Befunde von *Jürgen Baumert, Ulrich Trautwein* & *Cordula Artelt* instruktiv (Baumert et al. 2003b: 271 ff.). Ebenfalls anhand der deutschen PISA-Stichprobe 2001 untersuchen sie, inwiefern der Lernerfolg eines Schülers vom Anteil jener Kinder in der

Schule abhängt, deren Eltern im Ausland geboren sind („Migrationshintergrund"). Unter Rückgriff auf clusteranalytische Verfahren stellen sie fest, dass in jenen Schulen derselben Schulform, die von einem hohen Anteil von Kindern mit Migrationshintergrund besucht werden, die Lernleistungen aller Schüler deutlich schlechter ausfallen. Besonders negativ wirkt sich dieser Effekt der ethnischen Zusammensetzung in Hauptschulen aus. In geringerem Maße ist er auch in Realschulen und in Gesamtschulen feststellbar.

Erneut ist für Gymnasien kein vergleichbarer Effekt feststellbar. Hier unterscheiden sich Schulen mit höherem und niedrigerem Migrationshintergrund kaum in den Lernleistungen. Dass dies so ist, scheint zum einen am generell niedrigeren Migrantenanteil in Gymnasien zu liegen. Zum anderen weisen die Eltern von Schülern mit Migrationshintergrund in Gymnasien einen im Vergleich deutlich besseren sozioökonomischen Status auf als die Eltern von Migrantenkindern in den anderen Schulformen.

Betrachtet man die Befunde von Schümer (2004) sowie von Baumert et al. (2003b) unter dem Gesichtspunkt der Chancengerechtigkeit im deutschen Bildungssystem, so fällt das Fazit ernüchternd aus: Wenn nachteilige Effekte der Schulzusammensetzung auftreten, dann trifft es insbesondere diejenigen Schülerinnen und Schüler, die aufgrund des sozioökonomischen Status ihrer Eltern und ihrer ethnischen Zugehörigkeit ohnehin die schlechteren Lebenschancen besitzen. Kinder aus privilegierten Schichten sind von vergleichbaren Effekten dagegen besser geschützt.

Zugleich kann man eine grundlegende Parallele zu den Befunden erkennen, die James Coleman für das US-Bildungssystem festgestellt hat. Denn auch dort waren es die Kinder aus Elternhäusern der unterprivilegierten Schichten, vor allem die Angehörigen der ethnischen Minderheiten, denen der negative Einfluss der Schulzusammensetzung zusätzliche Steine in den weiteren Lebensweg legte. Diese Parallelität zwischen den USA und Deutschland zeigt sich, obschon die Bildungssysteme beider Länder grundlegend verschieden sind. Wir sehen damit, dass die personelle Zusammensetzung von Bildungsorganisationen offenbar eine konstante Einflussgröße im Prozess der Aneignung von Bildung ist. Unser Fazit zur Bedeutung der sozioökonomischen Zusammensetzung der Schule auf die Bildungschancen lautet somit:

- Schüler aus statusniedrigen Familien und Angehörige ethnischer Minderheiten erbringen bessere Schulleistungen, wenn sie in einer Schule lernen, die überwiegend von Mittelschichtkindern besucht wird, als wenn sie in einer Schule lernen, der überwiegend Kinder aus ethnischen Minoritäten angehören.
- Die soziale Zusammensetzung der Schule wirkt sich in Deutschland besonders negativ auf Schüler aus unterprivilegierten sozialen Schichten aus. Dagegen hat die Zusammensetzung der Schülerschaft im Gymnasium keinen Effekt auf den individuellen Lernerfolg.

6.3 Leistungsdifferenzierung innerhalb der Schule

Auch jenseits des Einflusses primärer Ungleichheitseffekte verfügen Schülerinnen und Schüler über verschieden ausgeprägte Begabungen und über unterschiedliche Leistungspotentiale. Um den Einzelnen möglichst optimal zu fördern, geht man davon aus, dass die individuellen Lernerfolge umso größer ausfallen, je homogener eine Klasse, eine Gruppe oder ein Kurs zusammengesetzt ist (vgl. Arbeitsgruppe Bildungsbericht am Max-Planck-Institut für Bildungsforschung 1994). Dazu kann ein Schulsystem zwei verschiedene Wege beschreiten: einen *institutionellen* und einen *organisationsinternen* Weg.

Der institutionelle Weg besteht darin, die Mechanismen der Leistungsdifferenzierung auf der Makroebene eines Bildungssystems festzulegen. In diesem Fall sind die Mechanismen für alle Schulen des betreffenden regionalen oder Bildungssystems verbindlich. Die Schülerinnen und Schüler werden nach Ablauf einer gemeinsamen Grundschulzeit auf verschiedene weiterführende Schulformen verteilt, die jeweils unterschiedliche Leistungsanforderungen aufweisen. Dies ist unter anderem in

Ländern wie Belgien, Deutschland, den Niederlanden, Österreich oder Luxemburg der Fall. In diesen Ländern sind die Schulformen hierarchisch nach Leistungsanforderungen angeordnet. In Deutschland sind dies typischerweise die Haupt- und Realschule, die Gesamtschule und das Gymnasium.

Wie die Ergebnisse der deutschen PISA-Teilstudien zeigen, ist ein Großteil der Leistungsunterschiede zwischen den Schülerinnen und Schülern eines Landes auf zwei Faktoren zurückzuführen: (1) auf die Zahl der Schulformen, und (2) auf das Lebensalter der Schüler zum Zeitpunkt der Leistungsdifferenzierung (vgl. Baumert et al. 2003b: 267 ff.). Je mehr Schulformen ein Schulsystem aufweist und je früher die Schüler nach der Grundschule auf diese nach Leistungsanforderungen differenzierten Schulformen verteilt werden, umso ungleicher sind die Lernerfolge innerhalb der Schülerschaft eines Landes (OECD 2001: 161 ff.; Prenzel et al. 2004a).

Doch nicht in allen Ländern werden die Schülerinnen und Schüler auf verschiedene Schulformen verteilt. Die Alternative hierzu ist das Einheitsschulsystem. Dort besuchen alle Schüler die gleiche Schule unabhängig von ihren individuellen Vorleistungen. Wie eingangs erwähnt wurde, ist dies in den USA und in anderen englischsprachigen Ländern, aber auch in Skandinavien der Fall. Doch auch in diesen Ländern werden die Schüler häufig nach Leistung selektiert und separat unterrichtet. Der *organisationsinterne* Weg, den diese Länder mit Einheitsschulsystem gehen, besteht darin, dass die Schüler innerhalb der selben Schule nach dem Grad der individuellen Leistungsfähigkeit auf Lerngruppen – Klassen, Gruppen oder Kurse – mit verschiedenen Leistungsniveaus verteilt werden („Grouping" bzw. „Tracking").

In welchem Ausmaß Lerngruppen eingerichtet werden, wie stark sich diese Gruppen im Leistungsniveau unterscheiden und wie groß der Anteil der von allen Schülern gemeinsam besuchte Unterricht ausfällt, entscheidet sich in der einzelnen Schule. Wie wir schon im vorangegangenen Abschnitt gesehen haben, verfügen die Schulen im Einheitsschulsystem über eine Reihe von Möglichkeiten, um Schüler, Klassenstruktur und Curriculum aufeinander abzustimmen. Da diese Möglichkeiten von den Schulen unterschiedlich genutzt werden, ergibt sich eine im Vergleich zu mehrgliedrigen Schulsystemen größere Varianz an organisationsstrukturell verursachten Effekten auf Schülerleistung und Bildungschancen.

Im Folgenden gilt unser Interesse dem zweiten, organisationsspezifischen Weg der Leistungsdifferenzierung.[13] Um die damit verbundenen Ungleichheitseffekte kennen zu lernen, betrachten wir zunächst die Funktionsweise der Verteilung der Schüler auf unterschiedliche Leistungsgruppen und Klassen. Im zweiten Schritt widmen wir uns den empirisch feststellbaren Ungleichheitseffekten dieser Praxis. Unser Anschauungsobjekt ist wiederum das US-amerikanische Schulsystem.

6.3.1 Funktionsweise

„Ability Grouping" und „Tracking" sind Gruppierungsmechanismen, die im Einheitsschulsystem zu verschiedenen Phasen der individuellen Schulkarriere eingesetzt werden. „Grouping" heißt, die Schüler innerhalb desselben Klassenverbunds zeitweise in kleinere Lerngruppen zu unterteilen. Dies geschieht in den USA vor allem in der Grundschule („Elementary School") und wird im geringeren Maße in der Sekundarstufe („Middle School") eingesetzt. Diese Lerngruppen sind zweckgebunden: Sie werden in der Regel dazu eingerichtet, um die Lesefähigkeit der Schüler zu fördern. Seltener sind Gruppenbildungen im Mathematikunterricht. Üblicherweise werden pro Klasse zwei bis drei Gruppen gebildet, die sich in der durchschnittlichen Leistungsfähigkeit der Schüler, den Lernanforderungen als auch in der Lerngeschwindigkeit unterscheiden (Loveless 1998). Das Ziel der im Vergleich zum Klassenverbund geringeren Gruppengröße ist, dass der einzelne Schüler ein höheres Maß an

---

[13] Wer an den Ungleichheitseffekten der institutionellen Leistungsdifferenzierung interessiert ist, dem seien die bereits erwähnten deutschen PISA-Studien von Baumert et al. (2001) und Prenzel et al. (2004a) sowie der Überblicksaufsatz von Horstkemper/Tillmann (2004) empfohlen.

Aufmerksamkeit durch die Lehrkraft erhält. Obschon der Anteil der Instruktionszeit pro Stunde insgesamt sinkt, wird davon ausgegangen, dass die Intensität des individuellen Lernens steigt (vgl. Hallinan/Sørensen 1987: 63).

„Tracking" bedeutet, dass die Schüler der Sekundarstufe – in der Regel ab der fünften Jahrgangsstufe (High School) – auf Kurse mit gleichem Kursinhalt, aber mit unterschiedlichen Leistungsanforderungen verteilt werden. Welche Fächer „getrackt" werden und wie viele Leistungsstufen es gibt, variiert in den USA von Schule zu Schule. In der Mittelstufe – zwischen der fünften und der neunten Jahrgangsstufe – sind zwei bis drei Tracks in den mathematischen Fächern und in Englisch üblich. In den meisten anderen Fächern bleiben die Schüler unsortiert. In der Oberstufe (Jahrgangsstufe 10-12) werden bis zu vier Kurse für nahezu alle Fächer gebildet: „Honors" und „Academic Tracks" präparieren für den College- bzw. Universitätsbesuch, während „General" und „Vocational Tracks" auf die praktische Berufsausübung vorbereiten. Die Kriterien, nach denen die Schüler auf die Leistungsstufen verteilt werden, sind die Kursnote, die Empfehlung der Lehrkräfte und der Besuch von verpflichtenden Vorkursen. Zudem können auch die Schüler und deren Eltern Präferenzen äußern.

6.3.2 Lerneffekte

Inwiefern „Grouping" und „Tracking" den Lernerfolg der Kinder beeinflussen, ist in einer Vielzahl von Studien untersucht worden. Zwei Fragenkomplexe, die in diesen Studien eine Rolle spielten, wollen wir uns näher anschauen. Im ersten Fragenkomplex geht es darum, ob der Einsatz der Gruppierungsverfahren sich auf die Schülerleistung auswirkt, und wenn ja, ob sich die Leistungsunterschiede zwischen starken und schwachen Schülern vergrößern, ob sie gleich bleiben oder ob sie sich verringern. Der zweite Fragenkomplex lautet, ob Schüler mit unterschiedlichem sozioökonomischen Status und ethnischer Zugehörigkeit überproportional häufig in verschiedene Leistungsstufen eingeteilt werden, und wenn ja, welche Folgen dies für ihre Bildungschancen hat.

Vorab ist zu sagen, dass, *für sich genommen*, weder „Grouping" noch „Tracking" die Schülerleistung beeinflussen. Effekte zeigen sich erst dann, wenn mit der Gruppierung auch das Curriculum variiert wird, das heißt wenn leistungsfähigere Schüler mit anspruchsvolleren Lehrinhalten konfrontiert werden, während leistungsschwächere Schüler geringeren Anforderungen ausgesetzt sind (vgl. Gamoran 1989; Goldberg et al. 1966; Oakes 1985). Nur im Falle eines variierten Curriculums zeigen sich für beide Differenzierungsverfahren Effekte auf den Lernerfolg.

Welche Effekte sind empirisch nachweisbar? In einer Meta-Analyse vergleicht *Robert Slavin* die Resultate von verschiedenen Einzelstudien, die den Lernerfolg in gruppierten und in nicht-gruppierten Klassen untersuchen (Slavin 1987). Sein Befund lautet, dass Schülerinnen und Schüler in nach Leistungsfähigkeit gruppierten Klassen durchschnittlich höhere Leistungen erzielen als Schüler in ungruppierten Klassen. Dies gilt für alle Leistungsstufen. Bemerkenswert ist jedoch, dass leistungsschwächere Schüler stärker von der Gruppierung profitieren als Schüler mit durchschnittlicher oder hoher individueller Leistung (vgl. ebd.). Wichtig ist auch die Größe der Gruppen: Je kleiner die Gruppen sind, desto größer ist der Lernvorteil (vgl. Sørensen/Hallinan 1986). Insgesamt ist zu schlussfolgern, dass Gruppierung in der Grundschule damit allen Schülern nützt.

Anders ist dies im Falle des „Tracking" (vgl. zum Überblick Slavin 1990). Sind die „Tracks" nach Leistung homogenisiert, so steigt der Lernerfolg der leistungsfähigeren Schüler. Dagegen erhöht sich der Lernerfolg der leistungsschwächeren Schüler nicht, oder er sinkt im Vergleich zu heterogen zusammengesetzten „Tracks" sogar ab (Dar/Resh 1986; Opdenakker/van Damme 2001: zusammenfassend Cohen 2000: 269 f. sowie Hallinan 1988: 258 ff.). Die Nachteile des „Tracking" gehen vor allem zu Lasten von Schülern mit geringem Status und den Angehörigen der ethnischen Minderheiten. Denn aufgrund ihrer strukturellen Bildungsnachteile sind diese Schüler überproportional häufig in den unteren Leistungsstufen vertreten (vgl. statt anderer Mickelson/Heath 2001; Oakes 1990).

Die unterschiedlichen Effekte von „Grouping" und „Tracking" sind in Abbildung 6.3 zusammengefasst. Wie wir sehen, fällt die fördernde Wirkung beider Verfahren spiegelverkehrt aus: Während in temporär gruppierten Klassen die Leistungsschwächeren überdurchschnittlich profitieren, sind es im Falle „getrackter" Kurse vor allem die Leistungsstärkeren.

Abbildung 6.3:   Lernerfolg in Abhängigkeit vom Gruppierungsverfahren

Grouping (temporär)	*hoch*	*gering*
Tracking (dauerhaft)	*gering / abnehmend*	*hoch*

niedrig   hoch

Leistungsniveau eines Schülers

Quelle: Eigene Darstellung.

Wieso fördert „Tracking" die leistungsfähigen Schüler, während es die leistungsschwachen relativ benachteiligt? Dafür gibt es zwei Erklärungen. Die erste Erklärung zielt auf die unterschiedlichen *Ressourcen* ab, die den verschiedenen Leistungsstufen zur Verfügung stehen (vgl. Finley 1984; Ingersoll 1999; Oakes 1990). So erhalten Schüler in höheren Leistungsstufen anspruchsvollere Lehrinhalte, die auf den Erwerb von fortgeschrittenem Problemlösungswissen abzielen, sowie häufig wechselnde

Lehrformen. Auch stehen ihnen bessere Lehrmaterialien zur Verfügung, und sie werden von fachlich besser qualifizierten Lehrern unterrichtet. Im Vergleich dazu sind die Lehrinhalte der unteren Leistungsstufen stärker auf Wiederholungswissen ausgerichtet. Auch sind die Lehrer dieser Kurse vergleichsweise geringer qualifiziert. Mit anderen Worten:

> „At present, different curricula are provided to different students as a way to deal with the diversity of student abilities, especially in the middle and high school grades. (...) This often means that below average students are not offered as many courses in science and foreign languages or are enrolled in math and English classes that deemphasize key units in algebra and writing that are prerequisites for advanced work in later grades." (Braddock/Williams 1996: 104, zit. n. Cohen 2000: 269)

Die zweite Erklärung dafür, warum „Tracking" unterschiedliche Leistungseffekte hervorruft, hebt die Bedeutung der *Zusammensetzung der Schülerschaft* hervor. Wie eine Reihe von Studien zeigt, erzielen lernschwächere Schüler in leistungsheterogenen Kursen bessere Ergebnisse als in leistungshomogenen (vgl. Dar/Resh 1986; Kerckhoff 1986; Oakes 1985; Webb et al. 1998) – ein Befund, den wir auf der Ebene der gesamten Schule bereits aus dem Coleman-Report I kennen gelernt haben (vgl. Abschnitt 6.2). Offenbar führt die Konzentration der Leistungsschwachen in eigenen „Tracks" dazu, dass das Anspruchsniveau an den individuellen Lernerfolg auf niedrigem Niveau stabilisiert wird. Dagegen verstehen Schüler ihre Zugehörigkeit zu „Honors" oder „Academic Tracks" als symbolischen Ansporn zu besonderer Leistung (Meyer 1977). Dies gilt besonders dann, wenn der Lernerfolg in diesen Kursen zukünftig herausragenden beruflichen und gesellschaftlichen Erfolg in Aussicht stellt.

> „In this view, the differential symbolic of ability groups leads some students to perform better than others, even when their initial abilities and instructional experiences are held constant. (...) Students in academic programs may achieve more because they expect to attain high-status roles in the future." (Gamoran 1986: 185, 186)

Damit sind wir beim Fazit für diesen Abschnitt zur Leistungsdifferenzierung angelangt:

- „Grouping" und „Tracking" sind Maßnahmen zur Leistungsdifferenzierung der Schüler auf der Ebene der einzelnen Schule.
- Werden Schüler des gleichen Klassenverbunds nach Leistungsfähigkeit vorübergehend und für einzelne Fächer gruppiert, so erzielen sie durchschnittlich höhere Leistungen als Schüler in ungruppierten Schulklassen. Leistungsschwächere Schüler profitieren davon stärker als Schüler mit durchschnittlicher oder hoher Leistungsfähigkeit.
- Werden Schüler dauerhaft auf Kurse mit unterschiedlichem Leistungsniveau verteilt, so steigt der Lernerfolg der leistungsfähigen Schüler, nicht aber jener der leistungsschwächeren Schüler.

6.4 Zusammenfassung

In diesem Kapitel haben wir uns mit dem strukturellen Aufbau der Schule als Prototyp der Bildungsorganisation beschäftigt und ihren Einfluss auf die Ungleichheit der Bildungschancen kennen gelernt. Wir sind von der These ausgegangen, dass die Schule jene primären Effekte sozialer Ungleichheit moderiert, die aus der sozialen Herkunft der Schülerinnen und Schüler resultieren. Je nachdem, welche Struktur eine Schule aufweist, werden primäre Ungleichheiten entweder reproduziert, verstärkt oder verringert.

▶ *Schul- und Klassengröße:* Schüler in kleineren Schulen zeigen ein durchschnittlich größeres extracurriculares Engagement und identifizieren sich stärker mit ihrer Bildungsorganisation als Schüler in größeren Schulen. Zwischen Schulgröße und Lernerfolg besteht ein umgekehrt U-förmiger Zusammenhang: Mit ansteigender Schulgröße steigt der Lernerfolg zunächst an (Ressourceneffekt), um ab einer Größenordnung um 700 wieder abzufallen (Anonymitätseffekt). Ob kleinere Klassen tatsächlich bessere Lernbedingungen schaffen, hängt maßgeblich davon ab, ob die Lehrkräfte diese Opportunitäten auch nutzen. Unabhängig davon profitieren die Angehörigen ethnischer Minderheiten sowie Schüler aus statusniedrigen Elternhäusern stärker von verkleinerten Klassen als dies Mittelschichtkinder tun.

▶ *Zusammensetzung der Schülerschaft*: Schüler aus statusniedrigen Familien und Angehörige ethnischer Minderheiten erbringen bessere Schulleistungen, wenn sie in einer Schule lernen, die vorwiegend von Mittelschichtkindern besucht wird, als wenn sie einer Schule angehören, in der überwiegend Kinder mit dem gleichen sozialen Status bzw. der gleichen ethnischen Zugehörigkeit lernen.

▶ *Leistungsgruppierung*: Werden Schüler der gleichen Klasse für spezifische Lernziele zeitweise in verschiedene Leistungsgruppen eingeteilt („Grouping"), so steigt deren Lernerfolg. Davon profitieren insbesondere leistungsschwächere Schüler. Werden dagegen Schüler dauerhaft in verschiedene Leistungsklassen eingeteilt („Tracking"), so erzielen Kinder aus statusniedrigen Familien geringere Lernerfolge. Dagegen profitieren Kinder aus Mittelschichtfamilien von der dauerhaften Leistungsgruppierung.

6.5 Weiterführende Literatur

Coleman, James S. (1990): Equality and achievement in education. Boulder etc.: Westview Press, 340 Seiten.

Zusammenfassung von Colemans grundlegenden bildungssoziologischen Studien von über zwei Jahrzehnten und ihrer Rezeption in Wissenschaft und US-Bildungspolitik.

Hallinan, Maureen T. (1988): Equality of educational opportunity. In: Annual Review of Sociology 14: 249-268.

Überblicksartikel zum Zusammenhang von Sozialstruktur, Bildungschancen und institutionell-organisatorischen Determinanten; trotz seines Alters ein nach wie vor umfassender Forschungsbericht.

Hallinan, Maureen T. (ed.) (2000): Handbook of the sociology of education. New York etc.: Kluwer Academic/Plenum Publishers. 588 Seiten.
Derzeit aktuellste und umfassende Aufsatzsammlung zu internationalen Bildungssoziologie; enthält viele Hinweise zum Verhältnis von Bildungsorganisationen und sozialer Ungleichheit.

OECD (2004): Lernen für die Welt von morgen. Erste Ergebnisse von PISA 2003. Paris: Organisation für wirtschaftliche Zusammenarbeit und Entwicklung, 527 Seiten.
Zweiter Bericht des internationalen PISA-Konsortiums; umfassende Ländervergleiche in verständlicher Sprache; didaktisch gut aufbereitet; umfangreicher Anhang.

OECD (2005): School factors related to quality and equity. Paris: Organisation for Economic Co-Operation and Development. 157 Seiten.
Schwerpunktbericht zum Einfluss von institutionellen und organisatorischen Effekten des Schulsystems auf den Lernerfolg und Bildungschancen; basiert auf PISA-Daten der ersten Erhebung im Jahr 2000.

III. Verhandlungsorganisation

In diesem Teil stehen zwei Typen von Organisationen im Mittelpunkt: Tariforganisation und Mitbestimmungsorganisation. Beide Organisationen beeinflussen die gesellschaftliche Verteilung jener Güter, die außerhalb ihrer selbst hergestellt werden. *Tariforganisationen* verhandeln miteinander sowohl über die Verteilung des Kooperationsertrags zwischen Arbeit und Kapital als auch über die konkreten Bedingungen der Anwendung von Arbeitskraft in Arbeitsorganisationen. *Mitbestimmungsorganisationen* vertreten die Interessen und Rechte bestimmter sozialer Gruppen auf der Grundlage gesetzlicher Rechte. Unsere Leitfragen an beide Organisationstypen lauten:

- Wie beeinflussen Tarif- und Mitbestimmungsorganisationen die Lebenschancen von Menschen in modernen Gesellschaften?
- Welches sind die Strukturelemente, aufgrund derer Tarif- und Mitbestimmungsorganisationen Verteilungsprozesse strategisch beeinflussen?
- Inwieweit erhalten Personen mit verschiedenen sozialstrukturellen Merkmalen (Alter, Geschlecht, soziale Herkunft) unterschiedliche Güterzuweisungen?

Im siebten Kapitel geht es um die drei Untertypen der Tariforganisation: Gewerkschaft, Unternehmensverband und verhandelndes Einzelunternehmen. Der erste Abschnitt beschreibt die Effekte ihres strategischen Handelns auf die individuelle Lohnhöhe sowie auf die gesellschaftliche Einkommensverteilung (7.1). Die anschließenden Abschnitte stellen drei Strukturelemente von Tarifvertragssystemen dar, die die Ungleichheit

von Lebenschancen beeinflussen: der gewerkschaftliche Organisationsgrad (7.2), der tarifvertragliche Deckungsgrad (7.3) und der Zentralisationsgrad des Tarifvertragssystems (7.4).

Das achte Kapitel ist dem Betriebsrat als Mitbestimmungsorganisation gewidmet. Abschnitt 8.1 legt dar, welche Eigenschaften ihn als eigenständigen Organisationstyp auszeichnen. Abschnitt 8.2 zeigt, wie sich die
Existenz des Betriebsrats auf die Lohnhöhe der Beschäftigten und die
Profitabilität der ihn bewirtenden Arbeitsorganisation auswirkt. Welche
rechtlichen Ursachen für diese Effekte verantwortlich sind, wird in Abschnitt 8.3 dargelegt.

7. Tariforganisation

In welcher Weise beeinflussen Gewerkschaften und Arbeitgeberverbände die Verteilung von Lebenschancen in modernen Gesellschaften? Diese Frage steht im Mittelpunkt dieses Kapitels. Um sie zu beantworten, lohnt es sich, einen kurzen Blick auf das Feld zu werfen, auf dem beide Tariforganisationen über die Bedingungen des Tausches von Lohn und Leistung verhandeln, nämlich den *Arbeitsmarkt*. Aus seiner besonderen Struktur erklärt sich, wieso es überhaupt Tariforganisationen gibt und in welcher Weise sie individuelle Lebenschancen beeinflussen.

Arbeitsmärkte sind sehr spezielle Märkte. Auf den ersten Blick sehen sie aus wie andere Märkte auch, wie z. B. Märkte für Güter, Dienstleistungen oder Kapital. Es gibt eine Ware, die ver- und gekauft wird (Arbeitsleistung), und es treffen Angebot (Arbeitsperson) und Nachfrage (Arbeitsorganisation) aufeinander, aus deren Zusammentreffen sich der Preis der Ware bildet. Doch bei genauerer Betrachtung sieht man, dass Arbeitsmärkte ganz und gar anders funktionieren. Zwei Unterschiede wollen wir hervorheben.

Erstens: Die Angebotsseite des Arbeitsmarkts ist, in der Sprache der Ökonomie formuliert, „preisunelastisch". Die Preiselastizität des Angebots beschreibt das Ausmaß der Mengenanpassung der Angebotsseite auf nachfragebedingte Preisänderungen. Auf vielen Gütermärkten würde das Angebot auf Reduktionen des Nachfrageumfanges mit mehr oder weniger proportionaler Verringerung oder gar Einstellung der Produktion reagieren. Nicht so auf dem Arbeitsmarkt. Denn um ihre Existenz zu sichern, ist jede Arbeitsperson gezwungen, jede auch noch so schlecht entlohnte Tätigkeit anzunehmen, solange sich nicht alternative Unterhaltsquellen zur abhängigen Erwerbsarbeit auftun, z. B. Einkommen aus selbstständiger Tätigkeit, staatliche Unterstützungsleistungen, Schenkungen oder Zuflüsse aus kriminellen Handlungen. Ist dies nicht der Fall, sind Arbeitsorganisationen unter bestimmten Bedingungen in der Lage, selbst für Löhne weit unterhalb des Existenzminimums Arbeitswillige auf dem Arbeitsmarkt zu rekrutieren.

Zweitens: Die Ware, die auf Arbeitsmärkten gehandelt wird, die menschliche Arbeitskraft, ist von ihrem Besitzer, der Arbeitsperson, nicht trennbar. Was das Unternehmen von der Arbeitsperson kauft, ist deren erklärte Absicht, in näherer Zukunft eine in Quantität und Qualität grob bezeichnete Arbeitsleistung abzuliefern. Ob und in welcher Weise es zu dieser Arbeitsleistung kommt, kann auf dem Arbeitsmarkt vertraglich nicht eindeutig festgelegt werden. Damit verschiebt sich die Bestimmung der genauen Arbeitsleistung vom Markt weg in die konkrete Arbeitsorganisation hinein. Dort begegnen sich beide Vertragsseiten jedoch nicht mehr auf gleicher Augenhöhe, sondern sie stehen in einer hierarchischen Beziehung zueinander.

Beide Besonderheiten des Arbeitsmarkts versetzen die Arbeitsorganisation in eine strategisch vorteilhafte Position. Verkürzt gesagt, kann sie die Austauschbedingungen zu ihren Gunsten so beeinflussen, dass sie mehr Ressourcen aus der Vertragsbeziehung herauszuholen imstande ist als die einzelne Arbeitsperson freiwillig zu geben bereit wäre. Mit anderen Worten: Zwischen Arbeitsorganisation und Arbeitsperson besteht ein *Machtungleichgewicht*. Dieses Machtungleichgewicht ist die Wiege der Tariforganisationen Gewerkschaft und Arbeitgeberverband.

Verhandlungsbeziehungen zwischen Tariforganisationen sind daher Machtbeziehungen. Wie auch in anderen Formen sozialer Kooperation, in denen Menschen voneinander abweichende Ziele verfolgen, können Gewerkschaften nicht darauf hoffen, ihre tarifpolitischen Ziele zu realisieren, ohne auf Gegenwehr des Verhandlungspartners zu stoßen. Doch aus welchen Quellen schöpfen die Gewerkschaften soziale Macht? Die Antwort lautet: Indem sie die Abgabe von Arbeitsleistung möglichst vieler Beschäftigten innerhalb der Arbeitsorganisation unterbinden und somit die Produktionsabläufe empfindlich stören. Auf welche Art und

Weise dies geschehen kann, zeigt *Walther Müller-Jentsch* (1997: 38 ff.). Er
unterscheidet vier kollektive Formen des Arbeitskampfes:

- kollektive Sabotage des Produktionsprozesses durch Zerstörung von
  Arbeitsmitteln und Produkten („Maschinenstürmerei"),
- streikähnliche Formen wie kollektive Leistungszurückhaltung, spontan einberufene Betriebsversammlungen, koordinierte Fehlzeiten
  („Bremsen", „Dienst nach Vorschrift"),
- koordinierter oder spontan durchgeführter („wilder") Streik,
- Fabrikbesetzung, in der die Arbeitsmittel und Produkte symbolisch
  in Besitz genommen werden.

Diese vier Kampfformen dienen dazu, die Arbeitsorganisation zu kollektiv verbindlichen Verhandlungen über die Austauschbeziehung zwischen Arbeit und Kapital bzw. staatlichen Arbeitsorganisationen zu
zwingen.

Bislang war vorwiegend von Gewerkschaften und nicht von Arbeitgeberverbänden die Rede. Dies hat seinen guten Grund. Denn einzelne
Arbeitsorganisationen müssen sich nicht notwendigerweise zusammenschließen, um mit ihren Beschäftigten über Lohn und Leistung zu verhandeln, sie können dies auch alleine. *Friedrich Engels*, Zeitzeuge der
Industrialisierung in Deutschland und England, bringt diesen Sachverhalt so auf den Punkt:

> „Die Kapitalisten sind immer organisiert. In den meisten Fällen brauchen sie
> keinen formellen Verband, keine Statuten, keine Funktionäre etc. Ihre im
> Vergleich zu den Arbeitern geringe Zahl, der Umstand, dass sie eine beson-
> dere Klasse bilden, ihr ständiger gesellschaftlicher und geschäftlicher Ver-
> kehr untereinander machen das alles überflüssig." (Engels 1881, S. 256)

Vor allem in den angelsächsischen Ländern, aber auch in den postsozialistischen Ländern Mitteleuropas wird ausschließlich auf der Ebene des
einzelnen Unternehmens verhandelt. Dennoch haben sich in vielen anderen Industrieländern Unternehmens- bzw. Arbeitgeberverbände gebildet,
die stellvertretend für ihre Mitglieder Tarifverhandlungen auf der Bran-

chen- oder der zentralen Ebene einer Volkswirtschaft durchführen. Historisch betrachtet, war die Gründung von tarifpolitisch aktiven Arbeitgeberverbänden eine Antwort auf die einmal ins Leben gerufenen Gewerkschaften (vgl. Müller-Jentsch 1997: 167 ff.) Arbeitgeberverbandsbildung folgte Beschäftigtenverbandsbildung mit dem Ziel, mittels Zusammenlegung von Ressourcen der einzelnen Unternehmen und durch Abstimmung von Verhandlungsstrategien der Organisationsmacht von Gewerkschaften entgegenzuwirken und damit das ursprüngliche Machtungleichgewicht wieder herzustellen (vgl. weiterführend dazu Olson 1965, Offe/Wiesenthal 1980; Streeck 1991 sowie die vergleichende Kritik von Traxler 1997). Auf diesen Zusammenhang zwischen Gewerkschafts- und Arbeitgeberverbandsgründung weist *Gerhard Kessler* bereits gegen Anfang des 20. Jahrhunderts hin:

> „Die Gewerkschaft ist überall die primäre, der Arbeitgeberverband die sekundäre Erscheinung. Die Gewerkschaft ist ihrer Natur nach Angreifer, der Arbeitgeberverband wehrt ab (...). Je früher in einem Gewerbe eine kräftige Gewerkschaft auftritt, umso früher bildet sich auch ein ausgeprägter Arbeitgeberverband." (Kessler 1907: 20; zitiert nach Müller-Jentsch 1997: 167)

In diesem Kapitel gehen wir zwei Fragen nach. Das Zitat von Kessler aufgreifend, fragen wir erstens: Mit welchen Verteilungsfolgen für die abhängig Beschäftigten „greifen" Gewerkschaften an und „wehren" Arbeitgeberverbände bzw. einzelne Arbeitsorganisationen ab? Mit anderen Worten: Wie beeinflussen Tariforganisationen die Verteilung von Lebenschancen in modernen Gesellschaften? Bei der Beantwortung dieser Frage konzentrieren wir uns auf die Verteilung des zentralen Gutes, um das in Tarifverhandlungen gestritten wird: die *Lohn- bzw. Gehaltshöhe* (Abschnitt 7.1). Wir beleuchten die Verteilungseffekte auf der Ebene einzelner Beschäftigter bzw. verschiedener Beschäftigtengruppen, und wir interessieren uns für die Folgen des Organisationshandelns auf der Aggregatebene der Gesellschaft, nämlich für die gesellschaftliche Einkommensungleichheit.

Die zweite Frage geht den Ursachen des Handelns von Tariforganisationen auf Lohnhöhe und Einkommensungleichheit nach. Dabei heben wir drei strukturelle Einflussgrößen hervor, die in der international vergleichenden Forschung als maßgeblich hervorgehoben wurden.

- Die erste Einflussgröße ist der *gewerkschaftliche Organisationsgrad*. Er gibt an, wie viele Beschäftigte Mitglied in einer Gewerkschaft im Verhältnis zu allen potentiellen Gewerkschaftsmitgliedern sind (Abschnitt 7.2).
- Der zweite Erklärungsfaktor ist der *tarifvertragliche Deckungsgrad*. Er besagt, wie verbreitet Tarifverträge in einem Wirtschaftsraum sind, indem er die Zahl der Beschäftigten mit Tarifbindung ins Verhältnis zu allen abhängig Beschäftigten setzt (Abschnitt 7.3).
- Die dritte Einflussgröße ist der *Zentralisationsgrad* eines Tarifvertragssystems. Er beschreibt, auf welcher Ebene eines nationalen Verhandlungssystems Tariforganisationen typischerweise Kollektivverträge abschließen und in welchem Ausmaß Verhandlungen auf der Unternehmens-, Branchen- oder der zentralen Ebene aufeinander abgestimmt sind (Abschnitt 7.4).

7.1 Verteilungseffekte

Um einen Überblick über die Verteilungseffekte von Tarifverhandlungen zu erhalten, ist es sinnvoll, drei Ebenen organisierter Ungleichheit zu unterscheiden: (1) die Mikroebene des Individuums, (2) die Mesoebene der Organisation und (3) die Makroebene der Gesellschaft bzw. einzelner gesellschaftlicher Teilbereiche.

Auf der *Mikroebene* des einzelnen Beschäftigten geht es darum herauszufinden, wie und in welchem Umfang Beschäftigte vom Verhandlungsverhalten ihrer Gewerkschaft partizipieren. Der zentrale Bezugpunkt des Gewerkschaftshandelns ist hier das Kriterium der *Mitgliedschaft*. Aus der Unterscheidung in Mitglied versus Nicht-Mitglied leitet sich ab, wer von den Früchten der Aktivitäten von Verhandlungsorganisationen profitiert und wer nicht. Dabei ist nicht ausgeschlossen, dass Gewerkschaften auch Kollektivgüter produzieren, indem sie dazu beitragen, dass sich auch die Arbeits- und Entlohnungsbedingungen der nicht-organisierten Beschäftigten verbessern. Für die Formulierung der gewerkschaftlichen Verhandlungsziele sind jedoch die Mitgliederinteressen maßgeblich.

Auf welche Güter sich diese Mitgliederinteressen beziehen, kann man an der klassischen Gewerkschaftsdefinition von *Sidney* und *Beatrice Webb* aus dem Jahre 1897 ablesen. Demzufolge verfolgen Gewerkschaften drei Zwecke (vgl. Webb/Webb 1897). Nach *Außen* vertreten sie die Interessen ihrer Mitglieder zum einen gegenüber den Unternehmen auf dem Arbeitsmarkt („Collective Bargaining") und zum anderen in Entscheidungsprozessen des politischen Systems („Legal Enactment"). Nach *Innen* gewähren sie ihren Mitgliedern wechselseitige Unterstützung z. B. im Falle von Unfall, Streik, Aussperrung, Arbeitsrechtsfragen sowie bei der Fortbildung („Mutual Insurance"). Für die ungleiche Verteilung der Lebenschancen ist das „Collective Bargaining" die wichtigste Gewerkschaftsfunktion. Denn in Tarifverhandlungen werden Entscheidungen getroffen, die unmittelbar Auswirkungen auf die individuellen Lebenschancen nach sich ziehen, nämlich (1) Entscheidungen über die Aufteilung des Kooperationsertrags zwischen Kapital und Arbeit, und (2) Entscheidungen über die Aufteilung der Lohnsumme auf verschiedene Beschäftigtengruppen. Daher werden wir uns in der folgenden Darstellung auf die Verhandlungsfunktion konzentrieren.

Auf der *Mesoebene* beobachtet man die aggregierten Folgen der individuellen Güterzuweisungen innerhalb der einzelnen Arbeitsorganisation. Hier geht es um die Effekte der gewerkschaftlichen Lohnpolitik auf das Ausmaß der Einkommensungleichheit, der Produktivitätsentwicklung sowie der ökonomischen Performanz des Unternehmens (Ertragslage und Profitquote).

Auf der *Makroebene* der Gesellschaft ist von Interesse, inwiefern die Tarifpolitik das Ausmaß der Einkommensungleichheit innerhalb einer Branche oder der gesamten Volkswirtschaft beeinflusst, welche Folgen der Tariflohn für die Entwicklung von Arbeitslosigkeit, Produktivitätsentwicklung oder Arbeitskosten nach sich zieht.

Tabelle 7.1 stellt die möglichen Verteilungsfolgen von Tarifverhandlungen im Überblick zusammen. Im Folgenden konzentrieren wir uns auf die Darstellung und Interpretation der Verteilung von monetären Gütern, um die Tariforganisationen ringen, und dabei insbesondere auf den Lohn bzw. das Gehalt als die für individuelle Lebenschancen zentralen Güter. Andere Güter, wie der individuelle Zugang zu Arbeitsplätzen oder Mitspracherechte innerhalb der Arbeitsorganisation, werden am Rande erwähnt und mit weiterführenden Literaturverweisen bedacht.

Tabelle 7.1:   Verteilungsfolgen von Tarifverhandlungen im Überblick

	Bezugsebene der Verteilung	**Folgen u. a.**
Mikroebene	Individuum	Lohn- bzw. Gehaltshöhe Lohnzusatzleistungen Leistungen bei Arbeitsausfall Arbeitsbedingungen Mitspracherechte Beschäftigungsdauer Entlassungsrisiko
Mesoebene	Arbeitsorganisation	Einkommensverteilung Beschäftigungsdauer Arbeitskosten Produktivitätsentwicklung Profitquote
Makroebene	Sektor bzw. Gesamtwirtschaft	Einkommensverteilung Arbeitslosigkeit Arbeitskosten Produktivitätsentwicklung Profitquote

Quelle: Eigene Darstellung.

7.1.1 Lohneffekte auf der Mikroebene

In welchem Ausmaß beeinflussen Gewerkschaften die individuelle Lohnhöhe? Folgt man dem idealtypischen Marktmodell der neoklassischen Ökonomik, so wird die Lohnhöhe auf dem Arbeitsmarkt durch das Aufeinandertreffen von Anbietern und Nachfragern der Arbeitskraft geregelt. Treten nun Gewerkschaften auf den Plan, so werden sie in diesem einfachen Modell als Lohnkartell angesehen, das die freie Preisbildung verzerrt. Mittels Machtbildung durch kollektive Leistungszurückhaltung oder deren Androhung heben sie den Lohn über den Gleichgewichtspreis der Arbeit (vgl. grundlegend Dunlop 1950; zum Überblick vgl. Kaufmann 2004).

Auch soziologische Analysen gehen davon aus, dass Gewerkschaften Löhne steigern. Allerdings schlagen sie dabei einen anderen Erklärungsweg ein. Vor allem konfliktsoziologische Studien behaupten, dass zwischen dem Eigentümer der Arbeitsorganisation als Massennachfrager von Arbeitskraft und dem einzelnen Beschäftigten eine grundlegende Machtasymmetrie besteht (vgl. statt anderer Müller-Jentsch 1997: 28 f.; Offe/Wiesenthal 1980). Dieses Ungleichgewicht führt dazu, dass die Beschäftigten die vom Eigentümer einseitig festgelegten Löhne akzeptieren müssen. Werden Löhne dagegen kollektiv, unter Androhung von Gegenmacht verhandelt, kommt es zur Anhebung der Löhne, da der gewerkschaftliche Zusammenschluss die vormalige Machtasymmetrie zumindest partiell nivelliert.

Obwohl beide Ansätze die Existenz der Gewerkschaften unterschiedlich bewerten, sind sie sich darin einig, dass diese vor allem eines tun: *Löhne steigern.* Tatsächlich zeigt eine kaum überschaubare Zahl von empirischen Untersuchungen, dass gewerkschaftlich organisierte Beschäftigte höhere Löhne und Gehälter erhalten als nicht-organisierte Beschäftigte (vgl. Blanchflower/Bryson 2003, 2004; Card et al. 2004; Freeman 1980; Freeman/Medoff 1984; Hirsch 2004; Hirsch/Schumacher 1998, 2001; Jabubson 1991; Jarrell/Stanley 1990; Lewis 1963, 1986). Dieser Befund findet sich – unter Kontrolle von unterschiedlichen Personen- und Unternehmensmerkmalen – unter anderem

- in verschiedenen privatwirtschaftlichen Branchen und im öffentlichen Dienst (Blanchflower/Bryson 2004; Linnemann et al. 1990),
- unter Beschäftigten mit unterschiedlichem Qualifikationsniveau (Kahn 2000),
- bei männlichen und weiblichen Beschäftigten (Card et al. 2004),
- in Ländern mit unterschiedlichen Tarifvertragssystemen (Kahn 2000).

Dass es einen relativen Lohnvorteil für Gewerkschaftsmitglieder gibt, ist also unbestritten. Weniger klar sind die entscheidenden Details dieses Effekts sowie auch seine Folgen. Die US-Arbeitsökonomen *Richard Freeman & James Medoff* bringen das Problem so auf den Punkt: „Everyone ‚knows' that unions raise wages. The questions are how much, under what conditions, and with what effects on the overall performance of the economy" (Freeman/Medoff 1984: 43). Drei der von Freeman & Medoff angesprochenen Fragen wollen wir im Folgenden näher beleuchten, nämlich:

- Wie groß ist der relative Lohnvorteil der Gewerkschaftsmitglieder?
- Ist der Lohnvorteil über die Zeit hinweg konstant?
- Welche Beschäftigtengruppen profitieren von ihm besonders?

Der Lohnvorteil der Gewerkschaftsmitglieder

Auf der Basis eines Vergleichs von sieben US-amerikanischen Querschnittserhebungen aus den Jahren 1972 bis 1979 gelangen Freeman & Medoff zu dem Schluss, dass der durchschnittliche Lohn der Gewerkschaftsmitglieder in der US-Privatwirtschaft 20 bis 30 Prozent über dem Referenzlohn von Nicht-Mitgliedern lag (Freeman/Medoff 1984: 46). Ein ähnlicher Effekt zeigt sich, wenn man das Lohnniveau von Arbeitern, die vor kurzem einer Gewerkschaft beigetreten sind und in deren Unternehmen ein Kollektivvertrag besteht, mit den Löhnen der nicht-organisierten Beschäftigten ohne Tarifbindung vergleicht. Wie die Daten aus vier Längsschnittsstudien zeigen, betrug der Lohnvorteil der „neuen" Gewerkschaftsmitglieder je nach Studie zwischen acht und 27 Prozent (ebenda: 47).

Ergebnisse einer Meta-Analyse stützen diesen Befund. Jarrell & Stanley (1990) haben für den gleichen Zeitraum über 114 Einzelstudien reanalysiert. Die Ergebnisse deuten – für die USA – auf einen durchschnittlichen relativen Lohnvorteil von neun bis zwölf Prozent hin. Re-Analysen von Studien für den Zeitraum von 1996 bis 2001 finden einen durchschnittlichen Lohnabstand von rund 17 Prozent vor (vgl. Blanchflower/Bryson 2004).

Diese Ergebnisse gelten jedoch nicht für alle nationalen Tarifvertragssysteme in gleicher Weise. *David Blanchflower & Alex Bryson* untersuchen auf der Basis von ISSP-Daten[14] für 1994 bis 1999 die Größe des relativen Lohnvorteils in 17 quer über den Erdball verteilten Ländern (Blanchflower/Bryson 2003: Tabelle 1). Sie finden starke Effekte in Brasilien (40 Prozent Lohnunterschied) und Japan (29 Prozent). Moderate Effekte stellen sich unter anderem in Australien (13), Kanada (9), Österreich (16) und Portugal (20) ein. Für Deutschland, Frankreich, Italien und Schweden finden die Forscher keine nennenswerten Lohnunterschiede. Zu ähnlichen Befunden gelangt auch Kahn (1998) für sechs ausgewählte OECD-Länder.

Warum es diese Differenzen gibt, lernen wir in den folgenden Abschnitten dieses Kapitels näher kennen. An dieser Stelle soll uns der Hinweis ausreichen, dass sich die einzelnen Länder sowohl in der Stärke der gewerkschaftlichen Verhandlungsmacht als auch in der Struktur des jeweiligen Tarifvertragssystems unterscheiden. Beides schlägt sich in unterschiedlichen relativen Lohnvorteilen auf der nationalen Ebene nieder. So betrug der durchschnittliche gewerkschaftliche Organisationsgrad in den USA gegen Ende der 1990er Jahre rund 14 Prozent (vgl.

---

[14] Das „International Social Survey Programme" (ISSP) ist ein seit 1983 existierendes internationales Programm zur Koordination von ländervergleichenden Erhebungen. Nähere Informationen finden Sie unter http://www.issp.org.

Blanchflower/Bryson 2004). In Schweden lag er zeitgleich dagegen bei über 80 Prozent (vgl. Ebbinghaus/Visser 1999).

Darüber hinaus weisen Blanchflower & Bryson (2004) darauf hin, dass es den Gewerkschaften in Ländern ohne nachweisbaren relativen Lohnvorteil offenbar gelingt, Lohnerhöhungen als Kollektivgüter für alle Beschäftigten des nationalen Wirtschaftssystems durchzusetzen. In Deutschland ist dafür unter anderem die Praxis der tariflich gebundenen Unternehmen verantwortlich, auch die Beschäftigten ohne Gewerkschaftsmitgliedschaft nach Tariflohn zu bezahlen – ein Umstand, der in den Ländern mit nachweisbaren Effektstärken nicht gilt. Zu diesem Befund gelangt auch *Claus Schnabel* (1997: 115 ff.) in einer Zeitreihenanalyse von 1970 bis 1993. Seinen Berechnungen zufolge hängt die Höhe des Lohns in Deutschland nicht allein von der Marktentwicklung ab, sondern auch davon, ob überhaupt ein Tarifvertrag im Unternehmen gilt. Anders gesagt, besteht in Deutschland der entscheidende Einkommensunterschied nicht – wie z. B. in den USA – zwischen Gewerkschaftsmitgliedern und Nicht-Mitgliedern *im selben* Unternehmen. Die Einkommensunterschiede verlaufen zwischen Beschäftigten *verschiedener* Unternehmen, nämlich in der folgenden Abstufung:

- tarifgebundene Unternehmen,
- Unternehmen ohne Tarifbindung, deren Bezahlung sich jedoch am Tarifvertrag orientiert,
- Unternehmen ohne Bindung bzw. ohne Orientierung am Tarifvertrag.

Andere deutsche Untersuchungen bestätigen diesen Effekt (vgl. z. B. Gerlach/Stephan 2003). In der Summe haben die Tarifvertragsparteien in Deutschland damit einen größeren Einfluss auf die Lohngestaltung als sich dies in einigen statistischen Analysen zeigt (vgl. z. B. Jirjahn 1999).

Ist der Lohnvorteil über die Zeit konstant?

Relative Lohnvorteile für Gewerkschaftsmitglieder sind im Zeitverlauf hinweg nicht gleich groß, sondern schwanken zum Teil beträchtlich. Abbildung 7.1 gibt die Entwicklung des relativen Lohnvorteils in den USA für den Zeitraum von 1920 bis 1980 im Fünf-Jahresabstand wieder. Besonders bemerkenswert ist hier der Rückgang von 46 Prozent Lohndifferenz in den frühen 1930er Jahren auf nur noch zwei Prozent in der zweiten Hälfte der 1950er Jahre. Bis Mitte der 1960er Jahre stieg der Lohnvorteil wieder an, stagnierte für zehn Jahre bei knapp 20 Prozent, um gegen Ende der 1970er Jahre noch einmal um weitere zehn auf 30 Prozent zuzulegen.

Abbildung 7.1:   Entwicklung der Lohndifferenz in den USA

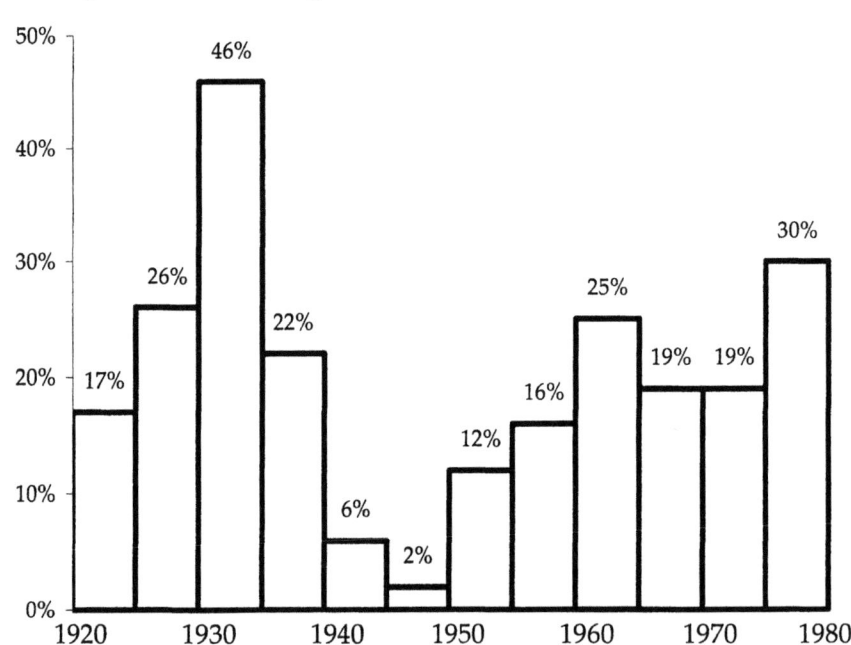

Quelle: Freeman/Medoff 1984: 53.

Wie neuere Berechnungen zeigen, hat die Lohndifferenz in den USA seit Mitte der 1980er Jahre jedoch wieder abgenommen (Blanchflower/Bryson 2004; Hirsch/Schumacher 2001). Nach neueren Berechnungen lag der Unterschied im Jahr 1984 noch bei 20,5 Prozent, ging seitdem kontinuierlich zurück und lag im Jahr 2001 bei rund 14 Prozent.

Worin liegt die Ursache für den Verlauf dieser Schwankungen? Zwei Gründe wollen wir hervorheben. Der erste maßgebliche Grund ist makroökonomischer Natur: Vergleicht man den Verlauf der Schwankungen mit dem Konjunkturverlauf, so sieht man, dass die Lohndifferenzen antizyklisch variieren. In der wirtschaftlichen Depression der 1930er Jahre in den USA („Great Depression") waren die Lohnunterschiede mit über 40 Prozent recht groß, während sie im anschließenden Aufschwung der US-amerikanischen Nachkriegszeit deutlich zusammenschrumpften. Verantwortlich dafür ist die Lohnpolitik der Gewerkschaften, ihre Mitglieder in der ökonomischen Krise vor starkem Lohnabfall zu schützen: „Unionized workers were better able to fight employer efforts to reduce wages in the Depression than were nonunionized workers" (Freeman/Medoff 1984: 52). Im Aufschwung setzen sie dagegen nur moderate Lohnsteigerungen durch.

Für nicht-organisierte Beschäftigte hängt der Lohn stärker von der Arbeitsmarktlage ab. In ökonomischen Krisen kommt es daher zu starkem Lohnabfall, während sich in Zeiten ansteigender Nachfrage nach Arbeitskräften die Lohntüten wieder füllen. Darauf weisen auch Befunde aus Deutschland hin. Wie Analysen von *Friedhelm Pfeiffer* (2003) zeigen, sind tarifgebundene Beschäftigte in wesentlich geringerem Ausmaß von marktbedingten Lohnabsenkungen betroffen. Seinen Schätzungen zufolge beträgt der relative Lohnvorteil rund sechs Prozent im Vergleich zu einer Arbeitsmarktsituation, in der es keine Tariforganisationen und entsprechend keine Kollektivlöhne gäbe (vgl. ebd.).

Verantwortlich für diesen Puffereffekt sind, zweitens, institutionelle Gründe des Tarifvertragssystems. In den USA beinhalten viele Tarifverträge die sogenannte COLA-Klausel (Cost-Of-Living-Adjustment). Ihre Anwendung führt dazu, dass Änderungen im Preisindex für Konsumgüter, die während der Laufzeit des Tarifvertrags unerwartet auftreten, automatisch Anpassungen der Tariflöhne nach sich ziehen. Die COLA-Klausel verhindert damit, dass ein Teil des Lohnes von kurzfristigen Teuerungen aufgezehrt wird. Das Ausmaß der Lohndifferenz hängt damit maßgeblich vom Verbreitungsgrad der COLA-Klausel in den Tarifverträgen ab. Sinkt ihr Verbreitungsgrad, so verringert sich die Lohndifferenz zwischen organisierten und nicht-organisierten Beschäftigten (Freeman/Medoff 1984: 53; Bratsberg/Ragan 2002). Ein weiterer Grund liegt in der längeren Laufzeit der Arbeitsverträge in gewerkschaftlich organisierten Unternehmen, die sie vor kurzfristigen Lohnabsenkungen schützt:

> „Union contracts are more long term than nonunion ones and, as such, less responsive to the economic cycle, so union wages respond to economic conditions with a lag" (Blanchflower/Bryson 2004: 395).

Alle diese Gründe zeigen uns, dass Gewerkschaften noch etwas anderes tun als ausschließlich Löhne steigern. Sie stabilisieren das Lohnniveau ihrer Mitglieder, indem sie konjunkturelle Lohnschwankungen nach oben wie nach unten hin abpuffern. Im Ergebnis schwankt der Lohn eines organisierten Beschäftigten in geringerem Ausmaß als der einer nicht-organisierten Arbeitnehmerin. Dies hat unmittelbare Konsequenzen für die lebensweltliche Verwendung des Lohns. Denn starke individuelle Lohnschwankungen können dazu führen, dass Beschäftigte Schwierigkeiten haben, langfristig zu finanzierende Konsumgüter wie beispielsweise Wohneigentum zu erwerben. Deren Anschaffung setzt in der Regel voraus, dass ein langfristiger Immobilienkredit aufgenommen wird. Kommt es nun zu Lohnschwankungen, wird dessen regelmäßige Tilgung erschwert.

Welche Beschäftigtengruppen profitieren vom relativen Lohnvorteil besonders?

Als Freiwilligenorganisationen sind Gewerkschaften dadurch gekennzeichnet, dass ihre Mitglieder Einfluss auf die Richtlinien der gewerkschaftlichen Lohnpolitik nehmen. Nun sind die Interessen der Mitglieder keineswegs homogen. Sie variieren entlang bestimmter ökonomischer Merkmale (vor allem Branchenzugehörigkeit), aber auch entlang einer Vielzahl von gruppenbezogenen askriptiven (Geschlecht, ethnische Herkunft) demografischen (Alter) und sozioökonomischen Merkmalen (schulische und berufliche Bildung, berufliche Stellung). Die Frage ist damit, welche gruppenspezifischen Interessen von den Gewerkschaften stärker verfolgt werden als andere. Wer also profitiert mehr vom Lohnvorteil, wer weniger? Drei Determinanten wollen wir hervorheben: (1) das Alter eines bzw. einer Beschäftigten, (2) das Bildungsniveau bzw. der Grad der beruflichen Qualifikation, und (3) das Geschlecht.

Alter: Jüngere Gewerkschaftsmitglieder verzeichnen größere relative Lohnvorteile als ihre älteren Kollegen. Gleichwohl verläuft der Effekt nicht linear, sondern U-förmig. Wie Freeman & Medoff (1984: 49) anhand von US-Daten von Ende der 1970er Jahre zeigen, verzeichneten Beschäftigte im Alter von 20 bis 35 Jahren einen relativen Lohnvorteil von rund 21 Prozent, gefolgt von den 56 bis 65-Jährigen (19 Prozent). Geringere Zuwächse erhielten dagegen Personen zwischen 36 und 45 Jahren (17 Prozent) und 46 bis 55 Jahren (13 Prozent). Neuere Untersuchungen bestätigen den U-förmigen Alters-Einkommens-Effekt auch für die 1990er Jahre (vgl. z. B. Blanchflower/Bryson 2004: 388 ff.).

Gezeigt wird jedoch auch, dass der Lohnvorteil der jüngsten Altersgruppe gegenüber der mittleren Altergruppe geringer geworden ist, was sich in einem flacheren Verlauf der U-Kurve niederschlägt. Wie eine komparative Studie anhand von ISSP-Daten aus 15 OECD-Ländern zeigt, gilt der U-förmige Effekt nicht nur für die USA, sondern ist in vielen anderen ökonomisch fortgeschrittenen Gesellschaften nachweisbar (Kahn 2000: 575).

Bildungsniveau und Qualifikationsgrad: Je niedriger der Bildungsabschluss eines organisierten Beschäftigten im nationalen Bildungssystem angesiedelt ist bzw. je geringer seine berufliche Qualifikation, desto größer ist sein relativer Lohnvorteil. Nach Freeman & Medoff (1984: 49) erzielen US-Gewerkschaftsmitglieder ohne High School-Abschluss einen Lohnvorteil von 27 Prozent gegenüber dem durchschnittlichen Lohn von

Nicht-Gewerkschaftsmitgliedern. Dagegen sinkt der Lohnvorteil für gewerkschaftlich organisierte High School-Absolventen auf 19 Prozent ab. Dieser Befund trifft auch für den Zeitraum von 1996 bis 2001 zu (vgl. Blanchflower/Bryson 2004: 388 ff.) und wurde für verschiedene OECD-Länder bestätigt (vgl. Chaykowski/Slotse 2002; Kahn 2000; kritisch hierzu Hirsch/Schumacher 1998), darunter auch für Deutschland (vgl. Kölling et al. 2002: 8).

Geschlecht: Weibliche Gewerkschaftsmitglieder erzielen geringere relative Lohnvorteile als ihre männlichen Kollegen. Die vorliegenden Studien beziffern die Differenz zwischen den Geschlechtern in den OECD-Ländern auf rund vier Prozent (Blanchflower/Bryson 2004; Card et al. 2004; Freeman/Medoff 1984: 49; Kahn 2000). Dies deutet darauf hin, dass Gewerkschaften die Einkommensinteressen ihrer männlichen Mitglieder effektiver durchsetzen als die ihrer weiblichen Mitglieder.

Worauf sind die genannten Unterschiede in den Gewerkschafts-Lohneffekten zurückführbar? Zwei der Effekte – der Alters- und der Bildungseffekt – kann man durch das grundlegende *Werteverständnis der Gewerkschaften* erklären. In ihrem Selbstverständnis sind Gewerkschaften Solidarorganisationen zur wechselseitigen Unterstützung ihrer Mitglieder (vgl. hierzu Müller-Jentsch 1997: 84 ff.). Teil ihrer Solidarfunktion ist die Anwendung des Bedürfnisprinzips gegenüber den am schlechtesten gestellten Beschäftigtengruppen. In der Tarifpolitik äußert sich das Bedürfnisprinzip in einer tendenziell egalitären Lohnpolitik der Gewerkschaften. Konkret bedeutet dies: Die Angehörigen der unteren Einkommensgruppen erhalten größere prozentuale Lohnsteigerungen als die Angehörigen der mittleren oder oberen Einkommensgruppen. Genau darauf weisen die genannten empirischen Befunde hin. Jüngere Beschäftigte und Arbeitnehmer mit geringeren Qualifikationen gehören zu den gering Verdienenden; sie profitieren von der egalitären Lohnpolitik am stärksten (vgl. Kahn 2000).

Bemerkenswert ist, dass sich die Existenz einer egalitären Lohnpolitik nur bedingt aus der typischen Mitgliederstruktur der Gewerkschaft erklären lässt. Jüngere und gering Qualifizierte stellen in der Regel nicht den Kern der aktiven Gewerkschaftsmitglieder. Dies sind zumeist gut qualifizierte Facharbeiter bzw. Angestellte mittleren Alters (vgl. zu dieser Diskussion Agell/Lomerud 1990 sowie Freeman 1980).

Im Falle des Geschlechtereffekts trifft diese Solidarität offenbar nicht zu. Denn obwohl Frauen häufiger in den unteren Lohngruppen eingruppiert sind, profitieren sie in geringerem Maße vom Gewerkschafts-Lohneffekt (vgl. Carl/Krehnke 2004; Weiler 1997). Die Ursachen dafür sind vielfältig und nicht abschließend geklärt. Zum einen sind Frauen generell in geringerem Maße gewerkschaftlich organisiert, weshalb sie auch über geringeren Einfluss auf gewerkschaftliche Entscheidungsprozesse verfügen. In Deutschland betrug der Anteil der in den DGB-Gewerkschaften organisierten Frauen im Jahr 2004 rund 30 Prozent (vgl. Deutscher Gewerkschaftsbund 2005). Zum anderen sind Frauen in jenen Branchen überrepräsentiert, in denen – mit Ausnahme des öffentlichen Diensts – die Gewerkschaften strukturell schwierige Bedingungen für effektive Verhandlungsarbeit vorfinden. Dazu zählen besonders der Einzelhandel, Banken und Versicherungen oder das Hotel- und Gaststättengewerbe (vgl. Lappe 1981). Diese Faktoren führen in der Summe dazu, dass der relative Lohnvorteil von Frauen geringer ausfällt als der ihrer männlichen Kollegen.

7.1.2 Verteilungseffekte auf der Makroebene

Was aber folgt aus dem relativen Lohnvorteil der Gewerkschaftsmitglieder für die gesellschaftliche Einkommensverteilung? Verstärken die Gewerkschaften damit bestehende soziale Ungleichheiten in der Einkommensverteilung oder verringern sie diese? Zwei Positionen haben sich zu dieser Frage formiert. Diese beiden Positionen möchte ich in Anlehnung an Freeman & Medoff (1984) als „marktmonopolistische" und als „egalitaristische" Position bezeichnen.

Theoretische Annahmen

Die „marktmonopolistische" Position der neoklassischen Ökonomik postuliert, dass Gewerkschaften bestehende Einkommensungleichheiten *verstärken*. Begründet wird diese These mit Effekten der Preisanpassung auf den Arbeitsmärkten. Vereinfacht gesagt, lautet das Standardargument so: Die in einer Branche X durch Kollektivverhandlungen verursachten Lohnerhöhungen bedeuten für die betroffenen Unternehmen nichts anderes als gestiegene Arbeitskosten. Darauf reagieren die Unternehmen mit einer Verringerung ihrer Arbeitskräftenachfrage: Sie stellen kurzfristig weniger Leute ein und ersetzen – so es ihnen möglich ist – langfristig Arbeitskraft durch Technologie und durch arbeitsorganisatorische Umstrukturierungen.

Diese Rationalisierung in der gewerkschaftlich gut organisierten Branche X führt – theoretisch – dazu, dass dort Arbeitskräfte entlassen werden bzw. weniger Neueinstellungen vorgenommen werden. Damit steigt das Angebot an Arbeitskräften in anderen Branchen, darunter auch in jenen Branchen Y und Z, die entweder gar nicht oder nur in geringem Umfang gewerkschaftlich organisiert sind. Dort drückt das gestiegene Arbeitskräfteangebot die bisher gezahlten Löhne, weil die Unternehmen dieser Branchen die Löhne einseitig festlegen. Fazit: *Lohnerhöhungen* in X rufen *Lohnabsenkungen* in Y und Z hervor.

Unter bestimmten Bedingungen gesellt sich dazu ein zweiter unerwünschter Effekt. Wird der Arbeitsmarkt in Y und Z nämlich nicht geräumt, d. h. sinkt der dortige Lohn nicht tief genug auf den Gleichgewichtspreis auf dem Arbeitsmarkt, dann kommt es darüber hinaus zum *Anstieg der gesamtwirtschaftlichen Arbeitslosigkeit*. In diesem Fall führen durch Gewerkschaften hervorgerufene Lohnerhöhungen in X zur Veränderung der Beschäftigungsquote in Y und Z.

Der vielleicht prononcierteste Vertreter dieser Position – „Gewerkschaften steigern Einkommensungleichheit und Arbeitslosigkeit" – ist *Milton Friedman*, US-Nobelpreisträger für Ökonomie. Lassen wir ihn selbst zu Wort kommen:

„If unions raise wage rates in a particular occupation or industry, they necessarily make the amount of employment available in that occupation or industry less than it otherwise would be – just as any higher price cuts down the amount purchased. The effect is an increased number of persons seeking other jobs, which forces down wages in other occupations. Since unions have generally been strongest among groups that would have been high-paid anyway, their effect has been to make high-paid workers higher paid at the expense of lower-paid workers. Unions have therefore not only harmed the public at large and workers as a whole by distorting the use of labor; they have also made the incomes of the working class more unequal by reducing the opportunities available to the most disadvantaged workers." (Friedman 1962: 124)

Die zweite, „egalitaristische" Position postuliert demgegenüber, dass Gewerkschaften vorhandene Einkommensungleichheiten *verringern*. Ihr zentrales Argument lautet: Gewerkschaften sind daran interessiert, dass die Unternehmen für gleichwertige Tätigkeiten die gleichen Löhne zahlen, und zwar sowohl zwischen verschiedenen Unternehmen der gleichen Branche als auch innerhalb eines einzelnen Unternehmens. Warum das so sein soll, begründen drei im engeren Sinne organisationssoziologische Argumente (vgl. Card et al. 2004; Freeman 1980; Hübler/Meyer 2001: 286 f.).

- Je stärker das Verhältnis zwischen Lohn und Arbeitsleistung innerhalb einer Branche streut, desto geringer ist die Bereitschaft der Beschäftigten, sich als Gewerkschaftsmitglieder für branchenübergreifende Ziele ihrer Interessenvertretung einzusetzen, zum Beispiel auf dem Feld der staatlichen Arbeitspolitik. *John Freeman* bringt diese grundsätzliche Annahme so auf den Punkt: „Union solidarity is difficult to maintain if some workers are paid markedly more than others, and such a pattern invites division within the organization and loss of certain common advantages, such as joint strike funds and interrelated policies towards major employers" (Freeman 1980: 5). Um diese Solidarität herzustellen, streben viele Gewerkschaften nach

Vereinheitlichung der branchenübergreifenden Arbeits- und Entlohnungsbedingungen.

- Standardisierte Löhne innerhalb eines einzelnen Unternehmens sind dazu geeignet, durch den unmittelbaren Vorgesetzten vorgenommene, willkürliche Lohnfestsetzungen zu vermeiden und damit zu mehr Lohngerechtigkeit beizutragen.

- Erhalten mehr als 50 Prozent der Gewerkschaftsmitglieder weniger als den in einem Unternehmen oder einer Branche gezahlten Durchschnittslohn, so wird die Lohnpolitik der Gewerkschaft darauf abzielen, die Löhne der unteren Einkommensgruppen im Vergleich zu den höheren Einkommensgruppen stärker anzuheben (das sogenannte „Median Voter"-Modell der innergewerkschaftlichen Entscheidungsfindung; vgl. dazu auch Abschnitt 7.4).

Im Ergebnis begründen alle drei Argumente, warum Gewerkschaften ihr strategisches Handeln an einer Reduktion der Einkommensungleichheit ausrichten müssten.

Empirische Befunde

Welche der beiden Positionen ist nun die richtige, die marktmonopolistische oder die egalitaristische? Diese Frage kann nur empirisch entschieden werden. Auch hier teilt sich die Forschung in zwei Lager. Auf der einen Seite weisen eine Reihe von Studien darauf hin, dass Gewerkschaften – ganz im Sinne der marktmonopolistischen Position – Einkommensungleichheiten *verstärken*. Für die 1950er und 1960er Jahre wurde gezeigt, dass die gewerkschaftliche Lohnpolitik die US-Einkommensungleichheit um rund zwei bis drei Prozent gesteigert hat (vgl. Johnson 1975, Lewis 1963: 292). Freeman & Medoff gelangen zu dem Schluss, dass der ungleichheitssteigernde Effekt in den USA in den 1970er Jahren rund ein Prozent betrug (1984: 90 ff.) Anhand von Daten aus 15 OECD-Ländern kommt Kahn (2000) zu dem Befund, dass männliche Beschäftigte, die über vergleichsweise geringe berufliche Qualifikationen verfügen, in

Ländern mit hohem gewerkschaftlichen Organisationsgrad häufiger von Arbeitslosigkeit betroffen sind als in Ländern mit geringer gewerkschaftlicher Organisationsmacht.

Für Deutschland untersucht *Friedhelm Pfeiffer* (2003) den indirekten Beschäftigungseffekt von Tariflohnerhöhungen mit Hilfe von Simulationsrechnungen. Anhand von Daten des Instituts für Arbeitsmarkt- und Berufsforschung (IAB) für die Jahre 1975 bis 1995 fragt er, welchen Effekt die „Rigidität" der tariflich vereinbarten Lohnerhöhungen auf die Höhe der Arbeitslosigkeit hat. Lohnrigidität bedeutet, dass sich die Löhne nicht an die jeweils aktuelle Lage auf dem Arbeitsmarkt anpassen. Die Modellrechnungen zeigen *ceterus paribus*, dass ein Teil der empirisch messbaren Lohnrigidität negative Folgen für die Beschäftigung nach sich zog. So hätte sich die Arbeitslosigkeit in Westdeutschland für das Modelljahr 1985 halbieren können, wäre die Lohnrigidität um durchschnittlich ein Prozent geringer ausgefallen.[15]

Das zweite Lager der empirischen Forschung präsentiert ebenfalls zahlreiche empirische Hinweise. Diese sprechen dafür, dass Gewerkschaften die gesellschaftliche Einkommensungleichheit grundsätzlich *verringern*:

- Die Streuung der Löhne in den gewerkschaftlich hochorganisierten US-Unternehmen sowie Branchen ist geringer als in den gewerkschaftsfreien Unternehmen und Branchen (Freeman 1980).
- Personenmerkmale der Beschäftigten wie Bildung oder Berufserfahrung spielen – mit Ausnahme des Alters – in den organisierten Unternehmen eine vergleichsweise geringere Rolle. Dieser Befund unterstützt die These des Interesses der Gewerkschaften an standardierten Lohn-Leistungs-Relationen.
- Gering qualifizierte Beschäftigte erhalten im Verhältnis zu fachlich umfassend qualifizierten Beschäftigten überdurchschnittliche Lohn-

---

[15] Auf die empirischen Beschäftigungseffekte der gewerkschaftlichen Lohnpolitik gehen wir an dieser Stelle nicht näher ein; vgl. dazu die umfangreiche ökonomische Literatur bei Franz (2003, insbesondere Kapitel fünf und sechs).

zuwächse, und zwar auch dann, wenn sie nicht Mitglied einer Gewerkschaft sind. Dies führt dazu, dass sich die Einkommensungleichheit zwischen Gruppen mit unterschiedlichem Qualifikationsniveau verringert (Kahn 2000).

- Das Ausmaß der Einkommensungleichheit in einem Land hängt unter anderem vom Organisationsgrad der Gewerkschaften ab. Im Zeitverlauf zeigt sich, dass mit sinkendem Organisationsgrad seit den 1980er Jahren die Einkommen zunehmend ungleicher verteilt sind (näheres dazu finden Sie im Abschnitt 7.2).

Vergleicht man die empirischen Ergebnisse der beiden Lager miteinander, so verursachen Gewerkschaften offenbar gleichzeitig zwei gegenläufige Effekte: Während gewerkschaftlich erzwungene Lohnerhöhungen in einem Unternehmen oder einer Branche eine größere Lohnspreizung in anderen Unternehmen bzw. Branchen hervorrufen, führen tarifvertraglich vereinbarte standardisierte Löhne innerhalb desselben Unternehmens sowie zwischen verschiedenen Unternehmen zu einer Absenkung der Einkommensungleichheit. Ähnliche Effekte finden statt, wenn Gewerkschaften egalitäre Lohnstrategien verfolgen.

Wenn beide gegenläufigen Effekte empirisch nachweisbar sind, dann lautet die entscheidende Frage: Welcher Effekt überwiegt? Studien, die beide Effekte parallel überprüfen, kommen zu dem Resultat, dass die ungleichheits*reduzierenden* Effekte des Gewerkschaftshandelns größer sind als die ungleichheits*steigernden* Wirkungen. Wiederum sind es Freeman & Medoff (1984), die auf der Basis von US-Daten aus über 4000 Industrieunternehmen der späten 1970er Jahre folgende Rechung aufmachen:

- Tarifliche Lohnsteigerungen erhöhen, wie von der marktmonopolistischen Position vorhergesagt, die Einkommensungleichheit um rund ein Prozent.
- Die Verringerung der Lohnspreizung unter den Gewerkschaftsmitgliedern führt dazu, dass die Einkommensungleichheit um zwei Prozent zurückgeht.

- Die Anhebung der Einkommen der unteren Einkommensgruppen reduziert die Einkommensungleichheit um weitere zwei Prozent.

Unter dem Strich betrachtet reduzierten die Gewerkschaften laut Freeman & Medoff die Einkommensungleichheit in den USA der späten 1970er Jahre um drei Prozent. Andere US-Studien sowie OECD-Untersuchungen bestätigen diese geschätzten Effekte für *Männer* auch für die 1980er und 1990er Jahre. Sie zeigen übereinstimmend, dass die Einkommensungleichheit in gewerkschaftlich schwach oder gar nicht organisierten Sektoren stärker angestiegen ist als in den organisierten Sektoren (Card 2001; Card et al. 2004; Kahn 2000). Für *Frauen* finden sich dagegen entweder gar keine oder nur geringfügige Effekte. Einige Studien finden sogar Hinweise darauf, dass die Gewerkschaften die Einkommensungleichheit unter den weiblichen Beschäftigten geringfügig erhöhen (Card et al. 2004; Lemieux 1998).

Deutschland als Sonderfall?

Der Zusammenhang zwischen gewerkschaftlichem Handeln und Einkommensungleichheit gilt jedoch nicht überall in gleicher Weise. Er variiert mit den institutionellen Bedingungen des jeweiligen Tarifvertragssystems. Größere Effekte finden sich vor allem für Tarifvertragssysteme wie dem der USA, Kanadas oder Großbritanniens. Diese Länder haben überwiegend *dezentrale* Systeme, in denen das einzelne Unternehmen mit einer oder mehreren nur in diesem Unternehmen vertretenen Gewerkschaften verhandelt (darauf gehen wir ausführlich in Abschnitt 7.4 ein). In Systemen mit Verhandlungen auf der sektoralen oder nationalen Ebene sind die Effekte auf soziale Ungleichheit daher deutlich geringer. Für Deutschland fördern die relativ wenigen bisher durchgeführten Studien Widersprüchliches zu Tage:

- Einige Studien finden *keinen signifikanten Effekt* der Tarifbindung auf die Einkommensungleichheit zwischen gering- und hochqualifizier-

ten Beschäftigten innerhalb des Unternehmens (Fitzenberger 1999;
Gerlach et al. 1999).

- Eine neuere Studie stellt anhand von Daten einer Unternehmensbe-
  fragung niedersächsischer Industrieunternehmen fest, dass die innerbetriebliche Lohnspreizung zwischen gering- und hochqualifi-
  zierten Beschäftigten dann geringfügig *zunimmt*, wenn im Unternehmen ein Branchentarifvertrag gilt (Hübler/Meyer 2001).

- Eine den Zeitraum von 1965 bis 1990 umfassende Studie kommt auf
  der Basis von gepoolten westdeutschen Branchendaten zu dem
  Schluss, dass die Lohnpolitik der meisten deutschen Industriege-
  werkschaften mit einer geringfügigen *Reduktion* der gesamtwirtschaftlichen Einkommensungleichheit zwischen gering- und hoch-
  qualifizierten Beschäftigten einhergeht (Kraft 1994).

Fasst man die Ergebnisse dieser Studien zusammen, so scheinen die
deutschen Gewerkschaften, auf den ersten Blick jedenfalls, die gesellschaftliche Einkommensverteilung nicht nennenswert zu beeinflussen.
Diese Schlussfolgerung ist jedoch voreilig, und zwar aus drei Gründen:

Erstens werden die empirischen Ergebnisse dadurch verfälscht, dass
deutsche Tarifverträge in zweifacher Hinsicht *Kollektivgüter* sind. Bereits
im letzten Abschnitt wurde darauf hingewiesen, dass es in deutschen
tarifgebundenen Unternehmen verbreitete Praxis ist, *allen* Beschäftigten
den Tariflohn zu zahlen und nicht nur denen, die qua Gewerkschaftsmitgliedschaft darauf einen Rechtsanspruch haben. Dahinter verbirgt sich
die Absicht des Unternehmens, die Motivation der Beschäftigten, einer
Gewerkschaft beizutreten und an deren Verhandlungserfolgen zu partizipieren, gering zu halten (der sogenannte „Union Threat-Effekt"; vgl.
hierzu Farber 2005).

Zweitens gehen auch nicht-tarifgebundene Unternehmen dazu über,
den in ihrer Branche geltenden Tarifvertrag anzuwenden. Dieses „Tritt-
brettfahrerverhalten" ist betriebswirtschaftlich rational, weil das betreffende Unternehmen von der Ordnungs- und Befriedungsfunktion des
Tarifvertrags profitiert, ohne sich an den Verhandlungskosten beteiligen

zu müssen (Streikkosten, Verbandsmitgliedsbeiträge). Zudem kann es dennoch flexibel vom tariflich vereinbarten Lohnniveau abweichen. Drittens weisen international vergleichende Studien darauf hin, dass die Lohnspreizung in Deutschland wesentlich geringer ausfällt als in den USA, Kanada oder Großbritannien (vgl. statt anderer Zweimüller/Barth 1994). Diese Unterschiede sind zum einen auf die Verhandlungsstärke der Gewerkschaften zurückzuführen. Zum anderen resultieren sie aus der Varianz der Struktur des Verhandlungssystems, das sich die Tariforganisationen – unter Einwirkung staatlicher Institutionen – gegeben haben. Beide Einflussfaktoren stehen im Mittelpunkt des folgenden Abschnitts.

Doch zuvor fassen wir die Befunde dieses Abschnitts zusammen. Unsere Bilanz sieht so aus:

- Gewerkschaften erhöhen die Löhne ihrer Mitglieder im Vergleich zu den Löhnen der unorganisierten Beschäftigten. Dieser Effekt hängt stark von der Struktur des nationalen Tarifvertragssystems ab (Näheres dazu in den Abschnitten 7.3 und 7.4).
- Gewerkschaften reduzieren konjunkturell bedingte Schwankungen des Lohns über die Zeit hinweg. Dieser Effekt findet sich in verschiedenen Ländern mit unterschiedlichen Tarifvertragssystemen.
- Gewerkschaften heben die relativen Löhne der älteren und gering qualifizierten Beschäftigten stärker an als die der jüngeren und hoch qualifizierten Beschäftigten. Frauen erzielen geringere Lohnvorteile als Männer. Diese Effekte sind im Ländervergleich stabil.
- In der Summe reduzieren Gewerkschaften die Einkommensungleichheit unter den abhängig Beschäftigten einer Gesellschaft. Im Einzelnen verringern sie die Ungleichheit der Einkommen innerhalb eines Unternehmens und zwischen den Unternehmen einer Branche. Dagegen verstärken sie sie in gewerkschaftlich schwach organisierten Branchen.
- Auch in Deutschland erhöhen Gewerkschaften Löhne und reduzieren die Einkommensungleichheit. Im Unterschied zu vielen anderen Ländern produzieren die deutschen Gewerkschaften jedoch im hö-

heren Maße Kollektivgüter, denn hier partizipieren auch viele unorganisierte Beschäftigte von beiden Effekten.

7.2 Der gewerkschaftliche Organisationsgrad

Die Fähigkeit einer Gewerkschaft, die eigenen Verhandlungsziele auch gegen Widerstand eines Arbeitgeberverbands oder eines einzelnen Unternehmens durchzusetzen, hängt maßgeblich davon ab, inwiefern die Gewerkschaftsmitglieder willens sind, die Verhandlungsstrategie ihrer Interessenvertretung tatkräftig zu unterstützen. Von den zu Beginn dieses Kapitels genannten Konfliktformen ist der Streik ohne Zweifel das zentrale Kampfmittel. Um wirksam zu sein, ist es jedoch nicht zwingend erforderlich, dass Streiks auch in vollem Umfang durchgeführt werden. Weil Streiks kostenintensive Produktionsausfälle nach sich ziehen, reicht mitunter die glaubhafte Androhung solcher Maßnahmen aus, um den Arbeitgeberverband auf die Verhandlungslinie der Gewerkschaft einschwenken zu lassen.

Erfolgreiche Androhung bzw. faktische Durchführung eines Streiks setzen jedoch zweierlei voraus: Erstens müssen möglichst viele Beschäftigte in den von den Verhandlungen betroffenen Unternehmen gewerkschaftlich organisiert sein. Zweitens müssen die Mitglieder auch bereit sein, im Ernstfall für die Ziele der Gewerkschaft in den Streik zu treten. Damit ist die Zahl der aktiven Mitglieder die zentrale Voraussetzung der tarifpolitischen Stärke einer Gewerkschaft.[16]

Wie durchsetzungsstark eine Gewerkschaft im Einzelnen ist, kann man am *gewerkschaftlichen Organisationsgrad* ablesen. Der gewerkschaftliche Organisationsgrad ist definiert als Anteil der in einer Gewerkschaft zusammengeschlossenen Beschäftigten im Verhältnis zu den nicht-orga-

---

[16] Die zweite, nachgelagerte Bedingung ist die Folgebereitschaft der Mitglieder, d. h. die Legitimität der tarifpolitischen Strategie. Einen Einstieg in die Literatur zur Legitimität der Willensbildung in Organisationen im Allgemeinen sowie in Gewerkschaften im Besonderen bieten die Studien von Olson (1965), Hirschman (1974) und Weitbrecht (1969).

nisierten Beschäftigten (den potentiellen Mitgliedern) in einem Tarifgebiet – das kann ein einzelnes Unternehmen, ein regionaler Zusammenschluss von branchengleichen Unternehmen, eine Branche oder die gesamte Wirtschaft eines Landes sein.

Weiterhin kann man zwischen Brutto- und Nettoorganisationsgrad unterscheiden (vgl. Ebbinghaus/Visser 1999). Der Bruttoorganisationsgrad umfasst die Zahl *aller* Mitglieder inklusive der Auszubildenden, Rentner und Arbeitslosen. Dem Nettoorganisationsgrad liegen allein die aktuell beschäftigten Mitglieder zugrunde. Soweit nicht anders erwähnt, beziehen sich die folgenden Ausführungen auf den Nettoorganisationsgrad, denn dieser gibt die Verhandlungsstärke einer Gewerkschaft aussagekräftiger wieder als der Bruttoorganisationsgrad.

Wie wir in Abschnitt 7.1 erfahren haben, erhöhen Gewerkschaften die Löhne ihre Mitglieder relativ zu den Nicht-Mitgliedern und reduzieren die Einkommensungleichheit zwischen den Beschäftigten desselben Unternehmens, zwischen Beschäftigten mit gleichen Tätigkeitsmerkmalen sowie zwischen Unternehmen der gleichen Branche. Fragen wir nun nach dem Umfang der Lohnerhöhungen bzw. der Reduktion der Einkommensungleichheiten, so können wir vor dem Hintergrund der einleitenden Überlegungen folgende These formulieren: *Je höher der Organisationsgrad einer Gewerkschaft, desto geringer ist die (betriebliche, sektorale oder gesellschaftliche) Einkommensungleichheit.*

Um diese These empirisch zu prüfen, hat man zwei Möglichkeiten. Die erste Möglichkeit besteht in Querschnittsvergleichen. Hierbei werden Branchen bzw. Länder mit unterschiedlichen gewerkschaftlichen Organisationsgraden auf Lohnunterschiede bzw. Einkommensungleichheiten miteinander verglichen. Eine solche methodisch recht einfache Vorgehensweise hat *Richard Freeman* (1993: 156 ff.) vorgelegt. Freeman stellt dem Organisationsgrad von Gewerkschaften aus 18 OECD-Ländern die für das jeweilige Land erhobene durchschnittliche Einkommensungleichheit gegenüber. Letztere wird über die Varianz der logarithmierten individuellen Einkommen abgebildet. Freemans Berechnungen zeigen, dass jene Länder die geringste Einkommensungleichheit aufweisen, in denen die Gewerkschaften den höchsten Organisationsgrad (von 80 und mehr

Prozent) zu verzeichnen haben. Dies sind vor allem Schweden, Däne-
mark und Finnland. In Ländern mit einem Organisationsgrad von 30
Prozent und weniger – die USA, Frankreich, Japan, Schweiz und Kanada
– sind die Einkommen dagegen messbar ungleicher verteilt. Länder wie
Österreich, Großbritannien und Australien liegen im Hinblick auf beide
Maße jeweils im Mittelfeld.

Nun spiegeln die von Freeman vorlegten Daten die Situation in den
1980er Jahren wieder. Seitdem ist es jedoch in einigen OECD-Ländern zu
erheblichen Veränderungen des gewerkschaftlichen Organisationsgrads
und der Einkommensverteilung gekommen. Nach jüngsten Berechnungen ist das Niveau der Einkommensungleichheit in 20 OECD-Staaten seit
den 1970er Jahren bis Anfang der 2000er Jahre um durchschnittlich 15
Prozent gestiegen, vor allem zu Lasten von älteren Beschäftigten (55 bis
64 Jahre) und von Frauen. Dagegen zählen jüngere Beschäftigte (15 bis 24
Jahre) zu den relativen Gewinnern (OECD 2004: 140). Im gleichen Zeitraum ist der gewerkschaftliche Organisationsgrad in einer Reihe von
OECD-Staaten zum Teil stark gesunken – so u. a. in Australien, den USA,
Großbritannien, Frankreich Deutschland, Österreich und Japan. In Belgien, Dänemark, Finnland, Schweden und Spanien ist der Organisationsgrad dagegen weiter angestiegen, und in Italien, Kanada und Norwegen
ist er konstant geblieben (ebd.: 145). Im Durchschnitt aller OECD-Länder
haben die Gewerkschaften rund 13 Prozent ihrer Mitglieder verloren
(von 34 auf 21 Prozent).[17]

Damit stellt sich die Frage, ob der uns interessierende Zusammenhang zwischen Organisationsgrad und Einkommensungleichheit auch
für die frühen 2000er Jahre nachweisbar ist. Dazu schauen wir uns die
Datenreihen in Tabelle 7.2 an. Dort sind die durchschnittlichen Brutto-

---

[17] Warum der Organisationsgrad in vielen OECD-Ländern zurückgegangen ist, können wir
an dieser Stelle nicht vertieft diskutieren. Dazu empfiehlt sich die umfangreiche Daten-
sammlung und -interpetation zur gewerkschaftlichen Aktivität in Europa von Ebbing-
haus/Visser (1999), der reichhaltige Überblicksaufsatz von Riley (1997), die neueren Arbeiten von Checci/Visser (2005) für Europa, Hirsch/Schumacher (2001) für die USA sowie
Beck/Fitzenberger (2003) und Schnabel/Wagner (2005) für Deutschland.

Organisationsgrade von 23 OECD-Ländern in absteigender Folge aufge-
führt. In der dritten Spalte sind die GINI-Koeffizienten für die 23 Länder
angegeben. Der GINI–Koeffizient spiegelt das Ausmaß der Einkommensungleichheit in einer Gesellschaft wieder. Er zeigt an, in welchem Ausmaß die aktuelle Einkommensverteilung von der absoluten Gleichvertei-
lung der Einkommen (alle erhalten das gleiche Einkommen; GINI-
Koeffizient = 0) bis zur perfekten Ungleichverteilung (einer erhält alles;
GINI-Koeffizient = 100) abweicht. Allgemein gilt: Je höher der GINI-
Wert, desto größer ist die Einkommensungleichheit (zur Berechnung vgl.
statt anderer Hradil 2001: 219 ff.). Die vierte Spalte unterteilt die Länder
nach der Höhe des Organisationsgrads in Quartilsgruppen und weist
jeder Gruppe den für sie durchschnittlichen GINI-Koeffizienten zu.

Die in Tabelle 7.2 wiedergegebenen OECD-Daten deuten darauf hin,
dass sich an dem von Freeman für die 1980er Jahre gefundenen Zusammenhang auch zu Beginn des 21. Jahrhunderts wenig geändert hat. Tatsächlich finden wir in Ländern mit hohen gewerkschaftlichen Organisationsgraden von teilweise über 70 Prozent (vor allem in den skandinavischen Ländern) relativ geringe Einkommensungleichheiten vor.

Tabelle 7.2: Einkommensverteilung und Organisationsgrad in 23
OECD-Ländern zu Beginn der 2000er Jahre[18]

	Organisationsgrad*	GINI **	GINI, gruppiert ***
Schweden	79	24,3	25,2
Finnland	76	26,1	
Dänemark	74	22,5	
Belgien	56	27,2	25,3
Norwegen	54	26,1	
Österreich	37	25,2	
Italien	35	34,7	
Luxemburg	34	26,1	
Großbritannien	31	32,6	28,9
Kanada	28	30,1	
Tschechien	27	26	
Deutschland	25	27,7	
Australien	25	30,5	
Portugal	24	35,6	
Neuseeland	23	33,7	
Niederlande	23	25,1	
Japan	22	31,4	
Ungarn	20	29,3	31,1
Schweiz	18	26,7	
Polen	15	36,7	
Spanien	15	30,3	
USA	13	35,7	
Frankreich	10	27,3	

In den überseeischen englischsprachigen und asiatischen Ländern sowie
in den postsozialistischen Staaten Mitteleuropas korrespondieren Organisationsgrade von unter 25 Prozent mit vergleichsweise hohen GINI-
Koeffizienten von über 30. Besonders deutlich wird dieser Zusammen-

---

[18] Anmerkungen: * Quelle: OECD 2004: 145; wiedergegeben sind Netto-Organisationsgrade.
** Quelle: Förster/d'Ercole (2005): Tabelle A.3. *** Quelle: OECD 2004: 145; eigene Berechnungen. Einteilung der Länder in Quartilsgruppen nach Organisationsgrad.

hang, wenn man die gruppierten Länderwerte betrachtet (Spalte 4). Hier deutet sich ein nahezu linearer Zusammenhang zwischen beiden Kennziffern an.

Aus dieser offensichtlichen Koinzidenz von Organisationsgrad und Einkommensungleichheit, auf die die Daten in Tabelle 7.2 hindeuten, können wir jedoch nicht zweifelsfrei schlussfolgern, dass zwischen beiden Größen auch ein Kausalverhältnis besteht. Zwar wissen wir aus Abschnitt 7.1.2, dass Gewerkschaften die gesellschaftliche Einkommensverteilung in der Tendenz nivellieren. Und wir können mit guten Gründen vermuten, dass der Organisationsgrad ein entscheidender Faktor zur Durchsetzung einer egalitären Lohnpolitik der Gewerkschaften ist. Dennoch gibt es auch eine Reihe anderer Faktoren, die die Einkommensverteilung beeinflussen. Hierzu zählen unter anderem die konjunkturelle Entwicklung, die Entwicklung der Branchenstruktur in einer Ökonomie, die Struktur des Wohlfahrtsstaats und die tarifpolitische Aktivität des Staates.

Um die von uns verfolgte Kausalhypothese zu testen, müssen daher multivariate Analysen durchgeführt werden. Mit ihrer Hilfe kann man prüfen, ob der Organisationsgrad unter Kontrolle weiterer Einflussgrößen einen eigenständigen Effekt auf die Einkommensverteilung besitzt. Außerdem sind Zeitreihenanalysen hilfreich. Wenn unsere Hypothese stimmt, so müssten sich Veränderungen im Organisationsgrad im Zeitverlauf auch in Änderungen der Einkommensverteilung niederschlagen. Tatsächlich zeigen multivariate Studien, dass die Löhne in jenen Branchen bzw. Ländern höher liegen und die Einkommensungleichheit geringer ausgeprägt ist, in denen auch der gewerkschaftliche Organisationsgrad höher ausfällt (vgl. Card 2001; Freeman 1980, 1993; Kahn 2000). Analysen über alle OECD-Länder hinweg heben hervor, dass insbesondere jüngere Beschäftigte zwischen 15 und 24 Jahren dann überdurchschnittliche Lohnzuwächse zu verzeichnen haben, wenn die Beschäftigten in ihrem Land gewerkschaftlich überdurchschnittlich hoch organisiert sind (OECD 2004: 159, 161).

Gleiches gilt für den Zeitreiheneffekt. Beispielsweise untersuchen *John DiNardo, Nicole Fortin & Thomas Lemieux* (1996), inwieweit die Ände-

rung der Einkommensungleichheit in den USA im Zeitraum von 1973 bis
1988 auf eine Veränderung des gewerkschaftlichen Organisationsgrads
zurückgeführt werden kann. Unter Kontrolle von verschiedenen externen Erklärungsfaktoren (z. B. des staatlichen Mindestlohns, unterschiedlicher ökonomischer Faktoren und der Zusammensetzung der Qualifika-
tionsstruktur der Arbeiter) stellen sie fest, dass zeitgleich zum Anstieg
des gewerkschaftlichen Organisationsgrads zwischen 1973 bis 1979 die
Einkommensungleichheit zurückgegangen ist. Im folgenden Zeitraum
von 1979 bis 1988 ist der Organisationsgrad jedoch stark gesunken. Dies
hat sich in einer Erhöhung der Einkommensspreizung bemerkbar gemacht. Zu ähnlichen Befunden gelangen auch Card et al. (2004), Johannson & Coggins (2002), Leslie & Pu (1996), Machin (1997) und Rubin
(1993).

Ob dieser Zusammenhang auch international nachweisbar ist, wurde in einer neueren Vergleichsstudie von Ländern mit strukturell sehr
ähnlichen Tarifverhandlungssystemen – USA, Kanada und Großbritannien – untersucht (Card et al. 2004). Dort zeigt sich, dass der Anstieg der
Einkommensungleichheit in allen drei Ländern seit Mitte der 1980er Jahre ursächlich auf sinkende Organisationsgrade zurückzuführen ist. Analysen der OECD zufolge ist dieser Zusammenhang über die Ländergren-
zen hinweg stabil (OECD 2004: 159 ff., insbes. 161). Die OECD-Analysen
weisen jedoch auch darauf hin, dass der Zusammenhang seit Ende der
1970er Jahre schwächer wird. Über den gesamten Zeitraum von 1970 bis
2000 hinweg findet sich, unter Kontrolle anderer Einflussgrößen des Tarifverhandlungssystems und der Besonderheiten der Länder, ein stabiler
negativer Effekt des Organisationsgrads auf die Einkommensungleichheit.

Zusammengefasst lautet unser Fazit für diesen Abschnitt:

- Je höher der gewerkschaftliche Organisationsgrad in einem Land,
  desto geringer ist die gesellschaftliche Einkommensungleichheit.
- Ein im Zeitverlauf sinkender Organisationsgrad in einem Land
  schlägt sich in einer erhöhten Einkommensungleichheit nieder.

7.3 Der Deckungsgrad des Tarifvertragssystems

Der Organisationsgrad der Beschäftigten ist zwar ein wichtiger Faktor des Einflusses von Tariforganisationen auf die gesellschaftliche Einkommensverteilung, er ist jedoch nicht allein entscheidend. Der zweite Faktor, den wir hervorheben wollen, ist der Deckungsgrad („Coverage") des Tarifvertragssystems. Der Deckungsgrad ist definiert als jener Anteil der Beschäftigten, für die die in einem Tarifvertrag festgelegten Inhalte gelten, im Verhältnis zu allen Beschäftigten der betreffenden Branche oder des betreffenden Landes. Je mehr Beschäftigte also in einem Unternehmen, in einer Branche oder in einem nationalen Verhandlungssystem tarifvertraglichen Regelungen unterliegen, desto höher ist definitionsgemäß der tarifvertragliche Deckungsgrad.

7.3.1 Struktur des Deckungsgrads

Der tarifliche Deckungsgrad ist ein Aggregatmerkmal des Kollektivverhandlungssystems. Er ist das Resultat des aufeinander bezogenen Handelns der Tariforganisationen unter Einfluss des Staates innerhalb eines Wirtschaftsraums. Üblicherweise wird der Deckungsgrad auf der Ebene der gesamten Volkswirtschaft eines Landes bestimmt. Tabelle 7.3 gibt an, wie hoch der Deckungsgrad in den verschiedenen OECD-Staaten ausfällt und wie er sich im Zeitverlauf ändert. Wiedergegeben ist der *nominale* Deckungsgrad. Dies ist der Anteil der Erwerbstätigen, für die die tarifvertraglichen Regelungen aufgrund formaler Mitgliedschaft in der Gewerkschaft bzw. der Mitgliedschaft des jeweiligen Unternehmens in einem tariffähigen Arbeitgeberverband gelten. Nicht berücksichtigt wird der Anteil der Beschäftigten, deren Unternehmen sich an die bestehenden tarifvertraglichen Regelungen anlehnen, ohne dass sie selbst Mitglied im Arbeitgeberverband sind.

Tabelle 7.3 zeigt, dass der Deckungsgrad in den 23 ausgewählten OECD-Staaten im Jahre 2000 über nahezu die volle Breite variierte, nämlich zwischen 95 Prozent in Österreich und 14 Prozent in den USA. Hohe Deckungsgrade von 80 und mehr Prozent finden wir gehäuft in den skandinavischen Ländern sowie auf der iberischen Halbinsel. Besonders gering ist die Tarifdeckung in den postsozialistischen Ländern Ungarn und Tschechien sowie in den außereuropäischen Ländern (mit Ausnahme von Australien). Deutschland liegt mit rund 70 Prozent im Mittelfeld.

Schauen wir uns nun an, wie sich die nationalen Deckungsgrade im Zeitverlauf verändern. Grundsätzlich weisen die nationalen Deckungsgrade ein recht hohes Maß an Stabilität auf. Eine Ausnahme hiervon stellt Großbritannien dar. Dort hat sich die Tarifdeckung zwischen 1970 und 1990 mehr als halbiert.

Die Hintergründe dieser Entwicklung sind ein rapider Strukturwandel im industriellen Sektor und im Bergbau, eine restriktive Gesetzgebung, die den politischen Einfluss der britischen Gewerkschaften zurückdrängte („Thatcherismus") sowie Bemühungen britischer Unternehmen, die Arbeitsbeziehungen zunehmend zu individualisieren (vgl. statt anderer Hollinshead 1992).

Im Vergleich dazu fallen die Veränderungen in den meisten anderen OECD-Ländern recht moderat aus. In einer ersten Gruppe von Ländern – Australien, Belgien, Finnland, Italien und Österreich – hat es, vor dem Hintergrund eines durchschnittlich hohen Deckungsgrads, seit 1980 keine maßgeblichen Veränderungen gegeben. Dagegen ist in den Ländern einer zweiten Gruppe – Dänemark, Frankreich, Portugal, Schweden und Spanien – der Deckungsgrad seit 1980 bzw. 1990 um rund zehn Prozent gestiegen. Eine dritte Ländergruppe – Großbritannien, Kanada, Japan, Niederlande und die USA – hat dagegen Einbußen der Tarifbindung von durchschnittlich 10 Prozent zu verzeichnen.

Tabelle 7.3:   Der tarifliche Deckungsgrad in 23 OECD-Ländern

	1980	1990	2000
Australien	80+	80+	80
Belgien	90+	90+	90+
Dänemark	70+	70+	80+
Deutschland	80+	80+	68
Finnland	90+	90+	90+
Frankreich	80+	90+	90+
Großbritannien	70+	40+	30+
Italien	80+	80+	80+
Japan	25+	20+	15+
Kanada	37	38	32
Luxemburg	..	..	60+
Neuseeland	60+	60+	25+
Niederlande	70+	70+	80+
Norwegen	70+	70+	70+
Österreich	95+	95+	95+
Polen	..	..	40+
Portugal	70+	70+	80+
Schweden	80+	80+	90+
Schweiz	50+	50+	40+
Spanien	60+	70+	80+
Tschechien	..	..	25
Ungarn	..	..	30+
USA	26	18	14

Quelle: OECD 2004: 145. Angegeben sind die jeweils unteren Grenzwerte des Deckungsgrads.

In Deutschland ist die Tarifbindung im genannten Zeitraum um rund 12 Prozent zurückgegangen. Dafür ist vor allem die geringe Verbreitung von Tarifverträgen in Ostdeutschland verantwortlich. Dort sind viele Unternehmen nach 1990 erst gar nicht in die Verbände eingetreten. In der Folge war im Jahr 2001 in Ostdeutschland weniger als jeder zweite Arbeitsplatz von einem Tarifvertrag erfasst (vgl. Kohaut/Schnabel 2003; Schmidt et al. 2003: 240 ff.). In Westdeutschland waren es dagegen knapp 70 Prozent der abhängig Beschäftigten.

7.3.2 Verteilungseffekte

Wie wirkt sich der tarifvertragliche Deckungsgrad auf die Verteilung der Einkommen in einer Gesellschaft aus? Um diese Frage zu klären, gehen wir von folgender recht einfachen Annahme aus: Tarifverträge reduzieren das Ausmaß der Möglichkeiten individueller Lohnabreden, indem sie die Lohn-Leistungs-Relation standardisieren. Je mehr Beschäftigte der Wirkung eines Tarifvertrags unterliegen, desto größer ist der Standardisierungseffekt, d. h. desto geringer ist die Zahl der individuell vereinbarten bzw. vom Unternehmen einseitig festgesetzten Löhne. Unsere These lautet somit: *Je höher der tarifvertragliche Deckungsgrad, desto geringer ist die Einkommensungleichheit in einer Gesellschaft.*

Ob dem tatsächlich so ist, wollen wir erneut anhand von OECD-Daten überprüfen. In Tabelle 7.4 ist in der ersten Spalte der nationale Deckungsgrad pro Jahr für das Jahr 2000 angegeben. Betrachten wir zunächst nur die zweite und dritte Spalte. Die dritte Spalte gibt den aus Tabelle 7.2 bekannten GINI-Koeffizienten als Maß der Einkommensungleichheit wieder.

Über alle Länder hinweg betrachtet deuten die Daten einen negativen Zusammenhang zwischen Deckungsgrad und Einkommensungleichheit an. Je mehr Beschäftigte den Regelungen der ausgehandelten Tarifverträge unterliegen, desto geringer ist die Einkommensspreizung.

Tabelle 7.4:   Deckungsgrad, Organisationsgrad und Einkommens-
                 verteilung in 23 OECD-Ländern zu Beginn der 2000er Jah-
                 re[19]

	Deckungsgrad *	Organisationsgrad **	GINI ***
Österreich	95+	37	25,2
Belgien	90+	56	27,2
Finnland	90+	76	26,1
Schweden	90+	79	24,3
Frankreich	90+	10	27,3
Australien	80	25	30,5
Dänemark	80+	74	22,5
Italien	80+	35	34,7
Niederlande	80+	23	25,1
Portugal	80+	24	35,6
Spanien	80+	15	30,3
Norwegen	70+	54	26,1
Deutschland	68	25	27,7
Luxemburg	60+	34	26,1
Schweiz	40+	18	26,7
Polen	40+	15	36,7
Kanada	32	28	30,1
Großbritannien	30+	31	32,6
Ungarn	30+	20	29,3
Neuseeland	25+	23	33,7
Tschechien	25	27	26,0
Japan	15+	22	31,4
USA	14	13	35,7

Zugleich sehen wir, dass sich der tarifvertragliche Deckungsgrad und der
gewerkschaftliche Organisationsgrad (in der zweiten Spalte) in vielen
Ländern nahezu parallel verhalten. So finden wir in den hoch organisierten skandinavischen Ländern die höchsten Deckungsgrade vor. In Län-

---

[19] *Quelle: OECD 2004: 145; angegeben sind die unteren Grenzwerte des Deckungsgrads.
Quelle: OECD 2004: 145; wiedergegeben sind Netto-Organisationsgrade. * Quelle: Förs-
ter/d'Ercole (2005): Tabelle A.3.

dern mit geringem Organisationsgrad (USA, Polen, Schweiz, Ungarn, Japan und Neuseeland) bestehen dagegen auch die niedrigsten Deckungsgrade.

Dennoch gibt es einige bemerkenswerte Ausnahmen von dieser Regel. Bei genauer Betrachtung wird der überaus geringe Organisationsgrad in Frankreich offenbar von einem der höchsten nationalen Deckungsgrade kompensiert. Tatsächlich decken die in den französischen Arbeitgeberverbänden organisierten Unternehmen über 70 Prozent der abhängig Beschäftigten ab (vgl. Traxler 2004). Dieser Umstand kann erklären, warum die Einkommensungleichheit in Frankreich mit einem GINI-Koeffizient von rund 27 verhältnismäßig moderat ausfällt. Gleiches gilt für die Niederlande und mit Einschränkungen auch für Spanien.

Ein besonderer Fall ist Österreich. Dort sind die Unternehmen gesetzlich zur Mitgliedschaft in der „Wirtschaftskammer", der Österreichischen Spitzenorganisation der Arbeitgeber, verpflichtet (vgl. Traxler et al. 2001: 92 f.). Die Folge ist eine tarifliche Deckungsrate von nahezu 100 Prozent und damit eine vergleichsweise relativ niedrige Einkommensungleichheit.

Lässt sich der Effekt des Deckungsgrads auch in multivariaten statistischen Analysen bestätigen? Folgt man den international vergleichenden Studien, so fällt die Antwort widersprüchlich aus. Einige Analysen zeigen unter Kontrolle verschiedener weiterer Merkmale des Tarifvertragssystems, dass ein höherer tarifvertraglicher Deckungsgrad einen nachweisbar *verringernden* Effekt auf die Einkommensungleichheit im betreffenden Land hat. Diesen Zusammenhang wurde jeweils anhand von Daten aus 17 bzw. 15 OECD-Ländern für den Zeitraum von Mitte der 1980er bis Mitte der 1990er Jahre bestätigt (Kahn 2000; Pontusson 2000).

Korrelationsanalysen der OECD, die auf der Basis von gepoolten Daten von 1970-2000 erstellt worden sind, bestätigen diesen Zusammenhang (vgl. OECD 2004: 159). Sie zeichnen zudem ein differenziertes Bild. So steigert ein höherer Deckungsgrad die relativen Einkommen von jüngeren Beschäftigten (15 bis 24 Jahre) gegenüber älteren Beschäftigten sowie die Einkommen von weiblichen gegenüber männlichen Beschäftigten. Auch gibt es den erwarteten negativen Effekt des Deckungsgrads auf die Einkommensungleichheit. Im Rahmen von multivariaten Analysen erreicht dieser letzte Zusammenhang jedoch nicht die üblichen Signifikanzniveaus. Dies deutet darauf hin, dass der Effekt des Deckungsgrads auf die Einkommensungleichheit möglicherweise von dritten Faktoren beeinflusst wird. Doch welche Faktoren sind dies?

7.3.3 Determinanten des Deckungsgrads

Der Deckungsgrad eines Tarifvertragssystems ist – wir haben bereits darauf hingewiesen – kein Merkmal von einer der beiden Tariforganisationen, sondern er ist die *aggregierte Folge* des aufeinander bezogenen Handelns aller Akteure der industriellen Beziehungen. Dies sind die Beschäftigten und ihre Gewerkschaften, die Unternehmen und ihre Verbände sowie die staatlichen Institutionen der Rechtssetzung und der Rechtsprechung. Die Verbreitung von Tarifverträgen hängt zunächst davon ab, wie viele Unternehmen in einer Branche oder der Gesamtwirtschaft bereit sind, einen Tarifvertrag anzuerkennen. Dies kann auf zwei Wegen geschehen:

- Entweder tritt ein Unternehmen einem Arbeitgeberverband bei, der stellvertretend für seine Mitglieder Tarifverträge aushandelt (*Multi Employer Bargaining*),
- oder das Unternehmen nimmt selbst separate Verhandlungen mit einer oder mehreren im eigenen Haus vertretenen Gewerkschaften auf und schließt einen Haustarifvertrag ab (*Single Employer Bargaining*).

Beide Verhandlungsmodelle beschreiben im Aggregat eines Landes grundlegend verschiedene Tarifstrukturen. Im ersten Fall sind die Tarifvertragsinhalte für viele Beschäftigten dieselben, und im zweiten Fall bestehen vielfältige Tarifverträge mit zumeist unterschiedlichen Regelungsmaterien nebeneinander. In der Summe führen jedoch beide Verhandlungstypen – massenhaft praktiziert – zur Ausweitung des tarifvertraglichen Deckungsgrads. Im Vergleich zur Nicht-Existenz bzw. zur geringen Verbreitung von Tarifverträgen tragen beide Verhandlungstypen damit zur Reduktion der Einkommensungleichheit bei.

Dennoch ist die Organisationsbereitschaft der Unternehmen nicht die entscheidende Determinante des Deckungsgrades eines Tarifvertragssystems. Sie ist nur die mittelbare Folge zweier anderer Faktoren. Wie *Franz Traxler, Sabine Blaschke & Bernard Kittel* anhand von OECD-Daten zeigen, sind die Unternehmen nur dann bereit, sich zu organisieren und damit Tarifverträge anzuerkennen, wenn mindestens eine von zwei strukturellen Bedingungen vorliegt (vgl. Traxler et al. 2001: 199 ff.):

- *Hochorganisierte Gewerkschaften.* Starke Gewerkschaften sind in der Lage, den betrieblichen Leistungsprozess individueller verhandlungsunwilliger Unternehmen zu stören mit dem Ziel, die Aufnahme von Tarifverhandlungen zu erzwingen. Dagegen können sich die Unternehmen nur wehren, indem sie einem Arbeitgeberverband beitreten. Verbandsbeitritt sichert die rechtliche und logistische Unterstützung im Konfliktfall. Damit erhöhen sich auch die Konfliktkosten der streikführenden Gewerkschaft.
- *Allgemeinverbindlichkeitserklärung des Staates.* Viele Staaten weiten Tarifverträge über ihren Geltungsbereich hinaus auf alle Unternehmen einer Branche oder des gesamten nationalen Tarifsystems aus (zum Überblick vgl. OECD 2004: 148). Tritt dieser Fall ein, so versuchen die Unternehmen mittels Verbandsbildung, Einfluss auf die politischen Entscheidungsprozesse zur Lohnpolitik zu nehmen.

Beide Bedingungen beeinflussen den tarifvertraglichen Deckungsgrad. Trifft bereits eine der beiden zu, so steigt die Organisationsbereitschaft der Unternehmen. Fehlen jedoch beide Bedingungen, so ist die Bereitschaft der Unternehmen, sich zu organisieren, gering, was sich in der Folge in einem niedrigen Deckungsgrad und in entsprechend höherer gesellschaftlicher Einkommensungleichheit niederschlägt. Traxler et al. (2001) schlussfolgern daraus, dass sich das Verhalten der Unternehmen und Arbeitgeberverbände nur dann positiv auf den Deckungsgrad auswirkt, wenn die Beschäftigten (per Zusammenschluss) oder der Staat (per Tarifausweitung) dies erzwingen:

> „In contrast to employees, employers do indeed miss a positive interest in collective bargaining. When entering into collective bargaining, they respond to either union power or to state promotion of collective agreements. If the two forces are missing, employers will clearly prefer individual contracting. This implies that employer organizations are derivative phenomena, in that their constituency associates and deploys organizational strength merely under external pressure." (Traxler et al. 2001: 203)

Als zentrales Ergebnis dieses Abschnittes halten wir fest:

- Je höher der Deckungsgrad eines nationalen Tarifvertragssystems, desto geringer ist die gesellschaftliche Einkommensungleichheit.
- Das Ausmaß des Deckungsgrads hängt von der Bereitschaft der Unternehmen zur Verbandsbildung ab. Diese Bereitschaft ist eine Folge der Organisationsmacht der Gewerkschaften sowie der Neigung des Staates, Tarifverträge für allgemeinverbindlich zu erklären.

7.4 Der Zentralisationsgrad des Tarifvertragssystems

Betrachten wir die Ausführungen der vorangegangenen Abschnitte nochmals aus einem anderen Blickwinkel. Zusammengefasst gesagt, kann man den gewerkschaftlichen Organisations- und den tariflichen Deckungsgrad als konstitutive Merkmale des Tarifvertragssystems bzw. als Merkmale erster Ordnung ansehen. Mit „konstitutiv" ist gemeint, dass es ohne sie gar kein Verhandlungssystem geben würde. Quantitative Abstufungen im Organisations- und im Deckungsgrad zwischen den verschiedenen Ländern führen demnach dazu, dass sich die nationalen Tarifvertragssysteme in ihrer *Dichte* unterscheiden: Je höher der Organisationsgrad und je mehr Beschäftigte tarifvertraglich erfasst sind, desto dichter ist das Netz der kollektiven Regelungen über Löhne, Arbeitszei-

ten oder Schutzbestimmungen in einem Land. Und – für uns entscheidend! – desto geringer ist die gesellschaftliche Einkommensungleichheit.
Gewerkschaftlicher Organisations- und nationaler Deckungsgrad beschreiben die Struktur eines Tarifvertragssystems jedoch nicht vollständig. Denn jenseits dessen unterscheiden sich die nationalen Tarifvertragssysteme in Hinblick auf eine weitere, für die Einkommensverteilung
hochrelevante Einflussgröße: den *Zentralisationsgrad der Tarifverhandlungen.*

7.4.1 Struktur des Zentralisationsgrads

Prinzipiell können Gewerkschaften und Arbeitgeberverbände Kollektivverträge desselben Inhalts auf drei verschiedenen Ebenen eines nationalen Wirtschaftsraums abschließen:

- auf der lokalen Ebene des einzelnen Unternehmens bzw. einzelner
  Unternehmensteile,
- auf der Ebene einer regionalen bzw. überregionalen Branche oder
  eines Wirtschaftssektors,
- auf der nationalen Ebene eines Wirtschaftsraums.

Auf allen drei Ebenen können Verträge entweder separat für einzelne
Beschäftigtengruppen oder über alle Beschäftigtengruppen hinweg abgeschlossen werden. Generell gilt: Je höher die Ebene des Tarifvertragsab-
schlusses, desto größer ist der Anteil derjenigen Beschäftigten und Unternehmen, die den gleichen inhaltlichen Regelungen unterliegen.
    Um den Zentralisationsgrad empirisch abzubilden, wurden ver-
schiedene Skalen vorgeschlagen (vgl. Calmfors/Driffill 1988; Traxler et al.
2001; Wallerstein 1999). Im Folgenden wird die fünfstufige OECD-Skala
beschrieben (vgl. OECD 2004: 151). Diese Skala hat gegenüber der oben
genannten Einteilung in drei Verhandlungsebenen den Vorzug, dass sie
empirisch vorfindbare Mischformen identifizieren kann. Die Nummerie-
rung gibt an, auf welcher Ebene Verhandlungen stattfinden:

1. Unternehmens- bzw. Werksebene dominiert,
2. Kombination aus Branchen- und Unternehmens- bzw. Werksebene, wobei für einen bedeutenden Anteil der Beschäftigten Firmentarifverträge bindend sind,
3. Branchenebene dominiert,
4. Branchenebene dominiert bei gleichzeitigen Verhandlungen auf der zentralen Ebene,
5. Verhandlungen überwiegend auf zentraler Ebene.

Tabelle 7.5 zeigt, welche Ausprägungen die Zentralisation des Tarifvertragssystems annehmen kann und welche unterschiedlichen Zentralisationsgrade die 25 OECD-Länder im Zeitverlauf aufweisen. Blicken wir zunächst auf die letzte Spalte für den Zeitraum von 1995 bis 2000. Zu erkennen ist, dass Finnland und Norwegen die gegenwärtig zentralisiertesten Verhandlungssysteme aufweisen, gefolgt von Irland und Portugal mit überwiegend zentralisierten Verhandlungen. Sektorale Verhandlungen werden in vier mitteleuropäischen Ländern – Österreich, Belgien, Deutschland und den Niederlanden – sowie in Spanien und Schweden praktiziert. In den angloamerikanischen, postsozialistischen und asiatischen Industriestaaten werden Verhandlungen dagegen vorwiegend auf der dezentralen Ebene des einzelnen Unternehmens geführt.

Zugleich sehen wir, dass sich im Periodenvergleich relativ wenige Veränderungen ergeben haben. In den meisten Ländern ist der Zentralisationsgrad über 30 Jahre hinweg stabil geblieben oder hat sich, wie in Großbritannien oder der Schweiz, lediglich um eine Ebene dezentralisiert. Starke Dezentralisierungen haben dagegen in Australien und Neuseeland gegen Anfang der 1990er Jahre, in Spanien Ende der 1980er Jahre und in Dänemark Anfang der 1980er Jahre stattgefunden.

In Deutschland haben tarifliche Öffnungsklauseln und einzelbetriebliche Abweichungen vom Tarifvertrag in der zweiten Hälfte der 1990er Jahre zur partiellen Dezentralisierung des traditionell sektoralen Tarifvertragssystems vor allem in der Metall- und Chemieindustrie geführt (vgl. Näheres bei Rehder 2003; Seifert 2002). Hier übertragen die Tarifparteien den Betriebsparteien (Betriebsrat und Geschäftsleitung) die Möglichkeit, Abweichungen vom Flächenvertrag eigenständig zu verhandeln. Bevor diese Abweichungen rechtskräftig werden, müssen sie den zuständigen Tariforganisationen häufig zur Billigung vorlegt werden.

Tabelle 7.5:   Der tarifliche Zentralisationsgrad in 25 OECD-Staaten

	1970-74	1975-79	1980-84	1985-89	1990-94	1995-2000
Australien	4	4	4	4	2	2
Österreich	3	3	3	3	3	3
Belgien	4	(3,5)	3	3	3	3
Kanada	1	1	1	1	1	1
Tschechien	..	..	..	..	1	1
Dänemark	5	5	3	3	3	2
Finnland	5	5	(4)	5	5	5
Frankreich	2	2	2	2	2	2
Deutschland (- 1990: West)	3	3	3	3	3	3
Ungarn	..	..	..	..	1	1
Irland	4	4	1	(2,5)	4	4
Italien	2	2	(3,5)	2	2	2
Japan	1	1	1	1	1	1
Korea	1	1	1	1	1	1
Niederlande	3	3	3	3	3	3
Neuseeland	3	3	3	3	1	1
Norwegen	(4,5)	(4,5)	(3,5)	(4,5)	(4,5)	(4,5)
Polen	..	..	..	..	1	1
Portugal	5	4	3	3	4	4
Slovakische Republik	..	..	..	..	2	2
Spanien	5	4	4	(3,5)	3	3
Schweden	5	5	(4,5)	3	3	3
Schweiz	3	3	3	3	2	2
Großbritannien	2	2	1	1	1	1
USA	1	1	1	1	1	1

Quelle: OECD 2004: 151. Werte in Klammern geben jene Periodendurchschnitte wieder, bei denen mindestens zwei Jahre vom Modalwert der betreffenden Periode abweichen.

Ein Beispiel hierfür ist der Vergütungstarifvertrag 2004 in der südwestdeutschen Metallindustrie, der befristete Abweichungen vom Tarifniveau

„im Falle der Gefährdung der wirtschaftlichen Bestandsfähigkeit des
Unternehmens erlaubt" (IG Metall 2004: 6). Im Ergebnis führt die Nutzung dieser Öffnungsklauseln zu einer Vielzahl unterschiedlicher betrieblicher Vereinbarungen („betriebliche Bündnisse für Arbeit und Wettbewerbsfähigkeit"), die zumeist temporäre Lohnsenkungen und Arbeits-
zeitverlängerungen bzw. Verkürzungen zum Inhalt haben (Streeck/Reh-
der 2003). Wie die Werte für Deutschland in Tabelle 7.5 zeigen, haben
diese lokalen Anpassungen jedoch nicht zu einer im internationalen Vergleich messbaren Dezentralisierung des Tarifvertragssystems geführt.

7.4.2 Verteilungseffekte

In welcher Weise beeinflusst der Zentralisationsgrad eines Tarifvertragssystems die gesellschaftliche Einkommensungleichheit? Die These, die
wir im Folgenden anhand von OECD-Daten prüfen wollen, lautet: *Mit
steigendem Zentralisationsgrad sinkt das Ausmaß der Einkommensungleichheit
in einer Gesellschaft.*
     Ob dieser Zusammenhang zutrifft, können wir Tabelle 7.6 entneh-
men. In der zweiten Spalte sind die nationalen Zentralisationsgrade aus
Tabelle 7.5 für den Zeitraum von 1995 bis 2000 wiedergegeben. Die dritte
Spalte enthält die aus Tabelle 7.2 bekannten nationalen GINI-
Koeffizienten (mit Ausnahme von Luxemburg, da für dieses Land keine
OECD-Angaben zum Zentralisationsgrad vorliegen). Analog zu Tabelle
7.2 werden in der vierten Spalte die nach Zentralisationsgrad gruppierten
GINI-Koeffizienten wiedergegeben. Beide Spalten zeigen klare Paralle-
len: Je niedriger der Zentralisationsgrad, desto höher ist die nationale
Einkommensungleichheit.

Tabelle 7.6:   Einkommensverteilung und Zentralisationsgrad in
22 OECD-Ländern zu Beginn der 2000er Jahre

	Zentralisationsgrad*	GINI**	GINI, gruppiert ***
Finnland	5	26,1	26,1
Norwegen	4,5	26,1	
Portugal	4	35,6	35,6
Schweden	3	24,3	
Niederlande	3	25,1	
Österreich	3	25,2	26,3
Belgien	3	27,2	
Deutschland	3	27,7	
Spanien	3	30,3	
Dänemark	2	22,5	
Schweiz	2	26,7	
Frankreich	2	27,3	28,3
Australien	2	30,5	
Italien	2	34,7	
Tschechien	1	26,0	
Ungarn	1	29,3	
Kanada	1	30,1	
Japan	1	31,4	31,9
Großbritannien	1	32,6	
Neuseeland	1	33,7	
USA	1	35,7	
Polen	1	36,7	

* Quelle: OECD 2004: 151. Daten basieren auf Durchschnittswerten aus den Jahren 1995-2000 (siehe Tabelle 7.5). ** Quelle: OECD 2004: 145. Daten stammen aus nationalen Erhebungen aus Anfang der 2000er Jahre (siehe Tabelle 7.2). *** Quelle: OECD 2004: 145; eigene Berechnung. Einteilung der Länder nach Zentralisationsgrad.

Länder mit hohem Zentralisationsgrad wie die skandinavischen Staaten Finnland und Norwegen sowie die zentraleuropäischen, durch Branchenverhandlungen gekennzeichneten Staaten Belgien, Niederlande, Deutschland und Österreich weisen eher niedrige GINI-Koeffizienten um 26 auf. Demgegenüber sind für die Länder mit dezentralem Verhandlungssystem – die süd- und mittelosteuropäischen Staaten sowie die anglo-amerikanischen Länder – GINI-Koeffizienten von rund 30 kennzeichnend. Allerdings gibt es auch klare Ausnahmen von diesem Zusammenhang. Zu nennen sind Portugal (Verhandlungen auf Branchen- und zentraler Ebene, hohe Ungleichheit) sowie Dänemark (Firmen- und Branchenverhandlungen, geringe Ungleichheit). Warum dies so ist, können wir erkennen, wenn wir uns die Ergebnisse zum Einfluss des Organisationsgrads aus Tabelle 7.2 ins Gedächtnis rufen. Dort haben wir gesehen, dass Portugal mit rund 24 Prozent einen relativ niedrigen gewerkschaftlichen Organisationsgrad aufweist. Offenbar können die portugiesischen Gewerkschaften die lohnstrategischen Möglichkeiten, die ein hoher Zentralisationsgrad und ein tarifvertraglicher Deckungsgrad von über 80 Prozent nahe legen, mangels Verhandlungsstärke nicht zur Nivellierung der Einkommensungleichheit ausschöpfen. Umgekehrt sind die Beschäftigten in Dänemark zu nahezu 80 Prozent gewerkschaftlich organisiert. Dies führt offenbar dazu, dass die Ungleichheit erhöhende Wirkung des dezentralen Verhandlungsniveaus weitgehend kompensiert wird. In diesem Fall wirken Zentralisations- und Organisationsgrad als funktionale Äquivalente.

Ergänzend sei darauf hingewiesen, dass der in Tabelle 7.6 bezeichnete Zusammenhang unter Kontrolle einer Vielzahl weiterer Einflussfaktoren auf die Einkommensungleichheit stabil bleibt (vgl. Blau/Kahn 1996; Kalleberg/Colbjørnsen 1990; Moene/Wallerstein 1997; Wallerstein 1990, 1999; OECD 2004; Pontusson et al. 2002; Rowthorn 1992; Rueda/Pontusson 2000; Zweimüller/Barth 1994). Da die gefundenen Effekte durchweg stark sind, kann man darauf schließen, dass der Zentralisationsgrad des Tarifvertragssystems eine der wichtigsten Einflussgrößen der gesellschaftlichen Einkommensverteilung ist.

7.4.3 Erklärungen

Warum steigt die Einkommensungleichheit mit sinkendem Zentralisationsgrad? Dieser Frage haben sich vier verschiedene Theorien angenommen: (1) die Koordinationsthese, (2) die Effizienzthese, (3) das Median Voter-Modell und (4) der Gerechtigkeitsansatz (vgl. zum Überblick Traxler 2003a; Wallerstein 1999).

Koordinationsthese: Der Koordinationsthese zufolge reduziert sich die Einkommensungleichheit, wenn die Tariforganisationen ihre jeweiligen Verhandlungsziele organisationsintern aufeinander abstimmen.[20] *Vertikale* Koordination liegt vor, wenn Tariforganisationen auf einer höheren Ebene Rahmenbedingungen der Tarifentwicklung gegenüber den Tariforganisationen auf den darunter liegenden Ebenen festsetzen. Dies können z. B. ein Korridor der Lohnentwicklung oder verschieden wählbare Modelle der Arbeitszeitpolitik sein. Tarifsysteme sind dagegen *horizontal* koordiniert, wenn verschiedene Gewerkschaften bzw. Arbeitgeberverbände der gleichen Ebene ihre Verhandlungsziele aufeinander abstimmen.

Finden Verhandlungen nun typischerweise auf der Ebene des einzelnen Unternehmens statt (Ebene 1), so orientieren sich die gewerkschaftlichen Lohnstrategien an der ökonomischen Lage des jeweiligen Unternehmens. Entsprechend vielfältig sind die tarifpolitischen Regelungen über Einkommenshöhe und -verteilung. Im Falle von zentral (5) bzw. sektoral (3 oder 4) geführten Verhandlungen verfügen Gewerkschaften und Arbeitgeberverbände über Dachorganisationen, die die Interessen der nachgelagerten Einheiten in ihre Lohnstrategien integrieren (vgl. Rowthorn 1992). Zudem bieten sich Dachverbänden die Möglichkeit zur horizontalen Koordination auf der Branchenebene.

Effizienzthese: Diese von *Carl Ove Moene & Michael Wallerstein* (1997) vertretene These fragt, warum es überhaupt Verhandlungen jenseits der dezentralen Ebene des einzelnen Unternehmens gibt. Zur Beantwortung dieser Frage greifen die Autoren ein Argument auf, das wir bereits in

---

[20] Davon zu unterscheiden ist die *makroökonomische* Koordination im Hinblick auf Beschäftigungsziele, Arbeitskosten und Preisstabilität, an der neben den Tariforganisationen der Staat beteiligt ist. Im Mittelpunkt der Literatur zu diesem Forschungsgebiet steht vor allem der Einfluss des Zentralisationsgrads auf die Beschäftigung (vgl. hierzu Calmfors/Diffill 1988; Traxler 2003b; Traxler et al. 2001: 144 ff.).

Abschnitt 7.1.2 kennen gelernt haben. Durch dezentrale Verhandlungen produzierte Einkommensungleichheiten seien unter bestimmten Bedingungen gesamtwirtschaftlich ineffizient. Dies ist dann der Fall, wenn in manchen Branchen bzw. Unternehmen starke Gewerkschaften die Lohnhöhe diktieren, während in anderen Branchen bzw. Unternehmen gar keine Kollektivverhandlungen stattfinden. Im ersten Fall lägen die Löhne deutlich über dem Marktpreis, im zweiten Fall klar darunter. Daher sei es gesamtwirtschaftlich rational, Verhandlungen auf möglichst hohem Zentralisationsniveau zu führen:

> „In this scenario, centralized wage-setting, by imposing a rule like equal pay for equal work, generates a wage distribution that may be closer to the text-book model of a perfectly competitive labor market than does decentralized wage-setting in actual markets." (Wallerstein 1999: 673)

Median Voter-Modell: Auch dieses Modell kennen wir bereits aus Abschnitt 7.1.2. Es geht davon aus, dass Gewerkschaften ihre lohnpolitischen Ziele an den Interessen ihrer Mitglieder orientieren müssen, wenn sie dem Tarifgegner gegenüber durchsetzungsfähig sein wollen. Erhalten nun mehr als 50 Prozent der Gewerkschaftsmitglieder weniger als den in einem Unternehmen oder einer Branche gezahlten Durchschnittslohn, dann wird die Lohnpolitik der Gewerkschaft darauf abzielen, die Löhne der unteren Einkommensgruppen im Vergleich zu den höheren Einkommensgruppen stärker anzuheben. Je zentraler nun die Verhandlungen angesiedelt sind, desto stärker schlägt sich der Nivellierungseffekt in der gesamtwirtschaftlichen Lohnstruktur nieder (vgl. Traxler 2003a: 532 f.).

Gerechtigkeitsansatz: Dieser Ansatz geht davon aus, dass die Gerechtigkeitsvorstellungen der Beschäftigten das Verhandlungsverhalten ihrer Interessenvertretung beeinflussen (vgl. Lengfeld 2003). Zugleich passen sich die Gerechtigkeitseinstellungen der Beschäftigten den strukturellen Gegebenheiten der jeweils geltenden Verteilungsinstitutionen an (vgl. Liebig 1997: 247 ff.). Eine der zentralen Verteilungsnormen im Kontext von Kollektivverhandlungen ist das Leistungsprinzip (Lengfeld 2004). Es wird jedoch unterschiedlich ausgelegt, und zwar je nachdem, auf welcher

Zentralisationsebene eines Tarifvertragssystems verhandelt wird: Auf der dezentralen Ebene des Unternehmens gelten vorwiegend *individuelle Leistung* und Teilhabe am Unternehmenserfolg für gerecht. Demgegenüber wird auf der Ebene von Branchentarifverhandlungen der *kollektive Leistungsanteil* der Arbeiter gegenüber dem der Kapitalseite als gerecht angesehen. Je größer nun der Anteil jener Beschäftigten, die dem gleichen Tarifvertrag unterliegen, desto stärker orientieren sich die Gerechtigkeitseinstellungen der Beschäftigten am Prinzip der Kollektivleistung (vgl. Wallerstein 1999: 675). Weil die Gewerkschaften ihre lohnpolitischen Strategien an den Interessen der Beschäftigten ausrichten (siehe oben), zielt die gewerkschaftliche Verteilungsstrategie unter dieser Bedingung auf die Reduktion von Einkommensungleichheiten ab.

Im Ergebnis lautet das Fazit dieses Abschnittes:

- Je höher der Zentralisationsgrad eines nationalen Tarifvertragssystems, desto geringer die gesellschaftliche Einkommensungleichheit.
- Zur Erklärung dieses Zusammenhangs wurden vier theoretische Ansätze vorgeschlagen: die Koordinationsthese, die Effizienzthese, das Median Voter-Modell und der Gerechtigkeitsansatz.

7.5 Zusammenfassung

In diesem Kapitel haben wir gefragt, wie Tariforganisationen die Verteilung von Lebenschancen in modernen Gesellschaften beeinflussen. Bei der Beantwortung dieser Frage haben wir uns auf die Verteilung des Lohns bzw. des Gehalts als zentralem Gut konzentriert, um das in Tarifverhandlungen gestritten wird. Weiterhin haben wir nach den Effekten von Kollektivverhandlungen auf die gesellschaftliche Einkommensungleichheit gefragt. Die wichtigsten Ursachen dieser Effekte haben wir auf der Ebene der Organisationsstruktur der Gewerkschaft und der Struktur des Tarifverhandlungssystems ausgemacht. Im Einzelnen lauten unsere Befunde:

▶ Gewerkschaften erhöhen die Löhne ihrer Mitglieder im Verhältnis zu den Löhnen der unorganisierten Beschäftigten.

▶ Gewerkschaften reduzieren das Ausmaß der Einkommensungleichheit in der Gesellschaft.

▶ Je höher der Deckungsgrad des nationalen Tarifvertragssystems, desto geringer ist die gesellschaftliche Einkommensungleichheit.

▶ Je höher der Zentralisationsgrad des nationalen Tarifvertragssystems, desto geringer ist die gesellschaftliche Einkommensungleichheit.

7.6 Weiterführende Literatur

Card, David/Lemieux, Thomas/Riddell, W. Craig (2004): Unions and wage inequality. In: Journal of Labor Research 25, 520-562.

Breit angelegter Überblick zum Einfluss des Gewerkschaftshandelns auf die Entlohnungsungleichheit in den USA; eigene empirische Analysen; viele Literaturangaben zum Weiterlesen.

Freeman, Richard B./Medoff, James L. (1984): What do unions do? New York: Basic Books, 293 Seiten.

Moderner Klassiker der Industrial Relations-Forschung; systematisch aufbereitete und leicht verständliche Studie zu den empirischen Effekten des Gewerkschaftshandelns bei der Verteilung vielfältiger Güter in den US-amerikanischen Arbeitsbeziehungen.

Müller-Jentsch, Walther (1997): Soziologie der Industriellen Beziehungen. Eine Einführung. Frankfurt a.M. & New York: Campus, 362 Seiten.

Umfassende und didaktisch aufbereitete Einführung in den Gegenstandsbereich der kollektiven Arbeitsbeziehungen aus konflikttheoretischer Perspektive; das deutschsprachige Standardwerk zum Thema.

Schnabel, Claus (2005): Gewerkschaften und Arbeitgeberverbände: Organisationsgrade, Tarifbindung und Einflüsse auf Löhne und Beschäftigung. In: Zeitschrift für ArbeitsmarktForschung 38, 181-196.
Neuerer deutschsprachiger Überblicksaufsatz zum Einfluss der Tarifpolitik auf die Güterverteilungen in Deutschland; viele Hinweise auf weiterführende Literatur.

Traxler, Franz/Blaschke, Sabine/Kittel, Bernhard (2001): National labor relations in internationalized markets. A comparative study of institutions, change, and performance. Oxford: Oxford University Press, 339 Seiten.
Neuere Studie zu den Effekten des Tarifsystems auf Güterverteilungen und makroökonomische Indikatoren im Ländervergleich; umfangreiche empirische Analysen auf der Basis von OECD-Daten.

8. Der Betriebsrat als Mitbestimmungsorganisation

Tariforganisationen sind die maßgeblichen strategischen Akteure im „ungleichheitsbegründenden Kräftefeld" zwischen Arbeit und Kapital (Kreckel 1992): Sie bündeln individuelle (Arbeitnehmer) und korporative (Unternehmen) Akteure zu sozialer Macht, und sie setzen diese Macht dazu ein, um Verteilungsprozesse in modernen Gesellschaften zu beeinflussen. Die Rolle des Staates in diesem Kräftefeld ist dabei je nach Gesellschaft unterschiedlich. Wie wir im siebten Kapitel gesehen haben, kann der Staat in einigen Ländern tarifliche Lohnstandards setzen bzw. diese auf den nationalen Rahmen ausweiten. Er kann sich aber auch darauf beschränken, die rechtlichen Rahmenbedingungen festzulegen, vor deren Hintergrund sich Tariforganisationen konstituieren (Koalitionsfreiheit) und Kollektivverträge aushandeln (Tarifautonomie). Letzteres ist unter anderem in Deutschland der Fall.

Doch damit ist die Rolle des Staates im Allgemeinen und in den deutschen industriellen Beziehungen im Besonderen nur unvollständig beschrieben. Denn gerade in Deutschland, aber auch in einer Reihe anderer mitteleuropäischer Gesellschaften, existiert neben der Tarifpolitik eine zweite Ebene der Interessenvertretung abhängiger Beschäftigter, die die Verteilung von Lebenschancen beeinflusst. Die Rede ist vom *Betriebsrat*. Bekanntermaßen vertreten Betriebs- und Personalräte in Deutschland die Interessen der Beschäftigten in den einzelnen Arbeitsorganisationen. Weniger bekannt ist, dass Betriebsräte Verteilungseffekte hervorrufen, die denen der Tariforganisationen durchaus vergleichbar sind. Wie und warum das so ist, werden wir in diesem Kapitel kennen lernen.

Im ersten Abschnitt werden die wesentlichen Merkmale des Betriebsrats als Mitbestimmungsorganisation aufgezeigt (8.1). Anschließend lernen wir anhand von ökonometrischen Studien kennen, wie sich die Lohnhöhe von Beschäftigten verändert, wenn sie in einem Unternehmen mit Betriebsrat tätig sind (8.2). Im dritten Abschnitt beschäftigen wir uns mit dem Recht der betrieblichen Mitbestimmung als zentraler Determinante der Umverteilung durch Mitbestimmung. Dabei heben wir drei gesetzliche Regelungsbereiche hervor, von denen angenommen wird, dass sie sich auf die Höhe der Entlohnung im Unternehmen auswirken.[21]

8.1 Der Betriebsrat als Akteur der Interessenvermittlung

Welche Eigenschaften zeichnen den Betriebsrat als eigenständigen Organisationstyp gegenüber der Gewerkschaft aus? Auf den ersten Blick scheint es, dass zwischen beiden Organisationen keine wesentlichen Unterschiede bestünden: Beide vertreten die Interessen von abhängig Beschäftigten gegenüber den Leitungen der sie beschäftigenden Arbeitsorganisationen. Und beide versuchen, für ihre Klientel möglichst vorteilhafte Güterzuweisungen zu erzielen. Dennoch ist der Betriebsrat aus drei Gründen keine Tariforganisation.

Gesetzliche Einrichtung statt freiwillige Assoziation: Betriebsräte werden nicht, wie Gewerkschaften, durch freiwilligen Zusammenschluss ins Leben gerufen, sondern durch Gesetz etabliert. So heißt es in § 1 des deutschen Betriebsverfassungsgesetzes (BetrVG): „In Betrieben mit in der Regel mindestens fünf ständigen wahlberechtigten Arbeitnehmern, von

---

[21] Auf die Befunde der *soziologischen* Mitbestimmungsforschung gehe ich im Folgenden nicht näher ein. Diese überwiegend auf qualitativen Fallstudien beruhenden Studien weisen darauf hin, dass das identische Mitbestimmungsrecht in unterschiedlichen Unternehmen von den betrieblichen Akteuren verschieden interpretiert und angewandt wird (vgl. zum Überblick Funder 1999, Lengfeld 2003 sowie exemplarisch Kotthoff 1994). Da diese Studien in der Regel keine Angaben zu den Auswirkungen der Varianz des Mitbestimmungshandelns auf die Lohnhöhe der Beschäftigten und die Profitentwicklung des Unternehmens machen, bleiben sie im Folgenden unberücksichtigt.

denen drei wählbar sind, werden Betriebsräte gewählt". Dennoch gibt es viele Unternehmen, in denen keine Betriebsräte existieren. Die Praxis zeigt, dass Betriebsräte ohne das freiwillige Engagement und die Unterstützung der Beschäftigten in ihrer Funktion wirkungslos bleiben oder eben erst gar nicht eingerichtet werden.

Interessenausgleich statt Interessenkampf: Betriebsräte sind keine Arbeitskampforganisationen. Weder dürfen sie zum Streik aufrufen oder selbst Streiks durchführen, noch ist ihnen erlaubt, Vereinbarungen mit der Unternehmensleitung abzuschließen, die in die Regelungskompetenz eines existierenden Tarifvertrags eingreifen („Tarifvorbehalt"). Dies gilt besonders für die Entgeltfindung. Entgeltverhandlungen beispielsweise unter Einsatz von Streiks zu führen, ist in Deutschland den Tarifparteien, nicht aber den Betriebsparteien erlaubt. Dahinter steht die Auffassung, dass tarifvertragliche Bestimmungen besser als Betriebsvereinbarungen oder sonstige Abreden auf betrieblicher Ebene geeignet sind, Beschäftigte vor einseitiger Vorteilsnahme durch das Unternehmen zu schützen.

Der Betriebsrat hat stattdessen die Aufgabe, Konflikte mit der Unternehmensleitung im Dialog und ohne Rückgriff auf arbeitskampfpolitische Machtmittel zu lösen. § 2 BetrVG sagt hierzu klar und deutlich: „Arbeitgeber und Betriebsrat arbeiten unter Beachtung der geltenden Tarifverträge vertrauensvoll und im Zusammenwirken mit den im Betrieb vertretenen Gewerkschaften und Arbeitgebervereinigungen zum Wohl der Arbeitnehmer und des Betriebs zusammen". Was Tariforganisationen nach dem Muster des Verteilungskampfes verhandeln, wird im Rahmen der betrieblichen Mitbestimmung integrativ, also unter Ausschluss offener Kampfmaßnahmen in die betriebliche Praxis übersetzt.

Recht statt soziale Macht: Während Tariforganisationen soziale Macht aus der Ressourcenzusammenlegung ihrer Mitglieder schöpfen, bezieht der Betriebsrat seine Durchsetzungsfähigkeit aus dem *Betriebsverfassungsgesetz.* Dort ist zum einen geregelt, in welchen Angelegenheiten Betriebsräte an Entscheidungen der Unternehmensleitung mitwirken können. Zum anderen ist festgelegt, wie weit die Mitsprache des Betriebsrats reicht: ob er im Vorfeld von Entscheidungen durch die Unternehmensleitung informiert oder angehört werden muss, oder ob er

gleichberechtigt mitentscheiden kann. Wie vergleichende empirische
Studien zeigen, ist die Reichweite der Mitbestimmungsnorm die entscheidende Determinante für das Ausmaß der faktischen Mitbestimmung
des Betriebsrats (vgl. zum Überblick Lengfeld 2003: 18 ff.)

Aus diesen Unterschieden zwischen Betriebsrat und Gewerkschaft
könnte man schlussfolgern, dass Betriebsräte vor allem Probleme des
betrieblichen Arbeitsalltags bearbeiten, die zwischen dem einzelnen Beschäftigten und dem Unternehmen auftreten. Für diese Interpretation
spricht, dass die meisten im Betriebsverfassungsgesetz festgelegten Mit-
wirkungsrechte sogenannte „personelle Einzelmaßnahmen" zum Gegenstand haben, beispielsweise Einstellung, Umsetzung, Ein- und Umgruppierung sowie Kündigung. Diese Mitbestimmungsrechte sind maßgeblich für die individuellen Lebenschancen der Beschäftigten. In einem
Unternehmen, in dem ein Betriebsrat über die Einhaltung der allgemeinen arbeitsrechtlichen und mitbestimmungsrechtlichen Normen wacht,
sind die Beschäftigten damit zweifellos besser gestellt als in einem mitbestimmungsfreien Unternehmen.

Dennoch reicht die Bedeutung des Betriebsrats weit über die Mitbestimmung in personellen Angelegenheiten hinaus. Wie die Gewerkschaft
auch nimmt der Betriebsrat Einfluss auf die Verteilung des Kooperationsertrags zwischen der Beschäftigten- und der Unternehmensseite.
Der entscheidende Unterschied zu Tarifverhandlungen ist, dass Vertei-
lungskonflikte zwischen Betriebsrat und Geschäftsleitung über andere
Inhalte und mit anderen Mitteln ausgetragen werden. Nicht öffentlich
geführter Arbeitskampf, sondern zumeist geräuscharmes Bargaining
hinter verschlossenen Türen um Entlohnungssysteme, Zeitstudien, Prämiensätze und Eingruppierungen entscheidet darüber, wie hoch der
Anteil vom Ertrag des Unternehmens ist, der von der Kapitalseite auf die
Lohnkonten der Beschäftigten wandert.

Diesen Umstand bezeichne ich im Folgenden als „Umverteilung
durch Mitbestimmung". Umverteilung durch Mitbestimmung liegt vor,
wenn Teile des betrieblichen Kooperationsertrags, der den Beschäftigten
vor allem in Form von Entgelt zufällt, ohne die Mitbestimmung des Betriebsrats beim Unternehmen allein verbleiben würde. Dieser Umvertei-

lungsbegriff unterscheidet sich von dem im Zusammenhang mit der Tarifpolitik gebräuchlichen, wonach Umverteilung dann vorliegt, wenn die tariflich vereinbarten Löhne und Gehälter über die Inflationsrate und den Produktivitätsfortschritt einer Branche hinaus ansteigen (vgl. hierzu Lengfeld 2004). Zentraler Indikator für Umverteilung durch Mitbestimmung ist jener Anteil des Lohns, der weder auf die ökonomische Lage des Unternehmens (z. B. konjunkturelle Entwicklung oder Absatzlage) noch auf die unmittelbare Geltung von Tarifverträgen zurückgeht, sondern allein auf die Existenz eines Betriebsrats und seines Handelns im betreffenden Unternehmen.

8.2 Verteilungseffekte

Fassen wir die Argumentation im letzten Abschnitt unter dem Blickwinkel der individuellen Lebenschancen zusammen, so können wir folgende These aufstellen: *Beschäftigte in Unternehmen mit Betriebsrat erhalten höhere Löhne als Beschäftigte in Unternehmen ohne Betriebrat.*

Ob dem so ist, sagt uns die *ökonometrische Mitbestimmungsforschung.* Dieser Teil der empirischen Wirtschaftsforschung beschäftigt sich mit den Effekten gesetzlicher Partizipationsregelungen auf die ökonomische Performanz einzelner Unternehmen bzw. auf die Wettbewerbsfähigkeit nationaler Wirtschaftsräume (vgl. zum Überblick Dilger 2002; Frick 1997b; Sadowski et al. 1995). Dabei handelt es sich um einen recht jungen Forschungsbereich, dessen erste maßgebliche Studie erst Mitte der 1980er Jahre durchgeführt wurde. Die Ursache dafür ist, dass repräsentative Unternehmensstichproben, die den Einsatz statistischer Analyseverfahren ermöglichen, lange Zeit nicht zur Verfügung standen. Erst seit den 1990er Jahren hat sich dies geändert, vor allem aufgrund der Betriebspanelbefragung des Nürnberger „Institut für Arbeitsmarkt- und Berufsforschung" (IAB) und dem „Hannoveraner Firmenpanel", einer für niedersächsische Industrieunternehmen repräsentativen Wiederholungsbefragung.

Die meisten auf diesen beiden Datensätzen beruhenden statistischen Analysen gehen der Frage nach, wie sich die Existenz eines Betriebsrats im Vergleich zu seinem Fehlen auf folgende ökonomische Kennziffern auswirkt:

- Profitquote des Unternehmens (Addison et al. 1999, 2000b; Dilger 2002; FitzRoy/Kraft 1993; Gurdon/Rai 1990),
- Innovationsneigung des Unternehmens (Addison et al. 2000a; Dilger 2002; FitzRoy/Kraft 1990),
- Personalfluktuation (Frick 1997a; Frick/Sadowski 1995; Schnabel/ Wagner 1999),
- betriebliche Arbeitszeitpolitik (Dilger 2002: 117 ff.),
- Einführung dezentraler Arbeitsformen (Schnabel/Wagner 2001),
- Lohnhöhe und außertarifliche Zulagen (siehe unten).

Um unsere Ausgangsthese zu prüfen, interessieren wir uns vor allem für jene Studien, die die Effekte der Betriebsratsexistenz auf die Lohnhöhe untersuchen. Die meisten dieser Studien verwenden die Bruttolohnsumme eines Beschäftigten als Indikator für die Umverteilungswirkung durch Betriebsräte. Seltener wird der Stundenlohn oder das Jahreseinkommen betrachtet. Als Indikator für die Wirkung der Mitbestimmung wird die Existenz bzw. Nicht-Existenz eines Betriebsrats angesehen. Dieser Indikator fungiert im Rahmen von Regressionsmodellen neben einer Reihe von Kontrollvariablen als unabhängige Variable.

Die Ergebnisse der vorliegenden Studien sind recht eindeutig: *Betriebsräte steigern die Löhne der Beschäftigten.* Beginnen wir mit den Befunden zweier nicht-repräsentativer Untersuchungen. *John Addison, Kornelius Kraft & Joachim Wagner* ermitteln auf der Grundlage einer Befragung von 50 Unternehmen des produzierenden Gewerbes einen positiven Effekt der Betriebsratsexistenz auf die durchschnittliche Entlohnung im Unternehmen (Addison et al. 1993: 330 f.). Ebenfalls auf der Grundlage einer nicht-repräsentativen Befragung von 61 deutschen Unternehmen der Metallindustrie untersuchen *John FitzRoy & Kornelius Kraft* (1985) sowohl die Wirkung der Betriebsratsexistenz als auch die des gewerkschaftlichen

Organisationsgrads auf die Bruttolohnsumme. Ihre Ergebnisse zeigen jedoch, dass der Betriebsrat einen negativen Effekt auf die Entlohnung hat, während sich die Zahl der Gewerkschaftsmitglieder signifikant positiv auf die Lohnhöhe auswirkt. Da in beiden Untersuchungen die jeweils untersuchten Unternehmen nicht repräsentativ für die Grundgesamtheit aller Industrieunternehmen sind, sollte man sie nur mit Zurückhaltung interpretieren.

Dagegen verwenden *Lutz Bellmann & Susanne Kohaut* (1995) für ihre Untersuchung Daten des für alle bundesdeutschen Unternehmen repräsentativen IAB-Betriebspanels. Anhand einer Stichprobe von 3234 Unternehmen zeigen sie, dass die Bruttolohnsumme der Beschäftigten bei Vorhandensein eines Betriebsrats im Unternehmen signifikant steigt (ebd.: 68f.). Zum gleichen Befund kommen Studien, die mit verschiedenen Erhebungswellen des „Hannoveraner Firmenpanels" arbeiten. *John Addison, Claus Schnabel & Joachim Wagner* führen jeweils getrennte Analysen für eine Stichprobe über alle Unternehmen und für kleine Unternehmen zwischen 21-100 Beschäftigten durch (Addison et al. 1999). Auf diese Weise berücksichtigen sie, dass sich mit zunehmender Betriebsgröße Mitbestimmungsrechte und Arbeitsbedingungen des Betriebsrats verbessern. Die Ergebnisse zeigen für beide Teilstichproben einen signifikant positiven Einfluss des Betriebsrats auf die Bruttolohnsumme (Addison et al. 1999: 246 ff.). Zu ähnlichen Ergebnissen mit dem Hannoveraner Datensatz gelangen Jirjahn (1998: 305) mit einer 771 Unternehmen umfassenden Stichprobe sowie Jirjahn & Klodt (1998) mit einer gepoolten Stichprobe aus drei Wellen des Hannoveraner Firmenpanels (rund 1800 Unternehmen).

Mit Ausnahme der – nicht-repräsentativen – Studie von FitzRoy & Kraft (1985) weisen die vorliegenden Untersuchungen also darauf hin, dass die Existenz eines Betriebsrats im Unternehmen zu höherer Entlohnung der Beschäftigten führt. Nun könnte man einwenden, dass es sich nur oberflächlich um einen Umverteilungseffekt handelt. Umverteilung durch Mitbestimmung liegt rein definitorisch nur dann vor, wenn die höheren Löhne auf Kosten der Profitabilität des Unternehmens gingen. Denkbar wäre jedoch, dass sich die Existenz eines Betriebsrats förderlich auf Löhne *und* Profitabilität des gesamten Unternehmens auswirkt, und zwar deshalb, weil die Anliegen der Beschäftigten via Betriebsrat an die Geschäftsleitung gebündelt herangetragen werden können. Dies versetzt die Unternehmensleitung in die Lage, einer möglichen Demotivation auf Beschäftigtenseite rasch und effektiv entgegenzuwirken (vgl. zu dieser These Dilger 2002: 68 ff.). Im Ergebnis könnten von der Existenz des Betriebsrats dann sowohl die Beschäftigten als auch die Kapitaleigner profitieren: Die einen mittels höherer Löhne, die anderen in Form steigender Gewinne.

Empirisch zeigt sich jedoch, dass der Einfluss des Betriebsrats auf die Lohnhöhe Hand in Hand mit einer *Absenkung* der Profitabilität des Unternehmens geht. Dieser Effekt wird auf der Basis unterschiedlicher Daten unter anderem von FitzRoy & Kraft (1985) sowie von Addison et al. (1993, 1999, 2000b) gezeigt. *Alexander Dilger* (2002: 161 ff.) weist auf der Basis eines anderen Datensatzes nach, dass die Richtung dieses Effekts weitgehend unabhängig davon besteht, welcher Verhandlungsstil die Arbeit eines Betriebsrats kennzeichnet. Ob der Betriebsrat mit der Unternehmensleitung antagonistisch, konflikt- oder konsensorientiert verhandelt, hat keine Auswirkung auf die Profitabilität. Dagegen sinken die Profite dann nicht ab, wenn die Unternehmensleitung den Betriebsrat über die gesetzlichen Anforderungen hinaus an Entscheidungen beteiligt (Dilger 2002: 175). Hat dieser „Einbindungseffekt" aber auch Auswirkungen auf die Lohnhöhe? Zu vermuten wäre, dass von der Unternehmensleitung verstärkt eingebundene Betriebsräte aufgrund der verbesserten Profite auch zusätzliche Lohnsteigerungen durchsetzen können. Empirisch zeigt sich jedoch, dass Betriebsräte höhere Löhne *unabhängig* von der Ertragslage des Unternehmens durchsetzen (ebd.).

8.3 Das Recht des Betriebsrats

Wie eingangs erwähnt, liegt im Recht der betrieblichen Mitbestimmung die entscheidende Ursache dieser Umverteilung. Maßgeblich sind drei Regelungsbereiche des Betriebsverfassungsgesetzes (BetrVG), bei denen der Betriebsrat ein echtes Mitbestimmungsrecht besitzt. *Echte Mitbestimmung* bedeutet, dass die Unternehmensleitung keine Entscheidungen über die Einführung, Anwendung und Änderung der betrieblichen Entlohnungspolitik treffen darf, ohne dass sie die vorherige Zustimmung des Betriebsrats dazu eingeholt hat. Diese Regelungsbereiche sind:

- die Überwachung der Einhaltung von Tarifverträgen (§80, Nr. 1,1 BetrVG),
- die Gestaltung der betrieblichen Entlohnungsgrundsätze (§ 87, Abs. 1 Nr. 10 BetrVG),
- die Festlegung von Akkord- und Prämiensätzen (§ 87, Abs. 1 Nr. 11 BetrVG).

8.3.1 Die Überwachung geltender Tarifverträge

Gilt im Unternehmen ein Tarifvertrag, so ist es die Aufgabe des Betriebsrats darüber zu wachen, dass die von den Tarifparteien abgeschlossenen Regelungen auch befolgt werden. Dazu muss die Unternehmensleitung dem Betriebsrat Zugang zu allen Räumen und Betriebsteilen gewähren (vgl. Däubler et al. 2002: 1176). Missachtet das Unternehmen die tarifvertraglichen Regelungen, so ist der Betriebsrat dennoch nicht befugt, selbst für ihre Einhaltung zu sorgen, etwa indem er spontane Arbeitsniederlegungen oder Ähnliches organisiert. Auch darf er den Verstoß nicht über das Unternehmen hinaus öffentlich machen. Stattdessen soll er die Unternehmensleitung und die Belegschaft, vor allem aber die zuständigen Tariforganisationen über den vermeintlichen Verstoß informieren (vgl. Gnade et al. 2002: 357). Darüber hinaus ist der Betriebsrat berechtigt, die vermutete Missachtung des Tarifvertrags beim Arbeitsgericht zu beanstanden. Selbst auf Abhilfe klagen darf er jedoch nicht; dies können nur einzelne gewerkschaftlich organisierte Beschäftigte (vgl. Däubler et al. 2002: 1178).

Anzunehmen ist, dass dieses Überwachungsrecht des Betriebsrats dann zur Umverteilung führt, wenn die Geschäftsleitung eines tarifgebundenen Unternehmens versucht, für sie ungünstige kollektivvertragliche Entlohnungsregelungen zu unterlaufen (vgl. auch Dilger 2002: 182). In diesem Fall trägt der Betriebsrat dazu bei, über die Durchsetzung der tarifpolitisch vereinbarten Entgeltregelungen die Löhne zu erhöhen und die Profite abzusenken.

8.3.2 Die Gestaltung der betrieblichen Entlohnungsgrundsätze

Betriebliche Entlohnungsgrundsätze legen fest, nach welchen Regeln Leistung und Entlohnung gekoppelt werden. Hier sind einige Beispiele für die Kopplung von Lohn und Leistung:

- *Stücklohn*: die Lohnhöhe richtet sich nach der von einem Beschäftigten erbrachten individuellen Stückzahl.
- *Prämienlohn*: für die Lohnhöhe ist die Qualität des Arbeitsganges entscheidend, zum Beispiel die Einhaltung von Zeitvorhaben oder die Ausschussquote.
- *Zeitlohn*: Die Lohnhöhe hängt von der Erbringung der Leistung innerhalb der formalen Anwesenheitszeit ab.
- *Gruppenprämie*: Die Lohnhöhe richtet sich nach dem Erfolg einer Arbeitsgruppe, der ein Beschäftigter angehört.
- *Erfolgsbeteiligung*: Der Lohn ist an die Ertragslage des ganzen Unternehmens gekoppelt.

Die Festlegung dieser Entlohnungsgrundsätze fällt ebenso unter das Mitbestimmungsrecht wie die Bestimmung des Verhältnisses zwischen Festgehalt, Prämie und Provision sowie gegebenenfalls die Wahl der arbeitswissenschaftlichen Methode zur Ermittlung der Leistungsanforderungen (vgl. Däubler 1995: 561; Pornschlegel/Birkwald 1994: 228 ff.).

Außerdem bestimmt der Betriebsrat mit, nach welchen Regeln übertarifliche Leistungszulagen unter den Beschäftigten verteilt werden. So ist es dem Arbeitgeber möglich, bisher bereitgestellte Leistungszulagen in der Höhe zu kürzen, nicht aber, diese ohne Zustimmung des Betriebsrats nach anderen Regeln zu verteilen. Dies gilt auch für alle Formen von freiwilligen Leistungen, zu deren Zahlung der Arbeitgeber weder nach Gesetz noch nach Tarifvertrag verpflichtet ist, wie z. B. Leistungen der betrieblichen Altersversorgung oder Weihnachtsgratifikationen (vgl. Däubler 1995: 561; Fitting et al. 2002: 1299 ff.)

Welche Verteilungsfolgen ergeben sich nun aus den genannten Rechtsnormen zum Entlohnungssystem? Wir unterscheiden zwei Effekte: (1) einen Lohnhöheneffekt und (2) einen Lohnschwankungseffekt.

Lohnhöhe: Zur Umverteilung kommt es, wenn Betriebsrat und Unternehmensleitung Verhandlungen über die Änderung des bisherigen Entlohnungssystems aufgrund veränderter Arbeitsabläufe führen. Dies kann man sich am Beispiel der Einführung von „teilautonomer Gruppenarbeit" verdeutlichen (vgl. hierzu Nordhause-Lanz/Prekuhl 2000). Teilautonome Gruppenarbeit bedeutet, dass einzelne Arbeitsplätze zu einer Gruppe zusammengefasst werden. Diese Gruppe übernimmt Teile jener Leitungsaufgaben, die zuvor der unmittelbare Vorgesetzte innehatte. Dies sind vor allem Dispositionsaufgaben (v. a. Materialbestellung und Wartung von Maschinen) sowie Koordinationsaufgaben (z. B. Terminplanung, Qualitätsprüfung und Einsatzplanung der Gruppenmitglieder). Damit übernehmen die Gruppenmitglieder mehr Verantwortung für die Sicherung des reibungslosen Produktionsablaufs. Diese zusätzlichen Anforderungen, etwa der gemeinsame Besprechungsaufwand, können häufig nur von allen Gruppenmitgliedern gemeinsam bewältigt werden. Diese Aufgaben sind in einem traditionellen Entlohnungssystem jedoch gar nicht vorgesehen. Daher gibt es für sie auch keinen Entlohnungsgrundsatz. Denn die klassischen Leistungslohnformen Akkord und Prämie wie auch der Zeitlohn entlohnen nur die individuelle Leistung, nicht aber dispositive und koordinative Zusatzleistungen einer Arbeitsgruppe.

Ohne die Einführung eines neuen Entlohnungskriteriums in Form einer Gruppenprämie würde sich das Lohn-Leistungsgefüge zum Nachteil der Beschäftigten verschieben. Denn nun müssten sie mehr leisten, da zu den bisherigen produktiven Tätigkeiten die dispositiven und koordinativen Aufgaben hinzukommen. Trägt das Entlohnungssystem diesem Umstand nicht Rechnung, so wird der Lohn in beiden Fällen relativ zur individuell zu erbringenden Leistung absinken. Mit anderen Worten: Die Einführung von Gruppenarbeit hätte damit den – zumeist unintendierten – Effekt einer indirekten Umverteilung zugunsten des Unternehmens. Dem kann der Betriebsrat entgegenwirken, wenn er in Verhandlungen mit der Unternehmensleitung einen neuen Entlohnungsbaustein für gruppenbezogene Koordinationsaufgaben mit angemessenem Gewichtungsfaktor durchsetzt (vgl. Lengfeld/Liebig 2002).

Lohnschwankung: Der zweite Effekt der Mitbestimmung betrieblicher Entlohnungsgrundsätze ist der Lohnschwankungseffekt. Die oben genannten betrieblichen Entlohnungsgrundsätze unterscheiden sich auch darin, ob das Entgelt schwankungsinvariant gezahlt werden soll (Zeitlohn) oder ob es von Erfolgskriterien der Person (Individualprämie), der Arbeitsgruppe (Gruppenprämie) oder des Unternehmens (Ertragslage) abhängig gemacht wird. Kommt es etwa zu Ertragsschwankungen des Unternehmens, so werden diese im Falle des Zeitlohns von den Kapitelgebern allein kompensiert – in positiver wie negativer Hinsicht. Enthält das Entlohnungssystem dagegen erfolgsbezogene Bestandteile, die den Lohn anteilig an die Ertragslage koppeln, so tragen die Beschäftigten einen Teil des unternehmerischen Risikos unmittelbar mit.

Ob das Mitbestimmungsrecht des Betriebsrats dann zur Steigerung oder zur Absenkung des Lohnniveaus führt, ist demnach von zwei Faktoren abhängig: erstens von der Entscheidung für oder gegen ertragsabhängige Entlohnungsbausteine, und zweitens von der Ertragslage des Unternehmens.

8.3.3 *Festlegung von Akkord- und Prämiensätzen*

Akkord- und Prämiensätze weisen der in einer Zeiteinheit zu erbringenden Leistung eine Entgelteinheit zu. Zentral für die Festlegung der Akkord- und Prämiensätze ist die Bestimmung des Stücklohns. Dieser hängt, grob gesagt, davon ab, welche Stückmenge bzw. Zahl an Dienstleistungen ein geübter Beschäftigter in einer Zeiteinheit durchschnittlich erbringen kann – die sogenannte „Normalleistung". Um die Normalleis-

tung zu bestimmen, werden von Seiten des Unternehmens arbeitswissenschaftliche Zeit- und Bewegungsstudien durchgeführt (vgl. grundlegend
Kosiol 1962).

Genau an dieser Stelle setzt die Mitbestimmung an. Denn wie wir
weiter oben gesehen haben, hat der Betriebsrat das Recht, alle Maßnahmen zur Ermittlung und Berechnung der Akkord- und Prämiensätze
mitzubestimmen (§87, Abs. 1 Nr. 11 BetrVG). Dazu zählen die Wahl des
„Arbeitsbewertungsverfahrens", die Festlegung des sogenannten „Zeit-
oder Geldfaktors" sowie die Bestimmung und Änderung von Vorgabe-
zeiten und deren Erfassung durch Zeit- und Bewegungsstudien (vgl.
Däubler et al. 2002: 1355 ff.; Gnade et al. 2002: 406 ff.).

Auch die Mitbestimmung an Entscheidungen über die Festlegung
von Akkord- und Prämiensätzen kann Umverteilung bewirken. Betrachten wir exemplarisch den Stückakkord. Beim Stückakkord ergibt sich die
Lohnhöhe aus dem Produkt von erbrachter Mengenleistung und Stücklohn. Da im Tarifvertrag der Stücklohnsatz auf die Normalleistung bezo-
gen ist, entscheidet letztlich ihre arbeitswissenschaftliche Ermittlung über
die faktische Lohnhöhe des einzelnen Beschäftigten – und die ist mitbe-
stimmungspflichtig.

8.3.4 Branche als Kontext

Trotz des rechtlichen Verbots, tarifvertragliche Lohnverhandlungen zu
führen, trägt der Betriebsrat zur Steigerung der Löhne und damit zur
Umverteilung des Kooperationsertrags bei. Hinzuzufügen ist, dass diese
Umverteilungseffekte sicherlich nicht in allen betrieblichen Tätigkeitsbe-
reichen und Branchen in gleicher Weise auftreten. Sie werden häufiger in
jenen Bereichen der industriellen Produktion und Montage zu finden
sein, in denen aufgrund von wettbewerbsbedingten Produktveränderun-
gen häufig Umstrukturierungen der Arbeitsabläufe durchgeführt werden. Die damit verbundenen Auswirkungen auf das Lohn-Leistungs-
Verhältnis am Arbeitsplatz rufen genau jenen Regelungsbedarf hervor,
der, wie gezeigt, Gegenstand des Mitbestimmungsrechts ist.

Dagegen ist zu vermuten, dass der Regelungsbedarf in den Bereichen der personenbezogenen Dienstleistungsarbeit, der qualifizierten
Angestelltenarbeit und in weiten Teilen des öffentlichen Dienstes deutlich geringer ausfallen dürfte. Dies vor allem deshalb, weil die Arbeitsleistung in diesen Tätigkeitsfeldern in der Regel nicht nach Leistungs-
oder Prämienlohn, sondern nach Zeitlohn vergütet wird. Außer im Falle
der Umgruppierung in eine andere Lohngruppe bleibt der Zeitlohn von
arbeitsorganisatorischen Veränderungen unberührt.

8.4 Zusammenfassung

In diesem Kapitel haben wir uns mit dem Betriebsrat als Mitbestimmungsorganisation beschäftigt. Wir haben drei spezifische Merkmale
dieses Organisationstyps kennen gelernt, seine Verteilungswirkungen
nachgezeichnet und die Bedeutung des Rechts der betrieblichen Mitbestimmung abgeschätzt. Im Ergebnis fallen unsere Befunde wie folgt aus:

▶ Der Betriebsrat ist eine per Gesetz legitimierte, durch Wahl eingesetzte Organisation der Interessenvermittlung zwischen Beschäftigten
und Unternehmenseigentümer.

▶ Beschäftigte in Unternehmen mit Betriebsrat erhalten höhere Löhne
als ihre Kollegen in mitbestimmungsfreien Unternehmen. Diese
Lohnsteigerungen haben Umverteilungscharakter, da sie die Profite
der Unternehmen senken.

▶ Verantwortlich dafür sind drei Regelungsbereiche des Betriebsverfassungsgesetzes, die dem Betriebsrat umfangreiche Mitbestimmungsrechte bei der Gestaltung der betrieblichen Lohnpolitik einräumen:
Die Einhaltung geltender Tarifverträge, die Gestaltung des betrieblichen Entlohnungssystems und die Festlegung von Akkord- und Prämiensätzen.

8.5 Weiterführende Literatur

Dilger, Alexander (2002): Ökonomik betrieblicher Mitbestimmung. Die wirtschaftlichen Folgen von Betriebsräten. München & Mering: Hampp, 223 Seiten.
Ökonomische Abhandlung zu den Folgen der Betriebsratsexistenz auf Personalfluktuation, Arbeitszeitpolitik, Innovationsneigung, Profitabilität und Lohnentwicklung; umfassende Darstellung des Forschungsstands und eigene ökonometrische Analysen.

Frick, Bernd/Kluge, Norbert/Streeck, Wolfgang. (Hg.) (1999): Die wirtschaftlichen Folgen der Mitbestimmung. Frankfurt a.M. & New York: Campus, 277 Seiten.
Enthält sechs Expertisen zu den wirtschaftlichen Folgen der Mitbestimmung des Betriebsrats und der Mitbestimmung im Aufsichtsrat, erstellt von der gemeinsamen „Kommission Mitbestimmung" der Bertelsmann-Stiftung und der Hans Böckler-Stiftung. Umfassende Darlegung des Forschungsstands zu verschiedenen ökonomischen Effekten der Betriebsrats- und Aufsichtsratsmitbestimmung in Deutschland.

Kotthoff, Hermann (1994): Betriebsräte und Bürgerstatus. Wandel und Kontinuität betrieblicher Mitbestimmung. München & Mering: Hampp, 346 Seiten.
Moderner Klassiker der soziologischen Mitbestimmungsforschung; untersucht wird, wie sich unterschiedliche Verhandlungsbeziehungen zwischen Betriebsrat und Management im selben Unternehmen über die Zeit hinweg verändern; unterhaltsame und sehr anschauliche Analyse auf der Basis qualitativen Interviewmaterials.

Müller-Jentsch, Walther/Weitbrecht, Hansjörg (2003): The changing contours of german industrial relations. München & Mering: Hampp, 197 Seiten.
Neuere Aufsatzsammlung zu den Veränderungen des deutschen Systems der industriellen Beziehungen zu Beginn der 2000er Jahre; Beiträge stammen aus ökonomischer, soziologischer, politikwissenschaftlicher und juristischer Sicht; der Schwerpunkt der Beiträge liegt auf der Mitbestimmung des Betriebsrats.

Schluss

Damit sind wir am Ende dieses Lehrbuchs angelangt. Bevor wir es schließen, werden wir uns im neunten Kapitel nochmals einen Überblick über die vielfältigen empirischen Befunde und theoretischen Überlegungen der einzelnen Kapitel verschaffen, und wir werden die zentralen Ergebnisse dieses Buchs zusammenfassen.

Im zehnten Kapitel gehen wir der Frage nach, welche praktische Schlussfolgerung man aus diesen Befunden ziehen kann, nämlich: Gibt es Möglichkeiten, den unerwünschten Effekten organisierter Ungleichheit zu entgehen und sich stattdessen ihre Vorzüge zu Nutzen zu machen?

9. Zusammenfassung

Organisationen beeinflussen die Verteilung von individuellen Lebenschancen in modernen Gesellschaften - diese These stand im Mittelpunkt dieses Lehrbuchs. Um sie zu erläutern, haben wir uns auf ganz unterschiedliche sozialwissenschaftliche Felder wie der soziologischen und ökonomischen Organisationsforschung, der soziologischen Ungleichheitsforschung, der Erziehungswissenschaft, der Bildungssoziologie und der Industrial Relations-Forschung begeben. Gefunden haben wir eine Vielzahl an Theorien und empirischen Analysen, die jeweils einzelne Facetten des Phänomens organisierter Ungleichheit wiedergeben. Trotz des reichhaltigen Wissensbestands bleibt eine gewisse Unübersichtlichkeit der Befunde zurück. Diese Unübersichtlichkeit zu überwinden, ist Aufgabe dieses Kapitels.

Im ersten Teil – *Grundlagen organisierter Ungleichheit* – haben wir uns mit den Grundlagen des Verhältnisses von formaler Organisation und sozialer Ungleichheit beschäftigt. Im *ersten Kapitel* haben wir festgestellt, dass Organisation facettenreiche soziale Gebilde sind, die man je nach Forschungsinteresse als rationale, natürliche oder offene Systeme beschreiben kann. Welche dieser Perspektiven ein Forscher oder bzw. Forscherin einnimmt, hängt von der Erkenntnis leitenden Fragestellung ab. Aus unserer auf soziale Ungleichheit ausgerichteten Perspektive haben wir Organisationen als effektivste Einheiten der Erstellung knapper Güter und der Akkumulation von sozialer Macht in der modernen Gesellschaft beschrieben. Diese Effektivität ist nicht nur die Ursache dafür, dass sich Organisationen im 19. und 20. Jahrhundert massenhaft ausgebreitet haben. Diese Effektivität ist zugleich die Voraussetzung für die ungleiche Verteilung von Lebenschancen. Denn damit sozial begehrte Güter verteilt werden können, müssen sie zuvor hergestellt worden sein. Der Ort dieser Herstellung sind formale Organisationen.

Dass Organisationen nicht nur an der Herstellung dieser Güter, sondern auch an ihrer ungleichen Verteilung beteiligt sind, hat in der soziologischen Ungleichheitsforschung recht wenig Aufmerksamkeit erlangt. Zu diesem Schluss sind wir aufgrund eines knappen Durchgangs durch verschiedene traditionelle (Klasse, Schicht) und neuere (Milieu, Lebensstil) Theorien und Modelle sozialer Ungleichheit im *zweiten Kapitel* gelangt. In beiden Ansätzen spielen Organisationen als Verursacher sozialer Ungleichheit eine vernachlässigbare Rolle. Dies ändert sich, wenn man ungleiche Lebenschancen nicht auf der Ebene von sozialen Großgruppen wie Klassen oder Milieus ansiedelt, sondern auf der Ebene des Individuums lokalisiert. Dieses ist die Perspektive der sich über verschiedene Forschungsfelder erstreckenden organisationsbezogenen Ungleichheitsforschung, deren Ergebnisse wir im weiteren Verlauf dieses Lehrbuchs kennen gelernt haben.

Im *dritten Kapitel* haben wir die Organisation als Verteilungssystem der gesellschaftlichen Mesoebene beschrieben und gegenüber der Familie auf der Mikro- und dem Wohlfahrtsstaat auf der Makroebene abgegrenzt. Für Organisationen wurde festgehalten, dass die an die Mitglieder verteilten Güterarten mit dem Organisationszweck variieren. Was nicht variiert, ist das Proportionalitätsprinzip als dominante Verteilungsregel. Zudem haben wir anhand von Beispielen erläutert, dass Organisationen eine besondere Stellung zwischen Familie und Wohlfahrtsstaat einnehmen: Sie sind die Produzenten der Ressourcen, die in den beiden anderen Systemen (um)verteilt werden, und sie nehmen unter ihren Mitgliedern Güterverteilungen nach zum Teil selbst gesetzten Regeln vor.

Organisierte Ungleichheit vollzieht sich auf zwei verschiedenen Wegen. Um diese Wege näher zu beschreiben, haben wir im *vierten Kapitel* zwei Haupttypen von Organisationen unterschieden: Produktionsorganisation und Verhandlungsorganisation. *Produktionsorganisationen* stellen knappe Güter her, die anschließend unter den Mitgliedern der Organisation aufgeteilt werden. Welche Güter ein Individuum von „seiner" Produktionsorganisation erhält, hängt von der Struktur der individuellen

Organisation ab, da diese Strukturelemente von Organisation zu Organisation unterschiedlich ausgestaltet ist. Die Variation dieser Strukturelemente ist dafür verantwortlich, dass zwei Personen mit gleichem Alter und Geschlecht, der gleichen sozialen Herkunft und mit identischen Bildungsabschlüssen über unterschiedliche Ressourcenausstattungen verfügen können, weil sie Mitglied in verschiedenen Produktionsorganisationen mit unterschiedlichen Strukturelementen waren bzw. sind.

Verhandlungsorganisationen versuchen, die Verteilung von Gütern zu steuern, die außerhalb ihrer selbst hergestellt worden sind. Auch hier erhalten die Organisationsmitglieder Zuwendungen für erbrachte Anstrengungen. Doch anders als im Fall der Produktionsorganisation finden diese Verteilungen nicht innerhalb der Organisation selbst statt. Sie sind das Resultat von zum Teil harten Verhandlungen, die diese Organisationen mit anderen Organisationen führen. Ihr Ziel ist, die Interessen der jeweils eigenen Mitglieder möglichst weitgehend durchzusetzen. Auch hier entscheiden die Strukturelemente der Verhandlungsorganisationen über den Grad der Interessendurchsetzung. Diese Elemente sind sowohl Bestandteil der eigenen Organisationsstruktur als auch Bestandteil des Verhandlungssystems, das diese Organisationen untereinander etablieren. Je nachdem, welche Elemente Verhandlungsorganisationen aufweisen bzw. untereinander etablieren, variieren auch die Lebenschancen der gesellschaftlichen Gruppen, deren Interessen sie vertreten.

In zweiten Teil des Studienbuchs – *Produktionsorganisation* – haben wir zwei Typen von Organisationen auf ihre Ungleichheitseffekte untersucht: Die Arbeitsorganisation, in der vor allem ökonomisches Kapital wie Einkommen und Aufstiegschancen verteilt werden, und die Bildungsorganisation, die Wissen und Bildungstitel unter ihren Mitgliedern distribuiert. In *fünften Kapitel* haben wir vier Elemente des strukturellen Aufbaus der *Arbeitsorganisation* und ihres aus anderen Arbeitsorganisationen bestehenden Umfelds kennen gelernt – Größe, interner Arbeitsmarkt, demografische Zusammensetzung und Organisationspopulation. Dargelegt wurde, welche Einkommens- und Mobilitätseffekte sich aus der Varianz dieser Elemente im Erwerbssystem einer Gesellschaft ergeben:

▶ Je größer eine Arbeitsorganisation, desto höher sind die Ausschüttungen an die Beschäftigten. Dieser Befund zeigt sich auch dann, wenn man den Einfluss von Faktoren herausrechnet, die typischerweise mit der Organisationsgröße korrelieren, wie zum Beispiel die Leistungsfähigkeit der Arbeiter, die Branchenzugehörigkeit oder die Existenz eines internen Arbeitsmarkts.

▶ Beschäftigte in Organisationen mit geschlossenem *internen Arbeitsmarkt* haben höhere Einkommen, bessere Aufstiegschancen und eine größere Beschäftigungssicherheit als Beschäftigte, deren Organisation vakante Positionen durch Rekrutierungen auf dem externen Arbeitsmarkt vornehmen.

▶ Die Mobilitätschancen eines Individuums hängen von der *Altersverteilung* der Beschäftigten auf den verschiedenen hierarchischen Stufen einer Organisation ab. Zudem zeigt sich, dass Jüngere vergleichsweise früher befördert werden, höhere Positionen erreichen und höhere Einkommen erzielen. Und je größer der Frauenanteil in einer Organisation, desto geringer sind die Löhne aller Organisationsmitglieder.

▶ Gründungen neuer Organisationen verstärken Mobilitätsprozesse innerhalb der *Population* der betreffenden Organisation, Auflösungen verringern sie. Reduzieren Organisationen Teile ihres Leistungsprozesses (Entlassungen), kommt es in ihnen auch zu vereinzelten Aufstiegen. Bei Zusammenschlüssen von Organisationen steigt die interorganisationale Mobilität, während die intra-organisationale Mobilität abnimmt.

Im *sechsten Kapitel* haben wir uns mit dem strukturellen Aufbau der Schule als Prototyp der *Bildungsorganisation* beschäftigt und ihren Einfluss auf die Ungleichheit der Bildungschancen kennen gelernt. Dabei sind wir sind von der These ausgegangen, dass die Schule jene primären Effekte sozialer Ungleichheit moderiert, die aus der sozialen Herkunft der Schülerinnen und Schüler resultieren. Je nachdem, welche Struktur eine Schule aufweist, werden primäre Ungleichheiten entweder reproduziert, verstärkt oder verringert. Drei Strukturelemente haben wir unter-

schieden: die Schul- und Klassengröße, die Zusammensetzung der Schülerschaft und die Leistungsgruppierung.

▶ *Schul- und Klassengröße:* Schüler in kleineren Schulen zeigen ein
durchschnittlich größeres extracurriculares Engagement und identifizieren sich stärker mit ihrer Bildungsorganisation als Schüler in
größeren Schulen. Zwischen Schulgröße und Schulleistung besteht
ein umgekehrt U-förmiger Zusammenhang: Mit ansteigender Schulgröße steigt der Lernerfolg zunächst an (Ressourceneffekt), um ab einer Größenordnung von ca. 700 Schülern wieder abzufallen (Anonymitätseffekt). Ob kleinere Klassen tatsächlich bessere Lernbedingungen schaffen, hängt maßgeblich davon ab, ob die Lehrkräfte diese
Opportunitäten auch nutzen. Unabhängig davon profitieren die Angehörigen ethnischer Minderheiten sowie Schüler aus statusniedrigen Elternhäusern stärker von verkleinerten Klassen als dies Mittelschichtkinder tun.

▶ *Zusammensetzung der Schülerschaft:* Schüler aus statusniedrigen Familien und Angehörige ethnischer Minderheiten erbringen bessere
Schulleistungen, wenn sie in einer Schule lernen, die vorwiegend von
Mittelschichtkindern besucht wird, als wenn sie einer Schule angehören, in der überwiegend Kinder mit dem gleichen (niedrigen) sozialen Status bzw. der gleichen ethnischen Zugehörigkeit lernen.

▶ *Leistungsgruppierung:* Werden Schüler der gleichen Klasse für spezifische Lernziele zeitweise in verschiedene Leistungsgruppen eingeteilt
(„Grouping"), so steigt deren Lernerfolg. Davon profitieren insbesondere leistungsschwächere Schüler. Werden dagegen Schüler dauerhaft in verschiedene Leistungsklassen eingeteilt („Tracking"), so
erzielen Kinder aus statusniedrigen Familien geringere Lernerfolge.
Dagegen profitieren Kinder aus Mittelschichtfamilien von der dauerhaften Leistungsgruppierung.

Im dritten Teil – *Verhandlungsorganisation* – haben wir die Ungleichheitseffekte von Tariforganisation und Mitbestimmungsorganisation kennen
gelernt. Tariforganisationen verhandeln miteinander sowohl über die

Verteilung des Kooperationsertrags zwischen Arbeit und Kapital als auch über die konkreten Austauschbedingungen der Arbeitskraft in Arbeitsorganisationen. Mitbestimmungsorganisationen vertreten die Interessen und Rechte bestimmter sozialer Gruppen auf der Grundlage gesetzlicher Rechte. Im *siebten Kapitel* haben wir nach den Strukturelementen gefragt, mittels derer *Tariforganisationen* die Verteilung von Lebenschancen in modernen Gesellschaften beeinflussen. Bei der Beantwortung dieser Frage haben wir uns auf die Verteilung des Lohns bzw. des Gehalts konzentriert. Weiterhin haben wir nach den Effekten von Kollektivverhandlungen auf die gesellschaftliche Einkommensungleichheit gefragt. Die wichtigsten Ursachen dieser Effekte haben wir auf der Ebene der Organisationsstruktur der Gewerkschaft und der Struktur des gesamten Tarifverhandlungssystems ausgemacht. Im Einzelnen lauteten unsere Befunde:

▶ Gewerkschaften erhöhen die Löhne ihrer Mitglieder im Verhältnis zu den Löhnen der unorganisierten Beschäftigten.

▶ Je höher der gewerkschaftliche Organisationsgrad in einem Land, desto geringer ist die gesellschaftliche Einkommensungleichheit.

▶ Je höher der Deckungsgrad eines nationalen Tarifvertragssystems, desto geringer ist die gesellschaftliche Einkommensungleichheit.

▶ Je höher der Zentralisationsgrad eines nationalen Tarifvertragssystems, desto geringer ist die gesellschaftliche Einkommensungleichheit.

Das *achte Kapitel* hat den *Betriebsrat* als Vertreter der Mitbestimmungsorganisation vorgestellt. Der Betriebsrat ist eine per Gesetz legitimierte, durch Wahl eingesetzte Organisation der Interessenvermittlung zwischen Beschäftigten und Unternehmenseigentümer. Wir haben drei spezifische Merkmale dieses Organisationstyps kennen gelernt, seine Verteilungswirkungen nachgezeichnet und die Bedeutung des Rechts der betrieblichen Mitbestimmung abgeschätzt. Dabei haben wir folgendes festgestellt:

▶ Beschäftigte in Unternehmen mit Betriebsrat erhalten höhere Löhne als Beschäftigte in mitbestimmungsfreien Unternehmen.

▶ Diese Lohnsteigerungen haben Umverteilungscharakter, da sie die Profite der Unternehmen senken.

▶ Verantwortlich für diesen Effekt sind drei Regelungsbereiche des Betriebsverfassungsgesetzes, die dem Betriebsrat umfangreiche Mitbestimmungsrechte bei der Gestaltung der betrieblichen Lohnpolitik einräumen: Die Überwachung geltender Tarifverträge, die Gestaltung des betrieblichen Entlohnungssystems und die Festlegung von Akkord- und Prämiensätzen.

*

Was lernen wir aus diesen Befunden für die Struktur sozialer Ungleichheit in modernen Gesellschaften? Diese Frage ist nicht einfach zu beantworten. Denn wie wir gesehen haben, gibt es keine systematische Theorie, die die Rolle von Organisationen im Zusammenhang mit der institutionellen Struktur der sozialen Ungleichheit und ihrem Wandel zu klären versucht. Jenseits dieser Einschränkung können wir jedoch den folgenden Schluss ziehen: *Organisationen moderieren die Verteilung von Lebenschancen, indem sie die durch primäre Determinanten sozialer Ungleichheit (soziale Herkunft, Klassenlage, Geschlecht) erfolgten Verteilungen aufgreifen und durch Variation ihrer Strukturelemente verändern.*

Dies hat zur Folge, dass zwei Personen mit gleichem Ausgangsstatus verschiedene Endpositionen in der Sozialstruktur einnehmen können. Diese Endpositionen sind zumeist nicht allzu weit voneinander entfernt: Aufgrund unterschiedlicher Organisationsmitgliedschaften werden aus Tellerwäscherkindern zumeist keine Millionäre. Organisationen übernehmen vielmehr die *Feinsteuerung* bei der Zuweisung von Lebenschancen. Diese Feinsteuerung kann sich mehr oder weniger stark auf die individuelle Endposition in der Sozialstruktur auswirken. Manchmal sind die Unterschiede zwischen zwei Personen mit gleichem Ausgangsstatus so gering, dass sie sich empirisch kaum bestimmen lassen. Zuweilen jedoch kommt es dazu, dass sich die Effekte organisierter Ungleichheit darin niederschlagen, dass beide Personen benachbarte Positionen in der Sozialstruktur einnehmen. Denken Sie an unser Beispiel des Klassentreffens mit Andrea und Sabine in der Einleitung dieses Buchs zurück. Dort haben wir gesehen, dass Andrea zur „unteren Dienstklasse" zählt, während Sabine der darunter befindlichen Klasse der einfachen Angestellten angehört.

Fazit: Organisationen stiften Kontingenz in der gesellschaftlichen Statusordnung; sie bringen ein gehöriges Maß an Unberechenbarkeit in die ansonsten relativ stabilen primären Mechanismen ungleicher Lebenschancen. Diese Kontingenz birgt durchaus Chancen für das Individuum. Chancen bestehen zum Beispiel für Menschen, deren niedriger sozialer Ausgangsstatus keine allzu großen Güterzuteilungen erwarten lässt. Zugleich bringt die organisierte Ungleichheit aber auch Risiken mit sich. Die betrifft zum Beispiel Diejenigen, die sich auf ihre gute soziale Herkunft oder ihre hohe Leistungsorientierung als Garanten eines bestimmten Niveaus an Lebenschancen verlassen. In beiden Fällen können Organisationen die Erwartungen enttäuschen, in positiver wie in negativer Hinsicht.

10. Was man aus der organisierten Ungleichheit lernen kann

Kann man die organisierte Ungleichheit zur Verbesserung der Lebenschancen nutzen? Lassen sich ihre Chancen gezielt einsetzen und die Risiken umgehen? Diese Fragen kann man auf zwei Ebenen des Verhältnisses von Individuum und Gesellschaft beantworten. Zum einen kann man daran gehen, *jene Strukturelemente von Organisationen zu verändern, die als negativ erachtete sozialstrukturelle Effekte hervorrufen.* Um dies zu tun, muss man erstens klären, welche sozialen Ungleichheiten in modernen Gesellschaften als vermeidenswert gelten und welche nicht. Zweitens bedarf es dazu durchsetzungsfähiger gesellschaftlicher Akteure zur Änderung dieser Strukturelemente.

Beides ist in modernen Gesellschaften ausgesprochen kompliziert. Weder lässt sich immer eindeutig bestimmen, welche Ungleichheiten unerwünscht sind und welche nicht, noch lassen sich die gewünschten Änderungen immer praktisch durchsetzen. Ein Beispiel dazu: Wie wir im sechsten Kapitel gesehen haben, verstärkt eine bestimmte sozioökonomische Zusammensetzung der Schule den Effekt der sozialen Herkunft auf die späteren Lebenschancen der Schüler. Je geringer der sozioökonomische Status, den die Mehrzahl der Schüler einer Schule aufweist, desto geringer sind die Lernerfolge aller Schüler. In Gesellschaften, in denen Chancengleichheit im Bildungssystem einen zentralen Wert darstellt, ist ein solcher Zustand nicht hinnehmbar. Ihn zu ändern, ist jedoch alles andere als einfach. Erinnern wir uns an die Reaktionen der US-amerikanischen weißen Mittelschichtsangehörigen auf die staatliche Strategie der De-Segregation, d. h. der ethnischen Mischung der Schule. Die Eltern

zogen aus den betreffenden innerstädtischen Schuldistrikten in die ethnisch homogeneren Vororte, oder sie gründeten eigene, sozial geschlossene Privatschulen. Dabei sind die Chancen der Überwindung des unerwünschten Effekts der organisierten Ungleichheit in diesem Beispiel noch
relativ groß, denn schließlich verfügt man mit dem Staat über einen relativ durchsetzungsfähigen gesellschaftspolitischen Akteur.

Schwieriger wird es im Falle der Änderung von Einkommensungleichheiten, die auf das Konto der Strukturvarianz von Arbeits- oder
Tariforganisationen gehen. Zum einen kann soziologisch kaum geklärt
werden, ob diese Ungleichheiten illegitim sind oder nicht, denn dies ist
eine normative Frage, und normative Fragen sind in der *gesellschaftlichen*
Auseinandersetzung entscheidbar, nicht aber in der wissenschaftlichen
Analyse (Wertfreiheitspostulat). Zum anderen sind die betroffenen Organisationen häufig nicht interessiert, ihre Strukturelemente ohne äuße-
ren Druck zu verändern. Und dieser Druck ist in pluralistischen Gesellschaften auch nur schwer aufzubauen, weil er mit grundlegenden, zum
Teil verfassungsrechtlich geschützten Werten kollidiert. In unserem Fall
ist es das Eigentumsrecht als Schutzrecht der Arbeitsorganisation und die
Koalitionsfreiheit als Schutzrecht der Tariforganisation.

Fazit: Es ist zwar grundsätzlich möglich, die Strukturen formaler
Organisationen zu verändern, um die als negativ angesehenen Effekte
der organisierten Ungleichheit zu beseitigen. Da soziologisch jedoch
kaum entscheidbar ist, welche Strukturelemente es sein sollen und wie
die Änderung durchgesetzt werden soll, werden wir diese Diskussion an
dieser Stelle nicht fortführen.

Anders sieht es aus, wenn wir die zweite Ebene des Verhältnisses
von Individuum und Gesellschaft in den Blick nehmen und am Individuum ansetzen. Hier kann die organisationsbezogene Ungleichheitsforschung praktischen Nutzen stiften, *indem sie den Einzelnen bei der Wahl
seiner Organisationsmitgliedschaften berät*. Soziologische Aufklärung besteht dann darin, die Strukturelemente zu benennen, die über ein Mehr
oder weniger an Lebenschancen bestimmen. Kennt das Individuum diese
Kausalitäten, so kann es seine Organisationsmitgliedschaften strategisch
planen, indem es Mitglied in Organisationen mit vorteilhaften Struktur-

elementen wird und andere Organisationen entsprechend meidet. Beispielsweise würde es

- seine Kinder in Schulen mit mittlerer Größe, kleinen Klassen und durchschnittlich hohem sozioökonomischen Status schicken,
- in großen Unternehmen mit internem Arbeitsmarkt arbeiten,
- einer Gewerkschaft beitreten,
- ein Unternehmen mit geltendem Tarifvertrag und mit durchsetzungsstarkem Betriebsrat auswählen.

Dieser strategische Umgang des Individuums mit der organisieren Ungleichheit hört sich jedoch einfacher an als er in der Realität ist. Zwei Probleme stellen sich dem Individuum in den Weg: erstens das Informationsproblem und zweitens das Zielkonfliktproblem. Das *Informationsproblem* besteht darin, dass viele der Informationen, die der Einzelne für seine strategische Wahl benötigt, nicht frei verfügbar sind und von den Organisationen in der Regel auch auf Nachfrage nicht bereitgestellt werden. Hierzu wiederum ein Beispiel. In Deutschland geben die einzelnen Schulen zwar mitunter Auskunft über ihre Schul- und Klassengröße, häufig aber nicht über ihre soziale Zusammensetzung. Und dies mit gutem Grund: Wäre für jede einzelne Schule der Anteil an Kindern z. B. mit Migrationshintergrund offiziell bekannt, so würden Eltern von Mittelschichtkindern, wie im Falle der amerikanischen Re-Segregation, Schulen mit höheren Migrantenanteilen meiden. Wie man weiß, erhöht dies die Lebenschancen der Mittelschichtkinder nur wenig, schadet aber den Lebenschancen der benachteiligten Kinder mit Migrationshintergrund nachhaltig.

Ähnlich schwierig verhält es sich mit dem Zugang zu Informationen über Arbeitsorganisationen. Wer weiß schon genau, ob es in einem Unternehmen, von dem man ein Jobangebot erhalten hat, einen internen Arbeitsmarkt gibt, wie die Alters- und Geschlechterverteilung in diesem Unternehmen ist oder wie die Dynamik der Population dieser Organisation aussieht? Etwas anders ist der Fall der Verhandlungsorganisation. Tritt ein Individuum in Deutschland einer Gewerkschaft bei, so erhält es in der Regel auch Zugang zu vielen Informationen über Geltung und Inhalte von Tarifverträgen oder darüber, in welchen Unternehmen ein durchsetzungsstarker Betriebsrat existiert und in welchen nicht.

Das *Zielkonfliktproblem* besteht darin, dass das Individuum seine Organisationsmitgliedschaft zwar strategisch wählt, dass diese Wahl jedoch nicht immer zum gewünschten Resultat führt. Der Grund dafür ist, dass es zwischen einzelnen Kriterien der Organisationswahl Zielkonflikte geben kann. Nehmen wir wieder unser Beispiel der Schulwahl. Folgt man den oben genannten Regeln der organisierten Ungleichheit, so ist es für Eltern mit niedrigem sozialen Status rational, ihr Kind eine Schule besuchen zu lassen, in der mehrheitlich Kinder aus Elternhäusern mit höherem sozialen Status lernen. Damit steigt zwar die Wahrscheinlichkeit, dass das eigene Kind höhere Lernleistungen erbringen wird. Zugleich besteht die Gefahr, dass das statusniedrige Kind innerhalb der Mehrheit der statushöheren Kinder sozial isoliert ist. Dies ist häufig dann der Fall, wenn es nicht die für Mittelschichtkinder typische materielle Ausstattung (Markenkleidung, Taschengeld, Fahrrad bzw. Mofa) besitzt, über die gleichen sprachlich-kulturellen Fertigkeiten verfügt oder die für Mittelschichtangehörige typischen Wertvorstellungen teilt.

Nehmen wir ein zweites Beispiel, nämlich das der Gründung eines Betriebsrats im Unternehmen. Folgt man wiederum den Regeln der organisierten Ungleichheit, so ist es rational, in einem Unternehmen mit aktivem Betriebsrat erwerbstätig zu sein. Was aber, wenn ein Individuum in einem Unternehmen beschäftigt ist, das keinen Betriebsrat hat? Nun läge es nahe, selbst einen Betriebsrat zu gründen bzw. dessen Gründung zu unterstützen. Diese Gründung ist zwar für die Belegschaft als Kollektiv langfristig vorteilhaft. Für den die Gründung vorantreibenden Einzelnen ist sie jedoch mit hohen Kosten verbunden: Man muss unter den Kollegen Mitstreiter finden, die die Wahl organisieren und selbst zum Betriebsrat kandidieren, man muss sich in das komplizierte Wahlverfahren einarbeiten, und nicht zuletzt muss man mit persönlichen Sanktionen der Unternehmensleitung rechnen, die die Wahl eines Betriebsrats im eigenen Haus nicht selten verhindern will.

An diesen Beispielen kann man ablesen, dass eine aus der Perspektive organisierter Ungleichheit getroffene Mitgliedschaftswahl auch unintendierte Effekte hervorrufen kann (soziale Isolation des Schülers, Kosten und Sanktionen bei der Betriebsratswahl). Diese unintendierten Effekte wären wahrscheinlich nicht aufgetreten, würden die Eltern ihr Kind eine Schule mit statusgleichen Kindern besuchen lassen oder würde der Beschäftigte die Einrichtung des Betriebsrats nicht vorantreiben. Andererseits gäbe es ohne rationale Mitgliedschaftswahl keine Chance auf höhere Lernleistungen, mehr Mitsprache der Beschäftigten und höheres Einkommen im Unternehmen. Da es in unseren Beispielen keinen „one best way" gibt, dürfte die jeweilige Entscheidung nicht leicht fallen.

Fazit: Das Informations- wie das Zielkonfliktproblem zeigen uns, dass die richtige Wahl der Organisationsmitgliedschaft unter Umständen alles andere als einfach ist. Will man dennoch einen Teil seiner Lebenschancen selbst beeinflussen und sich nicht der Kontingenz der organisierten Ungleichheit aussetzen, so gibt es kaum eine vernünftige Alternative zur strategischen Mitgliedschaftswahl. Vielleicht kann dieses Buch hierzu einen bescheidenen Beitrag leisten.

Literaturverzeichnis

Achatz, Juliane/Fuchs, Stefan/Stebut, Nina v./Wimbauer, Christine (2002): Geschlechterungleichheit in Organisationen. Zur Beschäftigungslage hochqualifizierter Frauen. In: Allmendinger, Jutta/Hinz, Thomas (Hg.): Organisationssoziologie. Sonderheft 42 der Kölner Zeitschrift für Soziologie und Sozialpsychologie. Wiesbaden: Westdeutscher Verlag, 284-318.

Addison, John T./Kraft, Kornelius/Wagner, Joachim (1993): German works councils and firm performance. In: Kaufman, Bruce E./Kleiner, Morris M. (eds.): Employee representation: alternatives and future directions. Madison (WI): Industrial Relations Research Association, 305-338.

Addison, John T./Schnabel, Claus/Wagner, Joachim (1998): Betriebsräte in der deutschen Industrie: Verbreitung, Bestimmungsgründe und Effekte. In: Gerlach, Knut/Hübler, Olaf/Meyer, W. (Hg.): Ökonomische Analysen betrieblicher Strukturen und Entwicklungen. Das Hannoveraner Firmenpanel. Frankfurt a.M. & New York: Campus, 59-87.

Addison, John T./Schnabel, Claus/Wagner, Joachim (1999): Verbreitung, Bestimmungsgründe und Auswirkungen von Betriebsräten: Empirische Befunde aus dem Hannoveraner Firmenpanel. In: Frick, Bernd/Kluge, Norbert/Streeck, Wolfgang (Hg.): Die wirtschaftlichen Folgen der Mitbestimmung. Frankfurt a.M. & New York: Campus, 223-252.

Addison, John T./Schnabel, Claus/Wagner, Joachim (2000a): Nonunion representation in Germany. In: Kaufman, Bruce E./Taras, Daphne Gottlieb (eds.): Nonunion forms of employee representation. History, contemporary practice, and policy. Armond: M.E. Sharpe, 365-385.

Addison, John T./Siebert, W. Stanley/Wagner, Joachim/Wie, Xiangdong (2000b): Worker participation and firm performance: evidence from Germany and Britain. In: British Journal of Industrial Relations 38, 7-48.

Addison, John T./Wagner, Joachim (1997): The impact of German works councils on profitability and innovation: new evidence from micro Data. In: Jahrbücher für Nationalökonomie und Statistik 216, 1-20.

Agell, Jonas/Lommerud, Kjell (1991): Union egalitarism as income insurance. In: Economica 59, 295-310.

Alexander, Arthur J. (1974): Income, experience, and the structure of internal labor markets. In: Quarterly Journal of Economics 88, 63-85.

Allmendinger, Jutta (1989): Educational systems and labor market outcomes. In: European Sociological Review 5, 231-250.

Althauser, Robert P. (1989): Internal labor markets. In: Annual Review of Sociology 15, 143-161.

Arbeitsgruppe Bildungsbericht am Max-Planck-Institut für Bildungsforschung (1994): Das Bildungssystem in der Bundesrepublik Deutschland: Strukturen und Entwicklungen im Überblick. Reinbek: Rowohlt.

Aristoteles (1995): Politik. Bd. 4 der philosophischen Schriften, Hamburg: Meiner.

Armor, David (1972): The evidence on busing. In: The Public Interest 14, 90-126.

Arrow, Kenneth J. (1974): The limits of organization. New York: W.W. Norton.

Baker, George/Gibbs, Michael/Holmstrom, Bengt (1994): The internal economics of the firm: evidence from personnel data. In: Quarterly Journal of Economics 109, 881-919.

Baron, James N. (1984): Organizational perspectives on stratification. In: Annual Review of Sociology 10, 37-69.

Baron, James N./Davis-Blake, Alison/Bielby, William T. (1986): The structure of opportunity: how promotion ladders vary within and among organizations. In: Administrative Science Quarterly 31, 248-273.

Bartels, Klaus (1998): Veni, vidi, vici. Geflügelte Worte aus dem Griechischen und Lateinischen. 4. Aufl., München: Dt. Taschenbuch-Verlag.

Baumert, Jürgen/Artelt, Cordula/Klieme, Eckhard/Neubrand, Michael/Prenzel, Manfred/Schiefele, Ulrich/Schneider, Wolfgang/Tillmann, Klaus-Jürgen/Weiß, Manfred (Hg.) (2003a): PISA 2000. Ein differenzierter Blick auf die Länder der Bundesrepublik Deutschland. Opladen: Leske & Budrich.

Baumert, Jürgen/Bos, Wilfried/Lehmann, Rainer (Hg.) (2000): TIMSS/III. Dritte Internationale Mathematik- und Naturwissenschaftsstudie – Mathematische und naturwissenschaftliche Bildung am Ende der Schullaufbahn. Band 1: Mathematische und naturwissenschaftliche Grundbildung am Ende der Pflichtschulzeit. Opladen: Leske & Budrich.

Baumert, Jürgen/Klieme, Eckhard/Neubrand, Michael/Prenzel, Manfred/Schiefele, Ulrich/Schneider, Wolfgang/Stanat, Petra/Tillmann, Klaus-Jürgen/Weiß, Manfred (Hg.) (2001): PISA 2000. Basiskompetenzen von Schülerinnen und Schülern im internationalen Vergleich. Opladen: Leske & Budrich.

Baumert, Jürgen/Schümer, Gundel (2001): Familiäre Lebensverhältnisse, Bildungsbeteiligung und Kompetenzerwerb. In: Baumert, Jürgen/Klieme, Eckhard/Neubrand, Michael/Prenzel, Manfred/Schiefele, Ulrich/Schneider, Wolfgang/Stanat, Petra/Tillmann, Klaus-Jürgen/Weiß, Manfred (Hg.) (2001): PISA 2000. Basiskompetenzen von Schülerinnen und Schülern im internationalen Vergleich. Opladen: Leske & Budrich, 323-407.

Baumert, Jürgen/Trautwein, Ulrich/Artelt, Cordula (2003b): Schulumwelten – institutionelle Bedingungen des Lehrens und Lernens. In: Baumert, Jürgen/ Artelt, Cordula/Klieme, Eckhard/Neubrand, Michael/Prenzel, Manfred/ Schiefele, Ulrich/Schneider, Wolfgang/Tillmann, Klaus-Jürgen/Weiß, Manfred (Hg.) (2003a): PISA 2000. Ein differenzierter Blick auf die Länder der Bundesrepublik Deutschland. Opladen: Leske & Budrich, 261-331.

Beck, Martin/Fitzenberger, Bernd (2003): Changes in union membership over time: a panel analysis for West Germany. Discussion Paper No. 03-42. Mannheim: Zentrum für Europäische Wirtschaftsforschung.

Beck, Ulrich (1986): Risikogesellschaft. Auf dem Weg in eine andere Moderne. Frankfurt a. M.: Suhrkamp.

Becker, Gary S. (1964): Human capital. A theoretical and empirical analysis, with special reference to education. New York: Columbia Univ. Press.

Bellmann, Lutz/Kohaut, Susanne (1995): Betriebliche Determinanten der Lohnhöhe und der übertariflichen Bezahlung: Eine empirische Analyse auf der Basis der IAB-Betriebspanels. In: Mitteilungen aus der Arbeitsmarkt- und Berufsforschung 28, 62-75.

Below, Susanne v. (2002): Bildungssysteme und soziale Ungleichheit. Das Beispiel der neuen Bundesländer. Opladen: Leske & Budrich.

Bendix, Reinhard (1960): Max Weber. Das Werk. München: Piper.

Berger, Peter A. (1996): Individualisierung. Statusunsicherheit und Erfahrungsvielfalt. Opladen: Westdeutscher Verlag.

Bielby, William T./Baron, James N. (1983): Organizations, technology, and worker attachment to the firm. In: Research in Social Stratification and Mobility 2, 77-113.

Bielby, William T./Baron, James N. (1986): Men and women at work: sex segregation and statistical discrimination. In: American Journal of Sociology 91, 759-799.

Blanchflower, David G./Bryson, Alex (2003): Changes of time in union relative wage effects in the UK and the US revisited. In: Addison, John T./Schnabel, Claus (eds.): International handbook of trade unions. Celtenham, UK: Edward Elgar, 197-245.

Blanchflower, David G./Bryson, Alex (2004): What effect do unions have on wages now and would Freeman and Medoff be surprised? In: Journal of Labor Research 25, 383-414.

Blau, Francine/Kahn, Lawrence M. (1996): International differences in male wage inequality: institutions versus market forces. In: Journal of Political Economy 104, 791-837.

Blau, Peter M./Duncan, Otis. D. (1967): The American occupational structure. New York: Wiley.

Blau, Peter M./Schoenherr, Richard A. (1971): The structure of organizations. New York: Basic Books.

Blossfeld, Hans-Peter/Shavit, Yossi (1993): Dauerhafte Ungleichheiten. Zur Veränderung des Einflusses der sozialen Herkunft auf die Bildungschancen in dreizehn industrialisierten Ländern. In: Zeitschrift für Pädagogik 39, 25-52.

Blossfeld, Hans-Peter/Timm, Andreas (1997): Das Bildungssystem als Heiratsmarkt. Eine Längsschnittanalyse der Wahl von Heiratspartnern im Lebenslauf. In: Kölner Zeitschrift für Soziologie und Sozialpsychologie 53, 440-476.

Blossfeld, Hans-Peter/Timm, Andreas (Hg.) (2003): Who marries whom? Educational systems as marriage markets in modern societies. Dordrecht: Kluwer.

Bolte, Karl Martin/Kappe, Dieter/Neidhardt, Friedhelm (1967): Soziale Schichtung der Bundesrepublik Deutschland, In: Bolte, Karl Martin (Hg.): Deutsche Gesellschaft im Wandel. Bd. 1, Opladen: Leske & Budrich, 233-351.

Bordieu, Pierre (1987): Die feinen Unterschiede. Kritik der gesellschaftlichen Urteilskraft. Frankfurt a. M.: Suhrkamp.

Borland, Melvin L./Howsen, Roy M. (2003): An examination of the effect of elementary school size on student adademic achievement. In: International Review of Education 49, 463-474.

Bosch, Gerhard/Lichte, Rainer (1982): Die Funktionsweise informeller Senioritätsrechte – am Beispiel einer betrieblichen Fallstudie. In: Dohse, Knuth/Jürgens, Ulrich/Russig, Harald (Hg.): Statussicherung im Industriebetrieb. Alternative Regelungsansätze im internationalen Vergleich. Frankfurt a.M. & New York: Campus, 205-235.

Boudon, Raymond (1973): Education, opportunity, and social inequality. New York: Wiley.

Bourdieu, Pierre (1983): Ökonomisches Kapital, kulturelles Kapital, soziales Kapital. In: Kreckel, Reinhard (Hg.): Soziale Ungleichheiten, Göttingen: Schwartz, 183-198.

Braddock, Jomils H., II./Williams, M. M. (1996): Equality of educational opportunity and the Goals 2000, Educate America Act. In: Borman, Kathryn

M./Cookson, Peter W. Jr./Sadovnik, Alan R./Borman, Joan Z. (eds.): Implementing educational reform: sociological perspectives on educational policy. Norwood, NJ: Ablex, 89-109.

Bratsberg, Bernt/Ragan, James f. (2002): Changes in the union wage premium by industry. In: Industrial and Labor Relations Review 56, 65-83.

Bridges, William P. (1980): Industrial marginality and female employment: a new appraisal. In: American Sociological Review 45, 58-75.

Brown, Charles/Medoff, James (1989): The employer-size effect. In: Journal of Political Economy 97, 1027-1059.

Brüderl, Josef (1991): Mobilitätsprozesse in Betrieben. Dynamische Modelle und empirische Befunde. Frankfurt a. M. & New York: Campus.

Brüderl, Josef/Preisendörfer, Peter (1986): Betriebsgröße als Determinante beruflicher Gratifikationen. In: Wirtschaft und Gesellschaft 12, 507-523.

Brüderl, Josef/Preisendörfer, Peter/Ziegler, Rolf (1993): Upward mobility in organizations: the effects of hierarchy and opportunity structure. In: European Sociological Review 9, 173-188.

Brüderl, Josef/Schüssler, Rudolf (1993): Organizational mortality. The liability of newness and adolescence. In: Administrative Science Quarterly 35, 530-547.

Buhr, Regina (1998): Unternehmen als Kulturräume. Eigensinnige betriebliche Integrationsprozesse im transnationalen Kontext. Berlin: Edition Sigma.

Burns, Tom (1962): Micropolitics: mechanism of institutional change. In: Administrative Science Quarterly 6, 257-281.

Burns, Tom/Stalker, George M. (1968): Mechanistische und organische Systeme des Managements. In: Mayntz, Renate (Hg.): Bürokratische Organisation. Köln & Berlin: Kiepenheuer & Witsch, 147-158.

Burzan, Nicole (2004): Soziale Ungleichheit. Eine Einführung in die zentralen Theorien. Wiesbaden: Verlag für Sozialwissenschaften.

Caldas, Stephen J. (1987): Reexamination of input and process factors effects on public school achievement. In: Journal of Educational Research 86, 206-214.

Calmfors, Lars/Driffill, John (1988): Bargaining structure, corporatism and macroeconomic performance. In: Economic Policy 3, 13-61.

Campbell, W J./Cotterell, J L./Robinson, N M./Sadler, D R. (1981): Effects of school size upon some aspects of personality. In: The Journal of Educational Administration 19, 201-231.

Cannings, Kathleen/Montmarquette, Claude (1991): Managerial momentum: a simultaneous model of the career progress of male and female managers. In: Industrial and Labor Relations Review 44, 212-228.

Cappelli, Peter/Cascio, Wayne f. (1991): Why some jobs command wage premiums: a test of career tournament and internal labor market hypotheses. In: Academy of Management Journal 34, 848-868.

Card, David (2001): The effect of unions wage inequality in the U.S. labor market. In: Industrial and Labor Relations Review 54, 296-315.

Card, David/Lemieux, Thomas/Riddell, W. Craig (2004): Unions and wage inequality. In: Journal of Labor Research 25, 520-562.

Carl, Andrea-Hilla/Krehnke, Anna (2004): Geschlechterdiskriminierung bei der betrieblichen Grundentgeltfindung. Positionen und Perspektiven von Management, Betriebsrat und Beschäftigten. Wiesbaden: DUV.

Carroll, Glenn R. (1984): Organizational ecology. In: Annual Review of Sociology 10, 71-93.

Carroll, Glenn R./Mayer, Karl Ulrich (1984): Organizational effects in the wage attainment process. In: The Social Science Journal 21, 5-22.

Carroll, Glenn R./Mayer, Karl Ulrich (1986): Job-shift patterns in the federal republic of Germany. The effects of social class, industrial sector, and organization size. In: American Sociological Review 51, 323-341.

Chaykowski, Richard P./Slotsve, George A. (2002): Earnings inequality in Canada. In: British Journal of Industrial Relations 40, 493-519.

Checci, Daniele/Visser, Jelle (2005): Pattern persistence in European trade union density. In: European Sociological Review 21, 1-21.

Child, John (1973): Predicting and understanding organizational structure. In: Administrative Science Quarterly 18, 168-185.

Cleff, Thomas (1997): Industrielle Beziehungen im kulturellen Zusammenhang. Eine theoretische und empirische Untersuchung kultureller Einflüsse auf die Einstellung zu Regelungen industrieller Beziehungen in Deutschland, Frankreich, Großbritannien, Italien, Schweden, Spanien Türkei und den USA. München & Mering: Hampp.

Clegg, Stewart R./Hardy, Cynthia/Nord, Walter R. (1996): Handbook of organization studies. London etc.: Sage.

Clotfelter, Charles (1976): School desegregation, ‚tipping‘, and private school enrolment. In: Journal of Human Resources 7, 29-50.

Coase, Ronald H. (1937): The nature of the firm. In: Economia N.S. 4, 386-405.

Cohen, Elizabeth (2000): Equitable classrooms in a changing society. In: Hallinan, Maureen T. (ed.): Handbook of the sociology of education. New York etc.: Kluwer Academic/Plenum Publishers, 265-283.

Coleman, James S. (1967): Toward open schools. In: The Public Interest 9, 20-27.

Coleman, James S. (1979): Macht und Gesellschaftsstruktur. Tübingen: Mohr/ Siebeck.

Coleman, James S. (1986): Die asymmetrische Gesellschaft. Weinheim: Beltz.

Coleman, James S. (1990): Equality and achievement in education. Boulder etc.: Westview Press.

Coleman, James S./Campbell, Ernest Q./Hobson, Carol. J./McPartland, James, Mood, Alexander M./Weinfeld, Frederic D./York, Robert L. (1966): Equality of educational opportunity. Washington, DC: US Government Printing Office.

Coleman, James S./Hoffer, Thomas/Kilgore, Sally (1982): High school achievement. Public, catholic, and private schools compared. New York: Basic Books.

Coleman, James S./Kelly, Sara D./Moore, John A. (1975): Trends in school segregation 1968-73. Washington, DC: The Urban Institute.

Conant, James B. (1967): The comprehensive school. New York: McGraw-Hill.

Cotton, Kathleen (1996): School size, school climate, and student performance. Working paper no. 20, School improvement research series. Northwest Regional Educational Laboratory (http://www.nwrel.org/scpd/sirs/10/c020. html, download am 27.09.2006).

Crozier, Michel/Friedberg, Erhard (1979): Macht und Organisation. Die Zwänge kollektiven Handelns. Königstein/Ts.: Athenäum.

Dahrendorf, Ralf (1957): Soziale Klassen und Klassenkonflikt in der industriellen Gesellschaft. Stuttgart: Enke.

Dahrendorf, Ralf (1965): Gesellschaft und Demokratie in Deutschland. München: Piper.

Dahrendorf, Ralf (1966): Über den Ursprung der Ungleichheit unter den Menschen. 2. Aufl., Tübingen: Mohr/Siebeck.

Dahrendorf, Ralf (1979): Lebenschancen. Anläufe zur sozialen und politischen Theorie. Frankfurt a. M.: Suhrkamp.

Dalton, Melville (1951): Informal factors in career achievement. In: American Journal of Sociology 56, 407-415.

Dar, Yehezkel/Resh, Nura (1986): Classroom intellectual composition and academic achievement. In: American Educational Research Journal 23, 357-374.

Däubler, Wolfgang (1973): Das Grundrecht auf Mitbestimmung und seine Realisierung durch tarifvertragliche Begründung von Beteiligungsrechten. Frankfurt a.M.: Europäische Verlagsanstalt.

Däubler, Wolfgang (1995): Das Arbeitsrecht 1. Leitfaden für Arbeitnehmer. Reinbek: Rowohlt.

Däubler, Wolfgang/Kittner, Michael/Klebe, Thomas (Hg.) (2002): Betriebsverfassungsgesetz mit Wahlordnung. Kommentar für die Praxis. Köln: Bund-Verlag.

Davis, Kinsley/Moore, Wilbert E. (2001, zuerst 1945): Some principles of stratification. In: Grusky, David (Hg.): Social stratification in sociological perspective. Boulder: Westview Press, 55-63.

Deutscher Gewerkschaftsbund (2005): Mitglieder in den DGB-Gewerkschaften (http://www.dgb.de/dgb/mitgliederzahlen/mitglieder.htm, download am 11.4.2005).

Dilger, Alexander (2002): Ökonomik betrieblicher Mitbestimmung. Die wirtschaftlichen Folgen von Betriebsräten. München & Mering: Hampp.

Dilger, Alexander/Frick, Bernd/Speckbacher, Gerhard (1999): Mitbestimmung als zentrale Frage der Corporate Governance. In: Frick, Bernd/Kluge, Norbert/Streeck, Wolfgang. (Hg.): Die wirtschaftlichen Folgen der Mitbestimmung. Frankfurt a.M. & New York: Campus, 19-52.

DiMaggio, Paul J./Powell, Walter W. (1983): The iron cage revisited. Institutional isomorphism and collective rationality in organizational fields. In: American Sociological Review 48, 147-160.

DiNardo, John/Fortin, Nicole M./Lemieux, Thomas (1996): Labor market institutions and the distribution of wages, 1973-1992: A semiparametric aproach. In: Econometrica 64, 1001-1044.

DiPrete, Thomas A. (1987): Horizontal and vertical mobility in organizations. In: Administratve Science Quarterly 32, 422-444.

DiPrete, Thomas A. (1993): Industrial Restructuring and the mobility response of American workers in the 1980s. In: American Sociological Review 58, 74-96.

DiPrete, Thomas A./Soule, Withman T. (1988): Gender and promotion in segmented job ladder systems. In: American Sociological Review 53, 26-40.

Doeringer, Peter B./Piore, Michael J. (1971): Internal labor markets and manpower analysis. Lexington (Mass.): Lexington Books.

Dunlop, John T. (1950): Wage determination under trade unions. Oxford: Blackwell.

Dunlop, John T. (1966): Job vacancy measures and economic analysis. In: National Bureau of Economic Research (ed.): The measurement and interpretation of job vacancies: a conference report. New York: Columbia Univ. Press, 27-47.

Ebbinghaus, Bernhard/Visser, Jelle (1999): When institutions matter. Union growth and decline in Western Europe, 1950-1995. In: European Sociological Review 15, 135-158.

Ehmke, Timo/Hohensee, Fanny/Heidemeier, Heike/Prenzel, Manfred (2004): Soziale Herkunft. In: Prenzel, Manfred/Baumert, Jürgen/Blum, Werner/Lehmann, Rainer/Leutner, Detlev, Neubrand, Michael/Pekrun, Reinhard, Rolff, Hans-Günter/Rost, Jürgen/Schiefele, Ulrich (Hg) (2004a): Der Bildungsstand der Jugendlichen in Deutschland – Ergebnisse des zweiten internationalen Vergleichs. Münster etc.: Waxmann, 225-254.

Endruweit, Günter (2004): Organisationssoziologie. 2. Aufl. Stuttgart: Lucius & Lucius.

Engels, Friedrich (1881/1969): Die Trade-Unions. In: Marx-Engels Werke (MEW) Bd. 19, 254-260.

Erikson, Robert/Goldthorpe, John H. (1992): The constant flux. A study of class mobility in industrial societies. Oxford: Clarendon Press.

Esping-Andersen, Gøsta (1990): The three worlds of welfare capitalism. Cambridge: Polity Press.

Etzioni, Amitai (1967): Soziologie der Organisationen (engl.: Modern Organizations, 1964). München: Juventa.

Evans, David S./Leighton, Linda S. (1988): Why do smaller firms pay less? In: The Journal of Human Resources 24, 299-318.

Farber, Henry (2005): Nonunion wage rates and the threat of unionization. In: Industrial and Labor Relations Review 58, 335-352.

Featherman, David L./Hauser, Robert M. (1976): Sexual inequalities and socioeconomic achievement in the U.S., 1962-1973. In: American Sociological Review 41, 462-483.

Felmlee, Diane H. (1982): Women's job mobility processes within and between employers: In: American Sociological Review 47, 142-151.

Finley, Merilee K. (1984): Teachers and tracking in a comprehensive high school. In: Sociology of Education 57, 233-243.

Finn, Jeremy D. (1998): Class size and students at risk. What is known? What is next? A commissioned paper. Washington D.C.: National Institute on the Education of At-Risk Students, Office of Educational Research and Improvement U.S., Department of Education (http://www.ed.gov/PDFDocs/class.pdf, download am 27.09.2006).

Finn, Jeremy D./Achilles Charles M. (1990): Answers and questions about class size: a statewide experiment. In: American Educational Research Journal 27, 557-577.

Fitting, Karl/Kaiser, Heinrich/Heither, Friedrich/Engels, Gerd/Schmidt, I. (2002): Betriebsverfassungsgesetz. Handkommentar. 21. Aufl., München: Vahlen.

Fitzenberger, Bernd (1999): Wages and employment across skill groups. An analysis for West Germany. Heidelberg & New York: Physica Verlag.

FizRoy, Felix R./Kraft, Kornelius (1985): Unionization, wages, and efficiency: theories and evidence from the US and West Germany. In: KYKLOS 38, 537-554.

FizRoy, Felix R./Kraft, Kornelius (1990): Innovation, rent-sharing and the organization of labour in the Federal Republic of Germany. In: Small Business Economics 2, 365-375.

FizRoy, Felix R./Kraft, Kornelius (1993): Economic effects of codetermination. In: Scandinavian Journal of Economics 95, 365-375.

Flaig, Bodo/Meyer, Thomas/Ueltzhöffer, Jörg (1993): Alltagsästhetik und politische Kultur. Bonn: Dietz.

Förster, Michael/d'Ercole, and Marco Mira (2005): Income distribution and poverty in OECD countries in the second half of the 1990s. OECD Social Employment and Migration Working Papers 22. Paris: Organisation for Economic Co-operation and Development.

Fowler, William J. (1995): School size and student outcomes. In: Advances in Educational Productivity 5, 3-26.

Fowler, William J./Walberg, Herbert J. (1991): School size, characteristics, and outcomes. In: Educational Evaluation and Policy Analysis 13, 189-202.

Freeman, Richard B. (1980): Unionism and the Dispersion of Wages. In: Industrial and Labor Relations Review 34, 3-23.

Freeman, Richard B. (1993): How much has de-unionization contributed to the rise in male earnings inequality? In: Danziger, Sheldon/Gottschalk, Peter (eds.): Uneven tides rising inequality in America. New York: Russell Sage Foundation, 296-315.

Freeman, Richard B./Medoff, James L. (1984): What do unions do? New York: Basic Books.

Frick, Bernd (1997a): Mitbestimmung und Personalfluktuation. Zur Wirtschaftlichkeit der bundesdeutschen Betriebsverfassung im internationalen Vergleich. München/Mering: Hampp.

Frick, Bernd (1997b): Die Funktionsfähigkeit der bundesdeutschen Betriebsverfassung: Quantitative und qualitative Evidenz im Überblick. In: Industrielle Beziehungen 4, 172-195.

Frick, Bernd/Kluge, Norbert/Streeck, Wolfgang. (Hg.) (1999): Die wirtschaftlichen Folgen der Mitbestimmung. Frankfurt a. M. & New York: Campus.

Frick, Bernd/Sadowski, Dieter (1995): Works councils, unions, and firm performance: the impact of worker' participation in Germany. In: Buttler, Friedrich/Franz, Wolfgang/Schettkat, Ronald/Soskice, David (eds.): Institutional frameworks and labor market performance. Comparative views on the U.S. and German economics. London & New York: Routledge, 46-81.

Friedkin, Noah E./Necochea, Juan (1988): School system size and performance: a contingency perspective. In: Educational Evaluation and Policy Analysis 10, 237-249.

Friedman, Milton (1962): Capitalism and Freedom. Chicago & London: Univ. of Chicago Press.

Fujiwara-Grewe, Takako/Grewe, Henrich R. (2001): Organizational ecology and job mobility. In: Social Forces 79, 547-568.

Funder, Maria (1999): Mitbestimmungsforschung der Gegenwart. Erosion oder Stabilität? Zum Wandel der betrieblichen Interessenvertretung. In: Nutzinger, Hans G. (Hg.): Perspektiven der Mitbestimmung. Historische Erfahrungen und moderne Entwicklungen vor europäischem und globalem Hintergrund. Marburg: Metropolis, 169-191.

Furubotn, Erik (1988): Codetermination and the modern theory of the firm: a Property-Rights analysis: Journal of Business 61, 165-181.

Gabriel, Karl (1979): Analysen der Organisationsgesellschaft. Ein kritischer Vergleich der Gesellschaftstheorien Max Webers, Niklas Luhmanns und der phänomenologischen Soziologie. Frankfurt a. M. & New York: Campus.

Gamoran, Adam (1986): Instructional and institutional effects of ability grouping. In: Sociology of Education 59, 185-198.

Gamoran, Adam (1989): Measuring curriculum differentiation. In: American Journal of Education 97, 29-43.

Ganßmann, Heiner (2000): Politische Ökonomie des Sozialstaats. Münster: Westfälisches Dampfboot.

Garavan, Thomas N./Coolahan, Michael (1996): Career mobility in organizations: implications for career development – Part 1. In: Journal of European Industrial Training 20, 30-40.

Geiger, Theodor (1932): Die soziale Schichtung des deutschen Volks. Soziographischer Versuch auf statistischer Grundlage. Stuttgart: Enke.

Geißler, Rainer (1994): Einführung. In: ders. (Hg.): Soziale Schichtung und Lebenschancen in Deutschland. Stuttgart: Enke, 1-5.

Geißler, Rainer (1996): Kein Abschied von Klasse und Schicht. Ideologische Gefahren der deutschen Sozialstrukturanalyse. In: Kölner Zeitschrift für Soziologie und Sozialpsychologie 48, 319-338.

Geißler, Rainer (2002): Die Sozialstruktur Deutschlands. Die gesellschaftliche Entwicklung vor und nach der Vereinigung. 3. Aufl., Wiesbaden: Westdeutscher Verlag.

Gerlach, Knut/Hübler, Olaf/Meyer, Wolfgang (1999): Lohnspreizung durch Globalisierung, technischen Fortschritt, Reorganisation oder institutionelle Einflüsse? In: Ertel, Rainer/Gerlach, Knut/Wagner, Joachim (Hg.): Beiträge zur Ökonomie offener Gesellschaften. Hannover: Niedersächsisches Institut für Wirtschaftsforschung, 149-175.

Gerlach, Knut/Stephan, Gesine (2003): Firmenlohndifferenziale und Tarifverträge. Eine Mehrebenenanalyse. In: Mitteilungen aus der Arbeitsmarkt- und Berufsforschung 36, 525-538.

Giddens, Anthony (1979): Die Klassenstruktur fortgeschrittener Gesellschaften. Frankfurt a. M.: Suhrkamp.

Glewwe, Paul (2002): Schools and skills in developing countries: education policies and socioeconomic outcomes. In: Journal of Economic Literature 40, 436-482.

Gnade, Albert/Kehrmann, Karl/Schneider, Wolfgang/Klebe, Thomas/Ratayczak, Jürgen (2002): Betriebsverfassungsgesetz. Basiskommentar mit Wahlordnung. 8. Aufl., Köln: Bund-Verlag.

Goffman, Erving (1973): Asyle. Über die soziale Situation psychiatrischer Patienten und anderer Insassen. Frankfurt a. M.: Suhrkamp.

Goldberg, Mirian L./Passow, Harry A./Justman, Jacob (1966): The effects of ability grouping. New York: Teachers College Press.

Goldthorpe, John H (1987): Social mobility and class structure in modern Britain. Oxford: Clarendon Press.

Gottfredson, Denise C. (1985): School size and school disorder. Baltimore: Center for social organization of schools, John Hopkins University.

Graddy, Kathryn/Stevens, Margaret (2005): The impact of school resources on student performance: a study of private schools in the United Kingdom. In: Industrial and Labor Relations Review 58, 435-451.

Granovetter, Marc (1984): Small is beautiful: labor markets and establishment size. In: American Sociological Review 49, 323-334.

Granovetter, Mark (1985): Economic action and social structure. The problem of embeddedness. In: American Journal of Sociology 91, 481-510.

Greenwald, Rob/Hedges, Larry V./Laine, Richard D. (1996): The effect of school resources on student achievement. In: Review of Educational Research 66, 361-396.

Groshen, Erica L. (1991): Five reasons why wages vary among employers. In: Industrial Relations 30, 350-381.

Grusky, David B. (Hg.) (2001): Social Stratifiction. Class, race, and gender in sociological perspective. 2. Aufl., Boulder: Westview Press.

Gurdon, Michael A./Rai, Anoop (1990): Codetermination and enterprise performance: empirical evidence from West-Germany. In: Journal of Economics and Business 42, 289-302.

Halaby, Charles (1982): Job-shift differences between men and women in the workplace. In: Social Science Research 11, 1-29.

Hall, Richard H. (1972): Organizations. Structure and process. New Jersey: Prentice Hall.

Haller, Emil J./Monk, David H./Spotted Bear, A./Griffith, J./Moss, P. (1990): School size and program comprehensiveness: evidence from high school and beyond. In: Educational Evaluation and Policy Analysis 12: 109-120.

Hallinan, Maureen T. (1988): Equality of educational opportunity. In: Annual Reviews of Sociology 14, 249-268.

Hallinan, Maureen T. (ed.) (2000): Handbook of the sociology of education. New York etc.: Kluwer Academic/Plenum Publishers.

Hallinan, Maureen/Sørensen, Aage B. (1987): Ability grouping and sex differences in mathematic achievement. In: Sociology of Education 60, 63-72.

Handel, Michael (ed.) (2003): The sociology of organizations. Classic, contemporary, and critical readings. Thousand Oaks: Sage.

Hannan, Michael T./Caroll, Glenn (1992): Dynamics of organizational populations. Density, legitimation, and competition. New York: Oxford University Press.

Hannan, Michael T./Freeman, John (1977): The population ecology of organizations. In: American Journal of Sociology 82, 929-964.

Hannan, Michael T./Freeman, John (1989): Organizational ecology. Cambridge, Mass.: Harvard Univ. Press.

Hanushek, Erik A. (1997): Assessing the effects of school resources on student performance: an update. In: Educational Evaluation and Policy Analysis 19: 141-164.

Hanushek, Erik A. (1999): Some findings from an independent investigation of the Tennessee STAR experiment and from other investigations of class size effects. In: Educational Evaluation and Policy Analysis 21: 143-163.

Hartmann, Peter H. (1999): Lebensstilforschung. Darstellung, Kritik und Weiterentwicklung. Opladen: Leske & Budrich.

Hatch, Mary Jo (1997): Organization theory. Modern, symbolic, and postmodern perspectives. Oxford: Oxford Univ. Press.

Haveman, Heather/Cohen, Lisa E. (1994): The ecological dynamics of careers: the impact of organizational founding, dissolution, and merger on job mobility. In: American Journal of Sociology 100, 104-152.

Henz, Ursula/Maas, Ineke (1995): Chancengleichheit durch die Bildungsexpansion? In: Kölner Zeitschrift für Soziologie und Sozialpsychologie 47, 605-633.

Hirsch, Barry (2004): Reconsidering union wage effects: surveying new evidence on an old topic. In: Journal of Labor Research 25, 231-266.

Hirsch, Barry T./Schumacher, Edward J. (1998): Unions, wages, and skills. In: Journal of Human Resources 33, 201-219.

Hirsch, Barry T./Schumacher, Edward J. (2001): Private sector union density and the wage premium: past, present, and future. In: Journal of Labor Research 22, 487-518.

Hirschman, Albert O. (1974): Abwanderung und Widerspruch. Reaktionen auf Leistungsabfall bei Unternehmungen, Organisationen und Staaten. Tübingen: Mohr.

Hodge, Robert W./Hodge, Patricia (1965): Occupational assimilation as a competitive process. In: American Journal of Sociology 71, 249-264.

Hodson, Randy (1984): Companies, industries, and the measure of economic segmentation: In: American Sociological Review 49, 335-348.

Hollinshead, Graham (1992): Great Britain. In: Rothman, Miriam/Briscoe, Dennis R./Nacamulli, Raoul C.D. (Hg.) (1992): Industrial relations around the World. Labor relations for multinational companies. Berlin & New York: de Gruyter.

Horstkemper, Marianne/Tillmann, Klaus-Jürgen (2004): Schulformvergleiche und Studien zu Einzelschulen. In: Helsper, Werner/Böhme, Jeanette (Hg.): Handbuch der Schulforschung. Wiesbaden: VS, 288-323.

Howley, Craig B. (1989): Synthesis of the effects of school and district size: what research says about achievement in small schools and school districts. In: Journal of Rural and Small Schools 4, 2-12.

Hoxby, Caroline M. (2000): The effects of class size on student achievement: new evidence from population variation. In: The Quarterly Journal of Economics 115, 1239-1285.

Hoyningen-Huene, Gerrick v. (1998): Betriebsverfassungsrecht. 4. Aufl., München: Beck.

Hradil, Stefan (1992): Alte Begriffe und neue Strukturen. Die Milieu-, Subkultur- und Lebensstilforschung der 80er Jahre. In: ders. (Hg.): Zwischen Bewusstsein und Sein. Opladen: Leske & Budrich, 15-55.

Hradil, Stefan (2001): Soziale Ungleichheit in Deutschland. 8. Aufl., Opladen: Leske & Budrich.

Hübler, Olaf/Meyer, Wolfgang (2001): Industrial relations and wage differentials within firms. In: Schmollers Jahrbuch 121, 285-312.

IG Metall (Hg.) (2004): Tarifvertrag über Entgelte und Ausbildungsvergütungen, Metallindustrie Nordwürttemberg/Nordbaden (http://www.bw.igm.de/tarife/anhang?id=1517, Download am 3.3.2005).

Ingersoll, Richard (1999): The problem of underqualified teachers in American secondary schools. In: Educational Researcher 28, 26-37.

Jabubson, George (1991): Estimation and testing of the union wage effect using panel data. In: Review of Economic Studies 58, 971-991.

Jäger, Wieland/Schimank, Uwe (Hg.) (2005): Organisationsgesellschaft. Facetten und Perspektiven. Wiesbaden: Verlag für Sozialwissenschaften.

Jarrell, Stephen B./Stanley, T.D. (1990): A meta-analysis of the union-nonunion wage gap. In: Industrial and Labor Relations Review 44, 54-67.

Jirjahn, Uwe (1998): Effizienzwirkungen von Erfolgsbeteiligung und Partizipation: Eine mikroökonomische Analyse. Frankfurt a. M. & New York: Campus.

Jirjahn, Uwe (1999): Betriebsräte, Tarifverträge und betriebliches Lohnniveau. In: Mitteilungen aus der Arbeitsmarkt- und Berufsforschung 36, 649-660.

Jirjahn, Uwe/Klodt, Thomas (1998): Betriebliche Determinanten der Lohnhöhe. In: In: Gerlach, Knut/Hübler, Olaf/Meyer, Wolfgang (Hg): Ökonomische Analysen betrieblicher Strukturen und Entwicklungen. Das Hannoveraner Firmenpanel. Frankfurt a. M. & New York: Campus, 91-115.

Johannson, Robert C./Coggins, Jay S. (2002): Union density in the supermarket industry. In: Journal of Labor Research 23, 673-684.

Johnson, George (1975): Economic analysis of trade unionism. In: American Economic Review 65, 23-28.

Kahn, Lawrence M. (2000): Wage inequality, collective bargaining, and relative employment from 1985 to 1994: Evidence from fifteen OECD countries. In: The Review of Economics and Statistics 82, 564-579.

Kalleberg, Arne L. (1988): Comparative perspectives on work structures and inequality. In: Annual Review of Sociology 14, 203-225.

Kalleberg, Arne L./Colbjørnsen, Tom (1990): Unions and the structure of earnings inequality: Cross national patterns. In: Social Science Research 19, 348-371.

Kalleberg, Arne L./Knoke, David/Marsden, Peter V./Spaeth, Joe L. (Hg.) (1996a): Organizations in America. Analyzing their structures and human resource practices. Thousand Oaks: Sage.

Kalleberg, Arne L./Marsden, Peter V./Knoke, David/Spaeth, Joe L. (1996b): Formalizing the employment relation. In: Kalleberg, Arne/Knoke, David/Marsden, Peter V./Spaeth, Joe L. (eds.): Organizations in America. Analyzing their structures and human resource practices. Thousand Oaks: Sage, 87-112.

Kalleberg, Arne L./Sørensen, Aaage B. (1979): The sociology of labor markets. In: Annual Review of Sociology 5, 351-379.

Kalleberg, Arne L./Van Buren, Marc E. (1996): Is bigger better? Explaining the relationship between organization size and job rewards. In: American Sociological Review 61, 47-66.

Kalleberg, Arne L./Wallace, Michael/Althauser, Robert (1981): Economic segmentation, worker power and income inequality. In: American Journal of Sociology 87, 651-681.

Kanter, Rosabeth R. (1977): Men and women in the corporation. New York: Basic Books.

Kaufman, Bruce E. (2004): What do unions do: Insights from economic theory. In: Journal of labor research 25, 351-383.

Kerckhoff, Alan C. (1986): Effects of ability grouping in British secondary schools. In: American Sociological Review 51, 842-855.

Kerr, Clark (1954): The balkanization of labor markets. In: Bakke, E. Wight/Hauser, Philip M./Palmer, Gladys L./Myers, Charles A./Yoder, Dale/Kerr, Clark (eds.): Labor mobility and economic opportunity. New York: Wiley, 92-110.

Kerr, Clark/Dunlop, John D./Harbison, Frederick H./Myers, Charles A. (1966): Der Mensch in der industriellen Gesellschaft. Frankfurt a. M.: Europäische Verlagsanstalt.

Kessler, Gerhard (1907): Die deutschen Arbeitgeberverbände. Leipzig: Duncker & Humblot.

Kieser, Alfred/Woywode, Michael (1999): Evolutionstheoretische Ansätze. In: Kieser, Alfred (Hg.): Organisationstheorien. 3. Aufl., Stuttgart etc.: Kohlhammer, 253-285.

Kimberly, John R. (1976): Organizational size and the structuralist perspective: a review, critique, and proposal. In: Administrative Science Quarterly 21, 571-597.

Kock, Klaus (1994): Zur Soziologie des betriebsinternen Arbeitsmarkts. München & Mering: Hampp.

Kohaut, Susanne/Schnabel, Claus (2003): Zur Erosion des Flächentarifvertrags. In: Industrielle Beziehungen 10, 193-219.

Kohn, Melvin E. (1987): Cross-national research as an analytic strategy. In: American Sociological Review 52, 713-731.

Kohn, Melvin L. (1977): Class and conformity. A study in values – worth a reassessment. Chicago: Univ. of Chicago Press.

Kölling Arnd/Schnabel, Claus/Wagner, Joachim (2002): Establishment age and wages: Evidence from German linked employer-employee Data. IZA Discussion Paper 679. Bonn: Forschungsinstitut zur Zukunft der Arbeit.

Kosiol, Erich (1962): Leistungsgerechte Entlohnung. Wiesbaden: Gabler.

Kotthoff, Hermann (1994): Betriebsräte und Bürgerstatus. Wandel und Kontinuität betrieblicher Mitbestimmung. München & Mering: Hampp.

Kraft, Kornelius (1994): Wage differentials between skilled and unskilled workers. In: Weltwirtschaftliches Archiv 130, 329-349.

Kreckel, Reinhard (1992): Politische Soziologie der sozialen Ungleichheit. Frankfurt a. M. & New York: Campus.

Krueger, Alan B. (1999): Experimental estimates of education production functions. In: The Quarterly Journal of Economics 114, 497-532.

Krueger, Alan B./Whitmore, Diane M. (2001): The effect of attending a small class in the early grades on college-test taking and middle school test results: evidence from project star. In: The Economic Journal 111, 1-28.

Künemund, Harald/Motel, Andreas (2000): Verbreitung, Motivation und Entwicklungsperspektiven privater intergenerationeller Hilfeleistungen und Transfers. In: Kohli, Martin/Szydlik, Marc (Hg.): Generationen in Familie und Gesellschaft. Opladen: Leske & Budrich, 122-137.

Lappe, Lothar (1981): Die Arbeitssituation erwerbstätiger Frauen. Geschlechtsspezifische Arbeitsmarktsegmentation und ihre Folgen. Frankfurt a. M. & New York: Campus.

Lawrenz, Paul/Lorsch, Jay William (1967): Organization and environment. Managing differentiation and integration, Boston: Harvard Business School Press.

Lazear, Edward P. (1979): Why is there mandatory retirement? In: Journal of Political Economy 87, 1261-1284.

Lazear, Edward P. (1992): The job as a concept. In: Bruns, William Jr. (ed.): Performance measurement, evaluation, and incentives. Boston (MA): Harvard Business School, 183-215.

Lazear, Edward P. (2001): Educational production. In: The Quarterly Journal of Economics 116, 777-803.

Lazear, Edward P./Rosen, Sherwin (1981): Rank-order tournaments as optimal labor contracts. In: Journal of Political Economy 89, 841-864.

Lee, Valerie E./Smith, Julia B. (1995): Effects of high school restructuring and size on early gains in achievement and engagement. In: Sociology of Education 89: 241-270.

Lee, Valerie E./Smith, Julia B. (1997): High school size: which works best, and for whom? In: Educational Evaluation and Policy Analysis 19: 205-227.

Leisering, Lutz (2004): Paradigmen sozialer Gerechtigkeit. Normative Diskurse im Umbau des Sozialstaats. In: Liebig, Stefan/Lengfeld, Holger/Mau, Steffen (Hg.): Verteilungsprobleme und Gerechtigkeit in modernen Gesellschaften. Frankfurt a. M. & New York: Campus, 29-68.

Lemieux, Thomas (1998): Estimating the effects of unions on wage inequality in a panel data model with comparative advantage and non-random selection. In: Journal of Labor Economics 16, 261-291.

Lengfeld, Holger (2003): Mitbestimmung und Gerechtigkeit. Zur moralischen Grundstruktur betrieblicher Verhandlungen. München & Mering: Hampp.

Lengfeld, Holger (2004): Gleichheit, Leistung, Markt. Entlohnungsgerechtigkeit im tarifpolitischen Strukturwandel. In: Liebig, Stefan/Lengfeld, Holger/Mau, Steffen (Hg.): Verteilungsprobleme und Gerechtigkeit in modernen Gesellschaften. Frankfurt a. M. & New York: Campus, 223-243.

Lengfeld, Holger/Liebig, Stefan (2002): Gruppenarbeit, Entlohnung und Gerechtigkeit. Zu einem vergessenen Feld der arbeitssoziologischen Reorganisationsforschung. In: Zeitschrift für Soziologie 31, 211-231.

Lenski, Gerhard E. (1966): Power and privilege. A theory of social stratification. New York: McGraw-Hill.

Leslie, Derek/Pu, Yonghao (1996): What caused rising earnings inequality in Britain? Evidence from time series, 1970-1993. In: British Journal of Industrial Relations 34, 111-130.

Lester, Richard A. (1967): Pay differentials by size of establishment. In: Industrial Relations 7, 57-67.

Lewis, H. Gregg (1963): Unionism and relative wages in the United States. An empirical inquiry. Chicago & London: Univ. of Chicago Press.

Lewis, H. Gregg (1986): Union relative wage effects: a survey. Chicago etc.: Univ. of Chicago Press.

Liebig, Stefan (1997): Soziale Gerechtigkeitsforschung und Gerechtigkeit im Unternehmen. München & Mering: Hampp.

Liebig, Stefan/Lengfeld, Holger/Mau, Steffen (Hg.) (2004): Verteilungsprobleme und Gerechtigkeit in modernen Gesellschaften. Frankfurt a. M. & New York: Campus.

Linnemann, Peter D./Wachter, Michael. L./Carter, William H. (1990): Evaluating the evidence on union employment and wages. In: Industrial and Labor Relations Review 44, 34-53.

Loveless, Tom (1998): The tracking and ability grouping debate. Washington D.C.: Thomas B. Fordham Foundation (http://www.edexcellence.net/foundation/publication/publication.cfm?id=127; download 10.3.2005).

Lüdke, Hartmut (1989): Expressive Ungleichheit. Zur Soziologie der Lebensstile. Opladen: Leske & Budrich.

Luhmann, Niklas (1968): Zweckbegriff und Systemrationalität. Über die Funktionen von Zwecken in sozialen Systemen. Tübingen: Mohr.

Luhmann, Niklas (1999, zuerst 1964): Funktionen und Folgen formaler Organisationen. Berlin: Duncker & Humblot.

Machin, Stephen (1997): The decline of labour market institutions and the rise in wage inequality in Britain. In: European Econimic Review 41, 647-657.

Major, Brenda/Deaux, Kay (1982): Individual differences in justice behavior. In: Greenberg, Jerald/Cohen, Ron L. (eds.): Equity and justice in social behavior. New York: Academic Press, 43-76.

March, James G./Simon, Herbert A. (1976): Organisation und Individuum. Menschliches Verhalten in Organisationen (engl.: Organizations, 1958). Wiesbaden: Gabler.

Marx, Karl/Engels, Friedrich (1972, zuerst 1848): Manifest der Kommunistischen Partei. In: Marx-Engels-Werke (MEW) 4, Berlin: Dietz, 460-493.

Masters, Stanley H. (1969): An interindustry analysis of wages and plant size. In: The Review of Economics and Statistics 51, 341-345.

Mayer, Karl-Ulrich/Blossfeld, Hans-Peter (1990): Die gesellschaftliche Konstruktion sozialer Ungleichheit im Lebenslauf. In: Berger, Peter A./Hradil, Stefan (Hg.): Lebenslagen, Lebensläufe, Lebensstile. Soziale Welt, Sonderband 7. Göttingen: Schwartz, 297-318.

Mayntz, Renate (1963): Soziologie der Organisation. Reinbek: Rowohlt.

Mayo, Elton (1945): Probleme industrieller Arbeitsbedingungen (engl.: The social problems of industrial civilization, 1945). Frankfurt a.M.: Verlag der Frankfurter Hefte.

McKelvey, Bill (1982): Organizational systematics. Taxonomy, evolution, classification. Berkeley: Univ. of California Press.

Mechnik, Paul L. (1980): Primogeniture, equal sharings, and the U.S. distribution of wealth. In: Quarterly Journal of Economics 94, S. 299-316.

Mellow, Wesley (1982): Employer size and wages. In: The Review of Economics and Statistics 64, 495-501.

Meyer, John W. (1977): The effects of education as an institution. In: American Journal of Sociology 83, 55-77.

Meyer, John W./Rowan, Brian (1977): Institutionalized organizations: formal structure as myth and ceremony. In: American Journal of Sociology 83, 340-363.

Michels, Robert (1970, zuerst 1911): Zur Soziologie des Parteiwesens in der modernen Demokratie. Untersuchungen über die oligarchischen Tendenzen des Gruppenlebens. Stuttgart: Kroener.

Mickelson, Roslyn Arlin/Heath, Damien (2001): The effects of segregation on African American high school seniors' academic achievement. In: Journal of Negroe Education 68, 566-586.

Moene, Karl Ove/Wallerstein, Michael (1997): Pay inequality. In: Journal of Labor Economics 15, 403-430.

Mok, Magdalena/Flynn, Marcellin (1986): School size and academic achievement in HSC examination: is there a relationship? In: Issues in Educational Research 6, 57-78.

Mosteller, Frederick (1995): The Tennessee study of class size in the early school grades. In: The Future of Children 5, 113-127.

Motel, Andreas/Szydlik, Marc (1999): Private Transfers zwischen den Generationen. In: Zeitschrift für Soziologie 28, 3-22.

Müller, Hans-Peter (1992): Sozialstruktur und Lebensstile. Der neuere theoretische Diskurs über soziale Ungleichheit. Frankfurt a. M.: Suhrkamp.

Müller, Walter (1997): Sozialstruktur und Wahlverhalten. Eine Widerrede gegen die Individualisierungsthese. In: Kölner Zeitschrift für Soziologie und Sozialpsychologie 49, 747-760.

Müller, Walter/Haun, Dietmar (1994): Bildungsungleichheit im sozialen Wandel. In: Kölner Zeitschrift für Soziologie und Sozialpsychologie 46, 1-42.

Müller, Walter/Steinmann, Susanne/Schneider, Reinhart (1997): Bildung in Europa. In: Hradil, Stefan/Immerfall, Stefan (Hg.): Die westeuropäischen Gesellschaften im Vergleich. Opladen: Leske & Budrich, 177-245.

Müller-Jentsch, Walther (1997): Soziologie der Industriellen Beziehungen. Eine Einführung. 2. Aufl., Frankfurt a. M. & New York: Campus.

Müller-Jentsch, Walther (2003): Organisationssoziologie. Eine Einführung. Frankfurt a. M. & New York: Campus.

Müller-Jentsch, Walther (2005): Mitbestimmung als kollektiver Lernprozeß. Versuch über die Betriebsverfassung. In: Rudolph, Karsten/Wickert, Christl (Hg.): Geschichte als Möglichkeit. Festschrift für Helga Grebing. Essen: Klartext.

Müller-Jentsch, Walther/Weitbrecht, Hansjörg (2003): The changing contours of German Industrial Relations. München & Mering: Hampp.

Müller-Schneider, Thomas (1994): Schichten und Erlebnismilieus. Der Wandel der Milieustruktur in der Bundesrepublik Deutschland. Wiesbaden: DUV.

Mullis, Ina V.S./Martin, Michael O./Gonzalez, Eugenio J./Chrostowski, Steven J. (2004): TIMSS 2003 international mathematics report. Findings from IEA's trends in international mathematics and science study at the fourth and eighth grades. Chestnut Hill (MA): TIMSS & PIRLS International Study Center, Boston College (http://timss.bc.edu/PDF/t03_download/T03INTLMA-TRPT.pdf; download am 28.02.2005).

Nash, Roy (2003): Inequality/difference in education: is a real explanation of primary and secondary effects possible? In: British Journal of Sociology 54, 433-451.

Nordhause-Lanz, Jürgen/Prekuhl, Ulrich (Hg.) (2000): Arbeiten in neuen Strukturen. Partizipation, Kooperation, Autonomie und Gruppenarbeit in Deutschland. München & Mering: Hampp.

Oakes, Jeannie (1985): Keeping track: how schools structure inequality. New Haven, CT: Yale Univ. Press.

Oakes, Jeannie (1990): Multiplying inequalities. The effects of race, social class, and tracking on opportunities to learn mathematics and science. Santa Monica, CA: Rand.

OECD (2001): Lernen für das Leben. Erste Ergebnisse der internationalen Schulleistungsstudie PISA 2000. Paris: Organisation für wirtschaftliche Zusammenarbeit und Entwicklung.

OECD (2004): Lernen für die Welt von morgen. Erste Ergebnisse von PISA 2003. Paris: Organisation für wirtschaftliche Zusammenarbeit und Entwicklung.

OECD (2004): OECD employment outlook. Paris: Organisation for Economic Co-operation and Development.

OECD (2005): School factors related to quality and equity. Paris: Organisation for Economic Co-Operation and Development.

Offe, Claus/Wiesenthal, Helmut (1980): Two logics of collective action. Theoretical notes on social class and organizational form. In: Political Power and Social Theory 1, 67-115.

Oi, Walter Y. (1983): The fixed employment costs of specialized labor. In: Triplett, Jack E. (ed.): The measurement of labor cost. Chicago: Univ. of Chicago Press, 63-116.

Olson, Mancur (1965): The logic of collective action. Public goods and the theory of groups. Cambridge (Mass): Harvard Univ. Press.

Olson, Mancur (1998): Die Logik des kollektiven Handelns. Tübingen: Mohr Siebeck.

Opdenakker, Marie-Christine/van Damme, Jan (2001): Relationship between school composition and characteristics of school process and their effect on mathematics achievement. In: British Educational Research Journal 27, 407-432.

Ornstein, Allan C. (1991): Does school size influence school effectiveness? In: American Secondary Education 20, 8-12.

Ornstein, Allan C. (1993): School district and school size: overview and outlook. In: The High School Journal 76, 240-244.

Osterman, Paul (1984) (ed.): Internal labor markets. Cambridge (Mass.): MIT Press.

Otte, Gunnar (2004): Sozialstrukturanalysen mit Lebensstilen. Eine Studie zur theoretischen und methodischen Neuorientierung der Lebensstilforschung. Opladen: Verlag für Sozialwissenschaften.

Parsons, Talcott (1960): A sociological approach to the theory of organizations. In: ders: Structure and process in modern societies. Illinois: Free Press, 16-58.

Parsons, Talcott (1973): Ansatz zu einer analytischen Theorie der sozialen Schichtung, In: ders.: Soziologische Theorie. Darmstadt/Neuwied: Luchterhand, 180-205.

Perrow, Charles (1981): Market, hierarchies, and hegemony. In: Van de Ven, Andrew H./Joyce, William (Hg.): Perspectives on organization design and behavior. New York: Wiley, 371-386.

Perrow, Charles (1986): Complex organizations. A critical essay. 3. Aufl., New York etc: McGraw-Hill.

Perrow, Charles (1989): Eine Gesellschaft von Organisationen. In: Journal für Sozialforschung 28, 3-19.

Perrow, Charles (2002): Organizing America. Wealth, power, and the origins of corporate capitalism. Princeton.

Peuckert, Rüdiger (1999): Familienformen im sozialen Wandel. 3. Aufl., Opladen: Leske & Budrich.

Pfeffer, Jeffrey (1977): Toward an examination of stratification in organizations. In: Administrative Science Quarterly 22, 553-567.

Pfeffer, Jeffrey/Davis-Blake, Alison (1987): The effect of the proportion of women on salaries: the case of college departments. In: Administrative Science Quarterly 32, 1-24.

Pfeffer, Jeffrey/Salancik, Gerald R. (1978): The external control of organizations. A resource dependence perspective. New York etc.: Harper & Row.

Pfeffer, Jeremy (1983): Organizational demography. In: Research in Organizational Behavior 5, 299-357.

Pfeiffer, Friedhelm (2003): Lohnrigiditäten im gemischten Lohnbildungssystem. Baden-Baden: Nomos.

Phillips, Damon J. (2001): The promotion paradox: organizational mortality and employee promotion chances in silicon valley law firms, 1946-1996. In: American Journal of Sociology 106, 1058-1098.

Polanyi, Karl (1978): The Great Transformation. Politische und ökonomische Ursprünge von Wirtschaftsystemen: Frankfurt a.M.: Suhrkamp.

Pontusson, Jonas (2000). Labor market institutions and wage distribution. In: Iversen, Torben/Pontusson, Jonas/Soskice, David (Hg.): Unions, employers, and central banks. Cambridge, Cambridge Univ. Press, 292-330.

Pontusson, Jonas/Rueda, David/Way. Christopher R. (2002): Comparative political economy of wage distribution: The role of partisanship and labour market institutions. In: British Journal of Political Science 32, 281-308.

Pornschlegel, Hans/Birkwald, Reimar (1994): Mitbestimmung im Betrieb bei Lohn und Leistung. Bd. 2, Köln: Bund-Verlag.

Powell, Walther W. (1990): Neither market nor hierarchy. Network forms of organizations. In: Research on Organizational Behavior 12, 295-336.

Powell, Walther W./DiMaggio, Paul J. (eds.) 1991: The new institutionalism in organizational analysis. Chicago & London: University of Chicago Press.

Preisendörfer, Peter (1987): Organisationale Determinanten beruflicher Karrieremuster. In: Soziale Welt 38, 211-226.

Preisendörfer, Peter/Burgess, Yvonne (1988): Organizational dynamics and career patterns: effects of organizational expansion and contraction on promotion chances in a large West German company. In: European Sociological Review 4, 32-45.

Prenzel, Manfred/Baumert, Jürgen/Blum, Werner/Lehmann, Rainer/Leutner, Detlev, Neubrand, Michael/Pekrun, Reinhard, Rolff, Hans-Günter/Rost, Jürgen, Schiefele, Ulrich (Hg) (2004a): PISA 2003. Der Bildungsstand der Jugendlichen in Deutschland – Ergebnisse des zweiten internationalen Vergleichs. Münster etc.: Waxmann.

Prenzel, Manfred/Drechsel, Barbara/Carstensen, Claus H./Ramm, Gesa (2004b): PISA 2003 – eine Einführung. In: Prenzel, Manfred/Baumert, Jürgen/Blum, Werner/Lehmann, Rainer/Leutner, Detlev, Neubrand, Michael/Pekrun, Reinhard, Rolff, Hans-Günter/Rost, Jürgen, Schiefele, Ulrich (Hg) (2004a): PISA 2003. Der Bildungsstand der Jugendlichen in Deutschland – Ergebnisse des zweiten internationalen Vergleichs. Münster etc.: Waxmann, 13-46.

Pugh, Derek S./Hickson, David J./Hinings, Christopher R./Turner, Christopher (1969): The context of organization structures. In: Administrative Science Quarterly 14, 91-114.

Randsom, Michael/Oaxaca Ronald L. (2005): Intrafirm mobility and sex differences in pay. In: Industrial and Labor Relations Review 58, 219-237.

Ravitch, Diane (1993): The Coleman reports and American education. In: Sørensen, Aage B./Spilerman, Seymour (eds.): Social theory and social policy. Essays in honor of James S. Coleman. Westport, CT: Praeger Publisher, 130-141.

Reed, Michael I. (1992): The sociology of organizations. Themes, perspectives, and prospects. New York: Harvester Wheatsheaf.

Rehder, Britta (2003): Betriebliche Bündnisse für Arbeit in Deutschland. Mitbestimmung und Flächentarif im Wandel. Frankfurt a. M. & New York: Campus.

Reich, Michael/Gordon, David M./Edwards, Richard C. (1978): Arbeitsmarktsegmentation und Herrschaft. In: Sengenberger, Werner (Hg.): Der gespaltene Arbeitsmarkt. Probleme der Arbeitsmarktsegmentation. Frankfurt a. M. & New York: Campus, 55-66.

Reskin, Barbara f./McBier, Debra B./Kmec, Julie A. (1999): The determinants and consequences of workplace sex and race composition. In: Annual Review of Sociology 25, 335-361.

Riley, Nicola (1997): Determinants of union membership: a review. In: Labour 11, 265-301.

Roethlisberger, Fritz J./Dickson, William J. (1975, zuerst 1939): Management and the worker. An account of a research program conducted by the Western Electric Company, Hawthorne Works, Chicago. 16. Aufl., Cambridge, Mass: Harvard Univ. Press.

Roos, Patricia A. (1981): Sex segregation in the workplace: male-female differences in economic returns to occupation. In: Social Science Research 10, 195-224.

Rosenbaum, Heidi (1996): Formen der Familie. Untersuchungen zum Zusammenhang von Familienverhältnissen, Sozialstrukturen und sozialem Wandel in der deutschen Gesellschaft des 19. Jahrhunderts. 7. Aufl., Frankfurt a.M.: Suhrkamp.

Rosenbaum, James E. (1979a): Organizational career mobility: promotion chances in a corporation during periods of growth and contraction. In: American Journal of Sociology 85, 21-48.

Rosenbaum, James E. (1979b): Tournament mobility: career patterns in a corporation. In: Administrative Science Quarterly 24, 220-241.

Rosenbaum, James E. (1981): Careers in a corporate hierarchy: a longitudinal analysis of earnings and level attainments. In: Research in Social Stratification and Mobility 1, 95-124.

Rosenbaum, James E. (1984): Career mobility in a corporate hierarchy. Orlando: Academic Press.

Rowthorn, R.E. (1992): Centralisation, employment and wage dispersion. In: The Economic Journal 102, 506-523.

Rubin, Beth A. (1988): Inequality in the working class: the unanticipated consequences of union organization and strikes. In: Industrial and Labor Relations Review 41, 553-566.

Rueda, Daniel/Pontusson, Jonas (2000): Wage inequality and varieties of capitalism. In: World Politics 52, 350-383.

Sadowski, Dieter/Backes-Gellner, Uschi (1997): Der Stand der betriebswirtschaftlichen Arbeitsrechtsanalyse. In: Zeitschrift für Betriebswirtschaft 67, Ergänzungsheft 4/97, 83-94.

Sadowski, Dieter/Backes-Gellner, Uschi/Frick, Bernd (1995): Works councils: barriers or boosts for the competitiveness of German firms? In: British Journal of Industrial Relations 33, 493-513.

Sakamoto, Arthur/Chen, Meichu D. (1993): Earnings inequality and segmentation by firm size in Japan and the United States. In: Research in Social Stratification and Mobility 12, 185-211.

Schasse, Ulrich (1991): Betriebszugehörigkeit und Mobilität. Eine empirische Untersuchung zur Stabilität von Beschäftigungsverhältnissen. Frankfurt a.M.: Campus.

Schimank, Uwe (2001): Organisationsgesellschaft, In: Kneer, Georg/Nassehi, Armin/Schroer, Markus (Hg.): Klassische Gesellschaftsbegriffe der Soziologie, München: Fink, 278-307.

Schimpl-Neimanns, Bernhard (2000): Empirische Analysen zur herkunftsspezifischen Bildungsungleichheiten zwischen 1950 und 1989. In: Kölner Zeitschrift für Soziologie und Sozialpsychologie 52, 936-669.

Schmidt, Manfred G. (1998): Sozialpolitik in Deutschland. Historische Entwicklung und internationaler Vergleich. 2. Aufl., Opladen: Leske & Budrich.

Schmidt, Rudi/Röbenack, Silke/Hinke, Robert (2003): Prekarisierung des kollektiven Tarifsystems. In: Industrielle Beziehungen 10, 220-249.

Schnabel, Claus (1997): Tariflohnpolitik und Effektivlohnentwicklung. Frankfurt a. M. etc.: Lang.

Schnabel, Claus (2005): Gewerkschaften und Arbeitgeberverbände: Organisationsgrade, Tarifbindung und Einflüsse auf Löhne und Beschäftigung. In: Zeitschrift für Arbeitsmarktforschung 38, 181-196.

Schnabel, Claus/Wagner, Joachim (1999): Betriebliche Altersversorgung: Verbreitung, Bestimmungsgründe und Auswirkungen auf die Personalfluktuation. In: Frick, Bernd/Neubäumer, Renate/Sesselmeier, Werner. (Hg.): Die Anreizwirkungen betrieblicher Zusatzleistungen. München & Mering: Hampp, 69-93.

Schnabel, Claus/Wagner, Joachim (2001): Arbeitnehmerpartizipation in Industriebetrieben. In: Industrielle Beziehungen 8, 445-462.

Schnabel, Claus/Wagner, Joachim (2005): Determinants of trade union membership in West Germany: evidence from micro data, 1980-2000. In: Socio-Economic Review 3, 1-24.

Schoggen, Phil/Schoggen, Maxine (1988): Student voluntary participation and high school size. In: Journal of Educational Research 81, 288-293.

Schulze, Gerhard (2000): Die Erlebnisgesellschaft. Kultursoziologie der Gegenwart. 8. Aufl., Frankfurt a. M. & New York: Campus.

Schümer, Gundel (2004): Zur doppelten Benachteiligung von Schülern aus unterprivilegierten Gesellschaftsschichten im deutschen Schulwesen. In: Schümer, Gundel/Tillmann, Klaus-Jürgen/Weiß, Manfred (Hg.): Die Institution Schule und die Lebenswelt der Schüler. Vertiefende Analysen der PISA-2000-Daten zum Kontext von Schülerleistungen Wiesbaden: Verlag für Sozialwissenschaften, 73-114.

Scott, W. Richard (1986): Grundlagen der Organisationstheorie. Frankfurt a. M. & New York: Campus.

Scott, W. Richard (2003): Organizations. Rational, natural, and open systems. 5. Aufl., New Jersey: Prentice Hall.

Seifert, Hartmut (Hg.) (2002): Betriebliche Bündnisse für Arbeit. Rahmenbedingungen – Praxiserfahrungen – Zukunftsperspektiven. Berlin: Edition Sigma.

Sengenberger, Werner (1987): Struktur und Funktionsweise von Arbeitsmärkten. Die Bundesrepublik im internationalen Vergleich. Frankfurt a. M. & New York: Campus.

SenGSV (2004): Sozialstrukturatlas Berlin 2003. Ein Instrument der quantitativen, interregionalen und intertemporalen Sozialraumanalyse und -planung. Spezialbericht 1-2004. Berlin: Senatsverwaltung für Gesundheit, Soziales und Verbraucherschutz.

Shapson, Stan M./Wright, Edgar N./Eason, Gary/Fitzgerald, John (1980): An experimental study of the effects of class size. In: American Educational Research Journal 17, 141-152.

Slavin, Robert E. (1987): Ability grouping and student achievement in elementary schools: A best-evidence synthesis. In: Review of Educational Research, 57, 293-336.

Slavin, Robert E. (1990): Achievement effects of ability grouping in secondary schools: A best-evidence synthesis. In: Review of Educational Research 60, 471-499.

Smith, Mary Lee/Glass, Gene V. (1980): Meta-analysis of research on class size and its relationship to attitudes and instruction. In: American Educational Research Journal 17, 419-433.

Snyder, David/Hudis, Paula M. (1976): Occupational income and the effects of minority competition and segregation: a reanalysis and some new evidence. In: American Sociological Review 41, 209-234.

Sofsky, Wolfgang/Paris, Rainer (1994): Figurationen sozialer Macht. Autorität, Stellvertretung, Koalition. Frankfurt a. M.: Suhrkamp.

Sørensen, Aage (1983): Processes of allocation to open and closed positions in social structure. In: Zeitschrift für Soziologie 12, 203-224.

Sørensen, Aage B. (1975): The structure of intragenerational mobility. In: American Sociological Review 40, 456-471.

Sørensen, Aage B./Hallinan, Maureen T. (1986): The effects of ability grouping on growth in academic achievement. In: American Educational Research Journal 23, 519-542.

Spellerberg, Annette (1996): Soziale Differenzierung durch Lebensstile. Eine empirische Untersuchung zur Lebensqualität in West- und Ostdeutschland. Berlin: Edition Sigma.

Spilerman, Seymour/Petersen, Trond (1999): Organizational structure, determinants of promotion, and gender differences in attainment. In: Social Science Research 28, 203-227.

St. John, Nancy (1975): School desegregation. New York: Wiley.

Stewman, Shelby (1986): Demographic models of internal labor markets. In: Administrative Science Quarterly 31, 212-247.

Stewman, Shelby (1988): Organizational demography. In: Annual Review of Sociology 14, 173-202.

Stewman, Shelby/Konda, Suresh L. (1983): Careers and organizational labor markets: demographic models of organizational behavior. In: American Journal of Sociology 88, 637-685.

Stinchcombe, Arthur (1965): Social structure and organizations. In: March, James (ed.): Handbook of Organizations. Chicago: Rand McNally, 142-193.

Stolzenberg, Ross M (1978): Bringing the boss back in: employer size, employee schooling, and socioeconomic achievement. In: American Sociological Review 43, 813-828.

Streeck, Wolfgang (1991): Interest heterogenity and organizing capacity: two class logics of collective action? In: Czada, Roland M./Windhoff-Héritier, Adrienne (Hg.): Political choice. Institutions, rules, and the limits of rationality. Frankfurt a. M. & New York: Campus, 161-198.

Streeck, Wolfgang/Rehder, Britta (2003): Der Flächentarifvertrag: Krise, Stabilität und Wandel. In: Industrielle Beziehungen 10: 341-362.

Szydlik, Marc (1999): Erben in der Bundesrepublik Deutschland. In: Kölner Zeitschrift für Soziologie und Sozialpsychologie 51, 80-104.

Szydlik, Marc (2000): Lebenslange Solidarität? Generationenbeziehungen zwischen erwachsenen Kindern und Eltern. Opladen: Leske & Budrich.

Tacke, Veronika (Hg.) (2001): Organisation und gesellschaftliche Differenzierung. Wiesbaden: Westdeutscher Verlag.

Taylor, Frederick W. (1977): Die Grundsätze wissenschaftlicher Betriebsführung (engl.: The principles of scientific management, 1919). Weinheim: Beltz.

Teschner, Eckart (1977): Lohnpolitik im Betrieb. Eine empirische Untersuchung in der Metall-, Chemie-, Textil- und Tabakindustrie. Frankfurt a. M. & New York: Campus.

Thrupp, Martin/Lauder, Hugh/Robinson, Tony (2002): School composition and peer effects. In: International Journal of Educational Research 37, 483-504.

Traxler, Franz (1997): Gewerkschaften und Arbeitgeberverbände: Probleme der Verbandsbildung und Interessenvereinheitlichung. In: Müller-Jentsch, Walther (Hg.): Konfliktpartnerschaft. Akteure und Institutionen der industriellen Beziehungen. München & Mering: Hampp, 57-77.

Traxler, Franz (2003a): Der Zentralisationsgrad des Tarifverhandlungssystems und seine wirtschafts- und sozialpolitischen Effekte im internationalen Vergleich. In: Industrielle Beziehungen 10, 528-543.

Traxler, Franz (2003b): Bargaining (de)dentralization, macroeconomic performance and control over the employment relationship. In: British Journal of Industrial Relations 41, 1-27.

Traxler, Franz (2004): Employer Associations, institutions, and economic change. In: Industrielle Beziehungen 11, 42-60.

Traxler, Franz/Blaschke, Sabine/Kittel, Bernhard (2001): National labour relations in internationalized markets. A comparative study of institutions, change, and performance. Oxford: Oxford University Press.

Treiman, Donald J. (1977): Occupational prestige in comparative perspective. New York: Academic Press.

Ullrich, Carsten G. (2004): Sozialpolitische Gerechtigkeitsprinzipien, empirische Gerechtigkeitsüberzeugungen und die Akzeptanz sozialer Sicherungssysteme. In: Liebig, Stefan/Lengfeld, Holger/Mau, Steffen (Hg.): Verteilungsprobleme und Gerechtigkeit in modernen Gesellschaften. Frankfurt a. M. & New York: Campus, 69-96.

Vester, Michael/Oertzen, Peter v./Geiling, Heiko/Hermann, Thomas/Müller, Dagmar (1993): Soziale Milieus im gesellschaftlichen Strukturwandel. Zwischen Integration und Ausgrenzung, Köln: Bund-Verlag.

Villemez, Wayne J./Bridges, William P. (1988): When bigger is better: differences in the individual-level effect of firm and establishment size. In: American Sociological Review 53, 237-255.

Walgenbach, Peter (1999): Institutionalistische Ansätze in der Organisationstheorie. In: Kieser, Alfred (Hg.): Organisationstheorien. 3. Aufl., Stuttgart etc.: Kohlhammer.

Wallerstein, Michael (1990): Centralized bargaining and wage restraint. In: American Journal of Political Science 34, 982-1004.

Wallerstein, Michael (1999): Wage-setting institutions and pay inequality in advanced industrial societies. In: American Journal of Political Science 43, 649-680.

Walter-Busch, Emil (1996): Organisationstheorien von Weber bis Weick. Amsterdam: Fakultas.

Webb, Norine M./Nemer, Kariane M./Chizhik, Alexander W./Sugrue, Brenda (1998): Equity issues in collaborative group assessment: group composition and performance. In: American Educational Research Journal 35, 607-651.

Webb, Sidney/Webb, Beatrice (1897): Industrial democracy. London: Longmans, Green, and Co.

Weber, Max (1972): Wirtschaft und Gesellschaft. Grundriss der verstehenden Soziologie. Tübingen: Mohr.

Weber, Max (1988): Die protestantische Ethik und der Geist des Kapitalismus. In: ders.: Gesammelte Aufsätze zur Religionssoziologie I. Tübingen, 17-206.

Wegener, Bernd (1988): Kritik des Prestiges. Opladen: Westdeutscher Verlag.

Wegener, Bernd/Liebig, Stefan (1995): Dominant ideologies and the variation of distributive justice norms. A comparison of East and West Germany, and the United States. In: Kluegel, James R./Mason, David S./Wegener, Bernd (eds.): Social justice and political change. Public opinion in capitalist and post-communist states. New York: Aldine/de Gruyter, 239-259.

Weick, Karl (1995): Der Prozess des Organisierens. Frankfurt a. M.: Suhrkamp.

Weick, Karl E. (1974): Middle range theories of social systems. In: Behavioral Science 19, 357-367.

Weiler, Anni (1997): Zwischen Angleichung und Differenz. Entwicklung geschlechtsspezifischer Entgeltstrukturen in Westdeutschland. In: WSI-Mitteilungen 50, 126-134.

Weiss, Andrew/Landau, Henry J. (1984): Wages, hiring standards, and firm size. In: Journal of Labor Economics 2, 477-499.

Weissleder, Martin (1997): Aspekte der Klassengröße. Analysen zum Forschungs- und Diskussionsstand. Würzburg: Ergon-Verlag.

Weitbrecht, Hansjörg (1969): Effektivität und Legitimität der Tarifautonomie. Berlin: Duncker & Humblot.

Weitbrecht, Hansjörg/Mehrwald, Sylvana (1999): Mitbestimmung, Human Resource Management und die neuen Beteiligungskonzepte. In: Frick, Bernd/Kluge, Norbert/Streeck, Wolfgang (Hg.): Die wirtschaftlichen Folgen der Mitbestimmung. Frankfurt a. M. & New York: Campus, 89-127.

White, Harrison C. (1970): Chains of opportunity. System models of mobility in organizations. Cambridge, Mass.: Havard Univ. Press.

Wholey, Douglas R. (1985): Determinants of firm internal labor markets in large law firms. In: Administrative Science Quarterly 30, 318-335.

Wilhelm, Mark O. (1996): Request behavior and the effect on heir's earnings. In: American Economic Review 86, 874-892.

Williams, Katherine Y./O'Reilly, Charles A. (1998): Demography and diversity in organizations. In: Research in Organizational Behavior 20, 77-140.

Williamson, Oliver E. (1975): Market and hierarchies. Analysis and antitrust implications. New York: Free Press.

Williamson, Oliver E. (1981) The economics of organization. The transaction cost approach. In: American Journal of Sociology 87, 548-577.

Williamson, Oliver E. (1990): Die ökonomischen Institutionen des Kapitalismus. Unternehmen, Märkte, Kooperationen. Tübingen: Mohr.

Windeler, Arnold (2001): Unternehmungsnetzwerke. Konstitution und Strukturation. Wiesbaden: Westdeutscher Verlag.

Windzio, Michael (2001): Organisationsökologie und Arbeitsmarktmobilität im sozialen Wandel. Eine empirische Analyse am Beispiel Ostdeutschlands. In: Zeitschrift für Soziologie 30, 116-134.

Windzio, Michael (2002): Die „ökologische Dynamik" der Sozialstruktur in Organisationen. Ein zweistufiges Mehrebenenmodell zum Zusammenhang von Organisationsauflösungen und Beschäftigtenmobilität. In: Kölner Zeitschrift für Soziologie und Sozialpsychologie 54, 506-533.

Windzio, Michael (2003): Organisation, Strukturwandel und Arbeitsmarktmobilität. Untersuchungen zum evolutionären Wandel der Sozialstruktur. Wiesbaden: Westdeutscher Verlag.

Windzio, Michael (2004): Flexibilisierung der Beschäftigung durch Gründungen und Auflösungen von Organisationen. Der Ansatz der Organisationsökologie. In: Struck, Olaf/Köhler, Christoph (Hg.): Beschäftigungsstabilität im Wandel? München & Mering: Hampp, 181-198.

Winter, Regine (1998): Gleiches Entgelt für gleichwertige Arbeit. Ein Prinzip ohne Praxis. Baden-Baden: Nomos.

Wirth, Heike (2000): Bildung, Klassenlage und Partnerwahl. Eine empirische Untersuchung zum Wandel der bildungs- und klassenspezifischen Heiratsbeziehungen. Opladen: Leske & Budrich.

Woodward, Joan (1980): Industrial organization. Theory and practice. 2. Aufl., Oxford: Oxford Univ. Press.

Wößmann, Ludger (2002): Schooling and the quality of human capital. Berlin etc.: Springer.

Wößmann, Ludger/West, Martin (2002): Class-size effects in school systems around the world: evidence from between-grade variation in TIMSS. IZA-Discussion Paper 485 (ftp://repec.iza.org/RePEc/Discussionpaper/dp485.pdf; download am 1.3.2005).

Wright, Erik Olin (1985): Classes. London: Verso.

Zerger, Frithjof (2000): Klassen, Milieus und Individualisierung. Eine empirische Untersuchung zum Umbruch der Sozialstruktur. Frankfurt a. M. & New York: Campus.

Zweimüller, Josef/Barth, Erling (1994): Bargaining structure, wage determination, and wage dispersion in 6 OECD-Countries. In: Kyklos 47, 81-92.

Namens- und Schlagwortregister

Addison, John 282
Alexander, Arthur 151
Althauser, Robert 140
Arbeitskampf 227, 250
Arbeitsmarkt, externer ...... 225 f., 232, 242
Arbeitsmarkt, interner
   Aufstiegsleiter .... 144 ff., 154
   Definition .... 142 f.
   Einkommenseffekte .... 149 ff.
   Entry Port .... 145 f., 148, 150
   Schließung, soziale .... 151 f.
   Vakanzkette 145, 176
Arbeitsmarkttypen 150
Arbeitsmarkttheorie .... 142 f.
Arbeitsorganisation, Unter-
   typen 116
Aristoteles 60
Artelt, Cordula 210

Baumert, Jürgen 210
Becker, Gary S. 129
Bellmann, Lutz 283
Betriebsrat
   Aufgaben .... 278 ff.
   Branchenunterschiede 289
   Verteilungseffekte .... 280 ff.
Bildungsgerechtigkeit .... 184 f., 199 ff., 211

Bildungsorganisation, Unter-
   typen 117
Bildungssystem
   Deutschland .... 210 f.
   Eigenschaften .... 183 f.
   USA 185
Blanchflower, David 234
Blaschke, Sabine 264
Blau, Peter 129
Borland, Melvin 189
Bourdieu, Pierre 73, 114
Bridges, William 141
Brown, Charles .... 136 f.
Brüderl, Josef .... 139 f., 160
Bryson, Alex 234
Bürokratie .... 35 ff., 43

Carroll, Glenn 174
Coleman, James S. .... 32 f., 50, 100, 199, 202 f., 211
Coleman-Report .... 198 ff., 218

Dahrendorf, Ralf .... 58 f., 66, 73
Davis-Blake, Alison 165
Deckungsgrad, tariflicher
   Definition 257
   Determinanten .... 263 ff.
   Gruppenspezifische Effekte ... 262
   Strukturwandel .... 258 ff.
   Verteilungseffekte .... 260 ff.

Dilger, Alexander 284
DiNardo, John 256
Doeringer, Peter 144
Duncan, Otis D. 129

Effizienzlohntheorie 147
Engels, Friedrich 227
Entlohnungsgrundsätze, be-
    triebliche .... 286 ff.
Erikson, Robert 71
Etzioni, Amitai .... 23 f.

Familie und Ungleichheit .... 87 ff.
FitzRoy, John 282
Fortin, Nicole 256
Freeman, John .... 169, 171 f., 243
Freeman, Richard 233, 251
Friedman, Milton .... 242 f.

Geißler, Rainer 63, 74
Gerechtigkeitsforschung, sozio-
    logische 61
Geschlecht und Ungleichheit 139,
    141, 164, 165 ff.
Gewerkschaften, Ziele 230
Gewerkschaftlicher Organisa-
    tionsgrad
    Definition 250
    Strukturwandel 252
    Verteilungseffekte .... 251 ff.
Giddens, Anthony 63, 73
GINI-Koeffizient .... 253 f., 260 ff.,
    269 ff.
Glass, Gene 193
Goldthorpe, John 71
Granovetter, Mark 42

Größe, Arbeitsorganisation
    Definition .... 131 f.
    Einkommenseffekte. 132 f., 135 ff.
    Gruppeneffekte .... 138 ff.
Größe, Bildungs-
    organisation .... 186 ff.
Größe, Tariforganisation .... 250 ff.
Gruppenarbeit .... 287 f.

Hannan, Michael .... 169, 171 f., 174
Hanushek, Erik 193
Herrschaft, soziale .... 24, 31, 35 f.,
    44 ff.
Howsen, Roy 189
Humankapitaltheorie 129, 143

Individualisierung 60
Industrialisierung .... 33 ff.
Interessenverband, Unter-
    typen 119
International Social Survey Pro-
    gramme (ISSP) 234, 239
Kalleberg, Arne 135, 140
Kerr, Clark 150
Kessler, Gerhard 228
Kittel, Bernard 264
Klassengröße
    Lehrerqualifikation 194, 197
    Lerneffekte .... 192 ff., 197
    Methodenfragen .... 194 f.
Kohaut, Susanne 283
Kollektivgut 97, 235, 248, 306
Konda, Suresh 161
Kraft, Kornelius 282

Lebenschancen, soziale
    Definition .... 62 f.
    Feinsteuerung von 301

Güter und Lasten .... 63 f.

Güterpräferenzen 64

Optionen und Ligaturen .... 66 f.

Leistungsgruppierung

Definition 212

Einheitsschulsystem 213

Institutionelle Effekte 213

Lerneffekte .... 215 ff.

Organisatorische Formen ..... 214 f.

Lemieux, Thomas 256

Lester, Richard .... 133 f.

Lohngerechtigkeit .... 244, 273 f.

Lohnrigidität 245

Luhmann, Niklas .... 24 f.

Macht, soziale .... 23, 35, 44 ff., 70,
    80, 100, 111 ff., 121, 126, 279

Marx, Karl .... 68 ff.

Mayntz, Renate .... 22 f., 27

Medoff, James .... 136 f., 233

Mehrfachmitgliedschaft 102, 105

Mitbestimmung, betrieb-
    liche .... 278 ff.

Mitbestimmungsforschung

ökonometrische .... 281 ff.

soziologische 278

Mitbestimmungsorganisation, Un-
    tertypen 120

Mobilität, soziale .... 69 f., 129,
    144 ff., 148, 151, 153 ff., 174 ff.

Moene, Carl Ove 272

Müller, Hans-Peter 77

Müller-Jentsch, Walther 227

National Organizations Study
    (NOS) 135, 149

Neoinstitutionalismus

ökonomischer 136

soziologischer 47

Neoklassik 136, 232, 242

Neostrukturalismus, sozio-
    logischer .... 129 f.

Organisation

Definition .... 22 ff., 35

Effektivität .... 31, 35, 37 f.,
    45 ff., 291

Gelegenheitsstruktur 111

Gesellschaftszentrierte Ana-
    lyse .... 50 f.

Größe, allgemein .... 42 ff., 99

Kontrollinteressen 44

Korporativer Akteur 32

Mitgliedschaft .... 24, 32 f., 305 f.

Natürliches System .... 27 ff.

Offenes System .... 29 ff.

Organisationstypen .... 115 ff.

Organisationszentrierte Ana-
    lyse .... 48 ff.

Positionsstruktur 99, 111, 149,
    154 ff., 162 ff.

Rationales System .... 26 ff.

Rationalisierter Mythos 47

Rationalität .... 23, 25 ff., 38 ff.

Teilinklusion .... 32 f.

Umwelt .... 28 ff., 44 ff., 48 f., 100,
    112 ff., 135, 169 ff.

Unternehmensnetzwerk 37,
    43 ff.

Verteilungsprinzipien .... 96 ff.

Ziele .... 23 ff., 272 f.

Organisationsdemografie

Altersstruktur .... 153 ff.

Aufstiegsturnier .... 162 ff.

Einkommenseffekte .... 158 ff.

Frühstarteffekt .... 163 f.

Geschlechterverteilung........ 164 ff.
Mobilitätseffekte................. 155 ff.
Sanduhreffekte 161
Organisationspopulation
    Definition 169
    Dichte................................172 f.
    Evolutionäre Biologie 170
    Gründung und Auflösung. 175 ff.
    Mobilitätseffekte .... 174 ff.
    Organisationsalter.................172 f.
    Organisationsgröße..............173 f.
    Organisationswandel............171 f.
    Zusammenschlüsse............. 177 ff.

Parsons, Talcott............................ 48 ff.
Perrow, Charles.......42 ff., 50, 100, 104
Pfeffer, Alison...............................165
Pfeiffer, Friedhelm 237, 245
Piore, Michael 144
PISA-Studien........ 185, 188 ff., 207 ff.
Preisendörfer, Peter......................139 f.
Privatschule, USA................. 204, 304
Produktionsorganisation........ 111 ff.

Rosenbaum, James..................... 162 ff.

Schnabel, Claus 235, 283
Schulgröße
    Effekte sozialer Herkunft........190
    Einstellungseffekte........... 188, 191
    Lerneffekte .... 187 ff.
    Schulbudget........................188 f.
Schulzusammensetzung, soziale
    Busing............................ 203 ff.
    Lernklima................................202
    Lehrerqualifikation........... 197, 201
    Lerneffekte .... 201 ff.
    Segregation, ethnische........ 202 ff.

Schümer, Gundel 210
Scott, W. Richard.......................26, 30
Segmentationsansatz 152
Seneca 181
Sengenberger, Werner...................147
Slavin, Robert 216
Smith, Mary Lee 193
Sørensen, Aage B. 145
Sozialstruktur.............32, 51 f., 59 ff.,
    67 ff., 123, 128
Spellerberg, Anette........................77
Ständegesellschaft...............31 f., 60
Statuszuweisungsansatz 129
Stewman, Shelby...........................161
Stinchcombe, Arthur......................172
Stolzenberg, Ross 138
Strukturfunktionalismus...........48 ff.

Tariforganisation, Unter-
    typen..................................119 f.
Tarifverhandlungen
    Arbeitslosigkeit und Lohn-
        politik..................................245
    Bündnis für Arbeit..................269
    Definition 229
    Geschlechtsspezifische Lohn-
        effekte.....................240 ff., 247
    Gruppenspezifische Lohn-
        effekte...............................239 f.
    Lohnpolitik, egalitäre 240, 246,
        255
    Lohnstabilisation...................237 f.
    Machtungleichgewicht... 226, 228,
        232
    Median Voter-Modell...... 244, 273
    Verteilungseffekte, allg. .....231 ff.,
        249
TIMSS-Studien.................. 194 f., 197

Transaktionskostentheorie .... 38 ff.
Trautwein, Ulrich 210
Traxler, Franz 264

Ungleichheit, soziale
  Askriptive Merkmale 52, 60, 76
  Berufliche Stellung 72
  Definition 83
  Formen 58
  Klassen, soziale .... 68 ff., 80
  Lebensstile ....70, 77 f., 80 f., 182
  Milieu, soziales .... 78 f, 80 f.
  Prestige .... 59, 64, 73 f., 80,
    115, 117, 148, 158, 166 f.
  Rechtfertigung von ....60 f.
  Schichtung .... 58 f., 65, 73 f., 80 f.
  Status, sozialer ....32, 59, 61 f.,
    65 ff., 73 f., 129, 141, 197 ff., 301,
    305 ff.
  Theorien .... 67 ff.

Van Buren, Mark 135
Verhandlungsorganisation ..... 112 ff.
Vertrauen 42
Villemez, Wayne 141

Wagner, Joachim ....282 f.
Wallace, Michael 140
Wallerstein, Michael 272
Wandel, sozialer .... 31 f., 49 f.,
  59 f., 62
Webb, Beatrice u. *Sidney* 230
Weber, Max ....35 ff., 45 f., 63 f., 69 f.
Weick, Karl 25, 29
Wertfreiheitspostulat 304
West, Martin 195
Williamson, Oliver E. .... 38 ff., 46
Wirtsorganisation 120

Wohlfahrtsstaat
  Besteuerung und Ungleich-
    heit ....94 f.
  Finanzierung 93
  Soziale Sicherung 91
  Verteilungsprinzipien ....90 ff.
Wößmann, Ludger 195
Wright, Erik Olin .... 70 f., 80

Zentralisationsgrad, tariflicher
  Definition 266
  Effizienzthese 272
  Gerechtigkeitsansatz 273
  Koordinationsthese 272
  Strukturwandel 267
  Verteilungseffekte ....269 ff.
Zivilgesellschaftliche Organi-
  sation, Untertypen 118
Zwangsmitgliedschaft in Orga-
  nisationen 98

Sozialstruktur

Eva Barlösius
Die Macht der Repräsentation
Common Sense über soziale
Ungleichheiten
2005. 192 S. Br. EUR 26,90
ISBN 3-531-14640-8

Rainer Geißler
Die Sozialstruktur Deutschlands
Zur gesellschaftlichen Entwicklung
mit einer Bilanz zur Vereinigung.
Mit einem Beitrag von Thomas Meyer
4., überarb. und akt. Aufl. 2006. 428 S.
Br. EUR 26,90
ISBN 3-531-42923-X

Wilhelm Heitmeyer /
Peter Imbusch (Hrsg.)
**Integrationspotenziale
einer modernen Gesellschaft**
2005. 467 S. Br. EUR 36,90
ISBN 3-531-14107-4

Stefan Hradil
**Die Sozialstruktur Deutschlands
im internationalen Vergleich**
2. Aufl. 2006. 304 S. Br. EUR 24,90
ISBN 3-531-14939-3

Rudolf Richter
Die Lebensstilgesellschaft
2005. 163 S. Br. EUR 21,90
ISBN 3-8100-3953-5

Jörg Rössel
Plurale Sozialstrukturanalyse
Eine handlungstheoretische
Rekonstruktion der Grundbegriffe
der Sozialstrukturanalyse
2005. 402 S. Br. EUR 39,90
ISBN 3-531-14782-X

Jürgen Schiener
**Bildungserträge in der
Erwerbsgesellschaft**
Analysen zur Karrieremobilität
2006. 303 S. Br. EUR 32,90
ISBN 3-531-14650-5

Marc Szydlik (Hrsg.)
Generation und Ungleichheit
2004. 276 S. Br. EUR 24,90
ISBN 3-8100-4219-6

Erhältlich im Buchhandel oder beim Verlag.
Änderungen vorbehalten. Stand: Juli 2006.

www.vs-verlag.de

VS VERLAG FÜR SOZIALWISSENSCHAFTEN

Abraham-Lincoln-Straße 46
65189 Wiesbaden
Tel. 0611.7878-722
Fax 0611.7878-400

Neu im Programm Soziologie